UTB **2709**

Eine Arbeitsgemeinschaft der Verlage

Beltz Verlag Weinheim · Basel
Böhlau Verlag Köln · Weimar · Wien
Wilhelm Fink Verlag München
A. Francke Verlag Tübingen und Basel
Haupt Verlag Bern · Stuttgart · Wien
Lucius & Lucius Verlagsgesellschaft Stuttgart
Mohr Siebeck Tübingen
C. F. Müller Verlag Heidelberg
Ernst Reinhardt Verlag München und Basel
Ferdinand Schöningh Verlag Paderborn · München · Wien · Zürich
Eugen Ulmer Verlag Stuttgart
UVK Verlagsgesellschaft Konstanz
Vandenhoeck & Ruprecht Göttingen
vdf Hochschulverlag AG an der ETH Zürich
Verlag Barbara Budrich Opladen · Farmington Hills
Verlag Recht und Wirtschaft Heidelberg
WUV Facultas Wien

BIRGIT EMICH

Geschichte der Frühen Neuzeit studieren

UTB basics

UVK Verlagsgesellschaft

Die Autorin

Birgit Emich, geboren 1967 bei Darmstadt, 1986 – 1992 Studium der Neueren und Neuesten Geschichte, der Mittelalterlichen Geschichte und der Politikwissenschaft in Freiburg im Breisgau, 1992 Magisterexamen, 1999 Promotion in Neuerer Geschichte, 2002 Habilitation, Venia legendi für Neuere und Neueste Geschichte, 1999 – 2002 Wissenschaftliche Mitarbeiterin am Lehrstuhl für Neuere Geschichte der Universität Freiburg, seit 2002 mehrere Lehrstuhl- und Professurvertretungen, Heisenberg-Stipendiatin der Deutschen Forschungsgemeinschaft, lehrt seit 1999 an der Universität Freiburg.

Die Abbildung auf dem Einband zeigt die Miniatur „Hohe Schul zu Wirtzburg" aus der Würzburger Chronik des Lorenz Fries von 1580. © UB Würzburg M. ch. f. 248-1, Bl. 243r.

Bibliographische Informationen der Deutschen Bibliothek
Die Deutsche Bibliothek verzeichnet diese Publikation
in der Deutschen Nationalbibliographie; detaillierte
bibliographische Daten sind im Internet
über http://dnb.ddb.de abrufbar

ISBN 13: 978-3-8252-2709-8
ISBN 10: 3-8252-2709-X

© UVK Verlagsgesellschaft mbH, Konstanz 2006

Lektorat/ Bildredaktion: form & inhalt verlagsservice
Martin H. Bredol, Seeheim-Jugenheim
Gestaltung: Atelier Reichert, Stuttgart
Prepress: schreiberVIS, Seeheim-Jugenheim
Druck: Ebner & Spiegel, Ulm

UVK Verlagsgesellschaft mbH
Schützenstraße 24 · D-78462 Konstanz
Tel.: 07531-9053-0 · Fax 07531-9053-98
www.uvk.de

Inhalt

Vorwort 7

1 Praktisches: Frühe Neuzeit im Studium 9
1.1 Auf dem Weg zum Studienfach: Frühe Neuzeit
als Teil des Geschichtsstudiums 9
Frühe Neuzeit im Studium – Die Frühe Neuzeit
als Schwerpunkt im Studium
1.2 Studiengänge: Bachelor, Magister, Staatsexamen 15
Magister, Lehramt und Promotion nach dem alten Modell –
Bachelor, Master, Graduiertenschule: das neue System
1.3 Berufsziele und Berufsperspektiven 27
Was Historiker werden können – Was man tun kann:
Tipps und Anlaufstellen
1.4 Was belegen? Veranstaltungstypen und Stundenplan 34
Veranstaltungstypen – Workload, SWS, Credit Points.
Oder: der gute alte Stundenplan – Was belegen?
Einige inhaltliche Tipps
1.5 Wie studieren? Tipps und Tricks im Uni-Alltag 42
Grundsätzliches – Das Selbststudium – Im Seminar

2 Theoretisches: Frühe Neuzeit als Wissenschaft 51
2.1 Geschichte, Geschichtsschreibung, Geschichtswissenschaft 51
Geschichte – Geschichtsschreibung – Geschichtswissenschaft
2.2 Quellen und Quellenkritik 62
Die Quellen: Definition und Kategorien –
Die historisch-kritische Methode – Kritische Quelleneditionen
2.3 Kann Geschichte objektiv sein? 73
„Zeigen, wie es eigentlich gewesen": das Postulat der
Unparteilichkeit – „Sehepunkte": die Standortgebundenheit
historischer Erkenntnis – Alles nur Fiktion?
Der Linguistic Turn und die Folgen
2.4 Zugänge zur Geschichte: Verstehen und Erklären 82
Verstehen – Erklären – Verstehen und Erklären
2.5 Theorie und Empirie 95
Begriffe – Typen – Theorien mittlerer Reichweite
2.6 Periodisierung 107
Probleme der Periodisierung – Die Entdeckung der Neuzeit –
Die Frühe Neuzeit als Epoche
2.7 Perspektiven der Frühneuzeitforschung 120
Historismus – Struktur- und Gesellschaftsgeschichte –
Neue Kulturgeschichte

3 Methodisches: Quellen und Verfahren der Forschung 141
3.1 Quelle, Frage, Quellenlage 142

Inhalt

Quellenwert und Fragestellung – Die Quellenlage zur
Geschichte der Frühen Neuzeit – Das Beispiel:
der Westfälische Frieden

3.2 Textquellen 153
Urkunden und Akten – Publizistik – Selbstzeugnisse

3.3 Nichtschriftliche Quellen 206
Serielle Quellen und Daten – Sachquellen – Bilder als Quellen

4 Technisches: Vom Proseminar zum Examen 239

4.1 Erste Informationen beschaffen 239
Handbücher – Handwörterbücher – Frühe Neuzeit im Internet

4.2 Quellen und Literatur finden 249
Formen der Veröffentlichungen – Suche nach dem
„Schneeballsystem" – Systematisches Bibliographieren –
Titel aufnehmen und verwalten

4.3 Fachliteratur einschätzen und auswerten 258
Was ist gute Literatur? – Das richtige Lesen von Literatur –
Exzerpieren – Die Literaturverwaltung: Karteikarte oder
Datenbank?

4.4 Seminarsitzungen gestalten 264
Das Referat – Thesen- und Quellenpapier –
Andere Präsentationsformen

4.5 Die wissenschaftliche Hausarbeit 272
Praktisches – Thema und Fragestellung – Quellen- und
Literaturauswahl – Aufbau und allgemeine Formalien –
Inhaltsverzeichnis – Einleitung – Hauptteil – Schluss –
Fußnoten

4.6 Kleinere schriftliche Arbeiten 284
Das Sitzungsprotokoll – Die Rezension – Der Essay

4.7 Das Examen 286
Die Abschlussarbeit – Die mündliche Prüfung – Die Klausur

Literaturempfehlungen 292

Wichtige Abkürzungen 294

Glossar 295

Register 299

Bildnachweis 304

Vorwort

Dies ist ein Buch für alle, die vielleicht keine Vorkenntnisse, aber Interesse an der Frühen Neuzeit mitbringen und diese faszinierende Epoche mit Freude und Erfolg studieren möchten. Es bietet Ihnen Orientierung an der Universität und bei der Studienorganisation, in den methodisch-theoretischen Grundfragen des Faches, beim praktischen Umgang mit den Quellen und nicht zuletzt im Blick auf die unverzichtbaren Arbeitstechniken und Hilfsmittel.

Das erste Kapitel will Ihnen Antworten auf die Fragen geben, die am Anfang des Geschichtsstudiums auf Sie einstürzen: Was ist überhaupt die Frühe Neuzeit? Welche Rolle spielen die verschiedenen Epochen in Ihrem Studium? Was hat es mit den alten und neuen Studiengängen auf sich? Welche beruflichen Möglichkeiten haben Sie nach Abschluss Ihres Geschichtsstudiums? Was können und sollten Sie schon während des Studiums tun, um den richtigen Einstieg in das Berufsleben zu finden? Was sind Vorlesungen, Proseminare und Übungen, und welche Veranstaltungen sind für Sie wichtig? Was können Sie noch tun, um sich besser an der Uni zurecht zu finden, um aus Ihrem Studium das Beste zu machen?

Im zweiten Kapitel werden grundlegende Fragen des Faches Geschichte behandelt. Was ist überhaupt Geschichte, was Geschichtsschreibung, und was macht Geschichte zur Wissenschaft? Was genau sind Quellen und wie ist mit ihnen umzugehen? Welche Rolle spielt dabei der Anspruch auf Objektivität, und lässt sich dieser einlösen? Will Geschichte Menschen verstehen oder Zusammenhänge erklären? In welchem Verhältnis stehen dabei große Theorien und kleine Details? Was hat es mit der Periodisierung der Geschichte und der Frühen Neuzeit als Epoche auf sich? Und was heißt das alles für die Erforschung der Frühen Neuzeit?

Nach so viel Theoretischem führt Sie das dritte Kapitel in die Praxis der historischen Arbeit. Näher vorgestellt werden sowohl die einzelnen Quellengattungen (Textquellen, Zahlenmaterial und serielle Daten, Sachquellen und Bildquellen) als auch die handwerklichen Tricks und Fertigkeiten, die wir für die Entschlüsselung der Quellen benötigen. All dies wird nicht nur theoretisch erörtert, sondern an praktischen Beispielen vorgeführt. Sämtliche Beispiele entstammen dem gleichen Kontext: dem in Münster und Osnabrück ausgehandelten Westfälischen Frieden, der 1648 den Dreißig-

Vorwort

jährigen Krieg beendete. Nach der Lektüre des Kapitels dürfte Ihnen daher nicht nur klarer sein, was es mit den unterschiedlichen Perspektiven und Methoden der Geschichtswissenschaft auf sich hat. Sie haben dann bereits einiges über die Geschichte der Frühen Neuzeit gelernt.

Das vierte Kapitel will Ihnen die alltägliche Arbeit erleichtern. Vom Proseminar bis zum Examen – wer Geschichte studiert, muss sich ständig neue Themen erschließen. Immer wieder heißt es: Erste Informationen beschaffen und bibliographieren, nach Quellen fahnden und Literatur sichten, Referate halten oder ganze Sitzungen gestalten, Hausarbeiten schreiben oder kleinere schriftliche Arbeiten anfertigen. Wie das alles geht, erfahren Sie hier. Sie erhalten einen Überblick über die Hilfsmittel, Tricks und Techniken, die im Studium von Nutzen sind: Schritt für Schritt, von der Beschaffung erster Informationen bis zur Bewältigung des Examens.

Dieses Buch wendet sich nicht nur an Studierende, es ist auch mit der Hilfe von Studierenden entstanden. Natalie Krentz und Thomas Kossert haben ihre Erfahrungen als studentische Tutoren eingebracht und das mit dem klassischen Tutoratsstoff befasste vierte Kapitel mitgestaltet. Thomas Kossert kümmerte sich zuverlässig wie immer auch um technische Probleme und erstellte gemeinsam mit Natalie Krentz das Register. Larissa Wegner hat das gesamte Manuskript gründlich gelesen und kommentiert. Ihre kritischen Nachfragen und Anregungen haben dem Buch an nicht wenigen Stellen zu größerer Klarheit verholfen. Ihnen allen möchte ich für ihren engagierten Einsatz auch an dieser Stelle herzlich danken. Zu danken habe ich auch meinem Freiburger Kollegen Christian Wieland für die kritische Lektüre des zweiten Kapitels. Und schließlich geht ein großes Dankeschön an Martin H. Bredol, von dessen energischer Geduld als Lektor Buch wie Autorin in vielerlei Hinsicht profitiert haben.

Freiburg, im Januar 2006   Birgit Emich

Praktisches: | 1
Frühe Neuzeit im Studium

Überblick

Dieses Kapitel will Ihnen Antworten auf die Fragen geben, die am Anfang des Geschichtsstudiums auf Sie einstürzen: Was ist überhaupt die Frühe Neuzeit, und welche Rolle spielt sie in Ihrem Studium? Was hat es mit den verschiedenen Studiengängen wie Magister und Lehramt, aber auch B.A. und M.A. auf sich? Welche beruflichen Möglichkeiten haben Sie als Historiker oder Historikerin, und was sollten Sie schon während des Studiums tun, um Ihre Chancen zu erhöhen? Was genau sind Vorlesungen, Proseminare und Übungen, und nach welchen Kriterien sollten Sie Ihre Lehrveranstaltungen auswählen? Und schließlich: Gibt es weitere Tipps und Tricks, um sich besser an der Uni und in den Seminaren zurecht zu finden, um mehr aus dem eigenen Studium zu machen?

Auf dem Weg zum Studienfach: | 1.1
Frühe Neuzeit als Teil des Geschichtsstudiums

Frühe Neuzeit im Studium | 1.1.1

Frühe Neuzeit – das ist doch kein Fach! Stimmt, an keiner einzigen Hochschule in Deutschland wird ein Studienfach namens Frühe Neuzeit angeboten. Und doch: Wer Geschichte studiert, studiert in aller Regel auch Geschichte der Frühen Neuzeit. Denn hinter diesem Begriff verbirgt sich der **Zeitraum zwischen 1500 und 1800**. Und diese drei Jahrhunderte werden im Geschichtsstudium behandelt, ob das Studienfach nun Neuere und Neueste Geschichte, Mittlere und Neuere Geschichte, Geschichte mit Abschluss Staatsexamen (Lehramt), mit Magisterabschluss oder B.A. Geschichte heißt. Zu erkennen ist dies an zweierlei: In jedem der genannten Studiengänge müssen auch Veranstaltungen zur Frühen Neuzeit besucht werden. Und diese Lehrveranstaltungen werden von Dozierenden angeboten, die speziell für die Zeit zwischen 1500 und 1800 zuständig sind. Lassen Sie sich also nicht irritieren: Sie studieren Frühe Neuzeit, auch wenn der Name Ihres Faches etwas anders lautet.

Ein Blick auf die Hintergründe dieser Begriffsverwirrung lehrt einiges über das Fach Geschichte. Schuld an diesen Unklarheiten ist ein Prozess, der überall zu beobachten ist und auch die Geschichtswissenschaft prägt: der **Prozess der Spezialisierung**. Als die Geschichte im 19. Jahrhundert zum selbständigen Fach an den Universitäten wurde, studierte man schlicht Geschichte. Die Studenten (Studentinnen gab es ja so gut wie nicht) besuchten Vorlesungen zu allen Epochen von der Antike bis in ihre Gegenwart. Und die Professoren lehrten und forschten ohne Rücksicht auf die heute gültigen Epochengrenzen. Einer der größten dieser Professoren des 19. Jahrhunderts, **Leopold von Ranke** (1795 – 1886), schrieb nicht nur Bücher zur Geschichte zahlreicher Länder. Er befasste sich auch mit einem Zeitraum, der von der Antike bis in seine Gegenwart reichte und heute mindestens drei verschiedene Lehrstühle beschäftigen würde. Ein ähnlich weites Spektrum wie Ranke hatte ein ebenfalls berühmter Kollege: **Johann Gustav Droysen** (1808 – 1884) legte nicht weniger als 14 Bände zur Geschichte Preußens vor. Daneben verfasste er ein zweibändiges Werk zur Geschichte des Hellenismus. Und mit seiner „**HISTORIK**" hinterließ er auch noch ein Buch zur historischen Methode, das zu den Gründungsschriften der Geschichte als Wissenschaft zählt und noch heutigen Studierenden besser früher als später begegnen sollte (→ S. 59). Nicht zuletzt dank Ranke und Droysen nahm die Geschichtswissenschaft eine rasante Entwicklung. Aber je weiter die Forschung voranschritt, je mehr es über die einzelnen Zeitabschnitte zu wissen gab, desto weniger konnte ein einzelner Wissenschaftler sämtliche Bereiche abdecken. Daher unterteilte man die Geschichte als Lehrfach in verschiedene Epochen. So gab es bald Professoren für die Geschichte des **Altertums**, für das **Mittelalter** und für die Geschichte der **Neuzeit**.

HISTORIK, Theorie der Geschichtswissenschaft.

Doch auch die Neuzeit, die man damals wie heute um 1500 beginnen ließ, erwies sich als zu umfangreich. Nach dem Zweiten Weltkrieg besetzten die Hochschulen nicht mehr nur einen Lehrstuhl für die Geschichte der Neuzeit. Wie erstmals 1951 in Berlin, wurde jetzt immer öfter eine Professur mit der früheren Neuzeit, also mit dem 16. bis 18. Jahrhundert betraut. Um die spätere oder neuere Neuzeit, d. h. um den Abschnitt von etwa 1800 bis zur Gegenwart, kümmerte sich eine zweite Neuzeit-Professur. Zunächst trugen die Stellen für die frühe Neuzeit die Bezeichnung **Lehrstuhl für Neuere Geschichte**. Und noch heute firmiert die Mehrzahl der Professuren, die sich mit dem 16. bis 18. Jahrhundert beschäftigen, unter diesem Namen. Aber mittlerweile hatte sich in der internationalen Forschung eine andere Bezeichnung für diesen Zeitraum durchzusetzen begonnen: Im englischsprachigen Raum war nun die Rede von der **Early Modern History**, Frankreich entdeckte die **histoire moderne**, und in Deutschland sprach man zunehmend von der **Frühen Neuzeit**. Diese Entwicklung zeigte sich auch in der Benennung der Professuren: Als in den 1970er Jahren das deutsche Hochschulsystem massiv ausgebaut und neben ganzen Hochschulen auch neue Lehrstühle eingerichtet wurden, erhielten einige der Professuren die Bezeichnung „**Professur für Frühe Neuzeit**". Dieser Trend hält an: Bei der Umstrukturierung der ostdeutschen Hochschullandschaft Anfang der 1990er Jahre wurde an mehreren Universitäten ein Lehrstuhl für Frühe Neuzeit eingerichtet.

Diese Entwicklung, die sich im Übrigen auch in der Ausbildung weiterer Fächer (etwa der Wirtschafts- und Sozialgeschichte oder der Osteuropäischen Geschichte) niederschlug, ist mehr als ein Musterbeispiel für die Spezialisierung des Faches und die Institutionalisierung neuer Teildisziplinen. Sie hat auch in der **Forschungslandschaft** ihre Spuren hinterlassen. So gibt es mittlerweile Forschungsinstitute speziell für die Frühe Neuzeit sowie eigene Fachzeitschriften für diese Epoche (→ Abb. 1). Innerhalb des Verbandes deutscher Historiker und Historikerinnen formierte sich 1994 eine Fachgruppe Frühe Neuzeit. Und dass die Frühe Neuzeit von ihren Vertretern gern mit großem F geschrieben wird, ist ein orthographischer Hinweis auf das Selbstverständnis dieser Historiker und Historikerinnen: Wie die Frühe Neuzeit zu einer

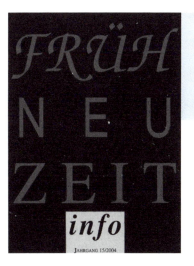

| Abb. 1

Fachzeitschriften für die Frühe Neuzeit: Cover der Zeitschrift „Frühneuzeit-Info".

eigenständigen Epoche geworden ist, so sehen sich ihre Historiker als eigenständige Gruppe innerhalb der Geschichtswissenschaft.

Dass die Verankerung der Frühen Neuzeit in den Hochschulstrukturen auch für Sie als Studierende Folgen hat, wurde bereits erwähnt: Sie müssen im Laufe ihres Studiums Veranstaltungen besuchen, die sich mit der Frühen Neuzeit beschäftigen. Und Sie werden daher auch den Lehrstuhl für Frühe Neuzeit (oder für Neuere Geschichte) und sein Personal kennen lernen. Aber dennoch: Eingebettet ist die Frühe Neuzeit in ein **Studienfach**, das in den Magister-Studiengängen der meisten Universitäten entweder Mittlere und Neuere Geschichte oder Neuere und Neueste Geschichte heißt. Mit diesen Begriffen werden Sie auch zu tun bekommen, wenn Sie Geschichte mit Abschluss Staatsexamen (Lehramt) oder B.A. Geschichte studieren: Denn in diesen Studiengängen müssen Sie Veranstaltungen zu verschiedenen Epochen besuchen, und unter diesen Epochen finden sich in aller Regel auch die Mittlere und Neuere Geschichte oder die Neuere und Neueste Geschichte. Da diese Bezeichnungen zunächst für Verwirrung sorgen, sei kurz geklärt, was es damit auf sich hat. Die **Mittlere und Neuere Geschichte** umfasst sowohl das Mittelalter (Mittlere Geschichte) als auch die komplette Neuzeit. Man mag sich fragen, warum die Neuzeit dann nicht Neuzeit, sondern Neuere Geschichte genannt wird. So muss man sich in dieser Einteilung an eine Neuere Geschichte gewöhnen, die vom Ende des Mittelalters bis zum heutigen Tag reicht. Etwas klarer liegen die Dinge, wenn das Fach **Neuere und Neueste Geschichte** heißt. Hier ist mit der Neueren Geschichte in aller Regel die Frühe Neuzeit gemeint. Die Neueste Geschichte beginnt daher um 1800 und reicht bis heute. Aber Achtung: Es gibt auch Hochschulen, bei denen die Neuere Geschichte von 1500 bis zum Beginn der so genannten **Zeitgeschichte**, also bis ins 20. Jahrhundert hinein führt. Dass die Zeitgeschichte zwar allgemein als die Geschichte der heute noch Lebenden definiert wird, aber je nach Universität und Wissenschaftler mal 1917, mal 1945 beginnt, macht eines nochmals deutlich: Bei allen Versuchen, die Verwirrung bei den historischen Fächern aufzuklären – welche Einteilung an Ihrer Universität gilt und welche Veranstaltungen Sie wann besuchen müssen, können Sie am besten vor Ort ermitteln. Lesen Sie die Studienordnungen, verlassen Sie sich nicht auf Gerüchte, nutzen Sie die Informations- und Beratungsangebote Ihrer Hochschule. Dann werden Sie bald klarer sehen und feststellen, dass auch Sie Frühe Neuzeit studieren.

Übersicht über die verschiedenen Bezeichnungen des Studienfaches

– Neuere und Neueste Geschichte,
  umfasst den Zeitraum von 1500 bis heute,
  interne Unterteilung in Neuere Geschichte (1500 – 1800)
  und Neueste Geschichte (1800 bis heute),
  Studienfach z. B. an der Uni Freiburg.

– Mittlere und Neuere Geschichte,
  umfasst den Zeitraum von 500 bis heute,
  interne Unterteilung in Mittlere Geschichte (500 – 1500)
  und Neuere Geschichte (1500 bis heute),
  Studienfach z. B. an der Uni Bonn.

– Geschichte Lehramt, B.A. Geschichte,
  umfasst den gesamten Zeitraum von der Antike bis heute,
  interne Unterteilung je nach Uni; meist: Antike, Mittelalter,
  Neuere und Neueste Geschichte;
  aber auch andere Unterteilungen möglich:
  z. B. Alte Geschichte, Mittelalter/Frühe Neuzeit,
  19. – 21. Jahrhundert, so z. B. an der Uni Bielefeld.

Tipp

Wer sich einen Überblick verschaffen möchte: Unter www.historicum.net finden Sie die Internetadressen aller Historischen Seminare in Deutschland, Österreich und der Schweiz.

Die Frühe Neuzeit als Schwerpunkt im Studium

1.1.2

Jetzt wissen Sie, dass die Frühe Neuzeit zu Ihrem Studium gehört. Aber Sie werden wahrscheinlich noch nicht wissen, ob Sie diesen Abschnitt zu einem **Schwerpunkt innerhalb Ihres Studiums** machen wollen. Die Studienordnungen schreiben zwar vor, dass Sie zu allen Abschnitten der Neuzeit Veranstaltungen besuchen müssen. Aber darüber hinaus lassen sie Ihnen genug Spielraum, um zu entscheiden, ob Sie Ihren persönlichen Schwerpunkt lieber in der Zeit ab 1800 oder in der Frühen Neuzeit setzen wollen.

Was könnte dafür sprechen, den **Schwerpunkt auf die Frühe Neuzeit** zu legen und vielleicht die Abschlussarbeit in diesem Gebiet anzusiedeln? Auf den ersten Blick nur wenig: in der Schule wird die Frühe Neuzeit heute kaum noch behandelt, und auch die historisch interessierte Öffentlichkeit befasst sich eher mit Themen aus der jüngeren bis jüngsten Vergangenheit. Auf den zweiten Blick entpuppt sich der Abschnitt zwischen 1500 und 1800 aber als spannende Zeit des Übergangs, als Umbruchphase, deren Kennzeichen ein Nebeneinander von **Statik und Dynamik** ist. **Statisch** wirkt vor allem die vorindustrielle Lebensweise: Der zentrale Bezugspunkt der Menschen war das so genannte „Ganze Haus", das nicht nur die Familie im modernen Sinn, sondern auch Mägde und Knechte umfasste. Die für die überwiegende Mehrheit der Menschen maßgebliche Wirtschaftsform war und blieb die Landwirtschaft. Und die soziale Ordnung war geprägt von der Vorstellung, dass jeder Mensch einem bestimmten Stand angehört und diese Stände – grob gesagt: Adel, Klerus, Bauern – sehr unterschiedliche Rechte und Pflichten haben. Politische Herrschaft übte nur ein Bruchteil der Menschen aus, die Masse zählte zu den Untertanen. Und eingebettet blieb diese Sozialordnung in ein Weltbild, das vom Christentum und seinen verschiedenen Konfessionen geprägt war.

Doch bei aller Statik sind die **dynamischen Elemente** der Frühen Neuzeit nicht zu übersehen: Die Erfindung des Buchdrucks löste die größte Medienrevolution seit der Erfindung der Schrift aus. Die Reformation zerbrach die kirchliche Einheit des Mittelalters und setzte eine Konkurrenz zwischen den Konfessionen frei, die in fast allen Lebensbereichen ihre Spuren hinterlassen hat. In der Wissenschaft hielten „moderne" Prinzipien Einzug, im Wirtschaftsleben regten sich die Kräfte des Frühkapitalismus. Die politische Ordnung erlebte die Entwicklung zum souveränen Staat, wie wir ihn heute noch kennen. Zwischen den Staaten formierte sich ein internationales System samt Kriegs- und Völkerrecht. Und auch der Ausgriff Europas auf die ganze Welt nahm in der Frühen Neuzeit seinen Anfang.

Wie in einem **„Musterbuch der Moderne"** (Winfried Schulze) sind in der Frühen Neuzeit zahlreiche Phänomene angelegt, die die Moderne prägen sollten. Die Frühe Neuzeit ist ihr Wurzelgrund, und erst vor dieser Folie gewinnt die Moderne ihr Profil. So mögen sich manche Studierende allein für die neueste Zeit interessieren. Aber ohne den Blick auf die Frühe Neuzeit werden sie auch von der Moderne nur wenig verstehen.

Allerdings sollte man die Frühe Neuzeit nicht nur im Lichte der Moderne betrachten. Denn dann würde man **das Fremde** übersehen, das neben dem Bekannten steht. Schließlich hatte die Frühe Neuzeit in allen Bereichen des Lebens Alternativen zu bieten, die sich langfristig zwar nicht durchsetzen konnten, aber trotzdem und gerade deswegen bis heute faszinieren. Und da die Frühe Neuzeit nicht nur ein spannender Gegenstand, sondern überdies auch ein methodisch höchst innovatives Forschungsfeld ist, lautet das Fazit: Lassen Sie sich ein auf die Faszination, die von dieser eigentümlichen Mischung aus Statik und Dynamik, aus Fremdem und Bekanntem ausgehen kann, studieren Sie Frühe Neuzeit!

Aufgaben zum Selbsttest

● Was versteht man unter der Frühen Neuzeit? Welche Rolle spielt diese Epoche in Ihrem Studium?

Literatur

Johannes Burkhardt, **Frühe Neuzeit**, in: Fischer Lexikon Geschichte, hg. von Richard van Dülmen, aktualisierte, vollständig überarbeitete und ergänzte Auflage Frankfurt a. M. 2003, S. 438–465.
Anette Völker-Rasor (Hg.), **Frühe Neuzeit** (Oldenbourg Geschichte Lehrbuch), München 2000.

Studiengänge: Bachelor, Magister, Staatsexamen | 1.2

Nachdem geklärt wäre, was es mit den verschiedenen Bezeichnungen und Einteilungen der Geschichte als Studienfach auf sich hat, stellt sich schon die nächste Frage. Was genau verbirgt sich hinter den unterschiedlichen Studiengängen? Bis vor kurzem war die Sache einfach: Wer Lehrer werden wollte, hat Geschichte mit dem Abschluss Staatsexamen studiert. Wer vielleicht nicht genau wusste, wie es beruflich weitergehen sollte, aber wenigstens sicher war, dass ein Job als Lehrer nicht in Frage kam, hat den Magisterstudiengang gewählt. Solche Klarheiten sind heute nicht mehr gegeben. Denn da die Hochschulen im Allgemeinen und die Studiengänge im Besonderen gerade in einer Phase intensiver Reformen stecken, steht momentan das alte Modell neben ganz neuen Möglichkeiten. Was auf den ersten Blick wie ein heilloses Durcheinander von Studiengängen aussieht, lässt sich folglich am besten als Nebeneinander von Altem und Neuem beschreiben. Daher wird hier zunächst das alte Modell mit Magister- und Lehramtsstudiengängen sowie der sich möglicherweise anschließenden Promotion skizziert. Was es mit den neuen Abschlüssen Bachelor und Master sowie den geplanten Graduiertenschulen auf sich hat, wird anschließend beschrieben.

1.2.1 | Magister, Lehramt und Promotion nach dem alten Modell

Der klassische Abschluss eines Geschichtsstudiums ist, wie in fast allen geisteswissenschaftlichen Fächern, der Magisterabschluss. Klassisch, weil die Mehrheit der Studierenden der Geschichte diesen Abschluss anstrebt und nach dem Examen daher den Titel „M.A." (wird dem Namen nachgestellt, also: Heinz Meier, M.A.) für **Magister Artium** bzw. (in weiblicher Form) **Magistra Artium** führen darf. Klassisch aber auch, weil der Magistertitel schon im Mittelalter verliehen wurde. Zum Magister Artium oder – so wörtlich – Meister der Künste wurde bereits an den ersten europäischen Universitäten im 12. und 13. Jahrhundert gemacht, wer das Studium der so genannten Sieben freien Künste (latein.: **SEPTEM ARTES LIBERALES**) absolviert hatte. Die Artisten-Fakultät, d.h. der Fachbereich der Artes (Künste), an dem diese sieben Fächer zusammengefasst waren, bot also eine Art Grundlagenstudium. Erst nach dessen Abschluss konnte man an einer der drei höheren **FAKULTÄTEN** (Theologie, Recht, Medizin) das eigentliche Fachstudium in Angriff nehmen und dort dann auch den Doktortitel erwerben. Beim Doktortitel ist es seit dem Mittelalter geblieben, der Magistertitel hat hingegen eine bewegte Geschichte hinter sich: Im deutschsprachigen Raum wurde er vom Staatsexamen verdrängt, in der angelsächsischen Welt hat er sich erhalten: als Master of Arts (M.A.) für die Geisteswissenschaften, als Master of Science (M. Sc. oder M. S.) für die Naturwissenschaften. Und von dort ist er wieder zu uns zurückgekehrt: 1960 wurde der Magister Artium als Universitätsabschluss für alle geisteswissenschaftlichen Fächer in der Bundesrepublik Deutschland offiziell eingeführt.

Ziel des **Magisterstudienganges** im Fach Geschichte ist es, sowohl historisches Fachwissen als auch methodische Kenntnisse zu vermitteln: Das Magisterstudium soll zum selbständigen wissenschaftlichen Arbeiten befähigen. Studiert werden in der Regel drei **Fächer**: ein Hauptfach und zwei Nebenfächer. Aber auch zwei gleich-

---

M.A., von latein. Magister Artium = Meister der Künste.

SEPTEM ARTES LIBERALES, latein. = die Sieben freien Künste; Fächer des mittelalterlichen Grundlagenstudiums. Sie umfassten drei sprachliche (Grammatik, Rhetorik, Dialektik) und vier nach damaligen Vorstellungen eher mathematische Fächer (Geometrie, Arithmetik, Musik, Astronomie).

FAKULTÄT, von latein. facultas = Befähigung, Talent; Fachbereich an der Universität, zu dem mehrere verwandte Fächer zusammen geschlossen sind.

berechtigte Hauptfächer sind möglich. Dabei können auch zwei (niemals drei!) historische Fächer kombiniert werden, z. B. Neuere und Neueste Geschichte als Hauptfach, Mittelalterliche Geschichte als erstes Nebenfach. Im Allgemeinen werden die Fächer aus dem klassischen Angebot der Geistes- und Sozialwissenschaften zusammengestellt. Aber mittlerweile sind auch andere Kombinationen in Mode gekommen, etwa ein oder zwei historische Fächer mit einer Naturwissenschaft oder mit einem der kleinen, so genannten „Orchideenfächer" (z. B. Provinzialrömische Archäologie). Welche Fächerkombination die jeweiligen Universitäten zulassen, variiert und ist am besten vor Ort zu klären. (Für erste Informationen → Internetadressen der Historischen Seminare unter historicum.net.)

Die so genannte **Regelstudienzeit**, d. h. die von Bildungspolitikern gewünschte und für ausreichend befundene Dauer eines Geschichtsstudiums beträgt 9 **SEMESTER**. Die Realität sieht allerdings oft anders aus: Dass etwa zwei Drittel aller Studierenden neben der Uni jobben (müssen), übersehen die Bildungsexperten gelegentlich. Zur Orientierung kann Ihnen die Regelstudienzeit aber durchaus dienen. Untergliedert ist das Studium in **Grund- und Hauptstudium**. Das Grundstudium umfasst die ersten vier Semester und will neben methodischen Kenntnissen und praktischen Fertigkeiten auch einen Überblick über das gesamte Fachgebiet vermitteln. Dementsprechend breit gestreut sind die Studienanforderungen in dieser Phase. Das sich anschließende Hauptstudium erlaubt hingegen eine gewisse Schwerpunktbildung.

SEMESTER, von latein. semestre tempus = halbjährliche Zeit.

Voneinander abgetrennt werden Grund- und Hauptstudium durch die **Zwischenprüfung**. Diese meist mündliche Prüfung ist nicht berufsqualifizierend, d. h. sie stellt keinen Studienabschluss dar, den man bei Bewerbungen ins Feld führen könnte. Als abgeschlossen gilt das Studium erst mit dem **Magisterexamen**. Dieses besteht aus einer schriftlichen Magisterarbeit im Hauptfach sowie mindestens mündlichen Prüfungen (manchmal kommen Klausuren hinzu) in allen Studienfächern. Die Magisterarbeit ist eine größere wissenschaftliche Arbeit (etwa 100 Seiten) zu einem Thema, das Sie sich selbst aussuchen können. Sie wird von einem Hochschullehrer betreut, mit dem auch das Thema der Arbeit abzusprechen ist. Für ihre Anfertigung stehen sechs Monate zur Verfügung. Ein Aufenthalt im Archiv ist für die Magisterarbeit in der Regel noch nicht nötig: Sie sollen hier unter Beweis stellen, dass Sie ein Thema anhand der vorliegenden Quellen und Forschungsliteratur selbständig erschließen und bearbeiten können. Benotet wird das Werk vom Betreuer der Arbeit sowie von einem zweiten Gutachter, dem Korreferenten. Der Betreuer der Arbeit nimmt auch die mündliche Prüfung im Hauptfach ab, in den beiden Nebenfächern (bzw. im zweiten Hauptfach) sucht man sich die Prüfer ebenfalls selbst aus. Als Lohn der Mühen winkt der erste akademische Titel: der M.A.

Als Alternative zum Magisterstudiengang bieten manche Universitäten einen **Diplomstudiengang Geschichte** an. Im Unterschied zum Magister wird im Diplomstudiengang nur ein einziges Fach studiert, dies aber mit stärkerem Bezug auf die Berufspraxis von Historikern, etwa in Form von Lehrveranstaltungen zum Archivwesen. Allerdings ist dieses Angebot eher selten zu finden: Während der Titel eines Diplom-Historikers in der damaligen DDR der übliche Abschluss in den historischen Fächern war, scheint sich der Diplomstudiengang Geschichte im wiedervereinigten Deutschland nur mit Mühe behaupten zu können. Als akademischer Grad hat das Diplom aber den gleichen Stellenwert wie der M.A.

Kein akademischer, also kein von der Universität nach deren intern festgelegten Regelungen verliehener Titel, sondern eine vom Staat abgenommene Prüfung (daher das Wort Staatsprüfung oder umgangssprachlich: Staatsexamen) steht am Ende des **Lehramtsstudiums**. Der Grund liegt auf der Hand: Wer auf Lehramt studiert, will Lehrer oder Lehrerin werden, und da das Schulwesen als Bereich besonderen öffentlichen Interesses gilt, redet der Staat bei der Ausbildung und Examinierung seiner zukünftigen Lehrer (wie auch bei den Ärzten und Juristen) mit. Eine bundeseinheitliche Regelung gibt es allerdings nicht, denn Schulfragen sind Ländersache! Folglich regelt jedes Bundesland seine Studien- und Prüfungsordnungen für das Lehramt selbst. Dementsprechend vielfältig sind die Ordnungen, dementsprechend schwierig kann sich bei Studium oder Jobsuche ein Wechsel von einem Bundesland ins andere darstellen, und dementsprechend wichtig ist es, sich über die jeweiligen Anforderungen frühzeitig genau zu informieren!

Dies gilt bereits für die Frage der zulässigen **Fächerkombination**. Dass nur jene Fächer auf Lehramt studiert werden können, die in den Schulen auch unterrichtet werden, gilt überall. Von Land zu Land unterschiedlich geregelt ist indes, welche Fächer miteinander kombiniert werden können und welche nicht. In der Regel studieren Lehramtskandidaten zwei Fächer, die zwar in Erst- und Zweitfach abgestuft werden, praktisch aber fast gleichwertig sind. Mancherorts kommt noch ein drittes Fach als dann aber weniger intensiv studiertes Beifach hinzu. Eines dieser Fächer kann Geschichte sein, und zwar Geschichte ohne jeden Zusatz: Während im Magisterstudium mit Alter, Mittelalterlicher, Neuerer und Neuester sowie Osteuropäischer Geschichte (um nur einige zu nennen) gleich mehrere historische Fächer zur Auswahl stehen, gibt es für das Lehramt nur ein einziges **Fach Geschichte**. Das liegt ja auch nahe. Da Lehrer das gesamte Spektrum der Geschichte unterrichten sollen, wäre eine Beschränkung des Lehramtsstudiums auf eine Epoche nicht sinnvoll. Dementsprechend umfassen sowohl die Pflichtveranstaltungen als auch die Prüfungen die gesamte Geschichte von der Antike bis heute. Trotzdem können Sie auch im Rahmen des ebenfalls auf 9 Semester Regelstudienzeit veranschlagten Lehramtsstudiums einen Schwerpunkt in der Frühen Neuzeit entwickeln: Denn zum einen haben Sie nach der auch hier üblichen Zwischenprüfung im Hauptstudium einen gewisse Wahlfreiheit. Und zum anderen bleibt es Ihnen überlassen, wo Sie Ihre Abschlussarbeit thematisch und zeitlich ansiedeln.

Obligatorisch für alle Lehramtsstudierenden sind hingegen fachdidaktische Veranstaltungen. Die **DIDAKTIK** der Geschichte befasst sich mit der Frage, wie man historisches Wissen vermittelt, und das ist von zentraler Bedeutung für den Geschichtsunterricht. Die praktische Umsetzung dieser theoretischen Kenntnisse beginnt mittlerweile nicht mehr erst im Referendariat nach dem ersten Staatsexamen, sondern schon während des Studiums: In obligatorischen Schulpraktika können Lehramtskandidaten lange vor dem Examen überprüfen, ob sie wirklich für die Schule geschaffen sind. Des Weiteren kommen in manchen Bundesländern Pflichtveranstaltungen hinzu, in denen die zukünftigen Lehrer für ethische und soziale Fragen sensibilisiert werden sollen, in Baden-Württemberg etwa im Rahmen des EPG (Ethisch-Philosophisches Grundlagenstudium). Welche Anforderungen im Einzelnen in Ihrem Bundesland und an Ihrer Hochschule für Ihre Fächerkombination gelten, sollten Sie vor Ort klären.

Das gilt auch für die Details der Abschlussprüfung. Im allgemeinen besteht das **Staatsexamen** aus einer schriftlichen Zulassungsarbeit im Hauptfach, der „Zula", die eine größere wissenschaftliche Hausarbeit darstellt, innerhalb von vier Monaten anzufertigen ist und etwa 60 Seiten umfassen sollte. Hinzu kommen Klausuren sowie mündliche Prüfungen in allen Fächern. Betreut und z. T. auch

DIDAKTIK, von griech. didache = Lehre; die Wissenschaft vom Lehren und Lernen, also eine Art Unterrichtslehre.

EXAMEN, latein. = Prüfung.

geprüft werden die Lehramtskandidaten von den gleichen Hochschullehrern, die sich um die Magisterstudierenden kümmern. Aber während diese ein universitätsinternes **EXAMEN** ablegen, dessen Richtlinien allein die Universität definiert hat, sind an der Konzipierung und Durchführung der Lehramtsprüfungen auch Vertreter des **Staatlichen Schulamtes** beteiligt. Und genau das macht diese Prüfungen zum Staatsexamen.

Abb. 2

Verleihung der Doktorwürde an der Universität Heidelberg im 16. Jahrhundert.

PROMOTION, von latein. promovere = fortbewegen.

DOKTOR, von latein. doctor = Lehrer.

RIGOROSUM, latein. = streng.

DISPUTATIO, von latein. disputare = genauer erwägen, erörtern.

Wer nach erfolgreich abgeschlossenem Magister- oder Lehramtsstudium weitermachen will, kann eine Promotion anschließen. Der Begriff **PROMOTION** steht für die Verleihung der **DOKTORWÜRDE**, also für einen offiziellen, mehr oder weniger feierlichen Akt. Die Doktorarbeit ist eine wissenschaftliche Studie, die im Umfang deutlich über der Magisterarbeit liegt, meist auf eigener Quellenarbeit in Archiven beruht und neue wissenschaftliche Erkenntnisse präsentieren soll. Wie viel Zeit eine solche Arbeit in Anspruch nimmt, hängt von vielen Faktoren ab. In der Regel kann man aber davon ausgehen, dass es immer länger als geplant dauert und die offiziell gewünschten zwei bis drei Jahre oft nicht ausreichen. Eine mündliche Prüfung steht am Ende des Verfahrens. Sie stellt entweder eine Prüfung über Themen nach Wahl und Absprache (**RIGOROSUM**) oder eine mündliche „Verteidigung" der Arbeit (**DISPUTATIO**) in einer Art Streitgespräch dar. Wer all dies überstanden und seine

Doktorarbeit schließlich auch noch veröffentlicht hat, darf den Doktortitel führen, und zwar, da das Fach Geschichte zur Philosophischen Fakultät gehört, den Titel **DR. PHIL.**

Allerdings gibt es auch den direkten Weg zum Doktortitel: **die grundständige Promotion**. Hier wird zwar nach den Regeln des Magisterstudienganges studiert, die Magisterprüfung samt Magisterarbeit aber ausgelassen. An deren Stelle tritt die Promotion als erster Abschluss. Auf diese Weise lässt sich zweifellos Zeit sparen. Es lässt sich aber auch sehr viel Lebenszeit verschwenden: Wenn die Promotion aus irgendeinem Grund nicht zu Ende gebracht wird, steht der Student folglich ohne jeden Abschluss da. Also: Risiken und Nebenwirkungen beachten!

Der Doktortitel kann im Übrigen seit dem 19. Jahrhundert auch **ehrenhalber (honoris causa)** für hervorragende wissenschaftliche oder schöpferische Leistungen verliehen werden: Solche Ehrendoktoren dürfen sich **DR. H.C.** nennen.

Und der **PROFESSORENTITEL**? Den erhält, wer auf eine Professur berufen wird. Voraussetzung hierfür ist eine weitere akademische Prüfung, die zu einem weiteren Titel führt: Die Prüfung ist die so genannte **HABILITATION**, mit der die **Venia legendi** verliehen wird, der Titel lautet Dr. habil. oder Privatdozent (PD). Gelegentlich wird auch der Professorentitel ehrenhalber verliehen. Aber anders als bei den ordentlichen, d.h. ordnungsgemäß berufenen Professoren ist mit dieser Ehre keine Stelle an der Uni verbunden. Man spricht daher in diesen Fällen von **außerplanmäßigen Professoren** oder kurz von apl. Profs.

So viel zu den traditionellen Abschlüssen. Dass neben diesen alten auch neue Studiengänge und Titel im Entstehen begriffen sind, zeigt der nächste Abschnitt.

> **DR. PHIL.**, von latein. Doctor philosophiae = Doktor der Philosophie; Doktortitel in allen Fächern der Philosophischen Fakultät.

> **DR. H.C.**, von latein. Doctor honoris causa; ehrenhalber verliehener Doktortitel.

> **PROFESSOR**, von latein. profiteri = bekennen; für ein bestimmtes Fach eintreten.

> **HABILITATION**, von latein. habilis = fähig; akademische Prüfung zur Verleihung der Venia legendi (Lehrbefugnis; Berechtigung, Vorlesungen zu halten).

Bachelor, Master, Graduiertenschule: das neue System

| 1.2.2

Bachelor, Master, Bologna-Prozess: Diese Begriffe stehen für die Reform von Hochschulen und Studiengängen in ganz Europa. Ausgangspunkt dieser Reform war der Wunsch, das Hochschulsystem in Europa einheitlicher zu gestalten: Studienleistungen und -abschlüsse sollen international vergleichbarer, Studienwechsel und Berufssuche innerhalb Europas damit leichter und die Mobilität auf diese Weise größer werden.

Info

Der Bologna-Prozess

▶ Da die erste gemeinsame Erklärung der EU-Bildungsminister zu den Hauptzielen der Reform 1999 in Bologna verabschiedet wurde, nennt man die Umsetzung dieses Projekts auch den „Bologna-Prozess". Mittlerweile (Stand Mai 2005) nehmen 45 europäische Länder am Bologna-Prozess teil, d. h. weit mehr als die 25 EU-Mitgliedsstaaten. Von der Unterzeichnung bis zur Durchführung ist es allerdings ein weiter Weg: Die Reformen sollen laut Plan bis zum Jahr 2010 umgesetzt sein, und bis dahin wird die Umbruchphase anhalten. Um so wichtiger ist es, sich die grundlegenden Modelle und Entwicklungstendenzen rechtzeitig klar zu machen.

B.A., von latein. Bakkalaureus Artium = mit der Zwischenprüfung im mittelalterlichen Magisterstudium erworbener erster akademischer Titel; heute meist: Bachelor of Arts.

Für die deutsche Hochschullandschaft geht es beim Bologna-Prozess im Kern um eine **Studiengangreform**, konkret: um die Einführung der Studiengänge **B.A.** (**Bakkalaureus Artium, Bachelor of Arts**) und **M.A.** (**Master of Arts**). Von diesen Studiengängen versprechen sich die Bildungspolitiker nicht nur eine Europäisierung des alten Systems, sondern auch die Lösung seiner zahlreichen Probleme: Die Quote derer, die das Studienfach wechseln oder das Studium ganz abbrechen und die Universität vielleicht ohne jeden Abschluss verlassen, liegt bei den historischen Fächern erschreckend hoch: Beim Magisterstudium etwa machen im Durchschnitt nur 20 % all derer, die als Erstfach Geschichte gewählt haben, auch das Examen (Quelle: Informationssystem Studienwahl und Arbeitsmarkt, Universität Essen). Diejenigen, die bis zum Ende durchhalten, brauchen statt der gewünschten Regelstudienzeit von 9 Semestern tatsächlich im Schnitt 12,5 Semester (2002). Und die schlechten Berufsaussichten von Historikern und anderen Geisteswissenschaftlern führen die Reformbefürworter nicht nur auf das zu hohe Alter der Absolventen, sondern auch auf ihre zu theoretische, zu praxisferne und damit falsche Ausbildung an der Uni zurück.

Als Lösung für all diese Probleme werden gern die Kürzel B.A. und M.A. präsentiert. Sie stehen für zwei neue Studienabschlüsse: für den Bachelor of Arts und für den Master of Arts, der zur Unterscheidung von seinem Vorgänger, dem alten Magister Artium, stets anglisiert auftritt. Neu scheint dabei lediglich der B.A., und auch das nur auf den ersten Blick. Denn zum einen bezieht sich auch dieser Titel auf einen mittelalterlichen Vorläufer: auf das Bakkalaureat, eine Art Zwischenprüfung im Magisterstudium der Sieben freien Künste, die mit dem Titel eines Bakkalaureus belohnt wurde. Und zum zweiten ist der B.A. international schon lange üblich, obschon in Frankreich unter einem anderen Namen: dort ist mit dem „baccalauréat" oder kurz „bac" das Abitur gemeint! In fast ganz Europa wie auch in den USA bezeichnet der B.A. den ersten berufsqualifizierenden akademischen Abschluss. Er steht am Ende eines Studiums, das meist von einem starken Praxisbezug geprägt ist und nur sechs Semester (in den USA 4 Jahre) dauert. Mit der Einführung eines solchen sechssemestrigen Studienganges namens B.A. Geschichte scheinen mehrere Probleme gelöst: Die Studiendauer wird reduziert, das Studium berufsnäher, und wer bisher die Uni vor dem Examen verlassen hätte, schafft es jetzt vielleicht bis zum B.A. und damit zu einem berufsqualifizierenden Abschluss. Diese **Qualifizierung für einen Beruf** ist denn auch das Hauptziel des B.A.: Obschon auch historische Sachkenntnis und Methodenkompetenz vermittelt werden soll, will dieser Studiengang keine spezialisierten Geschichtswissenschaftler ausbilden. Er will die Berufschancen seiner Absolventen jenseits der reinen Wissenschaft erhöhen.

Wer den B.A. erworben hat, kann aber auch weiter studieren und den ebenfalls international bereits weit verbreiteten **Master of Arts** anschließen. Mit dem alten Magisterstudiengang teilt der neue die Zielsetzung: Auch der Masterstudiengang will neben historischen Kenntnissen wissenschaftliche Fähigkeiten vermitteln, er will also nicht nur historisch informierte Allrounder wie der B.A., sondern Geschichtswissenschaftler ausbilden. Dennoch gibt es einen entscheidenden Unterschied zum traditionellen Magisterstudiengang: B.A. und M.A. sind **konsekutive**, d.h. aufeinander folgende Studiengänge. Zuerst kommt der B.A.-Studiengang, und zwar für alle, unabhängig von individuellen Berufszielen und Leistungen. Nur wer den B.A. bereits erworben hat, kann den auf vier Semester angelegten M.A.-Studiengang anschließen. Zu ergänzen ist: Wenn er es darf! Die Frage, welche B.A.-Absolventen zum M.A.-Studiengang zugelassen werden, ist an vielen Universitäten derzeit noch völlig offen.

Offen sind auch zahlreiche andere Fragen. Die Studiengangreform ist zwar beschlossene Sache, ihre **Umsetzung** steckt aber noch in den Anfängen. So gab es zum Sommersemester 2004 zwar schon rund 2000 neue B.A.- und M.A.-Studiengänge in Deutschland. Aber zum einen sind in diesen neuen Studiengängen nur 5 % aller Studierenden immatrikuliert. Und zum anderen legen bislang vor allem die Ingenieurwissenschaften Reformeifer an den Tag. Die Geisteswissenschaften einschließlich des Faches Geschichte zeigen sich

PRAKTISCHES: FRÜHE NEUZEIT IM STUDIUM

hingegen besonders zögerlich. Folglich ist bei Prognosen, wie sich das Geschichtsstudium verändern wird, Vorsicht geboten. Einige Eckpunkte lassen sich gleichwohl benennen.

Verändern wird sich die Art der Leistungskontrolle: Zusätzlich zur eigentlichen Note werden für jede Studienleistung zukünftig auch **Leistungspunkte** vergeben, die aus den USA bekannten Credit Points oder Credits. Deren Höhe ist für jeden Veranstaltungstypus festgelegt (z.B. für den Besuch eines Proseminars 4 Punkte) und daher unabhängig von der individuellen Note. Im Interesse der europaweiten Vergleichbarkeit orientieren sich die meisten Universitäten bei der Bemessung der Leistungspunkte am so genannten „European Credit Transfer System", kurz: **ECTS**. Da in allen Ländern des Bologna-Prozesses für vergleichbare Studienleistungen die gleiche Zahl von Leistungs- oder ECTS-Punkten vergeben wird, fungieren diese Punkte als eine Art gemeinsame Währung für die gegenseitige Anerkennung von Studienleistungen und Abschlüssen. Da man Leistungspunkte aber nur für nachprüfbare Leistungen vergeben kann, wird die Zahl der mündlichen wie schriftlichen Prüfungen stark zunehmen. Anders als bisher enden daher Seminare und selbst Vorlesungen mit einer Abschlussprüfung, für die sowohl die für den jeweiligen Veranstaltungstyp vorgesehenen Leistungspunkte als auch eine individuelle Note vergeben werden. Zum Ausgleich für diesen Zuwachs an Prüfungen innerhalb der einzelnen Lehrveranstaltungen werden die bisherigen Zwischen- und Abschlussprüfungen in so genannte **studienbegleitende Prüfungen** umgewandelt: Hat man die für das Grundstudium vorgeschriebenen Leistungspunkte beisammen, gilt die Zwischenprüfung als bestanden. Die Note wird aus den bisher erworbenen Einzelnoten errechnet. Für das Abschlussexamen gilt ähnliches: Hat man die für das Hauptstudium vorgeschriebenen Leistungspunkte erworben, steht zwar noch eine schriftliche Abschlussarbeit aus. Da für deren Anfertigung weniger Zeit zur Verfügung steht als für die bisherige Magisterarbeit, sind Umfang und Aufwand dieser Abschlussarbeiten aber deutlich geringer als im alten System. Die Gesamtnote ergibt sich aus den Noten der einzelnen Lehrveranstaltungen und der Abschlussarbeit.

Für die Studienorganisation zentral ist der Begriff der **Modularisierung**. Ein **MODUL** ist eine Lehreinheit, die sich aus mehreren (in der Regel zwei) fachlich sinnvoll miteinander kombinierten Lehrveranstaltungen zusammensetzt. Das Modul wird meist innerhalb eines Semesters durchgeführt. Ziel der Modularisierung ist es, the-

ECTS, European Credit Transfer System; Punktesystem, das die Anrechnung und Vergleichbarkeit von Studienleistungen innerhalb Europas erleichtern soll.

MODUL, von latein. modulus = Maß, Maßstab; heute meist: eine geschlossene Einheit.

matisch aufeinander bezogene Lehrveranstaltungen zu Blöcken zu bündeln und damit einen vertieften Wissenserwerb zu ermöglichen. Ob die Module nach chronologischen oder inhaltlichen Gesichtspunkten zusammengestellt werden, ob zwischen Einführungs- und Vertiefungsmodulen, zwischen Pflicht- und Wahlmodulen differenziert wird – all dies ist Sache der einzelnen Universitäten und ihrer Fachbereiche. Lediglich eines dürfte feststehen: Unter den verpflichtend vorgeschriebenen Modulen des B.A.-Studiengangs werden sich auch im Fach Geschichte solche finden, die keine historischen, sondern allgemein **berufsbezogene Fertigkeiten** vermitteln: Fremdsprachen, Computerprogramme, Umgang mit verschiedenen Medien – alles, was die Chancen der Historiker auf dem Arbeitsmarkt zu erhöhen verspricht, kann im Rahmen solcher Module gelehrt werden.

Insgesamt wird das B.A.-Studium vielleicht berufsnäher, ganz sicher aber verschulter als das bisherige Studium. Die Zahl der Klausuren wird deutlich steigen, die Freiheit bei der Auswahl der Lehrveranstaltungen dürfte sinken. Zu befürchten steht auch, dass im B.A.-Studium das Schwergewicht auf die Vermittlung historischen Wissens gelegt wird, und zwar auf Kosten methodischer Kenntnisse. Die eigentliche wissenschaftliche Ausbildung würde dann dem Aufbaustudiengang M.A. vorbehalten bleiben. Ob all dies eintritt, wird die Zukunft zeigen.

Dies gilt auch für die Frage, ob die Studiengangreform zu der gewünschten Vereinheitlichung im europäischen Maßstab führt oder nicht eher einer **Zersplitterung** innerhalb Deutschlands Vorschub leistet. Letzteres steht angesichts der diskutierten **Fächerkombinationen** zu befürchten. Manche Universitäten planen einen Ein-Fach-B.A., andere ziehen einen Zwei-Fach-B.A. vor und wieder andere erwägen einen B.A.-Studiengang mit 1,5 Fächern (einem Hauptfach und einem, so die unschöne Bezeichnung, „Krüppel-Nebenfach"). Fraglich ist auch, welche Geschichte denn überhaupt studiert werden soll, ob also das B.A.-Studium die ganze Geschichte umfasst und die Spezialisierung erst mit dem M.A., etwa in Form eines M.A. Neuere und Neueste Geschichte einsetzt. Wenn dies jede Universität nach Belieben regelt, wird das Angebot zwar variantenreicher, ein Studienplatzwechsel aber kaum noch möglich sein. Dieser Trend dürfte sich in Zukunft eher noch verstärken. So starteten allein zum WS 2004/05 gleich mehrere hoch spezialisierte, auf konkrete Berufsfelder zugeschnittene **M.A.-Studiengänge**, die auch für Absolventen des

B.A.-Studiengangs Geschichte in Frage kommen: An der Universität Osnabrück wird ein Masterstudiengang „Internationale Migration und interkulturelle Beziehungen" angeboten, die Universität Bremen geht mit einem Masterstudium „Kunst- und Kulturvermittlung – Schwerpunkt Museum" ins Rennen, und an der Universität Marburg beginnt einen Masterstudiengang „Peace and Conflict Studies".

Auch wenn die Umsetzung noch nicht überall klar ist: dass der **Lehramtsstudiengang** von der Reform ebenfalls betroffen sein wird, steht fest. Unklar ist sein konkretes Schicksal: Viele Bundesländer experimentieren zwar mit einem **Bachelor of Education**, also einer Art Lehrer-B.A., den man in verschiedenen Fächern ablegen kann. Aber die entscheidenden Fragen, wie etwa die der Prüfungsanforderungen, harren für das Lehramt (wie im Übrigen auch für kirchliche Abschlüsse und künstlerische Studiengänge) noch der Regelung.

Ebenfalls von der Studiengangreform betroffen ist die **Promotion**: Im Bologna-Prozess ist die Rede von der Promotion als der dritten Phase des Studiums, von einem eigenen Promotionsstudium, ja gar von „**GRADUIERTENSCHULEN**". Wie das genau aussehen soll, weiß allerdings noch niemand.

GRADUIERT, mit einem akademischen Grad versehen.

Tipp

Studienberatung nutzen

Lassen Sie sich an Ihrer Universität gezielt beraten! Neben den allgemeinen Studienberatungen gibt es für alle Fächer und so auch für Geschichte eine spezielle Anlaufstelle. Hier werden Sie alles Nötige über die Regelungen und Anforderungen im Studium erfahren.

Aufgabe zum Selbsttest

● Nennen Sie Ziele, Aufbau und Eigenheiten des Studienganges, für den Sie sich entschieden haben.

Literatur

Heinz-Jürgen Beyer, Birgit Röder, **Studienführer Geschichts-, Kunst- und Altertumswissenschaften**, 3., aktualisierte und erweiterte Auflage Würzburg 1998.
Margarete Hucht, **Studienführer Lehramt**, Würzburg 2004.
Rainer A. Müller, Geschichte der Universität. **Von der mittelalterlichen Universitas zur deutschen Hochschule**, München 1990.
Peter Wex, Bachelor und Master. **Die Grundlagen des neuen Studiensystems in Deutschland. Ein Handbuch**, Berlin 2005.

Berufsziele und Berufsperspektiven | 1.3

Bevor Sie diesen Abschnitt lesen, sollten Sie sich eines klar machen: Garantien gibt es nicht. So wenig es ein Studium oder eine andere Ausbildung gibt, mit der man garantiert einen Job bekommen würde, so wenig gibt es Studiengänge oder Ausbildungen, mit denen man garantiert keinen Job bekommt. Chancen haben Sie immer! Auf welchen Gebieten die Chancen für Historiker und Historikerinnen liegen, wie realistisch sie sind und was Sie tun können, um Ihre persönlichen Chancen zu erhöhen, wird im Folgenden beschrieben.

Was Historiker werden können | 1.3.1

Historiker und Historikerinnen können fast alles werden, wenigstens in der Theorie. Die Zahl der Berufe, die ausschließlich mit Historikern besetzt werden, für die man also Geschichte studiert haben muss, ist zwar überschaubar. Hinzu kommen jedoch zahlreiche Tätigkeitsfelder, für die ein Geschichtsstudium nicht zwingend nötig, aber doch hilfreich ist.

Berufe für Historiker im engeren Sinne finden sich zunächst in Forschung und Lehre. Bei Forschung und Lehre denkt man wohl zuerst an den Ort, an dem beides aufeinander trifft: an die **UNIVERSITÄT**. Tatsächlich besteht die „Zunft" der Historiker, also die Gruppe derjenigen, die sich als Historiker verstehen und meist auch im entsprechenden Verband, dem **„Verband der Historiker und Historikerinnen Deutschlands"** organisiert sind, zum größten Teil aus an Hochschulen tätigen Geschichtswissenschaftlern. Zur „Zunft" zählen aber auch jene Historiker, die nur in der Forschung und das heißt: an einer **Forschungseinrichtung** außerhalb der Universität tätig sind. In Deutschland sind dies z. B. das Max-Planck-Institut für Geschichte in Göttingen, das Institut für Europäische Geschichte in Mainz oder die Akademien der Wissenschaften in Berlin, Göttingen, Heidelberg und München mit ihren Historischen Kommissionen. Andere Einrichtungen sind speziell für bestimmte Zeitabschnitte zuständig: so etwa das Institut für Zeitgeschichte in München oder, für unsere Epoche, das Frankfurter Zentrum zur Erforschung der Frühen Neuzeit. Und schließlich gibt es noch die Einrichtungen, die sich mit allen Epochen beschäftigen, dies aber im Ausland tun: die Deutschen Historischen Institute in Paris, Rom, London, Washington

UNIVERSITÄT,
von latein. Universitas =
die Gemeinschaft der
Lehrer und Schüler.

D.C., Warschau und seit 2005 auch Moskau. Für eine wissenschaftliche Karriere müssen Sie neben einer Promotion vor allem Durchhaltevermögen mitbringen: Die erste unbefristete Stelle erlangen Historiker im Wissenschaftsbereich selten vor, oft deutlich nach ihrem 40. Geburtstag. Und die von befristeten Verträgen und großer beruflicher Unsicherheit geprägten Jahre bis dahin wollen durchgehalten sein.

Abb. 3

Arbeitsplatz Museum.

Abb. 4

Arbeitsplatz Archiv.

Ebenfalls promoviert sein müssen Sie in aller Regel für eine Reihe anderer Berufe, für die speziell Historiker gesucht werden. Solche Stellen finden sich im **Archivdienst**, in wissenschaftlichen **Bibliotheken**, aber auch in **Museen**. Der Weg ins Museum führt über ein zweijähriges wissenschaftliches Volontariat. Archivare und Bibliothekare werden hingegen an eigenen Archiv- und Bibliotheksschulen ausgebildet, auch hier in Schulungen von etwa zwei Jahren Dauer.

Zu den Berufen, die ein Geschichtsstudium zwingend voraussetzen, gehört auch der des **Geschichtslehrers**. Studieren müssen Sie für diesen Beruf auf Lehramt, und nach dem ersten Staatsexamen, mit dem Sie Ihr Studium beenden, haben Sie eine praktische Ausbildung im Schuldienst, das Referendariat, hinter sich zu bringen (bisher zwei Jahre, in Zukunft wohl kürzer). Abgeschlossen ist die Ausbildung zum Lehrer erst mit dem zweiten Staatsexamen am Ende des Referendariats.

Den eindrucksvollen (und in der Tendenz weiter steigenden) Zahlen derer, die Jahr für Jahr mit einem Geschichtsstudium beginnen (2003 waren es ca. 27 000 Personen) stehen auf dem **Arbeitsmarkt** deutlich bescheidenere Aussichten gegenüber.

Die **Absolventenquote** ist im Fach Geschichte zwar gering, die absoluten Zahlen sind für den Arbeitsmarkt dennoch zu hoch. Wenn etwa von den Studienanfängern mit Geschichte als Erstfach im Magisterstudium lediglich 20 % das Examen ablegen, so sind dies immer noch im Schnitt 1400 Absolventen (Stand: 2002), die jedes Jahr auf den Arbeitsmarkt drängen bzw. drängen könnten: Die Hälfte aller frischgebackenen Magister zieht es vor, nach dem ersten Examen auch noch zu **promovieren**. So liegt die Zahl der arbeitsuchenden Magister zwar unter den jährlich abschließenden 1.400, aber dafür kommen pro Jahr durchschnittlich 450 frisch promovierte Historiker hinzu.

Mit Staatsexamen dürften derzeit die Chancen auf einen Beruf, der mit Geschichte zu tun hat, höher sein als mit einem **Magisterabschluss**. Denn wenn man fragt, wie viele Historiker einen der **im engeren Sinne historischen Berufe** außerhalb der Schule ausüben, fällt die Bilanz deutlich düsterer aus. An den Universitäten in Deutschland sind insgesamt 2192 Historiker (Statistisches Bundesamt, Stand: 2002) hauptberuflich beschäftigt, also als Professoren (662), Dozenten und Assistenten (338), wissenschaftliche Mitarbeiter (1152) oder Lehrkräfte für besondere Aufgaben (40). An den historischen Forschungsinstituten im In- und Ausland dürften insgesamt nur einige hundert Historiker tätig sein. Und in Archiven, Bibliotheken und Museen liegen die Zahlen kaum höher.

Was heißt das? Nur ein Bruchteil derer, die dafür durch ihr Magisterexamen qualifiziert wären, ist auch in einem im engeren Sinne historischen Beruf tätig. Das heißt umgekehrt, dass die große Mehrheit aller Absolventen im Fach Geschichte in **fachfernen Tätigkeitsfeldern** arbeitet. So finden sich Historiker und Historikerinnen im Dokumentationswesen, in den alten und neuen Medien, in Verlagen, bei der Öffentlichkeitsarbeit für Verbände, Parteien, Unternehmen etc., in der politischen Bildung und der Erwachsenenbildung, aber auch im Auswärtigen Dienst, als Werbe- und Marketingfachleute, als Unternehmens- oder EDV-Berater. In vielen dieser Bereiche ist ein Doktortitel nicht unbedingt nötig, aber oft hilfreich. In der Erwachsenenbildung erweist sich ein Staatsexamen als vorteilhaft, im Journalismus, der für Einsteiger oft ein zweijähriges Volontariat vorsieht, ist praktische Erfahrung schon während des Studiums besonders wichtig.

1.3.2 | Was man tun kann: Tipps und Anlaufstellen

Angesichts dieser nicht gerade beflügelnden Aussichten werden Sie sich vielleicht fragen, was Sie zur Verbesserung Ihrer Berufsaussichten tun können. Natürlich, Sie sollten **gut und zügig studieren**. Aber Sie sollten sich auch **weitere Qualifikationen** aneignen. Die neuen B.A.- und M.A.-Studiengänge legen Ihnen den Erwerb von Zusatzqualifikationen eher ans Herz, als es der alte Magisterstudiengang getan hat. Aber gestern wie heute gilt: Letztendlich kommt es allein auf Sie an. Was also ist zu tun? Informieren Sie sich, welche Berufsfelder es überhaupt gibt – Sie werden überrascht sein! Überlegen Sie sich, welcher Bereich Sie reizen würde. Und vor allem: Handeln Sie! Machen Sie frühzeitig während des Studiums Praktika, sammeln Sie Auslandserfahrung, lernen Sie Fremdsprachen, eignen Sie sich Schlüsselqualifikationen und Soft Skills an. Aber der Reihe nach.

Informationen und Beratungsangebote bieten die Berufsinformationszentren der Bundesagentur für Arbeit (BA), aber auch die meist mit der BA kooperierenden Career Center der Universitäten. Viele der Informationen und Broschüren, die Sie dort erhalten, finden sich mittlerweile auch im Internet (z. B. unter berufenet.arbeitsamt.de).

Ein **Praktikum**, also eine praktische Tätigkeit in einem möglichen Berufsfeld, wird in der Regel zwar nur schlecht oder gar nicht bezahlt. Dennoch bringt es Ihnen einiges ein: Klarheit, ob dieses Berufsfeld wirklich für Sie in Frage kommt; Erfahrungen in der Berufswelt, auf die man in Bewerbungen hinweisen kann und die mittlerweile fast schon vorausgesetzt werden; und: Kontakte, die Ihnen später nützen können. Nicht, dass Ihre Betreuer aus dem Praktikum Ihnen später einen Arbeitsplatz auf dem Silbertablett

BERUFSZIELE UND BERUFSPERSPEKTIVEN

servieren. Aber sie werden Ihnen ein Zeugnis schreiben (bestehen Sie darauf!), das Ihnen bei späteren Bewerbungen nützen dürfte, sie können Ihnen weitere Ansprechpartner nennen, sie geben Ihnen vielleicht konkrete Tipps für dieses spezielle Berufsfeld. Am besten, Sie machen gleich mehrere Praktika: Wenn Sie noch keine Ideen für Ihre berufliche Zukunft haben, lernen Sie auf diese Weise viele Bereiche kennen. Wenn Sie sich bereits für einen Bereich besonders interessieren, können Sie Ihr Interesse und Engagement später durch mehrere Praktika nachweisen. Machen Sie möglichst früh Ihr erstes Praktikum: Nach der Zwischenprüfung, also etwa ab dem vierten Semester, sollten Sie sich auf die Suche nach einem Praktikumsplatz machen. Und wie kommt man an ein Praktikum? Erkundigen Sie sich bei den bereits genannten Beratungsstellen, hören Sie sich bei Ihren Kommilitonen um, suchen Sie in einschlägigen Publikationen (z. B. im Uni-Magazin und anderen Heften, die an den Hochschulen ausliegen, oder im für Historiker ohnehin sehr wichtigen Internet-Forum hsozkult.geschichte.hu-berlin.de), behalten Sie auch die Aushänge an der Uni im Auge.

Auslandserfahrung ist ebenfalls ein Plus auf dem Arbeitsmarkt. Um diese zu erlangen, könnten Sie ein Praktikum im Ausland machen. Sie könnten aber auch ein oder besser zwei Semester **im Ausland studieren**. Damit zeigen Sie Mobilität und Initiative, Sie lernen

Info

Auslandsstudium

▶ Wie kommt man an einen Studienplatz im Ausland? Wo kann man dort wohnen? Und wie lässt sich das alles finanzieren? Keine Angst, bei Fragen dieser Art und vor allem bei der Vermittlung von Studienplätzen im Ausland wird Ihnen von verschiedenen Stellen Hilfe geboten: Es gibt Stipendienprogramme, die Ihr Auslandsstudium finanziell und organisatorisch unterstützen (z. B. Socrates, das Programm der EU), und es gibt an jeder Uni Ansprechpartner, die Sie über diese Programme informieren. Es gibt Institutionen wie den DAAD (Deutscher Akademischer Austauschdienst; im Internet unter www.daad.de), die Beratung und Programme anbieten, es gibt auch an Ihrer Universität ein Auslandsamt oder International Office, das Ihnen weiterhelfen kann. Dort erfahren Sie auch, ob Ihre Universität Partnerschaften mit Hochschulen im Ausland unterhält und ob mit diesen Unis Austauschprogramme bestehen. Eine besondere Möglichkeit könnte sich bieten, wenn Sie in einer Grenzregion leben und studieren. Erkundigen Sie sich, ob Ihre Uni grenzüberschreitende Kooperationen unterhält, und nutzen Sie die Gelegenheit, Lehrveranstaltungen an den Partnerunis im nahegelegenen Ausland zu besuchen.

ein anderes Land, ein anderes Hochschulsystem kennen. Und Sie können Ihre Fremdsprachenkenntnisse verbessern. Denn eines sollten Sie bedenken: Ob man es später dann wirklich braucht oder nicht – mindestens Englisch wird heute für sehr viele Berufe vorausgesetzt. Besser also, Sie lernen es gründlich, noch besser, Sie beherrschen daneben weitere Fremdsprachen. Ein Auslandsstudium sollten Sie ebenfalls bald nach der Zwischenprüfung einschieben. Dementsprechend frühzeitig müssen Sie mit der Planung beginnen.

Schlüsselqualifikationen sind vielseitig verwendbare und benötigte Fähigkeiten jenseits der fachlichen Kompetenz. Historisches Faktenwissen zählt also nicht dazu. Aber dennoch haben Sie in dieser Hinsicht mit dem Geschichtsstudium das große Los gezogen: Hier können Sie alle Schlüsselqualifikationen erwerben, die auf dem Arbeitsmarkt neben den Fremdsprachen geschätzt und gefordert werden: Lesen, Schreiben, Reden, Recherchieren, Strukturieren, Präsentieren, Positionen erarbeiten, nachvollziehen und prüfen, Standpunkte gegeneinander abwägen und zu Entscheidungen kommen, Zusammenhänge erforschen und erkennen, Strukturen erfassen, sich schnell in neue Gebiete einarbeiten – all dies üben Sie während des gesamten Studiums. Auch die so genannten „weichen", auf das menschliche Miteinander bezogenen Fähigkeiten, die **Soft Skills**, werden im Geschichtsstudium geschult: Teamwork können Sie in studentischen Arbeitsgruppen einüben, Ihr Kommunikationsvermögen wird vom Zuhören und Mitreden in den Seminaren profitieren, und da Geschichte zur Auseinandersetzung mit dem Fremden zwingt, wächst auch Ihre soziale und interkulturelle Kompetenz.

Zu den Fertigkeiten, die am Arbeitsmarkt nachgefragt, im Geschichtsstudium aber nicht automatisch vermittelt werden, gehören **Computerkenntnisse**. Allerdings bietet das Geschichtsstudium genug Anreize, den Umgang mit den wichtigsten Textverarbeitungsprogrammen und mit dem Internet zu üben. Schließlich wollen Sie Ihre Hausarbeiten bequem am Computer schreiben, und gerade als im kritischen Umgang mit Quellen geschulte Historiker werden Sie auch das Internet zu nutzen wissen. Die eigenen Computerkenntnisse im Selbststudium oder in speziellen Kursen über dieses Mindestniveau hinaus zu vertiefen, wird vielleicht nicht jeden reizen. Den Berufschancen könnte es allerdings nicht schaden. Im Übrigen empfiehlt es sich, möglichst bald vom Adler-Augen-Such-System zum **Zehnfingersystem** überzugehen. Zügig tippen zu können, erleichtert nicht nur die Arbeit im Studium, es hilft auch im Berufsleben. Mit preiswerten Selbstlern-Programmen ist das kein Problem.

Momentan empfehlen die professionellen Berufsberater den Absolventen geistes- und damit auch geschichtswissenschaftlicher Fächer, sich **betriebswirtschaftliche Kenntnisse** anzueignen. Solche Kenntnisse sind z. B. gefragt, wenn Sie in einem Verlag arbeiten wollen. Zum Berufsbild eines Lektors gehört es auch, neue Projekte unter wirtschaftlichen Gesichtspunkten zu bewerten. So kann Ihnen der Nachweis einer entsprechenden Zusatzqualifikation bei der Bewerbung in diesem Bereich einen entscheidenden Vorteil vor der Konkurrenz bringen. Und außerdem hat die Geschichte ja immer auch eine ökonomische Dimension.

Ein letzter, aber sehr wichtiger Hinweis: Wer Geschichte studiert hat, muss **flexibel sein**. Patchwork-Karrieren, die sich aus unterschiedlichen Stationen zusammensetzen, sind wie für alle Geisteswissenschaftler auch für Historiker mittlerweile zum Normalfall geworden. Und auch wenn gerade der Einstieg ins Berufsleben für diese Gruppen als besonders schwierig gilt, so sind die Aussichten auf einen Arbeitsplatz, der vielleicht nicht den ursprünglichen Vorstellungen, wohl aber den eigenen Fähigkeiten und Interessen entspricht, immer noch größer als in anderen Bereichen. Wie gesagt: Es gibt keine Garantien. Aber es gibt Chancen.

Aufgabe zum Selbsttest

● Was können Sie schon im Studium tun, um Ihre Berufschancen zu verbessern?

Literatur

Allgemeine Informationen:
Informationsseite der Bundesagentur für Arbeit: www.berufenet.arbeitsamt.de
Informationssystem Studienwahl und Arbeitsmarkt: www.uni-essen.de/ifa
Margot Rühl (Hg.), **Berufe für Historiker**, Darmstadt 2004.
Auslandsstudium: Deutscher Akademischer Austauschdienst: www.daad.de
Archivwesen: www.uni-marburg.de/archivschule
Museen: www.museumsbund.de
Praktika, Volontariate und Stellen im Verlagswesen: www.boersenblatt.net

1.4 | Was belegen?
Veranstaltungstypen und Stundenplan

Jetzt kann es losgehen: Sie planen Ihr erstes Semester. Dazu haben Sie sich bereits ein **Vorlesungsverzeichnis** besorgt: entweder das im Buchhandel erhältliche Gesamtverzeichnis aller Lehrveranstaltungen Ihrer Universität (dick, oft teuer, nicht immer aktuell) oder das vom Historischen Seminar herausgegebene und dort auch verkaufte **Kommentierte Vorlesungsverzeichnis**. Weil Sie hier und nur hier kurze Beschreibungen der Veranstaltungen sowie erste Lektüretipps finden, Sind Sie mit dem Kommentierten Verzeichnis deutlich besser bedient. Aber auch bei diesem Verzeichnis wird Ihnen zunächst eines auffallen: Es gibt eine ganze Reihe verschiedener Veranstaltungstypen. Und damit beginnen die Fragen: Worin genau unterscheiden sie sich? Wie viele davon sollten Sie belegen? Und nach welchen Kriterien wählen Sie Ihre Veranstaltungen aus? Im folgenden Abschnitt finden Sie Antworten auf diese Fragen.

1.4.1 | Veranstaltungstypen

Grob gesagt gibt es zwei Typen von Veranstaltungen: die Vorlesung und das Seminar. Die **Vorlesung** ist der traditionsreichste Typus und gilt noch immer als Inbegriff der akademischen Lehre: Der Dozent oder die Dozentin hält einen Vortrag, die Studierenden lauschen mehr oder minder andächtig und machen sich Notizen. Das didaktische Ziel, die Aufgabe einer Vorlesung ist es, den Hörern einen Überblick über das im Vortrag behandelte Feld zu vermitteln. Wie eng oder wie weit dieses Feld gesteckt ist, kann sich deutlich unterscheiden. So gibt es Vorlesungen, die auch und gerade für Anfänger einen guten Einstieg in ein Thema ermöglichen. Manchmal werden solche Veranstaltungen ausdrücklich als **Überblicksvorlesungen** gekennzeichnet. Manchmal ist ihr einführender Charakter aber nur den näheren Angaben im Kommentierten Vorlesungsverzeichnis zu entnehmen. Das Thema dieser breit angelegten Vorlesungen kann die Geschichte eines Landes, eines Phänomens oder eines bestimmten Zeitabschnitts sein, für die Frühe Neuzeit also etwa: Frankreich im 16. Jahrhundert, Die Reformation, Die Religionskriege, Die Hexenverfolgung, Die Französische Revolution, Das konfessionelle Zeitalter.

Es gibt aber auch Vorlesungen, die man als **Forschungsvorlesungen** bezeichnen könnte. Diese beschäftigen sich mit spezielleren Themen

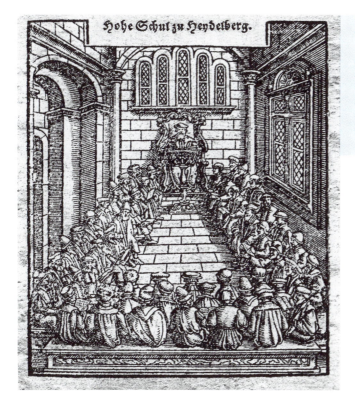

Abb. 5

Die traditionsreichste Form der Lehre: die Vorlesung. Hier ein Heidelberger Professor im 16. Jahrhundert.

und Forschungsdebatten, für die Frühe Neuzeit etwa mit der Absolutismus-Debatte (mit der Frage also, ob es so etwas wie absolutistische Herrschaft überhaupt gegeben hat oder ob dieser Begriff nicht besser ganz aufgegeben werden sollte). Vermittelt werden soll hier weniger ein Überblick als vielmehr ein Einblick in den neuesten Forschungsstand. Ohne Vorkenntnisse ist man in diesen Forschungsvorlesungen oft verloren, für bereits spezialisierte Studierende kann eine solche Veranstaltung der Höhepunkt des Studiums sein.

Natürlich können Sie eine Vorlesung besuchen, ohne eine einzige Zeile zum Thema zu lesen: Laut Untersuchungen der Hochschuldidaktiker bleiben dann etwa 10 % des Gehörten bei Ihnen hängen. Aber wenn Ihnen das zu wenig ist (und das sollte es sein!), wenn Sie den Veranstaltungstyp Vorlesung sinnvoll nutzen wollen, dann müssen Sie die Sitzungen der Vorlesung vor- und nachbereiten, dann müssen Sie selbst lesen! Literaturtipps erhalten Sie meist im Rahmen der Vorlesung.

PRAKTISCHES: FRÜHE NEUZEIT IM STUDIUM

Der Besuch bestimmter Vorlesungen wird künftig zum Pflicht-programm gehören und mit einer schriftlichen Leistungsbescheini-gung des Dozenten, dem so genannten **Schein**, nachzuweisen sein. Und da man einen schriftlichen Leistungsnachweis nur für eine überprüfbare Leistung ausstellen kann, werden auch in Vorlesungen schriftliche oder mündliche Prüfungen über den Stoff Einzug halten.

SEMINAR, von latein. seminarium = Pflanz-schule.

Im Unterschied zu den Vorlesungen sind **SEMINARE** auf Dialog an-gelegte Gesprächsveranstaltungen: Der Dozent oder die Dozentin leitet zwar die Sitzung, aber referiert und diskutiert wird von den Studierenden. Dem entspricht eine andere Zielsetzung als bei der Vorlesung. Im Seminar werden Sie zwar durchaus auch historisches Wissen erlangen. Das eigentliche didaktische Ziel ist jedoch ein an-deres: Hier sollen Sie an einem konkreten Beispiel (dem Seminar-thema) wissenschaftliches Arbeiten erlernen, und zwar durch eige-nes Tun. Bei einem Seminar müssen Sie daher nicht nur an jeder Sitzung teilnehmen und diese gründlich vorbereiten, Sie müssen über die Beteiligung an den Diskussionen hinaus auch selbst aktiv werden: Während des Semesters werden Sie ein Referat zu halten oder als Mitglied einer Arbeitsgruppe eine Sitzung zu gestalten haben; im Anschluss an das Semester müssen Sie eine schriftliche

Näheres zu Hausarbeiten
→ Kap. 4.5

Hausarbeit anfertigen. Diese Hausarbeit ist eine kleine wissen-schaftliche Abhandlung zu einer Frage, die sich aus dem Rahmen-thema des Seminars ergibt. Im Proseminar (s. u.) wird sie 10 bis 15 Seiten umfassen, im Hauptseminar bis zu 25 Seiten. Die Hausarbeit muss sowohl formal als auch inhaltlich wissenschaftlichen An-sprüchen genügen, und zwar jenen Ansprüchen, denen alle Veröf-fentlichungen im Fach Geschichte und alle Autoren einschließlich Ihrer eigenen Dozenten zu folgen haben. Mit anderen Worten: Hier lernen und üben Sie, wie Geschichte als Wissenschaft betrieben wird, hier werden Sie zu Geschichtswissenschaftlern.

Um Sie Schritt für Schritt zu diesem Ziel zu bringen, gibt es ver-schiedene Arten von Seminaren. Grundsätzlich, und das gilt für alle Universitäten und für alle Studiengänge, werden Proseminare (mit oder ohne Tutorat) und Hauptseminare unterschieden. Hinzu kom-men Kolloquien sowie Übungen, wobei von Uni zu Uni variieren kann, was mit diesen beiden Begriffen genau gemeint ist. Für die meisten Hochschulen gilt jedoch die folgende Übersicht.

Das **Proseminar** ist für Studienanfänger und jüngere Semester bis zur Zwischenprüfung gedacht. Es bietet Ihnen anhand der exem-plarischen Beschäftigung mit dem Seminarthema eine erste Ein-

Was belegen? Veranstaltungstypen und Stundenplan

führung in die Geschichtswissenschaft: Hier werden theoretische und methodische Fragen zur Geschichte als Wissenschaft behandelt, hier werden Sie lernen, wie beim wissenschaftlichen Arbeiten vorzugehen ist, und hier können Sie üben, wie man die Ergebnisse seiner Forschungen inhaltlich überzeugend und auch formal korrekt präsentiert. Um es mit einem Wort zu sagen: Im Proseminar lernen Sie die Basics des Faches. Allerdings reicht dazu ein Proseminar oft nicht aus. Deswegen gibt es Bücher wie das, in dem Sie gerade lesen. Außerdem ist es sinnvoll, mehr als ein Proseminar zu besuchen. Manche Proseminare werden von einem so genannten TUTORAT begleitet. Tutorate sind Veranstaltungen, die in Verbindung mit einem Proseminar und parallel zu diesem, d. h. ebenfalls als zweistündige Veranstaltung pro Woche, stattfinden. Ihr Besuch ist für alle Teilnehmer des Proseminars in der Regel obligatorisch, im Klartext: Pflicht! Aber keine Angst, es lohnt sich: Geleitet werden die Tutorate von einem oder einer fortgeschrittenen Studierenden, dem Tutor oder der Tutorin. Deren Aufgabe ist es, Sie mit wichtigen Hilfsmitteln und Techniken vertraut zu machen: Handbücher benutzen, Quellen und Literatur finden, Referate halten, Hausarbeiten konzipieren, richtig zitieren, Fußnoten anlegen – im Tutorat hören Sie nicht nur, wie Sie es machen sollen, hier üben Sie das alles auch praktisch.

> TUTORAT oder TUTORIUM, von latein. tueri = für etwas sorgen.

Die **Hauptseminare** richten sich an Studierende, die das Grundstudium abgeschlossen, d. h. die Zwischenprüfung abgelegt haben. Hier können Sie zeigen, dass Sie mit den Basics vertraut sind. Erwartet wird von Ihnen nicht nur, dass Sie eigenständig Informationen beschaffen, verarbeiten und Ihre Ergebnisse in wissenschaftlich einwandfreier Form präsentieren können. Sie sollten auch ein höheres wissenschaftliches Niveau als im Proseminar anstreben. Das aber will geübt sein, und genau dazu dienen die Hauptseminare und die dort zu schreibenden Hausarbeiten.

Gelegentlich werden auch **Oberseminare** angeboten: Hier beschäftigen sich fortgeschrittene Studierende, die meist schon an ihrer Abschlussarbeit sitzen, mit einem Thema, das ihre eigene Arbeit oder zumindest ihren Interessenschwerpunkt berührt: Oberseminare sind Veranstaltungen für Spezialisten und folglich eher am Ende des Studiums in Erwägung zu ziehen.

Verwandt damit ist das **KOLLOQUIUM**: Dieses unterscheidet sich in einem Punkt ganz wesentlich von den anderen Veranstaltungstypen: Für den Besuch eines Kolloquiums werden keine Scheine aus-

> KOLLOQUIUM, von latein. colloquium = Unterredung, Gespräch.

gestellt. Das Kolloquium kann zwar auch der Diskussion neuerer Forschungsergebnisse dienen – was v. a. bei ausdrücklich als **Forschungskolloquium** gekennzeichneten Veranstaltungen der Fall ist. Die meisten Kolloquien (zumal die ausdrücklich als **Examenskolloquium** ausgewiesenen) widmen sich jedoch der Vorbereitung auf das Examen: Hier werden die laufenden Abschlussarbeiten vorgestellt und diskutiert, hier werden mündliche Prüfungen simuliert. Dieser Orientierung auf den Studienabschluss entspricht die Wahl des Kolloquiums: In der Regel besucht man das Kolloquium desjenigen Hochschullehrers, bei dem man die Abschlussprüfung ablegt. An einem Kolloquium werden Sie folglich erst teilnehmen, wenn Sie sich für einen Prüfer oder eine Prüferin entschieden haben, und das heißt: gegen Ende des Studiums.

Auf keine bestimmte Phase im Studium beschränkt sind die **Übungen**. Im Blick auf die Scheinanforderungen ist die Übung eine Art Seminar ohne Hausarbeit: Sie müssen regelmäßig teilnehmen, sich vorbereiten und in der Sitzung mitarbeiten. Hin und wieder werden Referate, Hausarbeiten hingegen nicht verlangt. Der Hauptunterschied zwischen Seminar und Übung ist indes thematischer Art: Übungen dienen dazu, bestimmte Techniken und Fertigkeiten einzuüben. Das kann zwar auch die Lektüre schwieriger, meist theoretischer Texte sein. Aber in der Regel werden in Übungen z. B. Handschriften entziffert, Selbstzeugnisse interpretiert, Wappen und Münzen auf ihre historische Aussagekraft überprüft – kurz: Fertigkeiten im Umgang mit den Quellen trainiert. Was es damit auf sich hat, erfahren Sie in Kapitel 3.

1.4.2 | ## Workload, SWS, Credit Points. Oder: der gute alte Stundenplan

Eine Sorge bei der Arbeit am Stundenplan hat man Ihnen bereits abgenommen: Wie viele Veranstaltungen Sie mindestens besuchen müssen, schreibt Ihnen die Studienordnung vor. Im alten Magister- und Lehramtsstudiengang ist die Zahl der Scheine und damit der Seminare, an denen Sie erfolgreich teilnehmen müssen, vorgegeben. Umgerechnet auf die einzelnen Semester ergibt sich daraus eine bestimmte Summe von **Semesterwochenstunden (SWS)**, d. h. die Zahl der Stunden, die Sie in einem Semester pro Woche belegen, also in Lehrveranstaltungen zubringen. In den neuen B.A.- und M.A.-Studiengängen ist hingegen geregelt, wie viele **Leistungspunkte**

(Credit Points oder Credits, meist ECTS-Punkte) insgesamt zu erbringen und welche Module dabei zu besuchen sind. Leistungspunkte lassen sich nicht ohne weiteres in Semesterwochenstunden umrechnen. Denn im Unterschied zu diesen berücksichtigen die Credit Points nicht nur die Zeit, die die Veranstaltung dauert, sondern auch die Arbeitsbelastung, die mit dem erfolgreichen Besuch einer solchen Veranstaltung verbunden ist. Dass diese Arbeitsbelastung auf neudeutsch **„Workload"** genannt wird, darf man amüsant finden. Sehr ernst nehmen sollte man jedoch den Grundgedanken dieser Rechnungseinheit: Die verschiedenen Veranstaltungstypen nehmen unterschiedlich viel Arbeitszeit in Anspruch, und genau das ist bei der Zusammenstellung des Stundenplans unbedingt zu beachten. Für eine Vorlesung sollten Sie zur Vor- und Nachbereitung das Doppelte der Veranstaltungszeit rechnen (zumal, wenn eine Abschlussklausur vorgeschrieben ist), für ein Seminar das Dreifache. Für ein Tutorat benötigen Sie neben den zwei Stunden der Sitzung eine weitere zur Lösung kleinerer Aufgaben. Und bei einer Übung sollten Sie für Ihre Vorbereitung zwei Stunden ansetzen. Mit dieser Faustformel kommen Sie – immer zweistündige Veranstaltungen vorausgesetzt – auf 6 Stunden Arbeit pro Woche für eine Vorlesung, 8 Stunden für ein Seminar, 3 Stunden für ein Tutorat und 4 Stunden für eine Übung. Ein Proseminar (8) samt Tutorat (3), eine Übung (4) und eine Vorlesung (6) bedeuten folglich zwar nur 8 SWS, aber 21 Arbeitsstunden die Woche. Nimmt man nun an, dass Sie etwa 40 Stunden in der Woche (also 5 Tage à 8 Stunden) für die Arbeit zur Verfügung haben, ist Ihre halbe Woche bereits verplant. Und wenn Sie noch ein weiteres Fach studieren, haben Sie mit diesen Lehrveranstaltungen Ihre verfügbare Arbeitszeit für Geschichte bereits erschöpft. Natürlich arbeiten die Menschen unterschiedlich schnell, effizient und intensiv. Aber auch wenn die Zahlen nur einen ungefähren Rahmen abgeben, dürfte doch eines deutlich geworden sein: Auf keinen Fall sollten Sie sich Ihren Stundenplan wie einst in der Schule mit dreißig oder noch mehr Stunden voll packen. Je nach Zusammenstellung der Veranstaltungstypen sind Sie mit ca. 14 – 16 Semesterwochenstunden bereits ausgelastet. Wenn Sie zu viel belegen, können Sie sich mit keinem Thema gründlich befassen. Damit sinkt nicht nur Ihre Studienleistung, damit wächst auch die Gefahr, dass Sie die Lust am Studium verlieren. Deswegen gilt beim Stundenplan: Weniger ist oft mehr!

1.4.3 | Was belegen? Einige inhaltliche Tipps

Bleibt zu klären, nach welchen Kriterien Sie Ihre Lehrveranstaltungen auswählen könnten. Hierbei sind zunächst die **Sachzwänge** zu beachten: Beim alten Magisterstudiengang müssen Sie die Lehrveranstaltungen von bis zu drei Fächern unter einen Hut bekommen, was beim Hang vieler Dozenten zur Di-Mi-Do-Uni (alle Lehrveranstaltungen werden dienstags, mittwochs oder donnerstags angeboten) nicht immer einfach ist. Im neuen B.A.-Studiengang haben Sie zwar höchstens zwei Fächer, dafür aber wesentlich detailliertere Vorgaben als früher. Aber ob Magister, Lehramt oder B.A. – als Grundregel gilt: **Erst die Pflicht, dann die Kür**. Orientieren Sie sich zunächst an der Studienordnung. Welche Scheine brauchen Sie? Und bis wann? Nur so können Sie vermeiden, wegen fehlender Scheine Schwierigkeiten bei der Anmeldung zur Zwischenprüfung zu bekommen. Und Sie haben immer noch genügend Wahlmöglichkeiten. Denn zum einen wird nie nur eine Veranstaltung der Art angeboten, in der Sie den Schein benötigen (also z. B. ein Proseminar in Neuerer Geschichte), sondern es gibt immer mehrere zur Auswahl. Und zum anderen können Sie über diese Mindestanforderungen hinaus auch die eine oder andere Lehrveranstaltungen nach freier Wahl besuchen.

Und welchen Kriterien sollte diese Wahl folgen? Zwei Kriterien sind zentral, das erste wird Sie vielleicht überraschen: Belegen Sie, was Ihnen **Spaß** macht. Das Geschichtsstudium ist in einem derart hohen Maße auf Ihre Motivation angewiesen, dass nichts falscher wäre, als Sie zum Besuch von Lehrveranstaltungen überreden zu wollen, die Sie nicht interessieren. Deswegen müssen Sie sich auch nicht an Ihren Vorkenntnissen orientieren und sicherheitshalber nur solche Themen auswählen, von denen Sie in der Schule schon etwas gehört haben. Vorkenntnisse können zwar nicht schaden, lassen sich aber auch aufholen. Und wichtiger ist allemal Ihr Interesse an dem Thema. Wenn Sie zwar mehr über Luther als über Seeräuber wissen, sich bei den Proseminaren aber eher für „Piraten in der Karibik" interessieren als für „Die Reformation", dann sollten Sie auch das Piratenseminar wählen!

Nun kann es aber auch passieren, dass Sie in einer Veranstaltung keinen Platz bekommen. Verzagen Sie nicht! Auch Themen, die auf den ersten Blick langweilig wirken, können bei näherem Hinsehen ihre Faszination entwickeln. So sind nicht wenige Historiker, die heute als Experten für ein bestimmtes Gebiet gelten, auf solch verschlungenen Wegen zu ihrem Thema gekommen. Und außerdem: Lieber ein kleines Seminar zu einem Gegenstand, mit dem Sie sich erst anfreunden müssen, als eine überfüllte Veranstaltung zu Ihrem Lieblingsthema. Also: Bleiben Sie bei der Seminarwahl **flexibel**, und lassen Sie sich auch einmal überraschen!

Das zweite Kriterium ergibt sich aus einem zentralen Problem des Geschichtsstudiums: Wie Sie schnell feststellen werden, lernen Sie durch den Besuch von Seminaren historische Themen kennen, die zwar vielfältig sind, deswegen aber auch wie Inseln des Wissens in einem Meer des Nichtwissens wirken. Verbindungen zwischen diesen Inseln entdecken viele Studierende erst gegen Ende des Studiums, manche nie. Damit Ihnen das nicht passiert, sollten Sie sich frühzeitig um die großen Linien, um die Zusammenhänge bemühen. **Kombinieren** Sie Veranstaltungen, die Detailkenntnisse vermitteln (in der Regel Seminare), mit solchen, denen es um einen Überblick geht (in der Regel Vorlesungen). Zum Proseminar über die Piraten in der Karibik würde z. B. eine Vorlesung über die europäische Expansion passen.

Das Ziel solcher Kombinationen ist ein doppeltes: Einerseits können Sie Ihr spezielles Thema in einen größeren Kontext einordnen, umgekehrt macht Ihnen das konkrete Beispiel den großen Zusammenhang anschaulicher. Nach diesem Prinzip sollen im Übrigen die Module des neuen B.A.-Studienganges aufgebaut sein. Und wenn diese Modularisierung an Ihrer Universität noch nicht durchgeführt ist oder vielleicht nicht hält, was sie verspricht, dann bauen Sie sich Ihre Einheiten eben selbst!

Im Grundstudium werden Sie dabei ein breites Feld abdecken: Die Studienordnungen schreiben für die Semester bis zur Zwischenprüfung den Besuch von Proseminaren vor, die möglichst alle Großepochen der Geschichte abdecken (z. B. im Studienfach Neuere und Neueste Geschichte: je ein Proseminar in Alter, in Mittelalterlicher und in Neuerer und Neuester Geschichte). Im Hauptstudium können Sie sich hingegen spezialisieren: Wenn Sie Ihren Schwerpunkt auf die Frühe Neuzeit legen wollen, sollten Sie die Mehrzahl Ihrer Hauptseminare und vielleicht die eine oder andere Vorlesung zu dieser Epoche belegen. Und da sich das Thema der Abschlussarbeit in den meisten Fällen aus dem Kontext eines Seminars ergibt, werden Sie dann wohl auch Ihre größte schriftliche Arbeit in diesem Bereich ansiedeln.

Aufgaben zum Selbsttest

- Welche Veranstaltungstypen gibt es und wie unterscheiden sie sich? Was heißt das für Ihre Semesterplanung?
- Erstellen Sie einen Stundenplan, und rechnen Sie die damit verbundene Zahl der SWS (Stichwort Workload!) aus!

Literatur

Die meisten Historischen Seminare veröffentlichen auf ihrer Homepage **Hinweise zur Organisation des Geschichtsstudiums** an der jeweiligen Uni. Dort wird auch erklärt, was es mit den jeweiligen Veranstaltungstypen an der konkreten Uni auf sich hat. Im Übrigen wird auch das Kommentierte Vorlesungsverzeichnis oft ins Netz gestellt. Die Adressen der Historischen Seminare finden Sie unter www.historicum.net.

1.5 | Wie studieren? Tipps und Tricks im Uni-Alltag

Zu den schönen Seiten des Studiums gehört die Freiheit: Niemand liegt Ihnen damit in den Ohren, was Sie bis wann gemacht haben müssen, niemand drängt Sie dazu, ein Buch in die Hand zu nehmen, und niemand wird Sie im Seminar zwingen, sich an der Diskussion zu beteiligen. Aber wie so vieles haben auch diese Vorteile einen Haken: Schließlich gibt es auch Zwänge, etwa in Form der Prüfungsordnungen, und deshalb birgt die Freiheit, die Ihnen das Studium lässt, auch Gefahren. Schnell ist ein Termin übersehen, ein Schein nicht rechtzeitig gemacht. Früher oder später rächt es sich, wenn man das Selbststudium vernachlässigt hat. Und immer wieder merkt man erst zu spät, dass man mit dem eigenen Verhalten letztlich nur sich selbst geschadet hat. Um diese und andere Gefahren im Studium zu umgehen, folgen hier einige Tipps und Tricks.

1.5.1 | Grundsätzliches

Das Wichtigste zuerst: Besorgen Sie sich die **Prüfungsordnungen** in allen Fächern, die Sie studieren! Informieren Sie sich gleich am Anfang über alle Anforderungen: Was ist zu leisten, bis wann, und wann genau? Besonderes Augenmerk sollte dabei den **Sprachanforderungen** gelten: Welche Sprachkenntnisse müssen Sie nachweisen, und wie? Genügt das Abiturzeugnis? Oder sind Klausuren fällig? Müssen Sie vielleicht sogar eine Sprache nachlernen? Das ist nicht ganz unwahrscheinlich: Weil Geschichtswissenschaft maßgeblich auf der Lektüre von Quellen basiert und diese Quellen nun mal nicht alle auf deutsch verfasst wurden, sind die Sprachanforderungen in den historischen Fächern vergleichsweise hoch. Für die Neuere und Neueste Geschichte ist Griechisch nirgends und Latein (obwohl es für die Frühe Neuzeit äußerst hilfreich ist!) nicht mehr an jeder Uni vorgeschrieben. Dafür müssen mindestens zwei, oft auch drei (die dritte als Ersatz für Latein) moderne Fremdsprachen nachgewiesen werden. Keine Angst, Sie müssen die Sprachen nicht perfekt beherrschen. In den Sprachklausuren wird in aller Regel nur geprüft, ob Sie eine Quelle oder einen wissenschaftlichen Text aus der jeweiligen Fremdsprache ins Deutsche übersetzen können. Und dennoch: Wenn Sie eine Sprache nachholen müssen, fangen Sie rechtzeitig damit an! An Sprachkursen dürfte auch an Ihrer Hochschule kein Mangel herrschen.

Auch die anderen Anforderungen sollten Sie nicht aus den Augen verlieren: Erstellen Sie einen **Plan**, welche Veranstaltungen Sie in welchem Semester besuchen müssen, und gehen Sie diesen Plan nach jedem Semester neu durch! Achten Sie auch auf die Termine! Anmeldungen zur Prüfung sind meist nur in einem bestimmten Zeitraum möglich, und wer den verpasst, muss sich auf Ärger gefasst machen. Und noch etwas: Verlassen Sie sich bei alledem niemals auf Gerüchte oder die Aussagen Ihrer Kommilitonen. Nutzen Sie die Beratungsangebote, gehen Sie zur allgemeinen Studienberatung, suchen Sie die Fachberatung am Historischen Seminar auf. Fragen Sie solange, bis Ihnen alles klar ist!

Neben diesen allgemeinen Grundsätzen, die Sie in jedem Abschnitt Ihres Studiums berücksichtigen sollten, seien einige weitere Hinweise für bestimmte Phasen des Studiums genannt. Am **Studienbeginn** sollten Sie sich nicht nur mit der Stadt, in der Sie nun leben, sondern auch mit Ihrer Uni vertraut machen: Inspizieren Sie das Historische Seminar, in dem die Büros der Dozenten, aber auch die Sprechzimmer der Fachberatung zu finden sind. Sehen Sie sich die beiden für Sie wichtigsten Bibliotheken, die **Seminarbibliothek** des Historischen Seminars und die **Universitätsbibliothek** (kurz: UB) genauer an (die meisten UBs bieten regelmäßige Führungen an; Führungen durch beide Bibliotheken finden im Rahmen der Studieneinführungswoche und der Tutorate statt; Info-Broschüren gibt es meist auch). Machen Sie sich klar, wie diese Bibliotheken funktionieren, was wo steht, wie man in und mit ihnen arbeitet – Biblio-

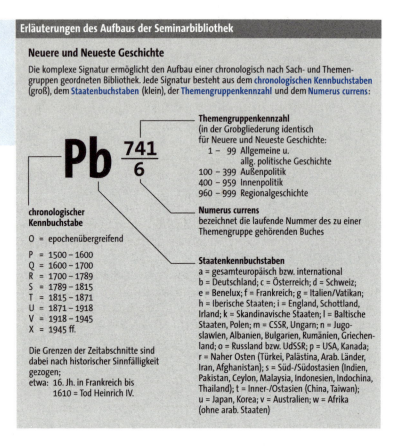

Abb. 6 | *Systematik einer Bibliothek, hier: die Systematik der Bibliothek des Historischen Seminars der Uni Freiburg.*

theken haben eine Systematik, und wer diese kennt, erspart sich viele Mühen. Und wenn Sie es noch nicht getan haben, können Sie sich dabei auch gleich einen Benutzerausweis ausstellen lassen. Aber auch den Rest der Uni sollten Sie sich ansehen. Sie werden sich wundern, was Sie alles entdecken: Vielleicht das **Sprachlabor**, das alle Studierenden kostenlos nutzen können, vielleicht die Anlagen des **Hochschulsports** mit seinem breiten Programm für alle, vielleicht eine weitere Cafeteria oder ein weniger benutztes Kopiergerät.

Eine Anlaufstelle für Fragen rund um das Studium, aber auch eine Möglichkeit, Kontakte zu knüpfen, stellt die **Fachschaft** dar. Hier treffen sich Studierende des Faches, die sich hochschulpolitisch betätigen möchten oder einfach nur Spaß daran haben, für sich selbst und andere Veranstaltungen zu organisieren. Im Angebot sind meist auch Hüttenwochenenden oder ähnliche Veranstaltungen

WIE STUDIEREN? TIPPS UND TRICKS IM UNI-ALLTAG

speziell für Erstsemester. Die Fachschaft kann Ihnen auch weiterhelfen, wenn Sie Fragen zur Organisation der Uni und der studentischen Interessenvertretung im **ASTA** oder, je nach Bundesland, **U-ASTA** haben.

Bis die Lehrveranstaltungen beginnen, werden Sie wahrscheinlich schon wissen, was es mit den Kürzeln **c.t.** und **s.t.** hinter den angegebenen Uhrzeiten auf sich hat.

ASTA, Allgemeiner Studierendenausschuss.

U-ASTA, Unabhängiger ASTA.

Info

▶ c.t.: von lateinisch. cum tempore = „mit Zeit": Die Veranstaltung beginnt nicht zur vollen Stunde, sondern erst um Viertel nach. Dies ist die Regel, denn akademische Stunden bestehen nicht aus 60, sondern aus 45 Minuten.

▶ s.t.: latein. „sine tempore" = „ohne Zeit" : Die Veranstaltung beginnt ohne die Verschiebung um 15 Minuten, ohne das – wie es vornehm heißt – „akademische Viertel" und damit pünktlich zur vollen Stunde.

Haben Sie das erste Semester fast hinter sich und das zweite vor Augen, sollten Sie die **Planung des nächsten Semesters** in Angriff nehmen. Was zu tun ist, wissen Sie bereits: Besorgen Sie sich das neue Kommentierte Vorlesungsverzeichnis. Aber tun Sie das rechtzeitig! Für manche Lehrveranstaltungen gibt es Vorbesprechungen oder Anmeldetermine, und die liegen zuweilen noch im alten Semester. Je näher das neue Semester rückt, desto aufmerksamer sollten Sie

Studium in der Frühen Neuzeit: Rektor, Studenten und Pedell, der das Hörgeld kassiert. Radierungen aus Basel, 1624. | **Abb. 7**

auf die Aushänge im Historischen Seminar achten. Schließlich kann es immer zu unerwarteten und kurzfristigen Veränderungen im Lehrangebot kommen, etwa durch den Weggang eines Dozenten. Und wenn diese Veränderungen im schon lange vorher gedruckten Vorlesungsverzeichnis nicht mehr berücksichtigt werden konnten, informieren nur die Aushänge und die Internetseite des Historischen Seminars über das aktuelle Lehrangebot.

1.5.2 | Das Selbststudium

Zu den Freiheiten des Geschichtsstudiums gehört es, das Maß der eigenen Arbeit selbst bestimmen zu können. Hierbei sollten Sie eine Grundregel beachten: Je besser Sie sich auf die Lehrveranstaltungen vorbereiten, desto mehr haben Sie davon. Und je mehr Sie davon haben, desto mehr Spaß macht Ihnen das Studium. Das **Selbststudium** umfasst aber nicht nur die Vor- und Nachbereitung Ihrer Lehrveranstaltungen. Hinzu kommen im Semester die mündlichen Referate und nach Semesterende die schriftlichen Hausarbeiten. Natürlich können Sie diese Hausarbeiten auch während des Semesters anfertigen. Aber in aller Regel fehlt Ihnen dafür die Zeit. Das muss Sie nicht beunruhigen, das ist so gedacht: Schließlich sind die drei bzw. zwei Monate zwischen den Semestern (Mitte Juli bis Mitte Oktober nach dem Sommersemester, Mitte Februar bis Mitte April nach dem Wintersemester) keine reinen Ferien. In dieser Zeit sollen Sie Ihre Hausarbeiten schreiben und sich auf die Veranstaltungen des nächsten Semesters vorbereiten (oder, in höheren Semestern, evtl. ein Praktikum machen!). **„Vorlesungsfreie Zeit"**, nicht etwa **Semesterferien** heißen diese Monate denn auch offiziell. Das muss Sie nicht erschrecken: Um Ferien zu machen, werden schon zwei oder drei Wochen übrig bleiben. Und wenn Sie dann noch Zeit haben, sollten Sie Ihr Selbststudium um die Lektüre von Fachliteratur ergänzen, die mit keiner Ihrer Lehrveranstaltungen in direkter Verbindung steht. Wie wäre es mit so genannten Klassikern, also mit Texten, die immer wieder als maßgeblich oder zu ihrer Zeit bahnbrechend genannt werden? Wenn Sie Ihre Wissenslücken füllen wollen, können Sie natürlich auch zu Überblicksdarstellungen greifen. Und falls Sie ein besonderes Interesse an Theorie- und Methodenfragen verspüren, sollten Sie dies mit der entsprechenden Lektüre befriedigen. Lektüreempfehlungen finden Sie am Ende dieses Buchs.

Ganz gleich, wie Sie sich entscheiden, ganz gleich, ob es sich um Texte für Lehrveranstaltungen und Hausarbeiten oder um Bücher Ihrer Wahl handelt: Sie sollten sie **richtig lesen**! Im Studium ist es nicht damit getan, Literatur einfach nur zu lesen wie einen Krimi (und bald wieder zu vergessen) oder passagenweise auswendig zu lernen. Es geht vielmehr darum, einen Text zu erfassen und seine zentralen Aussagen so festzuhalten, dass Sie auch Monate später noch verstehen, was Sie mit Ihren Notizen gemeint haben. Wie das geht und wie Sie das neu erworbene Wissen etwa auf Karteikarten aufbereiten können, wird in Kap. 4.3 erläutert. Da dieses richtige Lesen gerne als „Lesen mit dem Stift" bezeichnet wird, ist hier eine Bemerkung aber unverzichtbar: Anstreichungen im Text können die Lektüre erleichtern, sind aber nur dann vertretbar, wenn das Buch auch Ihnen gehört: Schmieren Sie auf keinen Fall in den Büchern der Bibliothek herum! Das ist schlichtweg unsozial! Ebenso unsozial ist es im Übrigen, Bücher in der Bibliothek zu verstellen oder gar zu klauen. Wer sich auf diese billige Weise einen Vorteil vor den anderen zu sichern versucht, scheint es nötig zu haben. Vielleicht nicht gerade asozial, aber doch hochgradig unhöflich ist es, in der Bibliothek zu plaudern. Sind Arbeitsplätze in Hörweite, sollten Sie Gespräche unterlassen oder wenigstens auf das Allernötigste beschränken – Sie selbst brauchen ja auch Ihre Ruhe, um konzentriert arbeiten zu können.

Eine gute Ergänzung zum Selbststudium im stillen Kämmerlein oder der Bibliothek ist die Beteiligung an einer **Lern- oder Diskussionsgruppe**. Sich regelmäßig mit ein paar **KOMMILITONEN** und **KOMMILITONINNEN** zu treffen, um gemeinsam einen Text oder ein Thema zu diskutieren, hat neben dem sozialen Aspekt gleich mehrere Vorteile: Sie haben eine Gelegenheit, Unklarheiten zu beseitigen und Ihre eigene Interpretation zur Diskussion zu stellen. Und Sie werden von Ihren Kommilitonen Anregungen und ergänzende Informationen erhalten. Außerdem haben Sie eine zusätzliche Motivation, die ausgewählten Texte bis zu einem bestimmten Zeitpunkt tatsächlich durchzuarbeiten.

> **KOMMILITONE**, von latein. cum = mit, miles = Soldat; Mitstreiter, Studienkollege.

Anregungen, die weit über das Fach Geschichte hinausgehen, aber dennoch oder gerade deswegen für das eigene Studium sehr nützlich sein können, liefert das **STUDIUM GENERALE**. Dieses „Generalstudium" besteht aus Einzelvorträgen oder Vortragsreihen zu bestimmten Themen, und zwar nicht nur aus den Geistes- und Sozialwissenschaften. Die Veranstaltungen richten sich an ein breites

> **STUDIUM GENERALE**, latein. = allgemeines Streben.

Publikum, sind nie verpflichtend, kosten nur selten Eintritt und finden meist abends statt. Über die einzelnen Veranstaltungen informieren neben einem Verzeichnis für das gesamte Semester (liegt meist aus) oft auch aktuelle Aushänge an der Universität. Nutzen Sie dieses Angebot, leichter als auf diese Weise wird Ihnen die Beschäftigung mit den verschiedensten Themen wohl nie wieder gemacht.

Tipp

Hin und wieder sollten Sie auch Dinge tun, die mit Geschichte nicht das Geringste zu tun haben. Wer sich privat wohl fühlt, studiert besser!

1.5.3 | Im Seminar

Seminare sind **Mitmach-Veranstaltungen**: Ob und wie ein Seminar läuft, hängt maßgeblich von den Teilnehmern ab. Seminare leben von Ihrer Mitarbeit: von Ihrer Vorbereitung im stillen Kämmerlein, und von Ihrer Diskussionsbereitschaft in der Sitzung selbst. Nun ist es bei der Diskussion im Seminar ganz ähnlich wie in der Schule: Die Gruppe der Teilnehmer zerfällt in **Schweiger und Vielredner**, jeweils beiderlei Geschlechts. Bei allen Abstufungen, die es zweifellos gibt – einer dieser beiden Kategorien werden auch Sie sich zuordnen können. Grundlegendes wird sich daran wohl auch nicht mehr ändern. Aber einige Hinweise, die Schweiger wie Vielredner im Seminar bedenken könnten, lassen sich durchaus formulieren.

Wenn Sie eher zu den Schweigern gehören: **Schweigen** ist Ihr gutes Recht. Es wird Sie niemand abfragen, und es zwingt Sie niemand, sich an der Diskussion zu beteiligen. Aber als erfahrener Schweiger wissen Sie selbst, was passiert, wenn man zu oft oder zu lange schweigt: Zum einen wird die Hürde, sich doch noch zu Wort zu melden, mit jeder verschwiegenen Stunde höher. Zum anderen verlieren Sie an einer Diskussionsveranstaltung, die ohne Sie stattfindet, schnell den Spaß. Und schließlich werden Sie sich doch nur über sich selbst ärgern, wenn Sie mal wieder nichts gesagt haben: obwohl Sie es gewusst hätten, obwohl Sie das, was die anderen können, schon lange können, obwohl Ihnen die Beiträge der Vielredner oft eher banal erscheinen. Aber vielleicht schweigen Sie auch aus Angst, etwas Falsches zu sagen? Diese Angst brauchen Sie nicht zu haben: Zu Beginn des Studiums gibt es keine dummen Antworten und schon gar keine dummen Fragen. Was es allerdings gibt, sind Kommilitonen mit Profilneurose. Lassen Sie sich von diesen Vielrednern und ihren häufigen, meist langen und fremdwortreichen Ausführungen nicht einschüchtern. Manchmal resultiert deren Vorsprung aus dem schlichten Umstand, dass sie in einem höheren Semester sind. Und manchmal entpuppt sich der vermeintliche Vorsprung sehr schnell als Wortgeklingel und Imponiergehabe. Solchen Leuten sollten Sie das Seminar nicht überlassen; es ist schließlich auch Ihre Lehrveranstaltung. Also, geben Sie sich einen Ruck, es könnte sich lohnen!

Wenn Sie eher zu den **Vielrednern** oder, höflicher, zu denen gehören, die sich gerne zu Wort melden, mögen Sie sich über den Appell an Ihre stillen Kommilitonen geärgert haben. Natürlich können Sie nichts dafür, wenn die anderen nicht den Mund aufbekommen. Und natürlich haben Sie das Recht, sich lebhaft zu beteiligen. Von dieser Beteiligung lebt das Seminar, und Ihre Diskussionsbereitschaft sollten Sie sich auch auf keinen Fall nehmen lassen. Wohlgemerkt: Ihre Diskussionsbereitschaft! Reden um des Redens willen beeindruckt niemanden: Ihre Kommilitonen werden das nicht unbedingt sympathisch finden, und auch Ihre Dozenten können zwischen Gequassel und gehaltvollen Beiträgen unterscheiden. Was aber immer gut ankommt, das ist Zuhören und Mitreden. Dass Sie etwas wissen, dass Sie sich gut vorbereitet haben, dürfen Sie dabei durchaus zeigen. Und auch wenn Sie nicht immer zu Wort kommen sollten: Dozenten merken auch so, wer etwas zu sagen hat und wer nicht. Nehmen Sie sich also ruhig einmal zurück, verzichten Sie vielleicht auf einen Beitrag, der nicht mehr zum Verlauf der Diskussion passt – auch diese Form der Kommunikationskompetenz will geübt sein.

Ob Schweiger oder Gernredner – eine Chance können Sie nur gemeinsam nutzen: Lernen Sie **Teamwork**! Ganz ehrlich: Gruppenarbeit kann furchtbar sein. Sie kann aber auch Spaß machen. Als Arbeitsteilung begriffen, kann sie den Einzelnen (und zwar allen Einzelnen!) wirklich Arbeit sparen; als echter Gedankenaustausch praktiziert, kann sie bessere Ergebnisse hervorbringen als jeder (und wirklich jeder!) es für sich allein gekonnt hätte. Und da all dies nicht nur für die Uni gilt, zählt die Fähigkeit zu Teamwork zu den am Arbeitsmarkt geschätzten Soft Skills.

Nach so vielen Appellen und Ermahnungen an die Adresse der Studierenden darf ein Wort zu den Dozierenden nicht fehlen. Die allermeisten von ihnen machen ihre Sache sehr engagiert und gut. Aber hin und wieder leidet die Lehre dann doch unter anderen Aufgaben. Daher ein letzter Tipp: Sie haben einen Anspruch auf **Betreuung**, fordern Sie diese ein! Dies gilt vor allem bei der Besprechung der Hausarbeit: Wenn Ihnen ein Dozent sagt, Sie könnten die korrigierten Hausarbeiten (oder gar nur den Schein!) in seinem Sekretariat abholen – protestieren Sie! Bestehen Sie auf einem Termin in der Sprechstunde, lassen Sie sich die Note für Ihre Hausarbeit nicht nur sagen, sondern auch erklären. Sie schreiben Ihre Hausarbeiten, um dabei und daraus zu lernen. Und das funktioniert nur, wenn Ihre Arbeit auch gründlich korrigiert und besprochen wird! Allerdings liegt es nicht immer an den Dozenten, wenn solche Gespräche ausbleiben. Manche Studierende holen ihre Hausarbeiten und Scheine erst einige Semester später ab. Das sollten Sie nicht tun: An die Arbeit, um die es geht, kann sich dann kein Mensch mehr erinnern. Und wenn Sie Pech haben, hat Ihr Dozent mittlerweile sogar die Uni gewechselt.

Also gilt auch hier die grundsätzliche Regel: Es sind Ihre Lehrveranstaltungen, und es ist Ihr Studium. Machen Sie etwas daraus.

Aufgabe zum Selbsttest

● Nehmen Sie die Prüfungsordnung zur Hand und tragen Sie in einer Tabelle ein, bis zu welchem Zeitpunkt Sie welche Studienleistungen erbracht haben müssen!

Literatur

Nützliche Hinweise zum Studium, aber auch zur Organisation der Uni und zu den Möglichkeiten, sich hochschulpolitisch zu betätigen, finden Sie unter www.studis-online.de.
Wolf Wagner, **Uni-Angst und Uni-Bluff. Wie studieren und sich nicht verlieren**, 6. Auflage Hamburg 2002.

Theoretisches: Frühe Neuzeit als Wissenschaft | 2

Überblick

In diesem Kapitel werden grundlegende Fragen des Faches Geschichte behandelt. Was ist überhaupt Geschichte, was Geschichtsschreibung, und was macht Geschichte zur Wissenschaft? Was genau sind Quellen und wie ist mit ihnen umzugehen? Welche Rolle spielt dabei der Anspruch auf Objektivität, und lässt sich dieser einlösen? Will Geschichte Menschen verstehen oder Zusammenhänge erklären? In welchem Verhältnis stehen dabei große Theorien und kleine Details? Was hat es mit der Periodisierung der Geschichte und der Frühen Neuzeit als Epoche auf sich? Und was heißt das alles für die Erforschung der Frühen Neuzeit?

Geschichte, Geschichtsschreibung, Geschichtswissenschaft | 2.1

Auf die Frage, was Sie studieren, werden Sie antworten: Geschichte. Aber sollten Sie nicht eher sagen: Geschichtswissenschaft? Was genau ist eigentlich der Unterschied zwischen diesen Begriffen? Und was bedeutet Geschichtsschreibung? In diesem Kapitel wird geklärt, was mit Geschichte, Geschichtsschreibung und Geschichtswissenschaft gemeint ist, in welchem Verhältnis diese Kategorien zueinander stehen und was Geschichte zur Wissenschaft macht.

Geschichte | 2.1.1

Was ist Geschichte? Wie bei den meisten „Was ist ..."- Fragen ist man auch hier gut beraten, zunächst die Herkunft und Bedeutung des Wortes genau zu klären. Geschichte, so lehrt der Blick in ein

ETYMOLOGIE, die Lehre von der Herkunft der Wörter.

ETYMOLOGISCHES Wörterbuch, stammt von dem althochdeutschen Wort **gisciht** ab. Gisciht stand für Geschehnis oder Ereignis, und in diesem Sinne wird der Begriff Geschichte in der Umgangssprache auch heute noch benutzt. Geschichte – das ist alles Geschehene, das ist die Gesamtheit des Vergangenen. „Die den Historiker interessierende Geschichte umfaßt menschliches Tun und Leiden in der Vergangenheit." Mit diesem Satz machte der noch heute berühmte Kulturhistoriker Jacob Burckhardt (1818 – 1897) klar, dass es um den Menschen geht, und zwar um den Menschen in seiner aktiven wie passiven Rolle, als Akteur und als Opfer. Mit dieser Bestimmung lässt sich der Gegenstandsbereich des Faches durchaus abstecken: Geschichte ist die Gesamtheit menschlichen Tun und Leidens in der Vergangenheit.

Allerdings hat die Geschichte noch eine zweite, in der bisherigen Definition nicht erfasste Ebene. Auch darauf weist bereits die Geschichte des Begriffs hin. So erweiterte sich die Bedeutung des Wortes Geschichte seit dem 15. Jahrhundert um eine Dimension, die noch heute mitschwingt, wenn wir von Geschichte reden. Geschichte wurde jetzt immer mehr mit **Historie** gleichgesetzt. Dieses eingedeutschte Wort geht, wie seine lateinische Variante, die historia, auf das griechische Verb historein zurück. Und wie historein sowohl Forschen als auch über das Erforschte Berichten bedeutet, so stand Geschichte jetzt nicht mehr nur für die Summe des Vergangenen, sondern auch für dessen Erforschung und Darstellung.

Da nun aber die Geschichte niemals in ihrer Gesamtheit erforscht und dargestellt werden kann, kommt hier der Aspekt der Auswahl aus der Vielfalt des Vergangenen und mit ihm der Betrachter, der diese Auswahl vornimmt, ins Spiel. Geschichte in diesem Sinn ist nicht die Gesamtheit des menschlichen Tun und Leidens in der Vergangenheit, sondern nur derjenige Teil, den wir, die Betrachter, gemäß unseren eigenen Interessen auswählen, erforschen und darstellen. Diese Einbeziehung des Betrachters und seiner Interessen führt zu einer weiteren Möglichkeit, Geschichte zu definieren. Der niederländische Historiker Johan Huizinga (1872 – 1945) etwa betrachtete Geschichte als „die geistige Form, in der sich eine Kultur über ihre Vergangenheit Rechenschaft gibt." Und der polnische Philosoph Leszek Kolakowski (*1927) erklärt: „Geschichte ist das, was ein Zeitalter an einem anderen interessant findet."

Zwei Positionen stehen sich damit gegenüber: Einerseits erscheint Geschichte als die Summe des Vergangenen, das unabhängig von uns als Beobachter existiert. Andererseits gilt Geschichte als Produkt einer von den Interessen späterer Betrachter abhängigen Auswahl, und das heißt in letzter Konsequenz: Geschichte wird durch uns als Betrachter erst geschaffen. Doch so widersprüchlich dies klingt, so falsch wäre es, sich für eine der beiden Varianten zu entscheiden und die andere zu verwerfen. Wir haben es schlicht mit zwei Ebenen des gleichen Phänomens zu tun. So kann man durchaus sagen, dass Frauen erst zu ihrer Geschichte gefunden haben, seit dieses Thema in das Blickfeld von Geschichtsforschung und Geschichtsschreibung geraten ist. Aber man wird deswegen wohl kaum bestreiten, dass auch vor diesem Zeitpunkt Frauen existierten und ihren Anteil am „menschlichen Tun und Leiden in der Vergangenheit" (J. Burckhardt) hatten. Mit anderen Worten: Geschichte existiert auch ohne uns, und genau das sagt die erste Variante der Definition. Aber da wir nur von dem reden können, was wir selbst zum Gegenstand der Geschichte gemacht haben, trifft die zweite Variante der Definition ebenso zu. Sie dürfen sich von dieser doppelten Bedeutung des Begriffs nicht verwirren lassen. Sie sollten aber immer darauf achten, in welchem Sinn das Wort gebraucht wird. Dann werden Sie schnell feststellen, dass viele Grundfragen unseres Faches, etwa das Problem der Objektivität, mit diesem Spannungsverhältnis zwischen Geschichte als Gegenstand und Geschichte als Produkt zu tun haben.

Nimmt man die beiden Ebenen noch näher in den Blick, fallen weitere grundlegende Sachverhalte ins Auge. So signalisiert bereits Burckhardts Hinweis sowohl auf das Tun als auch auf das Leiden der Menschen, dass Geschichte als Summe des Vergangenen, der Gegenstand des Faches also, wiederum aus zwei Basiskategorien besteht: aus dem Tun, d.h. dem Handeln der Menschen, dem individuellen, einmaligen, subjektiven, mit bestimmten Zielen und Motiven versehenen Handeln des Einzelnen, und aus dem Leiden, d.h. aus dem passiven Ausgesetztsein des Menschen, der immer eingebunden ist in Strukturen, also in überpersönliche, mitunter gar nicht bewusst wahrgenommene, aber doch handlungsbestimmende Umstände und Verhältnisse. Diese Doppelstruktur des Gegenstands wird uns bei der Frage, ob Geschichtswissenschaft menschliches Handeln verstehen oder gesellschaftliche Strukturen erklären will, nochmals begegnen.

Aber auch die Geschichte als Produkt des Betrachters hat zwei Dimensionen: die Forschung, d.h. die wissenschaftliche, methodische

Ermittlung von historischen Wissensinhalten, und die Darstellung, die Präsentation des historischen Wissens in schriftlicher und damit auch literarischer Form. Hinter diesen beiden Aspekten verbergen sich die zwei großen methodischen Problemfelder, mit denen wir es im Fach Geschichte zu tun haben: Es geht sowohl um die Frage, wie sich historisches Wissen ermitteln lässt, als auch um die Frage, wie dieses Wissen darzustellen, wie also Geschichte zu schreiben ist.

Über beide Aspekte wurde und wird nachgedacht, seit Menschen ihre Geschichte aufschreiben. Allerdings haben sich im Laufe der Zeit die Gewichte zwischen den beiden Aspekten verschoben. Was es mit dieser Entwicklung auf sich hat, schildern die nächsten Abschnitte.

2.1.2 Geschichtsschreibung

HISTORIOGRAPHIE, von griech. Historia = Geschichte, graphein = schreiben; Geschichtsschreibung.

Geschichtsschreibung oder **HISTORIOGRAPHIE** lässt sich ganz allgemein definieren als die literarische Präsentation des historischen Wissens. Diese Definition beinhaltet zwei bereits bekannte Aspekte: den Aspekt des historischen Wissens und damit der Forschung, und den Aspekt des Literarischen, also der Darstellung. Forschung und Darstellung – beides gehört zusammen, und nur wenn beides aufeinander trifft, spricht man von Geschichtsschreibung. So behandeln Homers Epen über den Trojanischen Krieg und die Irrfahrten des Odysseus durchaus historische Stoffe. Aber da es Homer nicht um die möglichst genaue Darstellung des Geschehenen ging, sondern allein um dessen künstlerische Verarbeitung, wird man diese Werke nicht als Geschichtsschreibung im engeren Sinne bezeichnen. Erst der Grieche **Herodot** (ca. 485 – 425 v. Chr.) und kurz nach ihm sein Landsmann **Thukydides** (ca. 455 – 395 v. Chr.) verbanden den Anspruch auf historische „Wahrheit" mit ersten Ansätzen der methodischen Reflexion über den Weg zu dieser Wahrheit. Herodot sei der „Vater der Geschichtsschreibung", befand bereits der Römer Cicero. Und noch heute lässt man die eigentliche Geschichte der Historiographie mit Herodot beginnen. Aber auch wenn Herodot und Thukydides mit Verfahren wie der Berufung auf Augenzeugen und das eigene Erleben oder der Benutzung von Archivmaterialien wichtige Schritte auf dem Weg zu einer nachprüfbaren, methodisch reflektierten Geschichtsforschung getan haben, ist doch eines nicht zu übersehen: Fragen der Forschung waren weniger wichtig als Fragen der Darstellung, und dabei sollte es lange Zeit bleiben. So zeigt ein Blick auf die Entwicklung der Geschichtsschreibung, mit der sich im Übrigen die Teildisziplin **Geschichte der Geschichtsschreibung** oder **Historiographiegeschichte** beschäftigt, dass bis weit ins 18. Jahrhundert hinein Fragen der Darstellung im Mittelpunkt der Überlegungen standen. **Geschichtsschreibung** galt **als literarische Gattung**, und nachgedacht wurde vor allem darüber, wie Geschichte richtig zu schreiben sei. Das lag zum einen am Geschichtsbild der Zeit, und zum anderen an der Funktion, die der Geschichtsschreibung zugewiesen wurde. Das Geschichtsbild der Vormoderne, also der Zeit vor etwa 1800, lässt sich am besten mit einem Satz aus der Bibel charakterisieren: Es gib nichts Neues unter der Sonne. Geschichte galt als Wiederkehr des Gleichen. Nicht, dass sich die exakt gleichen Situationen stets wiederholten. Aber was sich immer wieder zeigte, so die Meinung, waren zeitlos gültige Normen, Mechanismen und Verhaltensweisen. Die Vergangenheit war daher nicht etwas grundsätzlich anderes als die Gegenwart, sondern mit dieser unmittelbar zu vergleichen. Diese Vorstellung konnte nicht ohne Folgen für die Funktion der Geschichtsschreibung bleiben. Denn wenn sich in der Vergangenheit die Normen und Verhaltensweisen erkennen lassen, die noch in der Gegenwart gültig sind, dann kann man aus der Geschichte wie aus einem Lehrbuch lernen. Genau das ist mit einer berühmten alten Formel gemeint: **Historia magistra vitae**, die Geschichte ist die Lehrmeisterin des Lebens. Geschichtsschreibung hatte daher eine praktische, eine belehrende Funktion. Ihre Aufgabe war es, anhand bestimmter Begebenheiten aus der Vergangenheit Lehren zu formulieren, sie hatte diese Begebenheiten als **EXEMPEL** zu begreifen und mit ihrer Hilfe zeitlos gültige Verhaltensweisen und Normen zu illustrieren. Folglich kam es weniger darauf an, historische Sachverhalte in ihrem Ablauf möglichst genau zu rekonstruieren, also zu erforschen. Die eigentliche Herausforderung für die Geschichtsschreiber bestand vielmehr darin, möglichst kunstvoll Geschichten zu erzählen. Deswegen waren die Regeln der **RHETORIK** wichtiger als die Probleme der Forschung. Und aus diesem Grund galt die Geschichtsschreibung als Form der schönen Literatur.

EXEMPEL, belehrende Beispiele oder Muster.

RHETORIK, griech. = Redekunst.

Auch wenn noch Arthur Schopenhauer diese Meinung vertrat, hatte sich zu seinen Lebzeiten bereits ein tief greifender Wandel vollzogen. Denn die Überzeugung, aus historischen Exempeln lernen zu können, musste in dem Moment verloren gehen, in dem sich der Eindruck durchsetzte, dass die Geschichte nicht immer gleich verlaufe, dass es durchaus Neues unter der Sonne geben

Quelle

▶ Der deutsche Philosoph Arthur Schopenhauer (1788 – 1860) schrieb: „Hat einer den Herodot gelesen, so hat er [...] schon genug Geschichte studiert. Denn da steht schon alles, was die folgende Weltgeschichte ausmacht: das Treiben, Tun, Leiden und Schicksal des Menschengeschlechts, wie es aus besagten Eigenschaften und dem physischen Erdenlose hervorgeht" (Arthur Schopenhauer, Die Welt als Wille und Vorstellung, Bd. 2, IV, Zürich 1977, S. 523).

könne. Und genau diesen Eindruck vermittelten die tiefgreifenden Veränderungen, die mit der Amerikanischen und Französischen Revolution sowie mit der Industriellen Revolution einhergingen. Angesichts der gesellschaftlichen und politischen Umbrüche, die in der zweiten Hälfte des 18. Jahrhunderts einsetzten, erschien die Zukunft nun nicht mehr als Wiederkehr bekannter Muster. Die Zukunft brachte Neues, Unbekanntes, sie wurde offen. Damit veränderten sich aber auch das Bild von der Geschichte und die Funktion der Geschichtsschreibung. Denn wenn die Zukunft etwas anderes bringen würde als das aus der Vergangenheit Bekannte, dann musste die Geschichte ihren exemplarischen Charakter und die Geschichtsschreibung ihre belehrende Funktion verlieren. Bezeichnend für diese Entwicklung ist eine Veränderung im Sprachgebrauch: Solange die Vergangenheit als Sammlung beispielhafter Geschichten galt, sprach man auch nur von „den Geschichten" im Plural. Der uns heute vertraute **Singular „die Geschichte"** konnte sich erst durchsetzen, als die Zukunft als offen empfunden wurde und die Geschichte damit ihren exemplarischen Charakter verlor. Als „Inbegriff alles in der Welt Geschehenen" (so die Definition im Grimmschen Wörterbuch), also als Singular, der alles bündelt und daher auch **Kollektivsingular** genannt wird, begegnet die Geschichte daher erst in der zweiten Hälfte des 18. Jahrhunderts.

Was dies für den Umgang mit der Geschichte bedeutet, liegt auf der Hand. Jetzt ging es nicht mehr darum, durch das möglichst effektvolle Erzählen von Geschichten zeitlos Gültiges zu verdeutlichen. Jetzt galt es, die historischen Phänomene in ihrer Eigenheit zu erfassen und das heißt: zu erforschen. Zunächst geschah dies unter den Vorzeichen der Aufklärung, die in der Geschichte den stetigen Fortschritt der Zivilisation auszumachen versuchte. Es folgte die Phase des so genannten Historismus, der uns noch ausführlich beschäftigen wird. Diese Akzentverschiebung kennzeichnete das

Nachdenken über Geschichte im gesamten 19. Jahrhundert. Das bisher zweitrangige Problem, wie sich Geschichte erforschen lasse, trat in den Mittelpunkt. Die bislang dominierende Frage, wie Geschichte zu schreiben sei, verlor dagegen zusehends an Bedeutung. Das heißt nun nicht, dass die Geschichtsforscher ihren literarischen Anspruch aufgegeben oder gar das Schreiben verlernt hätten. Im Gegenteil: Die Historiker des 19. Jahrhunderts waren oft auch großartige Stilisten, und 1902 erhielt der Althistoriker Theodor Mommsen für seine „Römische Geschichte" gar den Nobelpreis für Literatur. Aber wichtiger als die Kunst, Geschichte zu schreiben, war jetzt die Methode, mit der sich Geschichte erforschen ließ. Dies hatte weitreichende Folgen: Die Geschichte galt dank der Auseinandersetzung mit der Forschung und ihrer Methode zunehmend als Wissenschaft, und die Geschichtsschreibung wandelte sich von einer literarischen Gattung zur wissenschaftlichen Literatur. Sprache galt mehr und mehr als bloßes Medium: Man konnte sie benutzen, um historisches Wissen mitzuteilen, über sie nachdenken musste man nicht. Diesen **instrumentellen Charakter der Darstellung** brachte Ernst Bernheim in seinem 1889 erschienenen „Lehrbuch der historischen Methode" auf den Punkt: Die Aufgabe des Historikers sei es, so Bernheim, „die gewonnenen Forschungsresultate möglichst unentstellt zur Mitteilung zu bringen". Damit schien die Frage, wie Geschichte darzustellen sei, endgültig beantwortet. Und so drehte sich die theoretische Diskussion um die Geschichte bis weit ins 20. Jahrhundert hinein fast ausschließlich um Probleme der Forschung. Erst in den 1960er und 1970er Jahren wurde der Aspekt der Darstellung als methodisches Problem wiederentdeckt und im Zeichen des so genannten **LINGUISTIC TURN** grundsätzlicher diskutiert als je zuvor (→ S. 79). In der Zwischenzeit hatte sich aber eine Entwicklung vollzogen, die man die „Verwissenschaftlichung" der Geschichte nennt. Was es damit auf sich hat, behandelt der nächste Abschnitt.

> **LINGUISTIC TURN**, engl. = lingustische Wende. Die Vertreter des linguistic turn sehen in der Sprache ein sich selbst regulierendes System von Zeichen, das nicht an die Wirklichkeit gebunden ist.

Geschichtswissenschaft

2.1.3

Im 19. Jahrhundert erlebte die Beschäftigung mit der Geschichte zwei tief greifende, eng miteinander verbundene Wandlungen: In institutioneller Hinsicht wurde die Geschichte zum eigenständigen akademischen Fach mit professionellen Vertretern, in inhaltlicher Hinsicht entwickelte sich dieses Fach zur Wissenschaft. Ausgehend von Deutschland entstand so ein Modell, das sich in den folgenden

Jahrzehnten als Exportschlager erwies und die institutionelle wie inhaltliche Form des Faches weltweit prägte.

Beide Entwicklungen hingen eng mit dem Wandel des Geschichtsbildes zusammen. So konnte die **Institutionalisierung der Geschichte als eigenständiges akademisches Fach** nicht beginnen, solange die Geschichte als Sammlung von Lehrbeispielen galt, mit deren Hilfe sich bestimmte Aussagen illustrieren ließen. In diesem Verständnis erwies die Beschäftigung mit der Vergangenheit zwar anderen Fächern gute Dienste. Einen Wert an sich hatte historisches Wissen aber nicht. Folglich rangierte die Geschichte im Gefüge der universitären Fächer am Beginn der Neuzeit zunächst als Teil einer allgemeinen Tugendlehre, ihrem primär literarischen Selbstverständnis entsprechend oft in Kombination mit Poesie und Rhetorik. Später wurde sie auch als „ancilla", so die Zeitgenossen, also als Magd oder Hilfskraft für Theologie und Jurisprudenz in Anspruch genommen. Zwar gewann das historische Wissen im Rahmen der Theologen- und vor allem der Juristenausbildung zusehends an Gewicht. An manchen Universitäten wurden für die historisch-juristische Ausbildung Lehrstühle geschaffen. Aber auch wenn deren Inhaber mit der Geschichte befasst waren, gehörten sie doch noch zur Juristischen Fakultät. Erst mit dem grundlegenden Wandel des Geschichtsbildes im 18. Jahrhundert wurde der Weg frei für die Verselbständigung als eigenes Fach. Nun kam es zur Gründung eigenständiger **Historischer Seminare**: erstmals 1766 in Göttingen, kontinuierlich ab 1832. Aber nicht nur Seminare im Sinne von Instituten wurden gegründet. Auch das Seminar als Veranstaltungsform hat hier seine Wurzeln. In dieser „Pflanzschule", so die wörtliche Übersetzung, versammelten sich Studenten, die bestimmte Themen zwar selbständig erarbeiteten, aber im Seminar vorstellten und unter Anleitung des akademischen Lehrers diskutierten. Dass sich erst für diese nun systematisch ausgebildeten Geschichtsforscher der uns heute geläufige Begriff „Historiker" durchsetzte, spiegelt diese doppelte Entwicklung wider: Mit der Institutionalisierung des Faches war auch eine **Professionalisierung** seiner Betreiber verbunden.

Für die Zukunft des neuen Faches Geschichte entscheidend war indes seine innere Entwicklung zur Wissenschaft, d. h. die endgültige **Verwissenschaftlichung** des Umgangs mit der Vergangenheit. Was damit gemeint ist, lässt sich schnell erklären: Wissenschaft ist charakterisiert durch das Vorgehen nach einer gewissen Methode. **METHODE** ist definiert als die Summe der geregelten, nachprüfbaren Verfah-

---

METHODE, von griech. méthodos = Weg; Gang der Untersuchung.

rensweisen, die wissenschaftlich abgesicherte Erkenntnis ermöglichen. Folglich wird Geschichte zur Wissenschaft, wenn und indem ein Verfahren gefunden ist, mit dem sich nachprüfbare historische Erkenntnisse gewinnen lassen. Und genau das geschah im 19. Jahrhundert. Ansätze zur methodischen Reflexion gab es zwar seit Herodot, und auf dem langen Weg bis zum 19. Jahrhundert wurden durchaus Fortschritte in der Forschung erzielt. Aber zu einer systematischen Bestimmung der methodischen Grundlagen unseres Faches, zur Ausarbeitung einer in sich geschlossenen HISTORIK kam es erst im 19. Jahrhundert. Wollte man diesen methodischen Durchbruch einer einzigen Person zuschreiben, so fiele die Wahl auf Johann Gustav Droysen. Denn Droysen war der erste, der seine Überlegungen systematisch darlegte und nicht nur seinen Studenten in einer Vorlesung vortrug, sondern auch 1857 unter dem bezeichnenden Titel „Historik" veröffentlichte. Allerdings war Droysen zu seiner Zeit bei weitem nicht der einzige, der sich über die historische Methode Gedanken machte. Sein Werk war Teil und Ausdruck einer geistigen Strömung, die maßgeblich zur Verwissenschaftlichung des Faches beitrug. Der Name dieser Strömung wird daher oft zur Kennzeichnung jener Phase verwendet, in der unser Fach seine wissenschaftlichen Grundlagen erhielt. Er lautet: Historismus. Der Begriff selbst stammt aus dem 19. Jahrhundert und kann zweierlei bedeuten: im allgemeinen Sinne eine Weltanschauung, im besonderen Sinne eine wissenschaftliche Methode. Als Weltanschauung geht der Historismus von der Grundüberzeugung aus, dass die Wirklichkeit nur in ihrer historischen Entwicklung verstanden werden kann. Und da dies für die Gegenstandsbereiche zahlreicher Fächer gilt, hat der Historismus z. B. auch in den Sprachwissenschaften, in der Rechtswissenschaft oder in der Nationalökonomie der Zeit seine Spuren hinterlassen.

Als wissenschaftliche Methode, als Wissenschaftskonzeption bezieht sich der Historismus auf das Fach Geschichte. Seine Grundpositionen lassen sich in einigen Stichworten wiedergeben:

HISTORIK, Theorie der Geschichtswissenschaft.

| Abb. 8

Johann Gustav Droysen (1808 – 1884) legte in seiner „Historik" die Grundlagen der modernen Geschichtswissenschaft. Dieses Werk gibt noch heute gültige Antworten auf die Grundfragen des Faches.

Info

Methodische Grundpositionen des Historismus

▶ Historische Forschung ist grundlegend quellenbezogen;
▶ der Umgang mit den Quellen muss kritisch sein;
▶ Individualität als bestimmende Kategorie historischer Erkenntnis;
▶ Unvergleichbarkeit historischer Prozesse und Strukturen (Ranke: „Jede Epoche ist unmittelbar zu Gott");
▶ Beschreibung des Einmaligen statt Formulierung abstrakter Erklärungsmodelle;
▶ Verstehen (statt Erklären) als spezifische Form historischer Erkenntnis;
▶ enge Verbindung von Wissenschaftlichkeit und literarischem Anspruch (Literatur-Nobelpreis 1902 für Theodor Mommsen, Römische Geschichte).

Wie viele andere wissenschaftliche Positionen kann man auch die des Historismus besser verstehen, wenn man sich klar macht, wovon sich die neuen Vorstellungen absetzen wollen. Beim Historismus ist zunächst das alte Bild von der Geschichte als Lehrmeisterin des Lebens zu nennen. Entgegen dieser traditionellen Vorstellung galt dem Historismus die Individualität als das alles bestimmende Prinzip: Jede Zeit und jedes Phänomen hat seine Eigenheiten, und weil sie derart individuell sind, können historische Phänomene nicht miteinander verglichen werden. Verallgemeinernde Aussagen sind kaum möglich, Gesetze oder abstrakte Erklärungsmodelle kann die Geschichtsforschung nicht formulieren.

Damit aber deutet sich bereits die zweite Position an, von der sich der Historismus absetzen wollte: von der neuen, höchst modernen Konkurrenz der Naturwissenschaften. Denn diese erhoben ihr eigenes Erkenntnisideal, die Formulierung allgemeingültiger Aussagen, das kausale Erklären, zum Maßstab von Wissenschaftlichkeit überhaupt. Wäre die Geschichte dem gefolgt, hätte sie entweder ebenfalls nach Gesetzmäßigkeiten forschen (so gefordert vom Positivismus, der sich allerdings nicht durchsetzte) oder aber ihren Anspruch, eine Wissenschaft zu sein, aufgeben müssen. Beides taten die Vertreter des Historismus nicht. Stattdessen betonten sie, dass Geschichte einen eigenen Erkenntnisgegenstand und damit auch eine eigene, von der naturwissenschaftlichen Methode abweichende Erkenntnisweise habe: Der Erkenntnisgegenstand ist der Mensch in seiner Individualität, die Methode ist das Verstehen dieser Individualität.

Wie sich bei einem näheren Blick auf diese zentralen Begriffe zeigen wird, wurden die Grundpositionen des Historismus zwar prägend für das Fach, aber auch kritisiert und weiterentwickelt. Bis heute Bestand hat allerdings die Antwort des Historismus auf die Frage, wie sich nachprüfbare historische Erkenntnisse gewinnen lassen, und das heißt: wie Geschichte wissenschaftlich betrieben werden kann.

Geschichte wird zur Wissenschaft, so das Credo des Historismus, durch die Konzentration auf die Quellen. Um auch für andere nachvollziehbar und kontrollierbar (man sagt auch: **INTERSUBJEKTIV ÜBERPRÜFBAR**) zu sein, müssen historische Aussagen belegt werden. Dazu genügt es keineswegs, sich wie bisher auf die Glaubwürdigkeit anderer Erzählungen zu verlassen. Nötig ist vielmehr die kritische Analyse von zuverlässigen Augenzeugenberichten und zeitgenössischen Dokumenten. Denn nur mit solchen kritisch überprüften Quellen lassen sich historische Aussagen belegen, und nur anhand solcher Belege können auch andere die Ergebnisse der Forschung nachprüfen.

Quellen und Quellenkritik – das sind die methodischen Kernbegriffe des Historismus. Was damit im Einzelnen gemeint ist, erläutert der nächste Abschnitt.

> **INTERSUBJEKTIV ÜBERPRÜFBAR**, unabhängig von der Person des Forschers und damit auch von anderen Personen (Subjekten) nachvollziehbar.

Aufgaben zum Selbsttest

- Definieren Sie die Begriffe Geschichte, Geschichtsschreibung und Geschichtswissenschaft.
- Was macht Geschichte zur Wissenschaft?
- Nennen Sie die Grundpositionen des Historismus und zwei seiner wichtigsten Vertreter.

Literatur

Edward Hallett Carr, **Was ist Geschichte?**, Stuttgart 1963.
Wolfgang Hardtwig, **Die Verwissenschaftlichung der neueren Geschichtsschreibung**, in: Hans-Jürgen Goertz (Hg.), Geschichte. Ein Grundkurs, Reinbek 1998, S. 245 – 260.
Reinhart Koselleck, **Art. Geschichte**, in: Geschichtliche Grundbegriffe. Historisches Lexikon zur politisch-sozialen Sprache in Deutschland, Bd. 2, Stuttgart 1975, S. 593 – 717.
- Ders., **Historia Magistra Vitae. Über die Auflösung des Topos im Horizont neuzeitlich bewegter Geschichte**, in: Reinhart Koselleck, Vergangene Zukunft. Zur Semantik geschichtlicher Zeiten, Frankfurt a. M. 1979, S. 38 – 66.
Markus Völkel, **Geschichtsschreibung. Eine Einführung in globaler Perspektive**, Köln/ Weimar /Wien 2006.

2.3 | Quellen und Quellenkritik

Geschichte, so die noch heute gültige Position des Historismus, wird durch Quellen und Quellenkritik in ihren Aussagen überprüfbar und damit zur Wissenschaft. Damit stellen sich zwei grundlegende Fragen: Was sind Quellen? Und was versteht man unter Quellenkritik?

2.2.1 | Die Quellen: Definition und Kategorien

Als Quellen bezeichnen wir alles, worauf unsere Kenntnis der Vergangenheit ursprünglich zurückgeht. So zutreffend diese Definition ist, so wenig hilfreich mag sie auf den ersten Blick scheinen. Alles – das ist nicht gerade übersichtlich.

Aber immerhin enthält die Definition mit dem Wort „ursprünglich" eine Abgrenzung: Quellen sind etwas anderes als Fachliteratur. Fachliteratur präsentiert Erkenntnisse, die anhand von Quellen erarbeitet wurden. Sie stützt sich also bereits auf Quellen und ist daher im Unterschied zu diesen nicht die ursprüngliche, erste Wurzel unserer historischen Kenntnis. Deswegen wird sie auch als **Sekundärliteratur** bezeichnet. Mit dieser Abgrenzung ist das Feld zwar eingegrenzt, doch immer noch weit genug. Aber keine Angst: Für Ordnung in der Vielfalt der Quellen und für eine leichtere Orientierung sorgen einige Unterkategorien, mit deren Hilfe dieses ominöse „alles" klassifiziert und sortiert werden kann. So lassen sich Quellen nach ihrer materiellen Beschaffenheit unterscheiden (Texte, Gegenstände, Tatsachen), aber auch nach ihrer Nähe zum Geschehen (Primärquellen, Sekundärquellen) und schließlich nach ihrer Aussageabsicht (Tradition, Überrest). Keines dieser Klassifizierungsangebote ist ohne Einwände geblieben. Aber alle haben sie gleich mehrere Vorteile. Sie erleichtern die Orientierung, sie weisen auf Quellen hin, an die man zunächst vielleicht nicht gedacht hätte, und sie schärfen den Blick für die Eigenarten und Vor- wie Nachteile der einzelnen Quellenarten.

Eine Klassifizierung der Quellen nach ihrer materiellen Beschaffenheit nimmt die Definition vor, die der Mittelalter-Historiker Paul Kirn (1890 – 1965) in seiner 1947 erstmals veröffentlichten „Einführung in die Geschichtswissenschaft" angeboten hat: „Quellen nennen wir alle **Texte, Gegenstände oder Tatsachen**, aus denen Kenntnis der Vergangenheit gewonnen werden kann." Texte, Gegenstände,

Tatsachen – diese Kategorien erleichtern in der Tat den Zugang zur Vielfalt der Quellen. Dabei scheint der erste Begriff keiner weiteren Klärung zu bedürfen. **Texte** sind schriftlich fixierte, zusammenhängende sprachliche Äußerungen, also das, was man als schriftliche Quellen bezeichnen kann. Schnell definiert ist auch die zweite Kategorie: **Gegenstände** (auch Sachquellen oder Realien genannt) sind materielle, also physisch vorhandene, nichtschriftliche Quellen. Sie für die historische Analyse zu erschließen ist meist die Aufgabe spezialisierter Teil- oder Nachbardisziplinen: von so genannten historischen Hilfswissenschaften, die sich etwa auf Münzen (Numismatik), Wappen (Heraldik) oder Siegel (Sphragistik) spezialisiert haben, aber auch von Nachbarwissenschaften wie etwa der Archäologie. Was man mit solchen Funden anfangen kann, hängt nicht zuletzt von den technischen Möglichkeiten ab. Illustrieren mag dies ein etwas eigentümlicher Gegenstand: Wallensteins Schienbein. An diesem Knochen lässt sich nachweisen, dass der große Söldnerführer des Dreißigjährigen Krieges wahrscheinlich an Syphilis litt. Und da Syphilis im Endstadium auch das Denk- und Urteilsvermögen beeinträchtigt, könnte dieser medizinische Befund das mitunter rätselhafte Verhalten Wallensteins gegen Ende seines Lebens erklären helfen. Zu den Gegenständen gehören aber nicht nur Münzen, Wappen, alte Krüge oder archäologische Spuren, Massengräber und sonstige Knochenfunde, sondern auch Kunstwerke. So zeigt schon der erste Blick auf das Schloss Ludwigsburg (→ Abb. 9), dass sich sein

| **Abb. 9**

Kunstwerke als Quellen: Das Schloss Ludwigsburg, erbaut in den Jahren 1704 – 1733.

Abb. 10

Tatsachen als Quellen: Eine Fronleichnamsprozession in Österreich.

Bauherr, der württembergische Herzog Eberhard Ludwig (reg. 1693–1733), an einem berühmten Vorbild orientierte: am Schloss von Versailles, das noch heute als Inbegriff der absoluten Herrschaft seines Bauherren, des französischen Sonnenkönigs Ludwig XIV., gilt. Dies ist nicht nur kunsthistorisch interessant, es lässt auch in historischer Hinsicht Rückschlüsse zu: etwa auf die Vorbildfunktion der französischen Monarchie für die Fürsten im deutschen Raum, aber auch auf das Selbstverständnis Eberhard Ludwigs, der sich offenbar selbst gerne in der Rolle eines württembergischen Sonnenkönigs gesehen hätte.

Dass auch **Tatsachen** als historische Quellen in Frage kommen, mag zunächst etwas irritieren. Aber in der Tat lehren faktisch gegebene Sachverhalte wie etwa Sprachgrenzen, Nationalfeiertage oder die föderale Ordnung der Bundesrepublik einiges über die Geschichte. Nehmen wir die religiösen Feiertage: Wenn Sie einer Prozession wie der hier abgebildeten begegnen, wissen Sie mindestens eines: In dem Gebiet, in dem Sie sich befinden, dürfte die katholische Kirche eine nicht unwesentliche Rolle spielen. Denn bei dem Umzug handelt es sich um eine Fronleichnamsprozession, die ausschließlich von Katholiken begangen wird. Und da Konfessionsverhältnisse historisch entstanden sind, kann eine Prozession von heute durchaus Hinweise auf den Ausgang der für die Frühe Neuzeit so wichtigen konfessionellen Auseinandersetzungen liefern.

Natürlich sind die Grenzen zwischen den einzelnen Quellenarten fließend: Tatsachen werden schriftlich oder durch Sachquellen überliefert, auf Sachquellen wie etwa Münzen kann sich immer auch Schriftliches finden. Aber wie gesagt: Es geht nicht darum, eindeutige Kriterien zu finden, es geht darum, Ordnung zu schaffen, den Blick zu schärfen für mögliche Quellen und für die Eigenschaften der unterschiedlichen Quellen.

Diesem Ziel dienen auch zwei weitere Einteilungsverfahren, die sich vor allem auf Textquellen beziehen. So wird gelegentlich zwischen **Primär- und Sekundärquellen** unterschieden. Kriterium ist hier nicht die materielle Beschaffenheit der Quellen, sondern ihre Nähe zum Geschehen. Interessiert man sich für ein bestimmtes politisches Ereignis, wären die damit befassten Amtsakten als Primärquellen zu betrachten. Die oft deutlich später verfassten Memoiren der beteiligten Politiker sind in diesem Fall hingegen als Sekundärquellen zu begreifen. Wohlgemerkt: In diesem Fall! Denn je nach Fragestellung kann aus einer Primärquelle schnell eine Sekundärquelle werden und umgekehrt. Wenn ich mich also nicht für ein bestimmtes politisches Ereignis, sondern für die Selbstwahrnehmung und Außendarstellung eines bestimmten Politikers interessiere, werden dessen Memoiren für mich zur Primärquelle. Die Unterscheidung zwischen Primär- und Sekundärquellen stammt eben aus einer Zeit, in der sich die historische Forschung bevorzugt mit politischen Ereignissen beschäftigte. Und in diesem Rahmen ist die Klassifizierung nach der Nähe zum Geschehen durchaus sinnvoll.

Noch älter, aber unverändert wichtig ist die Klassifizierung der Quellen als **Tradition und Überrest**. In der Sache stammt diese Unterscheidung von Droysen, begrifflich auf den Punkt gebracht wurde sie von Ernst Bernheim (1850 – 1942). Kriterium ist hier die Frage, ob eine Quelle unbewusst-unabsichtlich Zeugnis ablegt oder dies absichtlich tut. So versteht man unter Überresten alles, was unmittelbar von den Begebenheiten erhalten geblieben ist; d.h. die unabsichtliche, unwillkürliche Hinterlassenschaft vergangener Zeiten. Traditionsquellen sind hingegen geprägt vom Willen eines Menschen, der Mit- oder Nachwelt mitzuteilen, wie er die Dinge sieht. Typische Quellen aus der Rubrik Überrest wären neben Sachquellen wie Knochen oder alten Schuhen etwa Güterverzeichnisse oder sonstige Auflistungen, die nicht anderen Menschen eine gewisse Sicht der Dinge vermitteln wollen, sondern schlicht ihrem Autor zu Verwaltungs- oder anderen praktischen Zwecken dienen. Eine typische Quelle aus der Gattung der Tradition wäre hingegen ein Brief oder ein Tagebuch, das ausdrücklich dazu gedacht ist, anderen Menschen, ob jetzt oder in ferner Zukunft, eine bestimmte Deutung vor Augen zu führen. Ob Tradition oder Überrest, ist nicht immer eindeutig zu bestimmen. Auch hier hängt die Klassifizierung der Quellen von der Fragestellung ab. Aber dennoch ist und bleibt die klassische Unterteilung von Tradition und Überrest hilfreich. Denn sie schärft den Blick für das, was im Umgang mit allen Quellen, ohne jede Ausnahme, unverzichtbar ist: die Quellenkritik, genauer: die Anwendung der historisch-kritischen Methode.

2.2.2 | Die historisch-kritische Methode

Nachdem geklärt wäre, was Quellen sind, stellt sich die Frage, wie mit diesen Quellen umzugehen ist. Kritisch, lautet die Antwort des Historismus, oder, genauer gesagt: gemäß der **historisch-kritischen Methode.** Diese in Droysens Historik erstmals ausformulierte Methode bezieht sich vorrangig auf Textquellen, ist aber auch, mit den entsprechenden Modifikationen, auf andere Quellen anwendbar.

Wohlgemerkt: Es geht hier um den Umgang mit Quellen, um **das handwerkliche Grundgerüst**. Die historisch-kritische Methode legt keineswegs fest, wie die Untersuchung konkret verlaufen wird. Wie wir vorgehen, hängt immer von der Fragestellung ab, von dem, was wir wissen wollen, von dem, was wir als relevanten Teil der Vergangenheit betrachten und untersuchen möchten, davon also, ob wir menschliches Handeln verstehen oder eher anonyme Strukturen erklären wollen (→ Kap. 2.4). Trotzdem ist die historisch-kritische Methode ein unverzichtbarer Leitfaden für jede geschichtswissenschaftliche Untersuchung. Denn sie gibt den Rahmen vor, sie benennt die einzelnen Arbeitsschritte, die immer notwendig sind, und sie leitet an zum handwerklich gründlichen Arbeiten. Als eine solche Anleitung zum wissenschaftlichen Umgang mit den Quellen hat die historisch-kritische Methode bis zum heutigen Tag nicht an Gültigkeit verloren. Wer sich mit Geschichte beschäftigt, sollte sich daher auch mit dieser Methode beschäftigen.

Die historisch-kritische Methode besteht insgesamt aus drei Schritten:
1. Heuristik,
2. Kritik,
3. Interpretation.

1. Heuristik:

Das Wort bedeutet exakt übersetzt die „Findekunst". Was in diesem ersten Schritt gefunden werden soll, liegt auf der Hand: die Quellen. Was für uns im konkreten Fall eine Quelle sein kann und was nicht, hängt von der Frage ab, die wir untersuchen wollen. Folglich geht der **HEURISTIK**, der Suche nach den Quellen, immer eines voraus: die **Formulierung einer Fragestellung**. Am Anfang des historisch-kritischen Vorgehens steht also die Frage, nicht die Quelle! So heißt es bei Droysen: „Die Forschung sucht etwas, sie ist nicht auf ein bloß zufälliges Finden gestellt; man muss zuerst wissen, was man suchen will, dann kann man finden [...]. So ist der Anfang der Methode nicht die Kritik, sondern die Frage", und erst, wenn diese klar ist, folgt „das Suchen aus der Frage", das Suchen nach den Quellen. Und wie findet man solche Quellen? Genau darin besteht die **Findekunst,** die Heuristik.

HEURISTIK, von griech. heurískein = finden; die Findekunst.

Ob Sie nach archivalischen Quellen suchen oder, wie in den ersten Semestern üblich, nach Editionen: Einen Einstieg ermöglichen die Hinweise der Forschungsliteratur auf einzelne Quellen, aber auch auf Quellensammlungen, in denen Sie dann selbst nach für Sie interessanten Dokumenten fahnden können. Eine systematischere Suche erlauben spezielle Quellenverzeichnisse, für die Reformationszeit etwa:

– Karl Schottenloher, Bibliographie zur deutschen Geschichte im Zeitalter der Glaubensspaltung 1517 – 1585, 6 Bde., Leipzig 1932 – 1940. 2. Auflage in 7 Bänden, Stuttgart 1956 – 1966.

Allgemein zur deutschen Geschichte der „Dahlmann-Waitz":

– Friedrich Christoph Dahlmann, Georg Waitz, Quellenkunde zur deutschen Geschichte, 10. Auflage Stuttgart 1969 – 1999.

Weitere Quellenverzeichnisse sind mit den üblichen bibliographischen Verfahren (→ Kap. 4.2) zu erschließen.

Haben Sie eine Quelle gefunden, die Ihnen bei der Beantwortung der Ausgangsfrage helfen könnte, sollten Sie den zweiten Schritt der historisch-kritischen Methode in Angriff nehmen: die **Quellenkritik**.

Info

▶ Ein sprachlicher Ableger der Heuristik wird Ihnen oft begegnen: das Wort heuristisch. So ist oft die Rede von heuristischen Begriffen, heuristischen Gliederungen, heuristischen Annahmen etc. Auch die Bedeutung dieses Wortes hängt mit dem Finden zusammen: Heuristisch ist alles, was uns hilft, die Antwort auf eine Frage zu finden.

2. Quellenkritik:

Damit ist nichts anderes gemeint als ein kritischer, aufmerksam-vorsichtiger Umgang mit den Quellen. Man könnte auch sagen: Auf dem Weg der Quellenkritik soll geklärt werden, welchen Aussagewert die jeweilige Quelle für eine konkrete Fragestellung hat. Dabei kann man leicht einen Aspekt übersehen, und um das zu vermeiden, wird die Quellenkritik gerne in ein feingliedriges Schema mit zahlreichen Unterpunkten und Hinweisen aufgegliedert. Hier dürfte es genügen, die wichtigsten Schritte und Fragen aufzuführen.

a. Textkritik oder äußere Kritik:

Ist die Quelle echt? Stammt sie tatsächlich aus der angegebenen Zeit und vom angegebenen Autor? Ist sie später verändert worden oder gar vollständig gefälscht? Überprüfen lässt sich das anhand des Materials (chemische Analyse zur Altersbestimmung), aber auch anhand des Textes (Stilkritik, Sprachgeschichte etc.). Was passieren kann, wenn diese Kritik der Echtheit nicht gründlich betrieben wird, musste eine deutsche Zeitschrift in den 1980er Jahren erfahren. So hatte der „Stern" bereits einige Auszüge aus den angeblichen Tagebüchern Adolf Hitlers abgedruckt, als mit Hilfe einer Materialanalyse bewiesen werden konnte, dass diese obskuren Texte das Machwerk eines durchaus begabten Fälschers waren. Auch solche Fälschungen besitzen einen gewissen Quellenwert – aber eben nicht für die ursprüngliche Frage (in unserem Beispiel: was dachte Hitler?), sondern vielmehr für den Kontext der Fälschung (hier etwa: interessierte sich die deutsche Öffentlichkeit in den 1980er Jahren für die Person Hitlers?).

Zur äußeren Quellenkritik gehört aber nicht nur die Enttarnung spektakulärer Fälschungen. Oft besteht die Hauptarbeit darin, einen so genannten authentischen Text herzustellen. Schließlich können von einer Schrift gleich mehrere Exemplare vorliegen. Und wenn diese voneinander abweichen, muss geklärt werden, welche Version die ursprünglichste ist.

b. Innere Kritik:

Wenn die Echtheit der Quelle geklärt ist, kann man sich ihrem Inhalt zuwenden. Grundlegend ist hier ein Katalog scheinbar banaler, in der Praxis aber nicht immer leicht zu bewältigender Fragen: Wer sagt was (und was nicht!)? Zu wem? Wann? Wo? Mit welchen Mitteln? Zu welchem Zweck? Mit welchem Erfolg? Mit welchen sonstigen Folgen? Um all dies beantworten zu können, ist es zunächst nötig, unbekannte Wörter zu klären und Informationen über im Text genannte Personen, Orte, Ereignisse und Zusammenhänge zu beschaffen. Dabei ist auch zu bedenken, welcher Gattung (Brief, Amtsakten, Tagebuch, Lied, Publizistik etc.) die Quelle zuzuordnen ist. Denn nur so lassen sich bestimmte Elemente wie **TOPOI** oder rhetorische Muster identifizieren, die für die Gattung spezifisch sind und daher weniger über den Autor als über die Schreibkonventionen seiner Zeit sagen.

> **TOPOS**, Pl. Topoi, Gemeinplätze, Denk- und Ausdrucksschemata.

Zur inneren Kritik gehören des Weiteren Fragen, die zuweilen als **ideologische Kritik** zusammengefasst werden: Welchen politischen, weltanschaulichen Standpunkt nimmt der Verfasser ein? Wie steht es um den institutionellen Entstehungshintergrund der Quelle, wie um die konkrete Schreibsituation? Hier erweisen im Übrigen die genannten Klassifizierungen der Quellen ihren praktischen Nutzen: Wer die Unterscheidung von Tradition und Überrest kennt, wird immer besonders genau auf die Aussageabsichten des Autors achten. Und wer zwischen Primär- und Sekundärquellen zu unterscheiden gewohnt ist, wird klären, wie nah der Verfasser der Quelle am berichteten Geschehen war.

Schließlich sind Fragen zu stellen, die man als **historische Kritik** bezeichnen kann. Hier geht es um die Einordnung der Quelle in den historischen Kontext. Zu klären sind also die politischen, sozialen, wirtschaftlichen, kulturellen, religiösen Rahmenbedingungen, unter denen die Quelle entstanden ist. Zu ermitteln ist aber auch die Wirkungsgeschichte der Quelle, d.h. ihre Aufnahme durch die Zeitgenossen und ihre langfristige **REZEPTION**.

> **REZEPTION**, die Aufnahme und Aneignung von Werken durch das Publikum.

3. Interpretation:

Diese letzten Fragen sind nicht allein aus der Quelle selbst zu beantworten und gehen damit schon über in den dritten Teil der historisch-kritischen Methode: in die **Interpretation**.

Während die Quellenkritik auf überprüfbare Weise die Tatsachen ermitteln soll, die die Quellen zu erkennen geben, ist es die Aufgabe der Interpretation, diese Tatsachen wie Mosaiksteinchen zu einem Bild zusammenzusetzen. Die Interpretation stellt also Zusammenhänge her zwischen den Befunden, die sich aus dem kritischen Umgang mit den Quellen ergeben haben.

Welcher Art diese Zusammenhänge sind und auf welche Weise sie methodisch abgesichert hergestellt werden können, wird uns noch beschäftigen (→. Kap. 2.4). Zunächst aber sei ein Blick auf jene Darbietungsform von Quellen geworfen, die Ihnen im Studium am häufigsten begegnen wird: die Quellenedition.

2.2.3 | Kritische Quelleneditionen

EDITION, Ausgabe, Herausgabe von Texten; der Editor ist der Herausgeber einer Edition; edieren = Texte herausgeben.

Quellen können im Archiv lagern, sie können aber auch ediert, d.h. veröffentlicht vorliegen. Diese Veröffentlichungen lassen sich in zwei große Gruppen einteilen: in die kritischen und die nicht-kritischen **EDITIONEN**. Nicht-kritische Editionen sind eher zum Schmökern gedacht, kritische Editionen hingegen für wissenschaftliche Zwecke bestimmt. Was diese beiden Möglichkeiten der Quellenveröffentlichung unterscheidet, steckt schon im Begriff „kritisch": In nicht-kritischen Editionen werden Quellen meist kommentarlos und weitgehend unbearbeitet abgedruckt, **kritische Editionen** bieten Quellen dar, die nach den Regeln der Quellenkritik bearbeitet wurden. Folglich gibt es kritische Editionen erst seit der Formulierung der historisch-kritischen Methode durch den Historismus. Da dessen Vertreter nicht nur die Methode entwickelt, sondern auch die Arbeit mit den Quellen in den Mittelpunkt der historischen Forschung gerückt haben, verwundert es nicht, dass in der Zeit des Historismus die junge Form der kritischen Edition regelrecht boomte. Dies betraf auch die Quellen zur Frühen Neuzeit: So begann 1893 die Edition der Deutschen Reichstagsakten aus dem 16. Jahrhundert, und schon 1883 wurde die kritische Gesamtausgabe der Schriften, Briefe und auch Tischreden Martin Luthers in der berühmten, nach dem Sitz der Herausgeber benannten „Weimarer Ausgabe" in Angriff genommen.

Politische Großereignisse wie die Reichstage und die Werke „großer Männer" wie Luther – das war es, was den Historismus besonders interessierte. Und wie zu jeder Zeit schlugen und schlagen sich die Interessenschwerpunkte der Historiker auch in ihrer Editionstätigkeit nieder. An dieser inhaltlichen Schwerpunktsetzung in der Forschung und bei den Editionen hat sich mittlerweile einiges geändert (→. Kap. 2.7). Aber die Regeln, nach denen ediert wird, sind die gleichen geblieben. Zu sehen ist in Abbildung 11 die kritische Edition einer Quelle, für die sich der Historismus nicht interessiert hätte: Es handelt sich um ein Selbstzeugnis, in dem ein Bauer aus der Gegend von Ulm über sein Leben in der Zeit des Dreißigjährigen Krieges berichtet. Im Original ist die Quelle handschriftlich ver-

QUELLEN UND QUELLENKRITIK

Eine historisch-kritische Edition: Auszug aus dem „Zeytregister" des bei Ulm lebenden Bauern Hans Heberle aus der Zeit des Dreißigjährigen Krieges. | **Abb. 11**

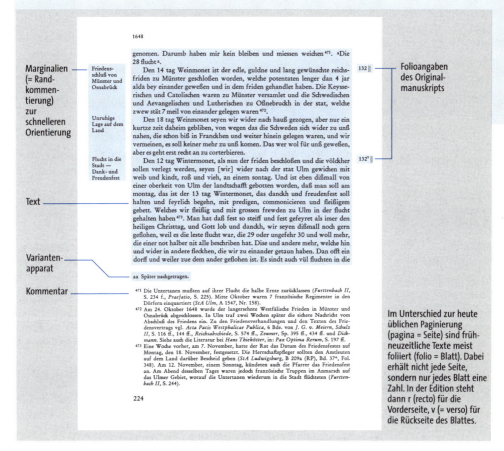

fasst, hier wird sie in Druckschrift wiedergegeben. Aber da auch die Eigenheiten der Textgestaltung im Original wie etwa spätere Streichungen oder Hinzufügungen von Bedeutung für das Verständnis des Textes sein können, werden sie in Fußnoten vermerkt. Dieser Teil des Anmerkungsapparates wird auch **Variantenapparat** genannt. Denn wenn eine Quelle in mehreren, stellenweise voneinander abweichenden Fassungen vorliegt, werden in diesen Fußnoten die Varianten angegeben, die sich in den unterschiedlichen Exemplaren finden. Hinzu kommt ein zweiter Block im Fußnotenteil, der **Kommentar**. Hier sind sowohl Erklärungen für ungewohnte Wörter als auch Informationen zu den im Text genannten Personen, Orten und Ereignissen zu finden. Aber das ist noch nicht alles, was eine kritische Edition bietet. So dürfen Sie davon ausgehen, dass der Editor bereits die **Echtheit der Quelle** geprüft hat. Überdies enthalten die meisten Editionen eine **Einleitung**, die sowohl eine inhaltliche Einordnung der Quelle vornimmt als auch auf deren Rezeptionsgeschichte eingeht und weitere nützliche Informationen liefert.

Insgesamt können kritische Editionen ihren Benutzern also eine Menge Arbeit ersparen. Sie sind daher gut beraten, auf solche Quellenausgaben zurückzugreifen. Aber bedenken Sie eines: Ihren kritischen Blick auf die Quellen kann auch eine kritische Edition nicht ersetzen! Denn auch bei der Arbeit mit den Quellen hängt alles von der Fragestellung ab, und diese Fragestellung kann keine Edition vorgeben.

Tipp

Arbeit mit Quelleneditionen

Seien Sie kritisch: Auch Quelleneditionen verfolgen Absichten. Manchmal wollen sie ganz ausdrücklich eine bestimmte Auffassung be- oder widerlegen. Und auch wenn dies nicht der Fall ist: Kaum eine Edition kommt umhin, eine Auswahl aus dem existierenden Material zu treffen. Überdies werden oft Kürzungen innerhalb einzelner Texte vorgenommen. Beides, Auswahl wie Kürzungen, folgt bestimmten Kriterien. Und Sie können nicht sicher sein, dass diese Kriterien Ihren eigenen Fragen an die Quellen gerecht werden.

Wenn Sie mit Quelleneditionen arbeiten, sollten Sie daher immer deren Konzeption, ihre Absichten und die Kriterien der Auswahl klären. Und noch etwas: Lesen Sie Quellen nach Möglichkeit in der Originalsprache. Jede Übersetzung ist schon eine Interpretation!

Aufgaben zum Selbsttest

- Was versteht man unter Quellen?
- In welche Kategorien lassen sich Quellen unterteilen?
- Skizzieren Sie die drei Hauptschritte der Historisch-Kritischen Methode.

Literatur

Klaus Arnold, **Der wissenschaftliche Umgang mit den Quellen**, in: Hans-Jürgen Goertz (Hg.), Geschichte. Ein Grundkurs, Reinbek 1998, S. 42–58.
Peter Borowsky, Barbara Vogel, Heide Wunder, **Einführung in die Geschichtswissenschaft, Bd. 1: Grundprobleme, Arbeitsorganisation, Hilfsmittel**, 5., überarbeitete und aktualisierte Auflage Opladen 1989, Kap. VI: Die Arbeit mit den Quellen, S. 120–176.
Johann Gustav Droysen, **Historik**. Historisch-Kritische Ausgabe, hg. von Peter Leyh, Bd. 1, Stuttgart 1977.

Kann Geschichte objektiv sein?

| 2.3

Die historisch-kritische Methode sorgt für intersubjektive Überprüfbarkeit, Quellen werden kritisch behandelt und kritisch ediert – bei all dieser kritischen Wachsamkeit der Historiker könnte man die Geschichtswissenschaft für eine Disziplin halten, der es um die historische „Wahrheit" geht. Aber kann es eine solche Wahrheit überhaupt geben? Kann Geschichte objektiv sein? **Objektiv** zu sein heißt, in der Beobachtung und Beschreibung einer Sache diesem Objekt zu entsprechen, und das heißt auch, alles Subjektive, aus der Person des Beobachters (Subjekt) Stammende auszuklammern. Dass der Historiker als Subjekt die Geschichte als Objekt wirklich objektiv, allein der Sache entsprechend erfassen kann, steht zu bezweifeln. Schließlich ist schon im Begriff der Geschichte ein Spannungsverhältnis zwischen Objekt und Subjekt angelegt: Denn wenn Geschichte nicht nur die Summe des Vergangenen ist, sondern immer auch das Produkt einer Auswahl der Historiker (→ Kap. 2.1.1), dann kann Geschichte streng genommen nicht objektiv sein. Aber wenn sie das nicht sein kann, was heißt das dann für den Anspruch auf Wissenschaftlichkeit? Wer sich mit Geschichte beschäftigt, wird früher oder später vor diesem Problem stehen. Und so lohnt sich ein Blick auf die Antworten, die im Laufe der Zeit auf diese bis heute diskutierte Frage gegeben worden sind.

„Zeigen, wie es eigentlich gewesen": das Postulat der Unparteilichkeit

| 2.3.1

Am Anfang der Debatte über die Objektivität der modernen Geschichtswissenschaft steht ein berühmtes Zitat eines ebenso berühmten Historikers. **Leopold von Ranke**, der dank seiner grundlegenden Beiträge zur Verwissenschaftlichung des Faches oft auch als Begründer der modernen Geschichtswissenschaft bezeichnet wird, schrieb im Blick auf die Aufgabe der Geschichtswissenschaft: Der Historiker wolle **„bloß zeigen, wie es eigentlich gewesen"**. Dieser Satz gehört zu den am meisten zitierten Aussa-

| Abb. 12

Leopold von Ranke (1795–1886), einer der Hauptvertreter des Historismus, gilt gemeinsam mit Droysen als Gründervater der modernen Geschichtswissenschaft. Mit seinen Zitaten lassen sich fast alle Grundprobleme der Geschichte darstellen.

gen zum Fach Geschichte überhaupt, und das nicht ohne Grund. So verbergen sich in Rankes schlichten Worten zwei grundlegende Einschätzungen der Geschichte und ihrer Erforschbarkeit. Zum einen gibt es für Ranke eine „eigentliche", einzige Geschichte, die so und nicht anders verlaufen ist, und damit auch nur eine einzige historische Wahrheit. Zum anderen sind Historiker prinzipiell imstande, diese eine und einzige historische Wahrheit zu erkennen und sie zu „zeigen", also darzustellen. Wie dieses Ziel für Ranke zu erreichen ist, liegt auf der Hand. Schließlich hat der – wie nach ihm Droysen – in Berlin lehrende Historiker die historische Methodenlehre des Historismus zwar nicht schriftlich festgehalten, aber doch gedanklich miterarbeitet. Und so führt der Weg zur historischen Wahrheit für Ranke über die Quellen und deren historisch-kritische Bearbeitung.

Diese Ansicht war im Kern keineswegs neu. Schon Thukydides hatte es für möglich gehalten, durch die strenge Unterscheidung zwischen Erdachtem (**res fictae**) und Tatsächlichem (**res factae**) zu erkennen, „wie es eigentlich gewesen". Aber da Ranke diese Position in der entstehenden Geschichtswissenschaft verankerte und mit dem Hinweis auf die Quellen zugleich den methodischen Weg zur Erkenntnis beschrieb, verband sich sein Name untrennbar mit dieser Ansicht. Dem Andenken des armen Ranke ist das nicht gut bekommen. So ist er für kritische Geister, die nicht an die Möglichkeit objektiver Erkenntnis glauben, zum Inbegriff eines naiven, unkritischen Erkenntnisoptimismus geworden. Das aber ist etwas ungerecht. Denn Ranke wusste sehr wohl, dass auch die Person des Historikers und somit subjektive Faktoren in der Geschichtswissenschaft eine Rolle spielen: „Die Absicht eines Historikers hängt von seiner Ansicht ab." Und weil er das wusste, forderte er von den Historikern absolute Unparteilichkeit. In diese Richtung zielte im Übrigen auch seine vielzitierte, aber oft aus dem Zusammenhang gerissene Aussage. Ranke wandte sich nämlich ausdrücklich gegen die noch zu seiner Zeit dominierende Geschichtsschreibung der Aufklärung, die durch einen festen Glauben an den Fortschritt charakterisiert war und daher auch in der Geschichte eine Entwicklung zum Besseren erkennen wollte. Folglich neigten die Geschichtsschreiber der Aufklärung dazu, ihre eigene Gegenwart höher zu schätzen als die Vergangenheit und diese Vergangenheit mit moralischen Kategorien in bessere und schlechtere Zeiten einzuteilen. Genau darauf bezog sich Ranke in der Vorrede zu seinem Erstlingswerk von 1824: „Man hat der Historie das Amt, die Vergangenheit zu richten, die Mitwelt zum Nutzen zukünftiger Jahre zu belehren, beigemessen. So hoher Ämter unterwindet sich gegenwärtiger Versuch nicht: er will blos zeigen, wie es eigentlich gewesen." (Geschichten der romanischen und germanischen Völker von 1494 bis 1514, Vorrede).

Dass er um die Schwierigkeiten wusste, alle subjektiven Faktoren aus dem Erkenntnisprozess auszuklammern, belegt ein Stoßseufzer des großen Ranke: „Ich wünschte mein Selbst gleichsam auszulöschen und nur die Dinge reden [...] zu lassen." (Englische Geschichte, Beginn des 5. Buchs). Aber für ihn blieb es dabei: Objektivität ist möglich, Unparteilichkeit daher die Pflicht eines jeden Historikers. In Rankescher Klarheit lautete die Aufgabe der Geschichtswissenschaft daher: „kritisches Studium der echten Quellen, unparteiische Auffassung, objektive Darstellung".

„Sehepunkte": die Standortgebundenheit historischer Erkenntnis

2.3.2

Was aber, wenn sich subjektive Faktoren nie ganz aus dem Erkenntnisprozess ausklammern lassen, wenn Geschichte also gar nicht objektiv sein kann und das Postulat der Unparteilichkeit eine Illusion ist? Solche Zweifel wurden bereits geäußert, bevor Ranke sein Postulat der Unparteilichkeit aufstellte. So schrieb schon **Johann Martin Chladenius** in seiner „Allgemeinen Geschichtswissenschaft" von 1752: „Die Geschichte ist einerlei, die Vorstellung aber davon ist verschieden und mannigfaltig." Schuld daran seien die so genannten **Sehepunkte**, die Standpunkte oder Perspektiven also, von denen aus verschiedene Menschen die Dinge eben auch unterschiedlich sehen: „Aus dem Begriff des Sehepunktes folgt, dass Personen, die eine Sache aus verschiedenen Sehepunkten sehen, auch verschiedene Vorstellungen von der Sache haben müssen." Auch das war keine grundlegend neue Einsicht. Neu und zukunftsweisend war aber, dass Chladenius den Einfluss subjektiver Faktoren differenzierte und unterschiedlich bewertete: Auf der einen Seite sah er die **Standortgebundenheit oder Perspektivität** des Historikers: Jede historische Darstellung ist abhängig von den jeweils eigenen Lebensumständen des Betrachters, von seinen persönlichen Einstellungen und Interessen. Da dies unvermeidlich so ist, hielt Chladenius den Anspruch auf absolute Objektivität ebenso wie die später von Ranke formulierte Vorstellung, man könne sein „Selbst gleichsam auslöschen", für eine Illusion. Und weil alle Darstellung von Geschichte perspektivisch gebrochen ist, lässt sich auch nicht beschreiben, „wie es eigentlich gewesen". Völlig freie Bahn haben die subjektiven Faktoren damit aber nicht. So sah Chladenius als Gegenüber der unvermeidlichen Standortgebundenheit die durchaus vermeidbare und auch unbedingt zu vermeidende **Parteilichkeit**. Parteilichkeit, verstanden als das Verdrehen von Tatsachen wider besseres Wissen, ist unzulässig, und um solchen Verzerrungen zu entgehen, hat sich der Historiker auf das Ideal einer möglichst objektiven, nicht wertenden Auswertung der Quellen zu verpflichten.

Die Standortgebundenheit des Historikers ist als unvermeidlich hinzunehmen, Parteilichkeit gilt es hingegen zu vermeiden – mit dieser Differenzierung war eine Alternative zu der mit Ranke identifizierten Forderung nach einer interesselosen, ja selbstlosen Forschung geboten. Und diese Alternative sollte sich schließlich auch durchsetzen. So wurde die Perspektivität der historischen Forschung vor allem nach der Blütezeit des Historismus zunehmend akzeptiert und nun auch methodisch verstärkt reflektiert. Im so genannten **Werturteilstreit** um 1900 erklang zwar nochmals die alte Forderung nach vollständiger Wertfreiheit der Forschung. Aber in dieser Debatte wurde auch die Position formuliert, die bis heute Gültigkeit hat. Sie stammt von einem Denker, der als Begründer der Soziologie gilt, aber auch einige für die Geschichtswissenschaft grundlegende Texte geschrieben hat und uns noch des Öfteren begegnen wird: **Max Weber**. Als Antwort auf die an Ranke gemahnende Forderung nach Wertfreiheit unterschied Weber zwischen Werturteilen und Wertbeziehung. Werturteile sind moralische Bewertungen, die wissenschaftlich nicht begründbar und daher als solche zu kennzeichnen oder ganz zu vermeiden sind. Die Wertbeziehung hingegen ist unvermeidlich: Wir müssen aus der unendlichen Vielfalt der historischen Phänomene auswählen, was uns interessant erscheint, und da diese Auswahl von unseren eigenen Lebensbedingungen und Denkweisen, von den leitenden Wertideen unserer eigenen Zeit abhängt, ist die historische Forschung immer auf Werte bezogen. Deswegen kann es, so Weber, keine schlechthin objektive, von eigenen Werten freie Analyse der Geschichte geben (Objektivität 49). Wie aber kann dann die Geschichte an ihrem Anspruch festhalten, eine Wissenschaft zu sein? Ganz einfach: Indem die Historiker ihre leitenden Wertideen (der Philosoph Jürgen Habermas [geb. 1929] sprach später vom „erkenntnisleitenden Interesse") reflektieren und offen legen. Warum wir uns wofür interessieren, müssen wir uns selbst und auch anderen gegenüber klar machen. Objektivität ist in diesem Verständnis also nicht das Gegenteil von Subjektivität. Objektivität entsteht vielmehr durch den reflektierten Umgang mit der Subjektivität, mit der eigenen Standortgebundenheit.

Außerdem, und dieser Punkt ist mindestens ebenso wichtig, heißt Standortgebundenheit ja keineswegs Beliebigkeit! Schon Chladenius hatte auf die Notwendigkeit hingewiesen, die eigenen Aussagen an den Quellen zu überprüfen. Und nichts anderes meinte der Historiker Reinhart Koselleck mit seiner berühmt gewordenen Formulierung vom „Vetorecht der Quellen": Quellen können uns zwar nicht sagen, was wir sagen sollen, aber sie sagen uns, was wir nicht sagen dürfen.

Quellen sind folglich ein wichtiges Korrektiv gegenüber subjektiven Faktoren in der historischen Forschung: Nur mit kritisch bearbeiteten, in ihrem Vetorecht ernst genommenen Quellen werden

| Abb. 13

Max Weber (1864–1920) gilt als Begründer der Soziologie. Aber auch für die Geschichtswissenschaft sind seine Ausführungen zu Wertfreiheit und Objektivität sozialwissenschaftlicher Forschung, zum Verhältnis von Verstehen und Erklären und zum Idealtypus bis heute maßgeblich.

Info

Das „Vetorecht der Quellen"

▶ „Streng genommen kann uns eine Quelle nie sagen, was wir sagen sollen. Wohl aber hindert sie uns, Aussagen zu machen, die wir nicht machen dürfen. Die Quellen haben ein Vetorecht. Sie verbieten uns, Deutungen zu wagen oder zuzulassen, die aufgrund eines Quellenbefundes schlichtweg als falsch oder als nicht zulässig durchschaut werden können. Falsche Daten, falsche Zahlenreihen, falsche Motiverklärungen, falsche Bewußtseinsanalysen: all das und vieles mehr läßt sich durch Quellenkritik aufdecken. Quellen schützen uns vor Irrtümern, nicht aber sagen sie uns, was wir sagen sollen."
Reinhart Koselleck, Standortbindung und Zeitlichkeit. Ein Beitrag zur historiographischen Erschließung der geschichtlichen Welt, in: Ders., Vergangene Zukunft. Zur Semantik geschichtlicher Zeiten, Frankfurt a. M. 1989, S. 176–207, hier S. 206.

THEORETISCHES: FRÜHE NEUZEIT ALS WISSENSCHAFT

historische Aussagen belegbar und für andere nachvollziehbar. Quellen sorgen also für die intersubjektive Überprüfbarkeit, und mit dieser Überprüfbarkeit durch andere ist ein wesentliches Kriterium von Wissenschaftlichkeit erfüllt. Aber was, wenn Historiker die Quellen und Fakten, die gegen ihre Deutung sprechen, übersehen oder gar absichtlich verschweigen? Dann stehen genug andere Historiker bereit, um das Vetorecht der Quellen ernst zu nehmen und die nötigen Gegenargumente vorzubringen. Dies verweist auf ein weiteres Argument gegen die angebliche Beliebigkeit der Forschung: Geschichtswissenschaftliche Erkenntnis ist keine Einzelleistung, sie ist ein **Prozess**. In diesem Prozess können historische Aussagen nur einen begrenzten, keinen absoluten Wahrheitsanspruch erheben. Sie sind prinzipiell **FALSIFIZIERBAR** und korrigierbar, und zwar durch Überprüfung und neue Diskussion. Kriterium für die Gültigkeit historischer Aussagen ist hierbei nicht eine absolute Objektivität oder Wahrheit, die es nicht geben kann, sondern die Zustimmung der anderen Historiker. Und diese Zustimmung wird um so größer sein, je näher sich eine historische Arbeit dem Ideal der Objektivität nähert. Absolute Objektivität lässt sich nicht erlangen, aber es gibt objektivere und weniger objektive Arbeiten. Und weil vom erreichten Maß der Objektivität die Überzeugungskraft historischer Studien abhängt, kann man mit Thomas Nipperdey den Anspruch auf Objektivität als Ideal, als **regulative Idee** der Forschung bezeichnen.

FALSIFIZIERBAR, widerlegbar.

Insgesamt können wir festhalten: Es gibt nicht die historische Wahrheit, und es gibt nicht die Geschichte. Wir können nicht „zeigen, wie es eigentlich gewesen", wir können nur Deutungen liefern, und dabei sind wir immer an unseren Standpunkt gebunden. Weil diese Standortgebundenheit unvermeidlich ist, kann es absolute Objektivität nicht geben. Dennoch sind Perspektivität und Objektivität keine unvereinbaren Gegensätze, die man gegeneinander ausspielen sollte. Gerade weil wir um unsere Standortgebundenheit wissen, müssen wir am Ideal der Objektivität festhalten: durch den reflektierten Umgang mit subjektiven Faktoren wie unseren erkenntnisleitenden Interessen, die es offen zu legen gilt, und durch die Ausrichtung unserer Forschungsarbeit an der Objektivität als regulativer Idee.

Dass Perspektivität und Objektivität keine Gegensätze, sondern aufeinander bezogene Momente des Erkenntnisprozesses sind, macht im Übrigen eine weitere Beobachtung deutlich: Gerade weil historische Forschung immer standortgebunden bleiben wird, kann sie nie zu einem Ende kommen. Veränderte Lebensbedingungen in der Gegenwart eröffnen neue Fragen und Perspektiven auf die Geschichte. Und so ist es letztendlich die Standortgebundenheit der Historiker, die den Erkenntnisprozess voranbringt. Perspektivität als Antriebskraft der Forschung und damit als Chance – auch das hat bereits Max Weber gesehen: „Es gibt Wissenschaften, denen ewige Jugendlichkeit beschieden ist, und das sind alle historischen Disziplinen, alle die, denen der ewig fortschreitende Fluß der Kultur stets neue Problemstellungen zuführt."

Alles nur Fiktion?
Der Linguistic Turn und die Folgen

| 2.3.3

Info

Der Linguistic Turn

▶ Was ist der Linguistic Turn? Dieser Begriff bündelt eine Reihe von Denkansätzen des 20. Jahrhunderts. Im Detail können diese Ansätze sehr unterschiedlich sein, im Kern verbindet sie alle die Skepsis gegenüber der Sprache, besser gesagt: die Skepsis gegenüber der Vorstellung, Sprache sei ein transparentes, wenn nicht gar neutrales Medium, mit dem sich die Wirklichkeit erfassen und beschreiben lasse. Diese traditionelle Bestimmung des Verhältnisses von Sprache und Wirklichkeit lehnen die Vertreter des Linguistic Turn ab. Sie gehen stattdessen davon aus, dass sich die Sprache auf nichts außerhalb der Sprache bezieht, dass sie viel mehr ein sich selbst regulierendes System von Zeichen ohne jede Anbindung an die Wirklichkeit ist. Dieser Gedanke fußt auf dem so genannten Zeichenmodell des Sprachforschers **Ferdinand de Saussure** (1857 – 1913), für den Sprache eine reine Konvention ist: Wir nennen einen Stuhl allein deswegen „Stuhl", weil wir uns darauf geeinigt haben, dass diese Lautkette diesen Gegenstand bezeichnet. Mit der außersprachlichen Wirklichkeit hat das nichts zu tun. Wir könnten den selben Gegenstand theoretisch auch „Topf" nennen, ohne dass es den Gegenstand verändern würde. Wir hätten dann lediglich ein kleines Kommunikationsproblem mit unserem Umfeld. Gleichzeitig gilt den Vertretern des Linguistic Turn die Sprache als eine unhintergehbare Bedingung des Denkens. Jede menschliche Erkenntnis ist durch Sprache strukturiert, aber weil diese Sprache sich auf nichts außerhalb ihrer selbst bezieht, kann man mit dem Denken und Erkennen nicht mehr zur Wirklichkeit vordringen. Wir können uns daher nicht mit der Wirklichkeit, sondern nur noch mit der Sprache beschäftigen. Sprache und damit Text ist der einzige thematisierbare Gegenstand überhaupt. Genau das steckt hinter dem ebenso rätselhaften wie berühmten Satz des französischen Philosophen Jacques Derrida (1930 – 2004): „Il n'y a pas de hors-texte" – **„Es gibt nichts außer Text"** oder wörtlich übersetzt: „Ein Text-Äußeres gibt es nicht".

THEORETISCHES: FRÜHE NEUZEIT ALS WISSENSCHAFT

LINGUISTIK, Sprachwissenschaft, v.a. Theorie über die Struktur der Sprache.

Mit der Standortgebundenheit ist die historische Methodologie fertig geworden: Dass eine absolute Objektivität nicht erreichbar ist, nimmt der Geschichte nicht ihren Charakter als Wissenschaft. Eine neue Herausforderung an die Objektivität und Wissenschaftlichkeit historischer Erkenntnis stellte erst der so genannte **Linguistic Turn** in den 1980er Jahren dar. Diese **LINGUISTISCHE** oder „sprachliche Wende" sollte sich allerdings schnell zu einem Frontalangriff auf das Fach als Wissenschaft auswachsen.

Der Siegeszug dieses Ansatzes und die damit verbundene Hinwendung zur Sprache (nichts anderes bedeutet „Linguistic Turn") wird in der Geschichtswissenschaft mit einer gewissen Skepsis verfolgt. Denn wenn die Geschichtswissenschaft diesen Ansatz in seiner ganzen Schärfe akzeptierte, würde sie sich ihres Gegenstandes, der Geschichte als Realität jenseits der Sprache, berauben und sich damit in letzter Konsequenz selbst abschaffen. Dennoch sind auch hier Auswirkungen der ursprünglich aus der Sprachphilosophie und Literaturtheorie stammenden Wende zu spüren. Vereinfacht könnte man sagen: Das Interesse an Sprache ist auch in der Geschichtswissenschaft gestiegen, und das in doppelter Hinsicht. Zum einen wird die Sprache als historischer Untersuchungsgegenstand ernster genommen. Dies wird uns unter dem Stichwort Diskursgeschichte (→ Kap. 2.7.3) näher beschäftigen. Zum anderen, und das ist im Blick auf die Debatte über die Objektivität historischer Erkenntnis wichtig, wuchs mit dem Linguistic Turn wieder das Interesse an der Darstellung der Geschichte. Wie Geschichte zu schreiben sei – diese Frage hatte bis ins 18. Jahrhundert hinein im Mittelpunkt des Nachdenkens über Geschichte gestanden, um spätestens mit dem Historismus in den Hintergrund zu treten. Jetzt aber rückte das Schreiben der Geschichte wieder ins Zentrum der Debatte. Aufbauen konnte die neue Diskussion auf der Einsicht, dass jede geschichtswissenschaftliche Darstellung eine **narrative Struktur** hat und damit eine **Erzählung** ist. Um Missverständnisse zu vermeiden, sollte man zwei Bedeutungen des Begriffs Erzählung auseinanderhalten: Im traditionellen und alltagssprachlichen Verständnis ist mit Erzählung eine kunstvolle, mit literarischen Mitteln ausgeschmückte Präsentation eines Geschehens gemeint. In seiner hier gebrauchten literaturtheoretischen Bedeutung bezeichnet der Begriff Erzählung hingegen die Darstellungsform, die jede historische Aussage strukturiert. Dementsprechend ist die narrative Struktur nicht gleichzusetzen mit dem romanhaften Erzählen oder gar Erfinden. Vielmehr verweist dieser Begriff darauf, dass Historiker eine Geschichte erzählen, wenn sie etwas erklären wollen, dass die Erklärung historischer Sachverhalte also immer in der Form einer Erzählung mit Anfang und Ende und somit in Form einer Narration daherkommt. Aber auch wenn man diese Begriffe säuberlich auseinander hält, wird man sich fragen können, welchen Einfluss die narrative Struktur einer historischen Darstellung auf ihren Inhalt hat. Genau das tat der amerikanische Historiker **Hayden White**. In seinem Buch „Metahistory" von 1973 analysierte White berühmte Werke der Geschichtsschreibung im Blick auf ihre literarischen, d.h. poetischen und rhetorischen Aspekte: nicht etwa, um Tipps für einen guten Stil zu geben, sondern vielmehr, weil er zeigen wollte, dass die narrative Struktur, die Art des Erzählens, den Inhalt eines Textes weit mehr bestimmt als die untersuchten Fakten. Die Verknüpfung historischer Fakten zu einem Ganzen sei ein dichterischer Akt, Geschichtsschreibung daher enger verwandt mit fiktionaler Literatur, als sie selbst gerne glauben möchte. **Auch Klio dichtet**, lautet die Formel, auf die Hayden White seine Position brachte. Klio war die Tochter von Göttervater Zeus und von Mnemosyne und zählt zu den neun Musen. Dass sie als Muse der Geschichtsschreibung nicht nur auch, sondern ausschließlich dichtet, dass Historiker also keine Wissenschaftler, sondern Dichter seien, ist die radikale Schlussfolgerung aus diesen Beobachtungen.

Mit dieser Lesart des Linguistic Turn konnten sich die Berufshistoriker aus nahe liegenden Gründen nicht anfreunden. Aber dass Geschichtsschreibung immer eine Erzählung mit Anfang und Ende ist und damit auch eine narrative Struktur hat, dass Historiker also eine Geschichte erzählen, wenn sie historische Sachverhalte erklären wollen, dass sie dabei in der Tat mit Mitteln der Fiktion arbeiten, sobald sie mehr tun als Fakten aufzuzählen, dass also die Darstellung keineswegs nur instrumentellen Charakter hat, wie Ernst Bernheim geglaubt hatte (→ Kap. 2.1.2) – all das wird seit dem Linguistic Turn verstärkt reflektiert.

Die vom Linguistic Turn wiederbelebte Diskussion über den zwingend narrativen Charakter jeder Geschichtsschreibung erinnerte auch daran, dass die literarisch anspruchsvolle Darstellung von Geschichte keineswegs identisch ist mit Unwissenschaftlichkeit. So hat der Linguistic Turn mit seinem Interesse an der Art, Geschichte zu schreiben, die Geschichte nicht ihrer Wissenschaftlichkeit beraubt. Im Gegenteil: Entgegen der ursprünglichen Intention dieser Autoren wurde in den Debatten um White und andere klar, dass Geschichtswissenschaft auch dann eine Wissenschaft bleiben kann, wenn man ihre Produkte mit Vergnügen liest.

Aufgaben zum Selbsttest

- Kann Geschichte objektiv sein?
- Was versteht man unter dem „Linguistic Turn?"
- Wie wirkt sich der „Linguistic Turn" in der Geschichtswissenschaft aus?

Literatur

Wolfgang Hardtwig, **Formen der Geschichtsschreibung: Varianten des historischen Erzählens**, in: Hans-Jürgen Goertz (Hg.), Geschichte. Ein Grundkurs, Reinbek 1998, S. 169 – 188.
Georg G. Iggers, **Zur „Linguistischen Wende" im Geschichtsdenken und in der Geschichtsschreibung**, in: GG 21 (1995), S. 557 – 570.
Thomas Nipperdey, **Kann Geschichte objektiv sein?**, in: GWU 30 (1979), S. 329 – 342.
Max Weber, **Die „Objektivität" sozialwissenschaftlicher und sozialpolitischer Erkenntnis (1904)**, in: Ders., Schriften zur Wissenschaftslehre, Stuttgart 1991, S. 21 – 101.

2.4 | Zugänge zur Geschichte: Verstehen und Erklären

Geschichtswissenschaft möchte historische Sachverhalte ermitteln. Aber was heißt das genau? Will das Fach individuelle Phänomene beschreiben oder generalisierende Aussagen treffen? Verbergen sich hinter den Sachverhalten also einzelne Menschen, ihr Denken, Handeln und Empfinden? Oder geht es eher um überpersönliche Strukturen und Entwicklungsprozesse? Und was bedeutet „ermitteln"? Welche Verfahren sind damit gemeint? Um diese elementaren Fragen an das Fach zu beantworten, werden im Folgenden die zentralen Verfahrensweisen der Geschichtswissenschaft vorgestellt: das Verstehen (die Hermeneutik) und das Erklären (die Analytik).

Dabei wird sich zeigen, dass es hier nicht nur um technische Verfahren geht, sondern um unterschiedliche Zugänge zur Geschichte. Kurz gesagt: Erst das gewählte Verfahren bestimmt darüber, wie die historisch-kritische Methode mit ihrem Dreischritt aus Heuristik, Quellenkritik und Interpretation konkret durchgeführt wird. So unterscheiden sich je nach Verfahren das Verständnis von den Kräften, die die historische Entwicklung vorantreiben, damit auch die Themenfelder, die bevorzugt untersucht werden, die Fragen, die an die Geschichte gestellt werden, die Quellen, die im Vordergrund stehen, und nicht zuletzt auch die Art, Geschichte zu schreiben.

Hier eine erste Übersicht über die beiden Verfahren:

Verstehendes Verfahren und erklärendes Verfahren	
hermeneutisch	analytisch
Sinn	Kausalität
Intention, Selbstverständnis, Motivation, Emotion	Ursachen, Wirkungen, Folgen
der Mensch, das Individuum	Gruppen, Schichten, Klassen
Singuläres	Gesetzmäßigkeiten
das Einmalige	das Allgemeine
Handlung	Struktur
intentional, weil personal	nicht-intendiert, weil abstrahiert, anonym
einfühlendes Nacherleben	kaltes Analysieren
idiographisch (das Einzelne beschreibend)	nomothetisch (nach Gesetzen suchend), nomologisch (um Gesetze wissend)

Allerdings sollte auch deutlich werden, dass sich diese beiden Verfahren keineswegs ausschließen. Zwar ist die Entwicklung des Fachs als Wissenschaft von einer oft erbittert geführten Debatte um das Verstehen und Erklären geprägt. Aber wie der abschließende Blick auf diese Debatte zeigen wird, resultiert der Streit nicht selten aus einem Missverständnis. Um diese Missverständnisse zu vermeiden, sollten Sie sich von Anfang an zweierlei klar machen: Zum einen haben die in der Alltagssprache nahezu austauschbaren Begriffe Verstehen und Erklären im Kontext der Methodendiskussion eine engere Bedeutung: Im wissenschaftlichen Sprachgebrauch heißt Verstehen, nach dem Sinn zu fragen, der Sachen, Vorgängen oder Handlungen zugeschrieben wird. Erklären heißt hingegen,

Phänomene auf ihre Ursachen zurückzuführen. Zum anderen, und das macht die Angelegenheit so verwirrend, will auch das verstehende Verfahren historische Sachverhalte erklären, also auf ihre Ursachen zurückführen. Der Unterschied zwischen Erklären und Verstehen besteht also nicht darin, dass Erklären nach kausalen Zusammenhängen fragt, während das Verstehen von Ursachen und Wirkungen nichts wissen will. Der Unterschied besteht vielmehr darin, dass die verstehende Methode die Ursachen in anderen Bereichen sucht als die erklärende Methode: Hermeneutische, also verstehende Ansätze ermitteln die Ursachen menschlichen Handelns in den **INTENTIONEN** der Akteure, analytische, also erklärende Ansätze suchen sie in den strukturellen Bedingungen des menschlichen Lebens.

INTENTION, Absicht.

2.4.1 | Verstehen

Schon die Begriffspaare in der Tabelle machen deutlich, dass es sich beim Verstehen und Erklären nicht nur um verschiedene Erkenntnisweisen handelt, sondern auch um verschiedene Erkenntnisgegenstände. **Verstehen** fragt nach dem **Sinn**, den Menschen sich selbst, der Welt und ihren Handlungen geben. Verstehen will man das Selbstverständnis und die Weltsicht, die Intentionen, Motivationen und Emotionen von Menschen, von konkreten Menschen in konkreten Situationen. Es geht hier also nicht um Gesetzmäßigkeiten, es geht um das individuelle Denken und Handeln in einmaligen, so nicht wiederkehrenden Situationen. Deren Einzigartigkeit lässt sich daher nicht in allgemeine Aussagen fassen oder gar aus Gesetzen ableiten, es lässt sich nur beschreiben. Da es beim Verstehen um die Deutung des menschlichen Handelns geht, könnte man das Verfahren als einfühlendes Nacherleben, als Sich-Hineinversetzen umschreiben. Für dieses Verfahren gibt es allerdings auch einen Fachbegriff: die **HERMENEUTIK**. Ganz allgemein ist Hermeneutik definiert als das Verstehen von Sinnzusammenhängen in menschlichen Lebensäußerungen aller Art. Im engeren Sinne bezeichnet der Begriff die Kunst der Textauslegung, also das Verstehen von Texten, die Interpretation. Dieser Hinweis auf Texte und damit auf Quellen sollte vor dem Missverständnis bewahren, das Verstehen sei ein allein auf Intuition gegründetes, wissenschaftlich nicht kontrollierbares Verfahren. Hermeneutik kann zwar in der Tat keinen Anspruch auf absolut gültige Interpretation erheben:

HERMENEUTIK, von griech. hermeneúein = auslegen, verständlich machen; Kunst der Textauslegung.

„Die Möglichkeit, dass der andere Recht hat, ist die Seele der Hermeneutik", schrieb der wichtigste Vertreter der modernen Hermeneutik, **Hans-Georg Gadamer** (1900 – 2002). Aber der andere, mit dem wir über unsere Interpretation streiten, ist im Fall der Geschichtswissenschaft nicht nur der andere Historiker, sondern auch und vor allem der historische Akteur. Weil wir verstehen wollen, welchen Sinn er seinen Handlungen, der Welt und sich selbst beigemessen hat, müssen wir alle Zeugnisse über ihn, die Quellen, möglichst kritisch behandeln. Und weil sich Sinnstiftungen heute wie in der Vergangenheit nicht im luftleeren Raum abspielen, haben wir stets auch den historischen Kontext der Handlungen und Äußerungen zu berücksichtigen. Dabei kommt es im Übrigen nicht darauf an, ob die historischen Akteure mit ihren Deutungen der Welt jeweils Recht hatten oder nicht: Nehmen wir den Sturm auf die Bastille am 14. Juli 1789: Die Pariser Bevölkerung stürmte dieses Gefängnis, weil es ihr als Symbol der Monarchie erschien und sie diese Monarchie für den Anstieg der Brotpreise verantwortlich machte. Dass das Gefängnis so gut wie leer und die Teuerung mitnichten die Schuld der Krone war, spielt für die hermeneutische Erklärung dieses Ereignisses keine Rolle. Historiker sind dank ihrer rückschauenden Perspektive notorische „Besserwisser". Aber das sollte uns nicht dazu verführen, das Handeln der Menschen an unseren heutigen Maßstäben und Kenntnissen zu messen.

Wie die Auslegung eines Textes und damit auch die hermeneutische Interpretation einer Quelle funktioniert, wird gern mit dem Ausdruck **hermeneutischer Zirkel** umschrieben. Hinter diesem Bild verbirgt sich ein abstraktes Prinzip: Das Ganze wird aus dem Einzelnen und das Einzelne aus dem Ganzen verstanden. Vereinfacht ausgedrückt heißt das, dass wir zunächst die einzelnen Bestandteile (Wörter, Sätze, Absätze) eines Textes verstehen müssen, um das Textganze zu verstehen, dass sich aber im Lichte des Textganzen unser Verständnis der einzelnen Textbestandteile wieder ändern kann. Dieses Prinzip gilt nicht nur für das Verhältnis von einzelnen Wörtern oder Sätzen zum Gesamttext, sondern auch für andere Bereiche, etwa für den Zusammenhang von Text und Kontext: Durch den Kontext verstehen wir den Text besser, aber durch den Text sehen wir auch manchmal den Kontext klarer. Insgesamt lässt sich das hermeneutische Verfahren der Quelleninterpretation als Prozess des zunehmenden Verständnisses beschreiben. Und da dieser Prozess anders als bei einem Zirkel niemals zurück an den Ausgangspunkt führt, sollte man statt von einem hermeneutischen Zirkel wohl besser von der hermeneutischen Spirale sprechen.

Doch gleichgültig, wie weit wir es auf dieser hermeneutischen Spirale nach oben schaffen: Zwischen uns und dem Text wird immer eine Kluft bestehen bleiben, die so genannte **hermeneutische Differenz**. In Zeiten des Historismus wollte man dies nicht wahrhaben und glaubte stattdessen, durch Einfühlen die Differenz oder Distanz überwinden zu können. In der heutigen Hermeneutik geht es eher darum, die Differenz, das uns Fremde in den Texten und Phänomenen, zu akzeptieren und durch eine möglichst mikroskopische, so genannte **dichte Beschreibung** zu erfassen.

Welche Art von Quellen für hermeneutische Ansätze bevorzugt in Frage kommen, liegt auf der Hand: die Traditionsquellen, die ja gerade dadurch definiert sind, dass ihre Autoren ihre Sicht der Dinge mitteilen wollen. Welche Themen mit Hilfe hermeneutischer Ansätze zu erschließen sind, ist ebenfalls offenkundig: Wo Menschen denken und handeln, ist die Hermeneutik gefragt. Hinter dieser schlichten Aussage verbirgt sich allerdings eine grundlegende Festlegung: Wer bevorzugt mit hermeneutischen Methoden arbeitet, dürfte von der Annahme ausgehen, dass die Menschen selbst die treibende Kraft der historischen Entwicklung sind. Eine Variante dieser Grundüberzeugung kennen Sie: **„Männer machen Geschichte"**, verkündete der Berliner Historiker **Heinrich von Treitschke** (1834 – 1896). Und wie der auf Grund seiner oft schon demagogischen politischen Stellungnahmen bis heute umstrittene Treitschke interessierten sich auch die sympathischeren Vertreter des Historismus für die Großen Männer. Große Männer, das sind im Verständnis des Historismus, der als erste Hochphase der historischen Hermeneutik gilt, vielleicht auch Denker, doch vor allem Staatsmänner. Und so konzentrierte sich der Historismus denn auch vorrangig auf die politische Geschichte, die er aus den Handlungen dieser Männer zusammensetzte und mit deren Intentionen erklärte. In jüngeren hermeneutisch orientierten Ansätzen hat sich das Interesse von den großen Männern auf die kleinen Leute verschoben, auf deren Alltag, auf die so genannte Volkskultur. Aber auch hier ist die Auffassung spürbar, dass die Menschen ihre Geschichte selbst machen oder doch mindestens in den Mittelpunkt der historischen Betrachtung gehören.

Und noch etwas verbindet die hermeneutischen Ansätze älteren und jüngeren Datums: Eben weil es ihnen um die Menschen und

Abb. 14

„Männer machen Geschichte" – wenigstens im Film. Szene aus dem Kinofilm „Luther" von 2003.

deren Handeln und Leiden in der Vergangenheit geht, führt diese Art der Geschichtsbetrachtung häufig zu einer Geschichtsschreibung, die für **erzählende Formen und literarische Mittel** offener ist als andere. Dies gilt im Übrigen auch umgekehrt: So präsentieren historische Spielfilme, die der Anschaulichkeit und dem Erfolg zuliebe bewusst mit erzählerischen und künstlerischen Mitteln arbeiten, vorrangig jene Aspekte ihres Themas, die in der Forschung mit hermeneutischen Ansätzen bearbeitet werden. Luthers Ringen um das Seelenheil lässt sich eben besser darstellen als die nicht-intentionalen Strukturen der Kirche, und eine Szene wie der (angebliche!) Thesenanschlag (→ Abb. 14) vom 31. Oktober 1517 gibt in filmischer Hinsicht deutlich mehr her als eine mühsame Rekonstruktion der politischen Verhältnisse. Dass Luther seine 95 Thesen höchstwahrscheinlich nie angeschlagen, sondern lediglich mit der Post verschickt hat, scheint die Regisseure wenig zu stören. Das Drehbuch zu diesem Film, und damit kommen wir zu einem Beispiel für hermeneutische Ansätze in der historischen Forschung, hätte von Ranke stammen können. Über Luthers Ringen um das Seelenheil in seiner Zeit als Mönch im Erfurter Kloster erfahren wir bei Ranke: „Wie hätte er aber hier Ruhe finden sollen, in all der aufstrebenden Kraft jugendlicher Jahre hinter die enge Klosterpforte verwiesen, in eine niedrige Zelle mit der Aussicht auf ein paar Fuß Gartenland, zwischen Kreuzgängen, und zunächst nur zu den niedrigsten Diensten verwendet! [...] Alle früheren Zweifel und inneren Bedrängnisse kehrten von Zeit zu Zeit mit doppelter Stärke zurück." Und in Luthers 95 Thesen zum Ablasshandel erkannte Ranke, „welch ein kühner, großartiger und fester Geist in Luther arbeitet. Die Gedanken sprühen ihm hervor, wie unter dem Hammerschlag die Funken."

Weniger offen als für erzählerische Elemente sind hermeneutische Ansätze hingegen für Aussagen, die über den Einzelfall hinausreichen. Sie sind grundsätzlich **eher individualisierend als verallgemeinernd**, und genau das ist ihr methodisches Problem.

2.4.2 | **Erklären**

Erklären in der Geschichte heißt, ein geschichtliches Ereignis auf seine Ursachen und Bedingungen zurückzuführen. Zu den Ursachen können auch die intentionalen Handlungen gehören, mit denen sich die Hermeneutik befasst. Deswegen ist das Begriffspaar Verstehen und Erklären so missverständlich, und deswegen sollte man besser von **verstehendem Erklären** und **analytischem Erklären** reden. So verstanden, hat diese Abgrenzung durchaus ihre Berechtigung. Denn während hermeneutische Verfahren die Ursachen im intentionalen Handeln der Menschen suchen und daher vor allem auf Handlungen beruhende Geschehensabläufe erklären können, suchen analytische Verfahren die Ursachen historischer Phänomene im weiten Feld des Nicht-Intentionalen. Sie fragen nach Umständen und Verhältnissen, die das Handeln der Menschen zwar mit bestimmen, von diesen aber nicht verstanden, ja oft noch nicht einmal bewusst zur Kenntnis genommen werden. Kurz gesagt: Analytische Ansätze fragen nach **STRUKTUREN**. Unter einer Struktur versteht man ein relativ stabiles Muster, nach dem bestimmte Beziehungen, aber auch langfristige Abläufe oder kürzer während Geschehnisse wie etwa Revolutionen gestaltet sind. Die Struktur gibt die Ordnung vor, in der die verschiedenen Elemente eines Ganzen zueinander stehen. Als Muster werden die Strukturen bezeichnet, weil sie immer Abstraktionen, Verallgemeinerungen einzelner Befunde sind. Als relativ stabil gelten sie, weil sie einzelne Ereignisse und Konflikte überdauern und, in einer zeitlichen Dimension gesehen, gewissermaßen tiefer liegen als die Handlungen oder Ereignisse. Solche Strukturen lassen sich in verschiedenen Bereichen der Wirklichkeit formulieren: Soziale Strukturen bezeichnen die relativ stabilen Über- und Unterordnungsverhältnisse, die Beziehungen

STRUKTUR, von latein. struere = aufbauen, ordnen.

zwischen Gruppen, Klassen und Schichten, die Art sozialer Beziehungen überhaupt. Politische Strukturen beschreiben die Form, nach der politische Macht verteilt ist und ausgeübt wird. Mit ökonomischen Strukturen sind die relativ stabilen Muster der Verteilung von Ressourcen und Erwerbsmöglichkeiten, aber auch Konjunkturen gemeint.

Ziel einer an Strukturen interessierten Geschichtswissenschaft ist es nun, Wirkungszusammenhänge entweder zwischen strukturellen Phänomenen oder zwischen diesen und dem Handeln einzelner Menschen oder Gruppen zu erkennen. Diese Wirkungszusammenhänge können eine ganze Reihe struktureller Faktoren aus verschiedenen Bereichen der Wirklichkeit miteinander verknüpfen, so etwa Klimaschwankungen mit ihren Folgen für die Agrarproduktion, deren Auswirkungen auf die Preisentwicklung und schließlich deren Konsequenzen für die Lebenschancen der Menschen im Allgemeinen und das durchschnittliche Heiratsalter im Besonderen. Dieses Interesse an Wirkungszusammenhängen verweist darauf, dass es analytischen Verfahren nicht nur um die Trägheit der Strukturen geht, sondern auch um deren Veränderungen, also um den Wandel einzelner Strukturen oder ganzer Gesellschaften, kurz: um **PROZESSE.**

PROZESS, von latein. procedere = voranschreiten; Verlauf, Entwicklung.

Welche Rolle hierbei und für die analytischen Ansätze insgesamt die Theorien spielen, wird in Kap. 2.5 dargelegt.

Und wie können solche Strukturen, Zusammenhänge und Prozesse untersucht werden? Nicht mit der hermeneutischen Frage nach dem Sinn: Strukturen lassen sich nicht auf Intentionen zurückführen, und sie selbst verfolgen auch keine Absichten. Überdies geht es bei den Strukturen und Prozessen ja gerade nicht um den individuellen Einzelfall, sondern um die Regel, zu der sich die Masse der Einzelfälle generalisieren lässt. Wer nach Strukturen fragt, möchte verallgemeinerungsfähige Aussagen formulieren, und wer Prozesse untersucht, muss über den individuellen Fall hinausgehen.

Dieses Bemühen um generalisierende Aussagen prägt den wissenschaftlichen Prozess in allen seinen Phasen. **ANALYTISCHE** Verfahren werden sich thematisch auf nichtintentionale Bereiche wie Wirtschaftsprozesse, soziale Schichtung, aber auch Klima- und Bevölkerungsentwicklung konzentrieren. Als Quellen kommen für solche, nicht an Sinnspuren interessierte Ansätze vor allem die Überreste in Frage. Aber auch Quellen mit Traditionsqualität können sich anbieten: nämlich dann, wenn sie neben bestimmten

ANALYSE, Zerlegung, Zergliederung eines Ganzen in seine Teile.

QUANTIFIZIEREN, etwas in Zahlen und messbare Größen fassen.

AGGREGIEREN, von latein. aggregare = anhäufen; die Anhäufung.

Weltsichten auch Datenmaterial etwa für Bevölkerungsstatistiken oder Preisentwicklungen zu bieten haben. Denn auf der Suche nach verallgemeinerungsfähigen Aussagen bedienen sich analytische Ansätze oft auch **QUANTIFIZIERENDER Verfahren**. Auf diesem Wege werden bestimmte Tatsachen überhaupt erst geschaffen: die **AGGREGIERTEN Daten** oder Fakten, die im Rahmen eines quantifizierenden Verfahrens aus verschiedenen Quellen addiert oder hochgerechnet werden. Besonders willkommen sind hierbei **serielle Quellen**, Quellen also, die in Serie, in einer ganzen Reihe vorliegen, sich auf den gleichen Aspekt hin (z. B. Brotpreis) untersuchen lassen und insgesamt über eine bestimmte Entwicklung Auskunft geben.

Organisiert und durchgeführt werden solche Studien im Wortsinne analytisch, also das Ganze in seine Einzelteile zerlegend: Um Strukturen, d.h. die Ordnung verschiedener Elemente eines Ganzen zueinander, bestimmen zu können, müssen zunächst die einzelnen Faktoren eines solchen Komplexes getrennt beleuchtet werden. Und um Wirkungszusammenhänge zu ergründen, empfiehlt sich das gleiche Vorgehen. Dementsprechend ist oft auch die Darstellung der solcherart gewonnenen Ergebnisse analytisch: Anstatt eine Geschichte von Anfang bis Ende zu erzählen, werden einzelne Teile des Ganzen nacheinander behandelt. Dass diese Art der Darstellung schnell zu einer zahlenlastigen, mitunter trockenen Präsentation führt, liegt nahe. Aber auch wenn die Vertreter der analytischen Geschichtsforschung und -schreibung diesen freiwilligen Verzicht auf literarische Gestaltungsmöglichkeiten gern als Ausdruck ihrer Wissenschaftlichkeit verstehen, sollte man nicht übersehen, dass auch diese sprachliche Selbstbeschränkung nichts an der narrativen Grundstruktur geschichtswissenschaftlicher Arbeiten ändert (→ Kap. 2.3.3). Welche Faktoren in der Sicht der analytischen Historiker die geschichtliche Entwicklung vorantreiben, ist klar: die anonymen Strukturen. Mit dieser Grundüberzeugung sind sowohl die Stärken als auch die Gefahren des analytischen Vorgehens verbunden: Auf der einen Seite erweitert dieser nicht an intentionalem Handeln interessierte Ansatz den Gegenstandsbereich der Geschichtswissenschaft um das weite und wichtige Feld der Strukturen. Auf der anderen Seite ist damit immer die Gefahr verbunden, Geschichte als eine Art Sachzwang wahrzunehmen und den Menschen aus den Augen zu verlieren.

Illustrieren lässt sich dies an einem Beispiel aus der marxistischen Forschung, die nicht nur verallgemeinernde Aussagen treffen, sondern das menschliche Bewusstsein und Handeln aus gesetzmäßig verlaufenden strukturellen Prozessen erklären möchte. Über Luthers Weg zur reformatorischen Erkenntnis heißt es in einem Lehrbuch aus der DDR: „So erwies sich die gedankliche Arbeit Luthers objektiv als theologischer Ausdruck des ökonomischen und politischen Kampfes des Bürgertums und der Volksmassen gegen die von Rom gelenkte, allen gesellschaftlichen Fortschritt hemmende Papstkirche . [...] Was Luther schuf, ist keine persönliche und isolierte Leistung eines „begnadeten Gottesmannes". Sie wurzelt in den Bedürfnissen der deutschen Gesellschaft des beginnenden 16. Jahrhunderts."

Verstehen und Erklären

2.4.3

Wie steht es nun um das Verhältnis dieser beiden Erkenntnisweisen? Schließen sie sich aus, oder ergänzen sie sich? Bei einem Blick auf die Entwicklung der Geschichte als Wissenschaft scheint die Antwort eindeutig: Hermeneutische und analytische Ansätze schließen sich aus. Wenigstens wurde die Debatte über den „richtigen" Charakter historischen Fragens und Forschens meist erbittert geführt, und bis in die jüngste Zeit schlug das Pendel immer in die Extreme aus.

Ihre Wurzeln hat diese Debatte in der Zeit des Historismus, genauer: im Legitimationsdruck, dem sich die junge Geschichtswissenschaft durch die Naturwissenschaften ausgesetzt sah ($\rightarrow$ S. 60). Eben weil sie deren Erkenntnisideal des kausalen Erklärens weder übernehmen wollten noch konnten, besannen sich die Vordenker des Historismus auf das Verstehen als Inbegriff der historischen Methode. **„Das Wesen der historischen Methode ist, forschend zu verstehen"**, verkündete Droysen in seiner Historik. Diese methodische Absetzung von den Naturwissenschaften schlug sich im Übrigen auch in der Begriffsgeschichte nieder. Denn erst jetzt, gegen Ende des 19. Jahrhunderts, kommt die uns so vertraute **Gegenüberstellung von Natur- und Geisteswissenschaften** auf. **Wilhelm Dilthey** (1833 – 1911) prägte nicht nur dieses Begriffspaar, er propagierte auch die methodische Unvereinbarkeit von Natur- und Geisteswissenschaften: „Die Natur erklären wir, das Seelenleben verstehen wir". Die Naturwissenschaften seien eben um das Aufstellen von Gesetzen bemüht und damit **NOMOTHETISCH**, das Wesen der Geisteswissenschaften sei hingegen **IDIOGRAPHISCH**.

NOMOTHETISCH, nach Gesetzen suchend.

IDIOGRAPHISCH, das Einzelne beschreibend.

MARGINALISIERUNG, etwas oder jemanden an den Rand (engl.: margin) drängen, ins Abseits schieben.

MARGINALIE, Randbemerkung in Handschriften, Akten oder Büchern.

Zur weiteren Entwicklung (→ S. 99).

Allerdings waren die Geisteswissenschaften im Allgemeinen und die Geschichtswissenschaft im Besonderen mit diesem Abgrenzungseifer auf dem besten Weg, sich in eine Sackgasse zu manövrieren. So wurde das Verstehen immer stärker an die Intuition gebunden: Dilthey etwa befand, der Historiker könne unter Einsatz von Seele und Gemüt die Vergangenheit nachempfindend erkennen, modern gesprochen: er könne die hermeneutische Differenz durch Einfühlen überwinden. Umgekehrt galt nun jedes Bemühen um Aussagen, die über das Individuelle hinausreichten, als Verrat an der Eigenständigkeit der Geschichtswissenschaft. Zu spüren bekam dies vor allem der Leipziger Historiker **Karl Lamprecht** (1856–1915). Vor allem weil er nach dem „Typischen, Regelmäßigen, Gesetzmäßigen" vergangenen menschlichen Handelns fragte, fiel Lamprecht der heftigen Opposition seiner Kollegen und schließlich der bis heute wirksamen wissenschaftlichen **MARGINALISIERUNG** zum Opfer. Der Begriff **„Lamprecht-Streit",** der sich dafür eingebürgert hat, ist daher nur eine beschönigende Umschreibung dieser mit harten Bandagen und nicht immer fairen Mitteln geführten Kontroverse. Langfristig ließ sich die Entwicklung der historischen Methode von einem verengten Verstehensbegriff hin zur Integration analytischer Ansätze allerdings nicht aufhalten.

In der so genannten nachhistoristischen Geschichtswissenschaft überwog zunächst das andere Extrem. Dies signalisieren schon die Namen der Strömungen, die in Deutschland seit den 1960er Jahren die Vormachtstellung des Historismus endgültig überwanden: Sowohl die **Strukturgeschichte** als auch die aus ihr in den 1970er Jahren hervorgehende **Historische Sozialwissenschaft** oder **Gesellschaftsgeschichte** legten ihren Schwerpunkt auf überindividuelle, strukturelle Phänomene. Für diese Strömungen wurden Begriffe wie Historismus und Narration zum Schimpfwort. Und nicht besser erging es der Hermeneutik. Gegen diese Dominanz der analytischen Ansätze konnten sich erst seit den 1980er Jahren Strömungen behaupten, die, wie etwa die **Alltagsgeschichte,** wieder offen waren für hermeneutische Ansätze und daher auch prompt als neohistoristisch beschimpft wurden.

Mittlerweile scheint es, als hätten sich die alten Gegensätze etwas entspannt. Jetzt setzt sich auch in den Grundsatzdebatten eine Einsicht durch, die ein Blick auf die Forschungspraxis ohnehin nahe legt: Worauf es ankommt, ist die **Kombination der Verfahren.** Historische Vorgänge sind zu komplex, als dass sie sich allein mit analytischen oder allein mit hermeneutischen Ansätzen erklären ließen. Um bei unserem Beispiel zu bleiben: Der Erfolg der von Luther ausgehenden Reformation ist nur mit einem ganzen Bündel von Faktoren zu erklären und daher auch nur mit einer Kombination hermeneutischer und analytischer Verfahren zu erhellen. Dass und warum Luther um sein Seelenheil bangte, können wir nur verstehend nachvollziehen und damit hermeneutisch erklären. Aber warum seine Botschaft auf einen derart fruchtbaren Boden fiel und er selbst von verschiedenen politischen Kräften beschützt wurde, wird man nur begreifen, wenn man auch strukturelle Faktoren wie die ökonomische Entwicklung und die politische Verfasstheit der frühneuzeitlichen Gesellschaft berücksichtigt. Dieses Beispiel kann noch etwas illustrieren: Oftmals sind es gerade die nicht-intendierten Folgen einer Handlung, die historisch bedeutsam werden. Luthers Intention war ja keineswegs die Spaltung der Kirche in zwei Konfessionen, sondern ihre Reform. Wie es zu solchen unbeabsichtigten Folgen kommen konnte, ist ebenfalls nur durch die Kombination der Methoden zu erklären.

Wir können also festhalten: Komplexe historische Phänomene bedürfen **MULTIKAUSALER Erklärungen**, und diese sind sowohl hermeneutisch als auch analytisch zu rekonstruieren. Damit wäre auch ein weiterer Punkt geklärt: Die Frage, welches der Verfahren das bessere sei, lässt sich nicht ein für alle Mal entscheiden. Die Eignung einer Vorgehensweise hängt immer von der konkreten Fragestellung ab! Das soll nun nicht heißen, dieses Kapitel hätte eine unsinnige Theoriedebatte ohne jeden Nutzen für die historische Praxis behandelt. Im Gegenteil! Ein Blick auf die verschiedenen Varianten des geschichtswissenschaftlichen Fragens lohnt sich aus mehreren Gründen. Denn grundsätzlich gilt: Nur wenn wir uns klar machen, was wir eigentlich tun, wenn wir forschen, können wir mit den Eigenheiten der verschiedenen Verfahren methodisch reflektiert umgehen. Überdies erweist sich die Debatte um das Verstehen oder Erklären als Schlüssel zum Verständnis vieler anderer Diskussionen. Sollte Ihnen etwa das beliebte Gegensatzpaar **Ereignisgeschichte und Strukturgeschichte** begegnen, wissen Sie jetzt, was davon zu halten ist: Auch wenn sich die auf menschlichem Handeln gründenden Ereignisse in Entstehung, Verlauf und Wahrnehmung für hermeneutische Verfahren geradezu aufdrängen, sind sie ohne strukturelle Faktoren doch nie zu erklären. Und auch wenn strukturgeschichtliche Themen nach analytischen Verfahren rufen,

MULTIKAUSAL, auf mehrere Gründe zurückzuführen, das Gegenteil von monokausal = auf nur einen Grund, eine Ursache zurückzuführen.

bleibt jede Aneinanderreihung strukturgeschichtlicher Befunde ohne den Blick auf die Menschen und ihre Sinnstiftungen nicht nur im Wortsinne blutleer. Es geht daher nicht nur darum, verstehende neben erklärende Verfahren zu stellen. Das Ziel der historischen Forschung sollte es immer sein, das Individuelle mit dem Allgemeinen zu verbinden und die Wechselwirkungen zwischen diesen beiden Elementen der Vergangenheit zu erfassen.

Ähnlich verhält es sich mit dem Begriffspaar **Makrogeschichte und Mikrogeschichte**. Makrohistorische Ansätze beschäftigen sich mit größeren Einheiten und Prozessen, etwa mit der Ausbildung des frühmodernen Staates oder mit der Industrialisierung in einem bestimmten Land. Mikrohistorische Ansätze verkleinern hingegen den Untersuchungsfokus: Sie fragen zwar auch nach solchen großen Prozessen, untersuchen diese jedoch wie mit einer Lupe für kleinere Einheiten, etwa für ein einzelnes Dorf. Der Sinn der Sache sollte nach dem Blick auf die methodischen Eigenheiten des Verstehens und Erklärens deutlich sein: Eben weil die mikrohistorischen Ansätze nicht nur strukturelle Prozesse erklären, sondern auch mit konkreten Menschen in Beziehung setzen und nach deren Wahrnehmungen, Widerständen und Beiträgen zur „großen Geschichte" fragen wollen, müssen sie, so eine einprägsame Formulierung, „im Kleinen schauen".

Dies führt zu einem weiteren Nutzen der Beschäftigung mit den unterschiedlichen geschichtswissenschaftlichen Verfahren: Auch hinsichtlich der Entwicklung der Geschichtswissenschaft samt ihrer thematischen Schwerpunktsetzung und methodischen Neuerungen erweisen sich Hermeneutik und Analytik als hilfreiche Orientierungspunkte.

Zur skizzierten Pendelbewegung zwischen Verstehen und Erklären
→ Kap. 2.7.

Und schließlich macht ein Blick auf das Spannungsverhältnis zwischen dem Individuellen und dem Allgemeinen auch leichter verständlich, worum es im nächsten Abschnitt geht: um die Rolle von Theorien in der Geschichtswissenschaft, um das Verhältnis von Theorie und Empirie.

Aufgaben zum Selbsttest

- Was versteht man unter Hermeneutik?
- Welche anderen Verfahren der historischen Forschung gibt es?
- In welchem Verhältnis stehen hermeneutische und analytische Verfahren?

> **Literatur**
>
> Hans-Jürgen Goertz, **Umgang mit Geschichte. Eine Einführung in die Geschichtstheorie**, Reinbek 1995, Kap. 8: Historische Hermeneutik – Verstehen, S. 105 – 117; Kap. 9: Ursache und Wirkung – Erklären, S. 118 – 129.
> Chris Lorenz, **Konstruktion der Vergangenheit. Eine Einführung in die Geschichtstheorie**, Köln/Weimar/Wien 1997.
> Ulrich Muhlack, **Verstehen**, in: Hans-Jürgen Goertz (Hg.), Geschichte. Ein Grundkurs, Reinbek 1998, S. 99 – 131.
> Thomas Welskopp, **Erklären**, in: Hans-Jürgen Goertz (Hg.), Geschichte. Ein Grundkurs, Reinbek 1998, S. 132 – 168.

Theorie und Empirie | 2.5

Sollten Sie versucht sein, dieses Kapitel zu überblättern, weil es Ihnen irgendwie „zu theoretisch" erscheint, lesen Sie die folgende Definition: **THEORIEN** werden allgemein definiert als ordnende Verknüpfungen von (Einzel-)Beobachtungen über Gegenstände, Sachverhalte, Vorgänge und Handlungen. Die Einzelbeobachtungen der Geschichtswissenschaft sind die Tatsachen, die wir aus den Quellen erheben können. Jede Verknüpfung dieser Tatsachen ist folglich Theorie. Dieser weite Theoriebegriff, der neben ausgefeilten Theorien auch theoriehaltige Begriffe umfasst, steckt hinter einer auf das Fach Geschichte zugespitzten und oft zitierten Definition: **Historische Theorien** sind, so Jürgen Kocka, „Begriffs- und Kategoriensysteme, die der Identifikation, Erschließung und Erklärung von bestimmten zu untersuchenden historischen Gegenständen dienen sollen und sich nicht hinreichend aus den Quellen ergeben, nicht aus diesen abgeleitet werden können." Das klingt zwar immer noch recht theoretisch. Aber eines zeichnet sich bereits in dieser Definition ab: **Ohne Theorien gibt es keine Geschichtswissenschaft**. Warum das so ist, welche Arten von Theorien es gibt und welche Funktionen sie erfüllen, wird in diesem Abschnitt erläutert. Dabei ist auch jeweils auf das einzugehen, was man als Gegenbegriff der Theorie bezeichnen könnte: die **EMPIRIE**. Unter Empirie versteht man im Allgemeinen eine Form der Erkenntnis, nämlich die Wahrnehmung mit den Sinnen. Nun ist das, womit sich die Geschichtswissenschaft beschäftigt, vergangen und damit nicht mehr sinnlich wahrnehmbar. Wahrnehmbar sind jedoch noch die Quellen, und folglich be-

THEORIEN, griech. = Betrachtung, Anschauung.

EMPIRIE, griech. = Erfahrung.

deutet Empirie in der Geschichtswissenschaft die Arbeit mit den Quellen. Darauf fußt der angebliche Gegensatz zwischen Empirikern und Theoretikern oder, so Max Weber, „Stoffhubern und Sinnhubern": Die einen vergraben sich in den Quellen, die anderen ergehen sich in Theoriebildung. Dass dieser Gegensatz höchstens Vorlieben und Tendenzen angibt, in der historischen Praxis aber immer beides, Theoriebildung und Quellenarbeit, von Nöten ist, will dieses Kapitel auf drei Ebenen zeigen:
- auf der Ebene der Begriffe, die festlegen, worüber wir reden;
- auf der Ebene der Typen, mit deren Hilfe sich das Spannungsverhältnis zwischen dem Individuellen und dem Allgemeinen lösen lässt;
- auf der Ebene der Theorien im engeren Sinne, die eine bestimmte historische Entwicklung in ein Modell bringen.

Um Missverständnisse zu vermeiden, sei angemerkt, dass die Grenzen zwischen Begriffen, Typen und Theorien in der Praxis fließend sind. So lässt sich ein Begriff wie z. B. Absolutismus auch als Typus und als Theorie begreifen. Der Zweck dieser Einteilung ist daher heuristischer Natur: Begriffe, Typen und Theorien im engeren Sinn werden hier getrennt behandelt, um die unterschiedlichen Möglichkeiten und Funktionen der Theorienanwendung in der Geschichtswissenschaft Schritt für Schritt deutlich zu machen.

2.5.1 | Begriffe

Historische Theorien sind „Begriffs- und Kategoriensysteme, die der Identifikation [...] von bestimmten zu untersuchenden historischen Gegenständen dienen". So lautet der erste Teil der zitierten Definition von Jürgen Kocka. Begriffe definieren also den Gesamtbereich möglicher Geschichte, und wofür keine Begriffe zur Verfügung stehen, das kann auch nicht als Geschichte thematisiert werden. Dieser abstrakte Umstand dürfte an einem Beispiel deutlicher werden. Die Geschichtswissenschaft trägt schon seit längerem dem Umstand Rechnung, dass sich die Lebensbedingungen der Geschlechter unterscheiden und Männer daher vielleicht eine andere Geschichte haben könnten als Frauen. Allerdings ging man bis vor kurzem davon aus, dass es sich bei der Kategorie Geschlecht um einen biologischen Befund handelt, der sich in der Geschichte nicht verändert und damit auch kein Thema für die Geschichtswissenschaft ist. Seit den 1970er Jahren setzte sich allerdings der Gedanke durch, dass sich vielleicht nicht das biologische Geschlecht, wohl aber die sozialen Rollen der Geschlechter ändern können. Ein Mann zu sein, bedeutete in der Frühen Neuzeit etwas anderes als heute: Die Männlichkeitsideale waren andere, mit ihnen auch die Verhaltensnormen, die Selbstwahrnehmung und das Verhältnis zwischen den Geschlechtern. In diesem Sinne unterscheidet die Forschung seit einiger Zeit zwischen dem biologischem Geschlecht (**Sex**) und dem Geschlecht als historisch wandelbarer Rolle, als sozialer Konstruktion (**Gender**).

Dies aber hat weitreichende Folgen. Denn seitdem die mit dem Geschlecht verbundene soziale Rolle entdeckt und mit „gender" auf den Begriff gebracht worden ist, können wir **Gender-Forschung** betreiben. Mit diesem Begriff erschließt sich auch für die Geschichtswissenschaft ein gänzlich neues Feld. Und langsam aber sicher setzt sich die Einsicht durch, dass das Geschlecht auch im Sinne von Gender als eine historische Grundkategorie wie Alter, Klasse oder Stand anzusehen ist.

In diesem Falle besteht das Verhältnis zwischen Begriff und Empirie also darin, dass die Kategorie die historische Wirklichkeit erst benennbar und damit untersuchbar macht. Und weil hier erst die Begriffe bestimmen, was wir als Geschichte begreifen, weil der Begriff folglich die Empirie erst möglich macht, spricht man auch von **kategorialen Grundbegriffen**.

Aber nicht nur die kategorialen Grundbegriffe haben einen theoretischen Gehalt. Auch andere Begriffe gehen über das hinaus, was direkt aus den Quellen zu erheben ist. Nehmen wir den Begriff **Reformation**. Wenn Sie dieses Wort hören, verbinden Sie damit eine Reihe von Vorstellungen: Luthers angeblichen Thesenanschlag, die Auseinandersetzung mit dem Papst, die Spaltung der Kirche in zwei Konfessionen. All das (und noch viel mehr) steckt tatsächlich in diesem Begriff. Die Zeitgenossen, die diese Geschehnisse miterlebt haben, sprachen allerdings nicht von einer Reformation. Denn dieser Begriff kam erst um 1700 auf, und erst Ranke machte ihn zu einer Bezeichnung für die gesamte Epoche. Es muss uns also klar sein, dass im Begriff „Reformation" schon eine Verknüpfung von Einzeltatsachen zu einem Gesamtgeschehen und damit eine Interpretation steckt, die über die Quellenbefunde hinausgeht.

In anderen Fällen sind die Folgen noch schwerwiegender. Wenn wir etwa für die Frühe Neuzeit von **„Staat"** reden, laufen wir Gefahr, mit diesem Begriff völlig falsche, weil unserer Zeit entstammende

ANACHRONISMUS, falsche zeitliche Einordnung.

und damit **ANACHRONISTISCHE** Vorstellungen zu transportieren. Auf den Staat der Frühen Neuzeit trifft keines der drei Kriterien zu, die gemeinhin den modernen Staat kennzeichnen (einheitliches Territorium, einheitliches Staatsvolk, einheitliche Staatsgewalt). Wir verwischen mit dieser Bezeichnung also charakteristische Elemente der Frühen Neuzeit. Wenn wir dennoch den modernen, in den Quellen der Zeit übrigens so nicht verwendeten Begriff Staat gebrauchen wollen, sind wir daher gut beraten, zur Kennzeichnung der Differenz wenigstens vom frühneuzeitlichen Staat zu sprechen.

Nun könnte man als Ausweg aus diesen Schwierigkeiten vorschlagen, in der Geschichtsschreibung dann eben nur noch solche Begriffe zu verwenden, die sich bereits in den Quellen finden. Ein solches Vorgehen hätte allerdings gleich mehrere Nachteile: Zum einen würden wir es uns unmöglich machen, solche Fragen zu stellen, die sich aus unserer eigenen Zeit ergeben und sich auch nur mit unserer heutigen Sprache formulieren lassen – der Begriff Gender dürfte illustrieren, was damit gemeint ist. Zum anderen kann uns auch ein Quellenbegriff nicht immer vor Irrtümern schützen. Schließlich hat auch die Sprache eine Geschichte, und so bedeuten viele Begriffe aus den Quellen heute etwas anderes. Ein Beispiel: Schon in der Frühen Neuzeit gab es so etwas wie **Polizei** samt Polizeiordnungen. Aber mit „Polizei" ist im frühneuzeitlichen Sprachgebrauch keine Organisation mit Menschen in Uniform gemeint, sondern ganz allgemein die gute Ordnung. Und die Polizeiordnungen regeln daher auch nicht das Verhalten im Dienst, sondern von der Kleiderordnung bis zum Brandschutz alle Bereiche des Lebens. Wer von frühneuzeitlicher Polizei spricht, muss daher deutlich machen, dass dieses Phänomen etwas anderes ist als die moderne Polizei. Aus diesem Grunde übernehmen viele Historiker einfach die Orthographie aus den Quellen und schreiben **Policey**.

Allerdings steht nicht immer ein solcher orthographischer Notbehelf zur Verfügung. In aller Regel bleibt uns keine andere Wahl als zu übersetzen, als **Begriffe zu bilden**. Es gehört zu den zentralen Aufgaben der Historiker, Sachverhalte aus der Vergangenheit in einer Sprache zu präsentieren, die heute verstanden wird. Bei dieser Übersetzungsarbeit kommt es darauf an, die Balance zu halten zwischen Anschaulichkeit und Abstraktion, zwischen der Sprache der Quellen und unseren modernen Begriffen. Und genauso wichtig ist es, auch hier das Vetorecht der Quellen zu akzeptieren. Wir müssen beiden Seiten gerecht werden: den Quellen von einst und dem Publikum von heute. Um den Quellen gerecht zu werden, haben wir uns auf dem Wege der Begriffsgeschichte mit ihrer Terminologie vertraut zu machen, um heute verstanden zu werden, müssen wir Anachronismen vermeiden und unsere Begriffe definieren. Nur auf diese Weise lässt sich den Gefahren entgehen, die der Theoriegehalt der Begriffe mit sich bringt. Ein Weg, der zu möglichst scharfen, exakt definierten Begriffen führt, wird im nächsten Abschnitt behandelt.

Typen

2.5.2

Wie oft sagen wir, etwas sei ja mal wieder ganz typisch. Was heißt das? Es heißt, dass wir in einem bestimmten Verhalten oder Umstand etwas Charakteristisches, regelmäßig Wiederkehrendes entdeckt haben. Über die Details des konkreten Falles gehen wir dabei hinweg: Auch wenn sich kleinere Abweichungen eingestellt haben, bleibt das Verhalten oder der Umstand doch im Kern typisch. Nichts anderes macht die Geschichtswissenschaft, wenn sie Typen bildet: Sie versucht, in der unendlichen Vielfalt der historischen Einzelphänomene charakteristische Grundformen zu erkennen. Nun wissen Sie bereits, dass um 1900 **Karl Lamprecht** mit seinem Versuch, genau das zu tun, nämlich nach dem Typischen, Regelmäßigen in der Geschichte zu fragen, auf heftige Kritik bei seinen Fachkollegen gestoßen ist. Langfristig ließ sich die Öffnung der Geschichtswissenschaft für typologische, auf Vergleich und generalisierende Aussagen angelegte Verfahren aber nicht verhindern. Verantwortlich hierfür waren, wie oft in der Wissenschaftsgeschichte, auch außerwissenschaftliche Faktoren. Seit dem Beginn des 20. Jahrhunderts beschleunigte sich der historische Wandel derart, dass sich die Menschen die Veränderung ihrer Lebensbedingungen nicht mehr allein mit den Intentionen und Handlungen einzelner Akteure erklären konnten. Die Entwicklung schien wie durch anonyme Kräfte gesteuert, und so rückten nun auch die Strukturen und Prozesse in den Blickpunkt der Historiker. Die Methoden, mit denen sich die nicht-intentionalen Ebenen der Vergangenheit erfassen ließen, stellte eine neue Konkurrenz für die Geschichtswissenschaft bereit: die sich etablierenden Sozialwissenschaften, allen voran die junge Soziologie. Hier wurden Verfahren erarbeitet, die nicht mehr nur den Einzelfall erfassen und mit Intentionen erklären, sondern generalisierende Aussagen treffen, Phänomene vergleichen, das Spezifische dadurch präziser beschreiben, das Vergleichbare auf typische Muster zurückführen und in komplexere Verlaufsmodelle einbinden wollten.

Zu diesen Verfahren gehörte auch die Bildung von Typen oder, wie sie auch genannt werden, **Idealtypen**. Wer diese Idealtypen theoretisch reflektiert und auch für die historische Praxis nutzbar gemacht hat, können Sie fast erraten: Es war **Max Weber**. Idealtypen, so Weber, sind gedankliche Konstruktionen. Sie gehen zwar von dem empirisch Feststellbaren aus, wählen aber bestimmte, nämlich die regelmäßig auftauchenden, typischen Elemente der Wirklichkeit aus und fügen diese zu einem in sich stimmigen, logisch widerspruchsfreien Typus zusammen. Diese Typen werden folglich zwar aus Elementen der Wirklichkeit gewonnen, sie selbst kommen in der Wirklichkeit aber nicht vor. Deswegen nannte Weber sie Idealtypen: nicht im Sinne eines erstrebenswerten Vorbilds, sondern wegen ihres Charakters als Idee, als Konstrukt.

Solche Grundmuster oder Typen lassen sich für höchst unterschiedliche historische Phänomene formulieren: für bestimmte Strukturen (z. B. das Lehenswesen oder die ständische Gesellschaft), für Gruppen historischer Akteure (z. B. der frühneuzeitliche Bauer), für den Verlauf bestimmter Ereignisse (z. B. frühneuzeitliche Revolutionen), aber auch für Weltbilder (z. B. die christliche Religion) und Handlungsmuster (z. B. militärische Strategien). Produziert und angewendet werden sie jedoch alle auf die gleiche Weise. Dies sei an einem berühmten Beispiel für eine Typologie politischer Strukturen illustriert: am Beispiel der von Weber entwickelten und bis heute immer wieder angewandten **drei reinen Typen der Herrschaft**. Herrschaft, definiert als die Chance, für einen bestimmten Befehl Gehorsam zu finden, muss zwei Voraussetzungen erfüllen: Sie muss legitimiert werden, und sie muss organisiert werden. Beides hat in der Geschichte zahlreiche Ausprägungen gefunden. Reduzieren lässt sich diese unüberschaubare Menge der Einzelfälle, indem man aus den zahllosen Aspekten der Herrschaft die beiden zentralen Aspekte, die Legitimation und die Organisation, herausgreift. Mit deren Hilfe lassen sich drei grundlegende Muster oder Typen bilden:

– Bei der **charismatischen Herrschaft** von Propheten, Kriegshelden oder Demagogen stehen sich Führer und Jünger gegenüber. Die Herrschaft des Führers basiert auf dem Glauben der Jünger an seine Erwähltheit, organisatorisch umgesetzt wird sie durch Leute, die nicht nach Eignung oder Privilegien, sondern allein nach ihrer Hingabe dem charismatischen Führer gegenüber ausgewählt werden. Hitler, aber auch militärische Führer wie Napoleon oder Alexander der Große wären diesem Typus zuzuordnen.

– Die **traditionale Herrschaft** beruht auf dem Alltagsglauben der Untertanen an die Heiligkeit der Traditionen und der in ihnen verankerten Ordnung. Organisatorisch umgesetzt wird diese Herrschaft eines Herren über seine Untertanen durch einen Verwaltungsstab, der weder auf charismatisch bedingter Hingabe noch auf abstrakten Dienstpflichten, sondern auf der persönlichen Treue der Diener ihrem Herrn gegenüber basiert. Dieser Typus von Herrschaft ist das, was uns in der Frühen Neuzeit erwartet.

– Beamte, die sich allein ihrem Amt verpflichtet fühlen und ihren Vorgesetzten gemäß Dienstvorschrift Folge leisten, finden wir erst in der **legalen Herrschaft.** Diese beruht auf einer Verfassung. Die Herrschenden werden gewählt, die Beherrschten sind nicht mehr Untertanen, sondern Bürger. Dieser Typus bezeichnet folglich den bürokratischen Rechts- und Verfassungsstaat.

Worin besteht nun der praktische Nutzen dieser Idealtypen? Zum einen reduzieren sie die unendliche Vielfalt der Wirklichkeit auf eine kleine Zahl von Grundmustern, mit deren Hilfe sich Ordnung schaffen lässt. **Reduktion von Komplexität**, könnte man das nennen, und genau darin hat ein anderer Soziologe, Niklas Luhmann (1927 – 1998), die Hauptaufgabe von Wissenschaft gesehen. Zum anderen liefern die Idealtypen **scharfe Begriffe**, mit deren Hilfe sich die Wirklichkeit möglichst präzise beschreiben lässt. Herrschaft, Legitimitätsglauben und Verwaltungsstab, Verfassung, Tradition und Charisma, Beamte, Diener und Jünger – mit diesen Kategorien lässt sich arbeiten, und das ist der Beitrag der Idealtypen zur historischen Begriffsbildung. Vor allem aber dient der **Idealtypus als Maßstab zum Vergleich**, und das in doppelter Hinsicht. Einerseits fordert er dazu auf, den individuellen historischen Fall mit dem Idealtypus zu vergleichen, an ihm zu messen, festzustellen, wo die Wirklichkeit nicht mit dem Typus übereinstimmt. Auf diese Weise leitet der Typus dazu an, die konkreten Phänomene möglichst exakt zu beschreiben. Andererseits wird mit der Typenbildung auch der Vergleich zwischen konkreten historischen Phänomenen möglich. Eben weil der Idealtypus als Maßstab, als **TERTIUM COMPARATIONIS**, zur Verfügung steht, lassen sich individuelle Erscheinungen in einer intersubjektiv überprüfbaren Form miteinander vergleichen. Überdies ermöglicht die Typenbildung nach Webers Rezept der Ge-

TERTIUM COMPARATIONIS, latein. = das Dritte des Vergleichs; die den Phänomenen gemeinsamen Eigenschaften, die den Vergleich erst möglich machen.

NOMOLOGISCH, um Gesetze wissend.

schichtswissenschaft das, was den um Abgrenzung von den Naturwissenschaften bemühten Vertretern des Historismus als rotes Tuch erschienen war: die **Integration so genannten NOMOLOGISCHEN Wissens** anderer Disziplinen. Eben weil der Idealtypus so konstruiert sein muss, dass er uns plausibel erscheint, darf er weder unserer Erfahrung noch unserem Wissen widersprechen. Und da zu diesem Wissen auch die Theorien und Gesetzmäßigkeiten gehören, die andere Fächer wie etwa die Wirtschaftswissenschaften ermitteln, kann dieses gesetzesförmige, nomologische Wissen auch in die Typenbildung einfließen. So käme wohl niemand auf die Idee, den Kapitalismus idealtypisch zu erfassen, ohne die Erkenntnisse der Ökonomen zu berücksichtigen. Gesetze will die Geschichtswissenschaft damit noch immer nicht aufstellen: Die Formulierung von Idealtypen ist nicht das Ziel, sondern lediglich ein Mittel der historischen Erkenntnis, und nichts anderes gilt für die Modelle und Theorien der Nachbardisziplinen. Aber indem sich die Geschichte den auch in Form von Gesetzen formulierten Einsichten anderer Wissenschaften öffnet, erreicht sie ein Niveau an Abstraktion und Theoriefähigkeit, das für den Historismus mit seiner Begeisterung für das Individuelle undenkbar gewesen wäre.

Exakte Beschreibung des individuellen Falls, Vergleich mit anderen, ebenso individuellen Fällen, Zuordnung zu Typen, in denen das Regelmäßige, Charakteristische all dieser Fälle erfasst wird, Verwendung gesetzesförmiger Einsichten aus den Nachbardisziplinen – angesichts dieser Funktionen und Leistungen wird klar, welche Rolle der Idealtypus in einem altbekannten methodischen Streit spielt: Die Typenbildung verbindet wie ein Scharnier die Beschreibung des Einzelnen mit der Formulierung generalisierender Aussagen, das Individuelle mit dem Allgemeinen. Mit anderen Worten: Mit der Typenbildung (man spricht auch von Typisierung oder typologischem Vorgehen) kann die Geschichtswissenschaft mehr leisten als individuelle Phänomene zu rekonstruieren.

Damit ist auch das **Verhältnis zwischen Theorie und Empirie** für diesen Fall bestimmt: Der Idealtypus, der ja niemals in der Wirklichkeit und in den Quellen zu finden und daher Theorie ist, strukturiert die Erforschung und Deutung der Empirie. Er ist ein heuristisches Instrument, und der einzige Maßstab für seinen Wert ist sein Nutzen für die Forschung. Aber auch umgekehrt fließt die Empirie in die Theorie ein: Der Idealtypus wird aus Elementen der Wirklichkeit, aus Quellenbefunden konstruiert. Und nur wenn er ihnen

Rechnung trägt, kann er seinen Zweck erfüllen. Dementsprechend kann der Typus anhand empirischer Befunde stets widerlegt und verworfen werden. Wenn sich durch die vom Typus selbst angeregte Forschung herausstellt, dass die Elemente der Wirklichkeit zu einem unrealistischen Grundmuster zusammengesetzt wurden und der Typus daher zu viele falsche Vorstellungen beinhaltet, dann wird er verworfen. Dieses Schicksal erlebt seit einigen Jahren der **Typus Absolutismus**. Er hat zwar jahrzehntelang die Forschung geleitet, ihr als Leitfaden gedient, Fragen aufgeworfen und den Vergleich ermöglicht. Aber da mittlerweile zu viel Nicht-Absolutistisches in den angeblich absolutistischen Monarchien der Frühen Neuzeit gefunden wurde, plädieren heute nicht wenige Historiker dafür, diesen typologischen Begriff fallen zu lassen.

Dass auch historische Theorien im engeren Sinn einen heuristischen Zweck haben und folglich von einem solchen Schicksal bedroht sind, zeigt der nächste Abschnitt.

Theorien mittlerer Reichweite 2.5.3

Historische Theorien im engeren Sinne unterscheiden sich von den Begriffen und Typen vor allem in ihrer Reichweite. Begriffe wollen primär Sachverhalte benennen, Typen betonen das Charakteristische, Regelmäßige an Strukturen, Handlungen oder Personen. Theorien im engeren Sinne wollen dagegen historische Prozesse erklären, sie wollen Einzelbeobachtungen in einen Zusammenhang bringen und diesen Zusammenhang in Form einer möglichst plausiblen Geschichte erzählen. In diesem Sinne schreibt Jörn Rüsen, einer der führenden Geschichtstheoretiker: „**Historische Theorien** sind nichts anderes als Gedankengebilde, die dazu dienen, den in einer Geschichte behaupteten zeitlichen Zusammenhang von Tatsachen der Vergangenheit dort plausibel zu machen, wo er [...] über das hinausgeht, was die Quellenkritik aus der empirischen Dokumentation der Vergangenheit intersubjektiv überprüfbar ermittelt." Nun könnte man einwenden, dass auch Idealtypen von historischen Verläufen wie etwa von Revolutionen nichts anderes bezwecken. In der Tat sind die Grenzen zwischen Typen und Theorien wie auch zwischen Begriffen und Typen fließend. Aber während Verlaufstypen das Charakteristische bestimmter historischer Vorgänge herausarbeiten, wollen historische Theorien einen größeren Ausschnitt der gesellschaftliche Entwicklung erklären. Zu diesem Zweck verbinden

THESE, von griech. thesis = Satz, Behauptung; eine wissenschaftliche Behauptung, die es zu belegen gilt; Hypothese = Unterthese.

Theorien eine ganze Reihe von **THESEN** zu einem Gesamtkonzept. Andererseits darf der Anspruch solcher Theorien oder Gesamtkonzepte auch nicht zu weit reichen. Eine die gesamte Gesellschaft zu allen Zeiten umspannende Theorie, wie sie die in Deutschland vor allem von Niklas Luhmann vertretene Systemtheorie sein möchte, lässt sich höchstens in Teilen auf historische Phänomene anwenden. Brauchbar für die praktische Arbeit sind daher vor allem so genannte **Theorien mittlerer Reichweite**: In ihrem Anspruch sind sie sowohl zeitlich als auch räumlich eingrenzbar, in ihrem Abstraktionsgrad liegen sie zwischen der Typenbildung und einer weltumspannenden Theorie.

Vorschläge, wie sich solche Theorien in der geschichtswissenschaftlichen Praxis gewinnbringend anwenden lassen, machte schon Max Weber. Auf breiter Front durchsetzen konnten sich diese theoriegeleiteten Verfahren allerdings erst nach der endgültigen Überwindung des theoriearmen Historismus (→ S. 92). So verwies Reinhart Koselleck noch 1972 mahnend auf die **„Theoriebedürftigkeit der Geschichtswissenschaft"**. Und erst mit der Neukonzeption der Geschichte als Historische Sozialwissenschaft in den 1970er Jahren kam eine lebhafte, mitunter sehr theoretische Diskussion über die Rolle der Theorien in Gang. Doch schon vor dieser Blütezeit der Theoriedebatte wurde in der Praxis mit Theorien gearbeitet. So stammt ein Musterbeispiel für eine Theorie mittlerer Reichweite, die überdies in der Frühneuzeitforschung der letzten Jahrzehnte eine zentrale Rolle gespielt hat, aus den 1960er Jahren. Gemeint ist die Theorie der **Sozialdisziplinierung**. Entwickelt wurde sie in Begriff und Inhalt von **Gerhard Oestreich** (1910 – 1978). Nachdem sich Oestreich selbst lange mit den im engeren Sinne politischen Aspekten frühneuzeitlicher Herrschaft befasst hatte, stellte sich ihm eine Frage: Welche Auswirkungen hatte die unübersehbare Intensivierung und Verdichtung der Herrschaft auf die Lebensweise der Menschen? Seine Antwort: Diese Verdichtungsprozesse, die traditionell unter dem typologischen Begriff Absolutismus gebündelt werden, hatten auch eine Innenseite: die Sozialdisziplinierung des gesamten frühneuzeitlichen Europa. Unter Sozialdisziplinierung verstand Oestreich einen Prozess, der nicht nur die politischen und gesellschaftlichen Grundstrukturen umgestaltet, sondern auch zu einer langfristigen Veränderung sozialer Einstellungen, Normen und Verhaltensweisen geführt habe. „Der Mensch wurde in seinem Wollen und in seiner Äußerung diszipliniert", befand Oestreich. Und weil dies nicht nur für einzelne

Menschen, sondern für die gesamte Gesellschaft galt, sah er im Prozess der Sozialdisziplinierung einen Fundamentalvorgang der frühneuzeitlichen Geschichte. Nutznießer und Triebkraft dieses Prozesses, der die Menschen zu fleißigen, gehorsamen, sittsamen Untertanen erzog, war die weltliche Obrigkeit. Ihr Ziel verfolgte sie mit einem ganzen Arsenal von Instrumenten: In obrigkeitlichen Erlassen wie den Policeyordnungen wurden die neuen Verhaltensnormen kundgetan, die Strafjustiz samt Zucht- und Arbeitshaus verfolgte jeden Verstoß, das Militär, die Kirche, die Schule, aber auch die Armenfürsorge und die Manufakturen sorgten für eine Erziehung der Menschen im gewünschten Sinn. Am Ende dieses Prozesses, der die gesamte Frühe Neuzeit währte, stand ein einheitlicher Untertanenverband, der in Oestreichs Augen für den nächsten Schritt der historischen Entwicklung reif war: Der Fundamentaldisziplinierung folgte im 19. Jahrhundert die Fundamentaldemokratisierung.

Diese Theorie ist mittlerweile in vielen Punkten stark relativiert, wenn nicht vollständig widerlegt worden. Dennoch eignet sie sich bestens, um die **Funktionen einer Theorie** in der Geschichtswissenschaft zu veranschaulichen. Zunächst und vor allem verbindet die Theorie eine ganze Reihe von Einzelbeobachtungen zu einem plausiblen Gesamtgeschehen. Die Sozialdisziplinierung stellt nicht nur einen Zusammenhang zwischen so unterschiedlichen Gegenständen wie einem Zuchthaus und der Kirchenpredigt her, sie erklärt auch, wie diese Elemente gemeinsam für den sozialen Wandel verantwortlich sind. Überdies hat Oestreichs Theorie mit der Frage nach der Innenseite des bis dahin nur in politisch-institutioneller Hinsicht untersuchten Absolutismus ein neues Forschungsfeld erschlossen. Sie hat damit neue Fragen aufgeworfen, die Forschung angeregt und angeleitet. Dass Oestreichs Sozialdisziplinierung eine kaum noch überschaubare Flut von Studien nach sich gezogen hat, kann angesichts der vielfältigen Instrumente und Aspekte in seiner Theorie kaum verwundern. Schließlich musste jede einzelne der Thesen, aus denen sich die Theorie zusammensetzt, empirisch überprüft werden. Das Arbeitshaus als Disziplinierungsinstrument, Disziplinierung durch die Kirche, das Militär als Schule der Disziplin – jeder dieser beispielhaft ausgewählten Thesen aus Oestreichs Gesamtgebäude lassen sich mittlerweile zahlreiche Studien zuordnen. Auf diese Weise ist die Sozialdisziplinierung zu dem geworden, was man in Anlehnung an einen Begriff aus der Wissenschaftstheorie ein **Paradigma** nennt: eine Orientierungsgröße, an der sich die

Forschung ausrichtet und abarbeitet. Aber gerade weil die Theorie der Sozialdisziplinierung ihre forschungsanregende und -anleitende Funktion so gut erfüllt hat, ist ihr das übliche Schicksal solcher Paradigmen nicht erspart geblieben. Historische Forschung soll und will Theorien nicht zementieren, sondern empirisch überprüfen, und einer solchen kritischen Überprüfung hat Oestreichs Konzept langfristig nicht standgehalten.

So bestätigt auch dieses Beispiel, in welchem Verhältnis Theorie und Empirie in der Geschichtswissenschaft stehen: Die Bildung von Hypothesen und Thesen sowie deren Verknüpfung zu komplexen Theorien muss empirisch gesättigt sein. Nur wenn sie eine gewisse Überzeugungskraft haben, können Theorien ihre Funktion erfüllen und ihrerseits die empirische Erforschung der Realität anleiten. Sobald aber die Quellen ihr Vetorecht einlegen, muss die Theorie modifiziert oder aufgegeben werden.

Fassen wir zusammen: Theorien sind begriffliche Instrumente mit heuristischem Zweck. Sie legen fest, was wir überhaupt als Geschichte betrachten, sie dienen der Erschließung der historischen Phänomene, sie sind unverzichtbar, sobald wir die aus den Quellen ermittelten Tatsachen in einen Zusammenhang bringen, sie stellen Leitfäden zu ihrer Interpretation dar, sie ermöglichen sowohl eine präzise Beschreibung des Einzelfalles als auch Vergleiche und verallgemeinernde Aussagen. Sie bieten damit eine Lösung für das Spannungsverhältnis zwischen dem Individuellen und dem Allgemeinen. Gesetze sind Theorien allerdings nicht: Der Geschichtswissenschaft geht es nur in ihrer marxistischen Version um das Aufstellen von Gesetzen, denen sich die historische Realität zu beugen hat. Im nichtmarxistischen Verständnis der Geschichtswissenschaft misst sich der Wert einer Theorie allein an ihrem Nutzen. Da sie dennoch oder gerade deswegen von herausragender Bedeutung für die historische Forschung sind, sollten Theorien stets **EXPLIZIT** und damit auch kritikfähig gemacht, d.h. zur Diskussion gestellt und der empirischen Überprüfung ausgesetzt werden. Mit anderen Worten: Theorie und Empirie sind nur aufeinander bezogen sinnvoll. Dass ein und derselbe Historiker, nämlich Reinhart Koselleck, sowohl das „Vetorecht der Quellen" auf den Punkt gebracht als auch auf die „Theoriebedürftigkeit der Geschichtswissenschaft" verwiesen hat, macht diesen Zusammenhang besonders deutlich. Man kann es aber auch mit Albert Einstein sagen: Es gibt nichts Praktischeres als eine gute Theorie.

EXPLIZIT, erklärt, ausdrücklich dargestellt; das Gegenteil von implizit.

Aufgaben zum Selbsttest

● Welche Rolle spielen Theorien in der Geschichtswissenschaft?
● Welchen praktischen Nutzen haben Theorien?
● Was ist ein Idealtypus?

Literatur

Karl Härter, **Sozialdisziplinierung**, in: Anette Völker-Rasor (Hg.), Frühe Neuzeit (Oldenbourg Geschichte Lehrbuch), München 2000, S. 294 – 299 und 312.
Jörn Rüsen, **Theorie der Geschichte**, in: Fischer Lexikon Geschichte, hg. von Richard van Dülmen, aktualisierte, vollständig überarbeitete und ergänzte Auflage Frankfurt a. M. 2003, S. 15 – 37.
Volker Sellin, **Einführung in die Geschichtswissenschaft**, 2., durchgesehene Auflage Göttingen 2001, Kap. 10: Typus und Struktur, S. 140 – 153.
Max Weber, **Die drei reinen Typen der legitimen Herrschaft (1922)**, in: Ders., Soziologie, Universalgeschichtliche Analysen, Politik, hg. von Johannes Winckelmann, Stuttgart 1973, S. 151 – 166.
Max Weber, **Die „Objektivität" sozialwissenschaftlicher und sozialpolitischer Erkenntnis (1904)**, in: Ders., Schriften zur Wissenschaftslehre, Stuttgart 1991, S. 21 – 101 [auch zum Idealtypus].

Periodisierung | 2.6

Der Begriff **Periodisierung** bezeichnet die Untergliederung der Geschichte in kleinere Einheiten, in Epochen. Ihre Funktion ist es, die unüberschaubare Fülle der Vergangenheit in chronologische Sinneinheiten zu zerlegen und auf diese Weise handhabbar zu machen. Ohne Periodisierungen lässt sich über Geschichte kaum reden: Wenn wir etwa vom Staat sprechen, meinen wir immer eine bestimmte Form des Staates, seine moderne, heutige Variante, seine frühneuzeitliche Ausprägung oder das, was dem Staat im Mittelalter entsprochen haben könnte. Ohne Periodisierung lässt sich Geschichte auch nicht studieren. Dass Sie bestimmte Scheine für bestimmte Epochen erwerben müssen, ist schließlich kein Ausdruck der Willkür, sondern ein notwendiges Gliederungsprinzip im Studium. Ob wir wollen oder nicht: Wir periodisieren die Geschichte, und mit diesen Epocheneinteilungen transportieren wir bereits bestimmte Vorstellungen. Mit diesen Vorstellungen verbinden sich gewisse Wertungen, am deutlichsten, aber keineswegs nur dann, wenn statt von Neuzeit von Moderne die Rede ist und Geschichte im Sinn der so genannten Modernisierungstheorien als fortschreitende Entwicklung hin zu einer als positiv angesehenen Moderne

IMPLIZIEREN,
einschließen.

begriffen wird. Wir können also festhalten: Periodisierungen sind notwendige, ja **unverzichtbare Hilfsmittel**, die aber immer auch **inhaltliche Aussagen IMPLIZIEREN**.

Nun könnte man meinen, dass mit solchen Aussagen das Wesen einer Epoche erfasst würde, dass sich Periodisierungen folglich aus der Geschichte selbst ergeben, in ihr verborgen liegen und von den Historikern nur noch zu Tage gefördert werden müssen. In diesem Sinne verstehen ließe sich auch die in Kap. 1.1 vorgenommene Charakterisierung der Frühen Neuzeit als eine Phase des Übergangs, die vom Nebeneinander dynamischer und statischer Elemente geprägt war. Allerdings haben wir es bei dieser Vorstellung mit einer Verknüpfung einzelner Beobachtungen zu einem Gesamtbild zu tun, und genau dies ist die Definition einer Theorie. **Periodisierungen sind also Theorien!** Wie jede Theorie in der Geschichtswissenschaft dienen sie heuristischen, ordnenden, erkenntnisfördernden Zwecken. Und wie bei jeder Theorie kommt es darauf an, sich ihrer bewusst zu werden. Um die Verknüpfungen, die sie vornehmen, und die Deutungen, die sie transportieren, nicht unreflektiert zu übernehmen, müssen wir uns über die jeweils zugrunde liegenden Epochenbegriffe und -einteilungen, ihre Entstehung und ihre Begründung Klarheit verschaffen. Genau das will der folgende Abschnitt leisten.

Zu diesem Zweck werden zunächst Probleme der Periodisierung angesprochen. Auf diese Weise dürfte deutlich werden, dass Epocheneinteilungen von zahlreichen Faktoren abhängen und damit auch dem historischen Wandel unterliegen. Anschließend rückt die für uns zentrale Frühe Neuzeit als Epoche der europäischen Geschichte in den Blick. Behandelt werden zwei für jede Periodisierung wichtige Aspekte: die Sicht der Zeitgenossen und damit die Entstehung dieses Epochenbegriffs, und die Sicht der Historiker, die aus ihrer heutigen Perspektive vielleicht mehr erkennen können als die Augenzeugen.

2.6.1 | Probleme der Periodisierung

Wenn Periodisierungen Konstrukte sind, stellt sich eine Frage: Von welchen Faktoren hängt ihre Konstruktion ab? Zunächst und vor allem ist die Periodisierung der Geschichte abhängig vom Standpunkt derer, die sie vornehmen, von ihrer Weltanschauung, von ihrem generellen **Geschichtsbild**. Wie unterschiedlich diese Geschichtsbilder sein können, signalisiert bereits der Begriff der Periodisierung. Denn der Wortstamm **PERIODOS** heißt im Griechischen Kreislauf, und in der Tat haben die Griechen – wie vor ihnen die alten Ägypter und nach ihnen die Römer – die Geschichte vorwiegend als Kreislauf, als **ZYKLUS** ohne Anfang und Ende begriffen. In Anlehnung an die Zyklen der Natur wurde die Geschichte meist in Phasen der Blüte, der Reife und des Verfalls eingeteilt. Dieser Ablauf wiederholte sich in immer neuen Zyklen, und so spricht man hier von einem **zyklischen Geschichtsbild**.

Dass die Geschichte nicht zyklisch, sondern linear verlaufen, dass sie auf ein Ziel zusteuern und auch ein Ende haben könnte, dieser Gedanke setzte sich erst im jüdisch-christlichen Denken durch. Das war kein Zufall: Schließlich hat der Gott des Alten Testaments die Ankunft des Messias vorhergesagt. Für die Christen war mit Jesus der Messias zwar gekommen. Aber da im Neuen Testament eine zweite Ankunft Christi auf Erden vorhergesagt wurde, blieb auch für sie die Geschichte auf dieses Ziel ausgerichtet. Das jüdisch-christliche Geschichtsbild ist somit **TELEOLOGISCH**. Das Ziel der Geschichte und gleichzeitig ihr Ende ist die Wiederkehr des Messias und das damit verbundene Jüngste Gericht. Die Geschichte bis zu diesem Jüngsten Tag, mit dem das Reich Gottes beginnt, ist nach christlichem Verständnis **Heilsgeschichte**. Was dies für ihre Periodisierung bedeutet, werden wir noch sehen.

Erst in der Neuzeit wurde das christliche Verständnis der Geschichte als Heilsgeschichte säkularisiert, d.h. verweltlicht und durch ein **SÄKULARES Geschichtsbild** ersetzt. In manchen Varianten dieses säkularen Geschichtsbildes blieb die teleologische Ausrichtung auf ein Ziel zwar erhalten: In Hegels Geschichtsphilosophie schreitet der Weltgeist seiner Entfaltung entgegen, bei Marx tritt die klassenlose Gesellschaft an die Stelle des christlichen Gottesreiches. Für die Periodisierung der Geschichte stellte sich mit dieser Säkularisierung des Geschichtsbildes aber eine neue Frage: Nach welchen Maßstäben, wenn nicht mehr nur nach theologischen, soll die Geschichte betrachtet und eingeteilt werden? Mit anderen Worten: Nun stand die Frage nach dem **Leitsektor der Periodisierung** im Raum. Was dies bedeutet, kann ein Blick auf die Nachbardisziplinen klar machen: Die Kunstgeschichte legt ihre Epochen nach kunsthistorischen Gesichtspunkten fest, die Literaturgeschichte folgt literaturhistorischen Aspekten. Aber die Geschichte? Soll sie sich auf die politische Entwicklung konzentrieren oder auf die wirtschaftliche? Ist stattdessen der kulturellen oder der kirchlich-religiösen

PERIODOS, griech. = Kreislauf.

ZYKLUS, Pl. Zyklen, Kreis(lauf), Folge.

TELEOLOGISCH, von griech. telos = Ziel; auf ein Ziel gerichtet.

SÄKULARISIEREN, verweltlichen.

Dimension der Vergangenheit Vorrang zu geben? Ansätzen, die einen bestimmten Sektor der Vergangenheit in den Mittelpunkt ihres Interesses rücken, fällt die Entscheidung zwischen den Feldern und damit auch die Periodisierung der Geschichte leicht. So hat der Historismus zwar den Eigenwert jeder Zeit betont und die gleichberechtigte Behandlung aller Epochen gefordert. Das meinte Ranke im Übrigen mit der Formulierung, jede Epoche sei gleich nah zu Gott. Aber in der Praxis von Forschung und Lehre war eine Unterteilung der Stoffmasse unumgänglich, und diese Periodisierung erfolgte ganz selbstverständlich anhand der politischen Geschichte. Ebenso selbstverständlich erklärte das marxistische Geschichtsbild die ökonomischen Strukturen als Basis der jeweiligen Gesellschaftsformation zum Leitsektor der Periodisierung: Der Sklavenhaltergesellschaft folgte der Feudalismus, diesem der Kapitalismus, und am Ende der Geschichte wird der Kommunismus mit seiner klassenlosen Gesellschaft stehen.

Die nichtmarxistische, nachhistoristische Geschichtswissenschaft hat es nicht so leicht. Die Politikgeschichte hat ihre dominierende Rolle eingebüßt, und wenn man nicht in alte Muster zurückfallen will, darf nicht abermals einem einzigen Sektor eine derart zentrale Bedeutung beigemessen werden. Folglich sind moderne Periodisierungsvorschläge vom Bemühen geprägt, zur Begründung ihrer Grenzziehungen ein ganzes **Bündel von Faktoren** aus unterschiedlichen Feldern zu nennen.

Mit dem Hinweis auf die Faktorenbündel ist die Frage nach der **Art der Epochenwende** fast schon beantwortet. Dass ein einziges Ereignis eine neue Epoche einläuten könne, legt die Begriffsgeschichte nahe: So heißt das griechische Wort **EPOCHÉ** in seiner ursprünglichen Bedeutung soviel wie Haltestelle oder Wendepunkt. Als Bezeichnung für einen Zeitraum wird der Begriff erst seit Ranke verwendet. Dieser alte Wortsinn wirkt bis heute nach: Der Fall der Mauer am 9. November 1989 oder die Ereignisse vom 11. September 2001 werden oft und gern als epochale Einschnitte bezeichnet. Aber zum einen wird sich wie bei jeder Periodisierung erst im Nachhinein sagen lassen, ob diese Ereignisse tatsächlich etwas epochal Neues ausgelöst haben. Dass wenigstens im 20. Jahrhundert wohl kaum ein Jahr vergangen ist, das nicht von irgendeinem Beobachter zur Epochenwende erklärt wurde, sollte hier Warnung genug sein. Und zum anderen bleibt abzuwarten, welche Sektoren der Wirklichkeit tatsächlich von dieser vermuteten Epochenwende be-

EPOCHÉ, griech. = Haltestelle, Wendepunkt.

troffen sind. Wenn Periodisierungen nicht nur für einzelne Felder wie etwa die Politik gelten sollen, kann ein einzelnes Ereignis nicht die Wende bringen. Dementsprechend werden Epochengrenzen heute nicht mehr mit klaren, auf den Tag datierbaren Einschnitten verbunden. Stattdessen operieren moderne Periodisierungen mit **breiten Übergangsphasen**, die Phänomene des Neuen in möglichst vielen Bereichen des Lebens bündeln.

Allerdings muss man sich hierbei der **begrenzten geographischen Reichweite** jeder Periodisierung bewusst sein. Eine Epochengliederung der Universalgeschichte ist nicht zu leisten: Je nach Weltregion haben wir es immer mit verschiedenen Entwicklungen und Entwicklungsstufen zu tun, und diese **Gleichzeitigkeit des Ungleichzeitigen** macht es unmöglich, die gesamte Geschichte einem einheitlichen Schema zu unterwerfen. Auf der anderen Seite ließe sich die Geschichte einer Stadt durchaus in verschiedene Epochen einteilen. Aber wenn die Reichweite der Theorie derart beschränkt ist, hält sich mit der Übertragbarkeit auch der Nutzen der Periodisierung in engen Grenzen. Praktikable Epocheneinteilungen beziehen sich auf ein Land oder eine größere Region, in unserem Falle auf Europa. Und so bestätigt sich auch hier, dass für die Geschichtswissenschaft vor allem **Theorien mittlerer Reichweite** von Nutzen sind.

Eine weitere Schwierigkeit der Periodisierung liegt im **Zeitbegriff**. Sowohl der Historismus als auch das marxistische Geschichtsbild gehen von einem objektiven Zeitbegriff aus: Die Zeit verläuft immer gleich schnell, und alles, was passiert, lässt sich an diesem objektiven, aus der Aneinanderreihung von Jahreszahlen bestehenden Zeitstrahl chronologisch einordnen. Eine solche Vorstellung erscheint auf den ersten Blick naheliegend. Dass man die Geschichte allerdings auch auf verschiedenen Zeitebenen ansiedeln kann, hat der französische Historiker **Fernand Braudel** (1902 – 1985) gezeigt. In seinem erstmals 1949 auf Französisch erschienenen, bis heute und sehr zu Recht berühmten Buch über „Das Mittelmeer und die mediterrane Welt in der Epoche Philipps II." entwickelte Braudel das Konzept der **drei Zeitebenen**:

	Info

- ▶ Ebene der kurzen Dauer (temps court): Ereignisgeschichte,
- ▶ Ebene der mittleren Dauer (moyenne durée): Strukturgeschichte,
- ▶ Ebene der langen Dauer (longue durée): Geschichte des Menschen in seiner Umwelt (z. B. Entwicklung des Klimas).

Zeitebenen der Geschichte nach Fernand Braudel

Nach Braudel geht es zwar auch darum, die Wechselwirkungen zwischen den Ebenen in den Blick zu bekommen. Aber da jede Zeitebene für sich genommen ihren eigenen Rhythmus hat, kann es auch keine einheitliche Periodisierung der Geschichte geben.

Nicht alle Historiker mochten Braudel darin folgen. Aber eines unterstrich auch dieser Ansatz: Periodisierungen liegen nicht in der Geschichte selbst. Es sind die Historiker, die sie vornehmen, und da ihre Vorschläge stets von einer ganzen Reihe von Faktoren abhängig sind, bleibt die Periodisierung wie jede Theoriebildung ein wandelbares Konstrukt.

Gänzlich beliebig sind Periodisierungen jedoch nicht. Sie haben sowohl das Epochenbewusstsein der Zeitgenossen als auch die nachträglichen Interpretationen der Historiker zu berücksichtigen. Um dies für unsere Epoche zu illustrieren, sei zunächst geklärt, wie die Menschen der Frühen Neuzeit ihre eigene Gegenwart in der Geschichte verortet haben.

2.6.2 | Die Entdeckung der Neuzeit

Hätte man die Menschen der Frühen Neuzeit gefragt, in welcher Zeit sie zu leben glaubten, wären mehrere Antworten denkbar gewesen. Die schlichteste Variante hätte damals wie heute darin bestanden, einfach eine Jahreszahl zu nennen. 1548 nach Christus wäre eine solche Antwort. Aber selbst diese scheinbar schlichte Form der Zeitmessung enthält eine grundlegende Aussage zur Geschichte überhaupt: So entspricht die **Rechnung in Jahren ab Christi Geburt**, die im 6. Jahrhundert als Ersatz für die Zeitrechnung ab der Ära des Christenverfolgers Diokletian (d. h. ab 284) vorgeschlagen wurde und sich seit dem 8. Jahrhundert durchsetzte, einer heilsgeschichtlichen Periodisierung: In Jahren gemessen wird die mittlere Zeit der Gnade zwischen der ersten und der zweiten Ankunft Christi, also zwischen der Geburt Jesu und seiner in der Bibel vorhergesagten Wiederkehr am Jüngsten Tag. Heute mag uns das nicht mehr bewusst sein. Doch in der Frühen Neuzeit war Geschichte zunächst nicht anders denn als Heilsgeschichte denkbar. Dies illustriert auch die aus dem Mittelalter stammende und noch im 16. Jahrhundert dominierende Variante der Periodisierung, die so genannte **Vier-Reiche-Lehre**. Sie geht zurück auf das Buch Daniel im Alten Testament, genauer: auf einen Traum des Königs Nebukadnezar, den der Prophet Daniel auslegt. In diesem Traum war ein

Standbild aus Gold, Silber, Eisen und Bronze erschienen und am Ende zerstört worden. Für Daniel standen die Teile dieses Standbildes für die vier Weltreiche, in die sich die Geschichte unterteilen ließ: für das babylonische, das persische, das griechische und das römische Weltreich. Das letzte dieser Reiche, das römische, stand am Ende aller Tage, und in diesem Reich glaubten die frühneuzeitlichen Menschen zu leben. Dies erklärt zwar die so genannte **Endzeiterwartung** vieler Menschen: Eben weil sie im vierten und damit letzten Reich lebten, musste das Jüngste Gericht mehr oder minder unmittelbar bevorstehen. Aber eines scheint rätselhaft: Wie erklärten sich die Menschen, dass der Jüngste Tag bislang ausgeblieben und zwar das Römische Reich, nicht aber die ganze Welt untergegangen war? Hier half die Vorstellung von der **TRANSLATIO IMPERII**, also von der Übertragung des Reiches: Das Römische Reich war gar nicht untergegangen, sondern mit der Kaiserkrönung Karls des Großen im Jahr 800 auf diesen und seine Nachfolger übergegangen. An der Stelle der Caesaren standen nun die christlichen Kaiser, an die Stelle des Römischen Reiches war das mittelalterliche Kaiserreich getreten. Dies ist im Übrigen der Grund, warum dieses Gebilde als **Heiliges Römisches Reich** bezeichnet wird.

> **TRANSLATIO IMPERII,** latein. = Übertragung des Kaisertums.

Diese heilsgeschichtlich unterfütterte Periodisierung wurde im deutschsprachigen Raum noch bis ins 18. Jahrhundert vertreten. Mittlerweile hatten sich aber konkurrierende Angebote entwickelt. So war im 16. Jahrhundert die heute naheliegende **Rechnung in Jahrhunderten** aufgekommen. Erstmals in einem protestantischen Werk zur Kirchengeschichte, den **Magdeburger Zenturien** von 1559, angewandt, fand diese Art der Zeitangabe bald Verbreitung. Im Blick auf das Epochenbewusstsein weit wichtiger wurde jedoch ein anderes, ebenfalls nicht mehr heilsgeschichtlich geprägtes Modell: die uns heute so selbstverständliche Einteilung der Geschichte in **Antike, Mittelalter und Neuzeit**. Ihre Wurzeln hatte diese Trias in einem Problem der Humanisten. Wie für die **RENAISSANCE** insgesamt gab es auch für die Humanisten nur zwei relevante Zeitalter: die Antike, die in der Renaissance wiedergeboren (genau das bedeutet das Wort Renaissance) und als Maß aller Dinge entdeckt wurde, und die eigene Zeit, die diesem Ideal nachzueifern hatte. Die Zeit dazwischen galt ihnen als eine Zwischenphase, als ein mittleres Zeitalter. Dessen Ruf war nicht der beste. Schließlich waren die antiken Texte, für die sich die Humanisten vor allem interessierten, in diesen Jahrhunderten zwar oft abgeschrieben und damit überliefert, aber auch

> **RENAISSANCE,** Wiedergeburt (der Antike).

verändert, in ihrer klassischen Reinheit beschädigt, ja verdunkelt worden. Mit dieser Vorstellung war das „dunkle Mittelalter" geboren, und da sich die Humanisten von dieser Phase absetzen wollten, sahen sie sich selbst in einer neuen Zeit.

Die Unterteilung in Antike, Mittelalter und Neuzeit war also ursprünglich nur auf die Entwicklung der Sprache bezogen und damit eine rein philologische Periodisierung. Dennoch setzte sich bald die Vorstellung durch, um 1500 habe eine neue Zeit begonnen. Die Humanisten verwiesen vor allem auf ihre eigene Wiederentdeckung der antiken Schriftsteller, aber auch auf die geographischen Entdeckungen und die technischen Erfindungen ihrer Zeit. Und für die Protestanten stellte die Reformation zwar die Rückkehr zur wahren Kirche, aber doch eine einschneidende Zäsur in ihrem Geschichtsbild dar. Ende des 17. Jahrhunderts fand die Aufteilung der Weltgeschichte in drei große Epochen dann auch ihren schulbuchmäßigen Niederschlag. Dies ist sehr wörtlich zu verstehen: Denn in einem für den Gebrauch an der Schule gedachten Lehrbuch von 1685 schrieb der damalige Gymnasialdirektor und spätere Geschichtsprofessor **Christoph Cellarius** (1638 – 1707): „Historia universalis, in antiquam, medii aevi novam divisa" – die Weltgeschichte gliedert sich in die alte, die mittlere und die neue Geschichte.

Abb. 15

Durchbrechung des alten Weltbildes, historisierender Holzschnitt, Paris 1888. Noch im 19. Jahrhundert wurde der Beginn der Neuzeit mit den astronomischen Entdeckungen des frühen 16. Jahrhunderts in Verbindung gebracht.

Nun lernten also schon Schüler, dass um 1500 die Neuzeit begonnen habe. Allerdings hat ein solches Konzept ein Problem: Von Neuzeit kann man im Grunde nur reden, solange man glaubt, noch in der gleichen Zeit zu leben. Und genau dieser Glaube sollte gegen Ende des 18. Jahrhunderts verloren gehen. Schuld daran war eine Entwicklung, die uns bereits begegnet ist: Angesichts der massiven Neuerungen, die mit den politischen Revolutionen in Amerika und Frankreich und der zu dieser Zeit einsetzenden Industriellen Revolution einhergingen, veränderte sich das Geschichtsbild der Zeitgenossen. Da es offenbar doch Neues unter der Sonne gab, wurde die Geschichte nicht mehr als Sammlung zeitloser Exempel begriffen, sondern als ein in die Zukunft offener Prozess (→ Kap. 2.1.2). Aber auch das Zeitbewusstsein veränderte sich: Eben weil in schneller Folge so vieles geschah, entstand der **Eindruck einer beschleunigten Entwicklung**. Und da diese Entwicklung etwas Neues, anderes mit sich zu bringen schien als das, was man bisher als Neuzeit kannte, konnte auch dieser Begriff nicht mehr für die eigene Gegenwart passen. Spätestens mit der Französischen Revolution war in der Sicht der Zeitgenossen eine neue Epoche angebrochen. Die Revolutionäre selbst machten dies sinnfällig, in dem sie den bisherigen Kalender abschafften und eine neue Wochen- und Monatsrechnung einführten. Dieser Revolutionskalender hatte zwar nicht lange Bestand. Aber im allgemeinen Bewusstsein blieb es dabei: Mit der Französischen Revolution hatte die **neueste Geschichte** begonnen. Ranke etwa hielt ganz selbstverständlich Vorlesungen über die „neueste Geschichte", die er mit Friedrich dem Großen, der Amerikanischen oder der Französischen Revolution beginnen ließ. Und für Rankes Nachfahren wurde diese Periodisierung immer überzeugender. Auch das hatte mit den eigenen Erfahrungen zu tun: Industrielle Wirtschaftsweise, soziale Gliederung in Klassen und politische Partizipation der Massen wurden zum Signum der Moderne, und da man den Beginn dieser Entwicklungen in der Zeit um 1800 sah, wurden die Jahrhunderte vor dieser eigentlichen Modernisierungsschwelle immer fremder. Die Epochengrenze um 1500 galt zwar noch immer als Beginn der Neuzeit. Wie sonst wäre zu verstehen, dass noch im 19. Jahrhundert mit Holzschnitten (→ Abb. 15) der Sieg der auch von Galilei vertretenen kopernikanischen Lehre gefeiert wurde? Aber da die Neuzeit erst um 1800 wirklich neu geworden war, galten die drei Jahrhunderte zwischen 1500 und 1800 als eine Art Vorphase der Neuzeit, als frühe Neuzeit. Die Frühe Neuzeit ist damit eine Phase des Nicht-Mehr und Noch-Nicht: Sie ist nicht mehr Mittelalter, aber noch nicht die neueste Zeit, die sich als solche auch wahrnimmt. Genau das meinte Johannes Burkhardt mit seiner Definition der Epoche: „Die Frühe Neuzeit ist der Teil der Neuzeit, der seine Neuzeitlichkeit noch nicht wahrhaben wollte."

2.6.3 Die Frühe Neuzeit als Epoche

Dass die Frühe Neuzeit eine eigene Epoche zwischen Mittelalter und Neuester Geschichte sei, ist also eine Idee mit Tradition. Für die Wissenschaft auf den Begriff gebracht wurde diese Idee allerdings erst in den 1950er Jahren. 1950 sprach der Schweizer Historiker Werner Näf erstmals von „Früher Neuzeit", 1953 tauchte dieser Begriff bei Gerhard Oestreich auf, und Oestreich war auch der erste, der einen Lehrstuhl für Neuere Geschichte erhielt. Wie in Kap. 1.1 bereits berichtet, dauerte es nicht mehr lange, bis dieser Begriff in Forschung und Lehre immer selbstverständlicher wurde. Das aber muss noch lange nicht heißen, dass diese Periodisierung auch wissenschaftlich sinnvoll ist. Denn eines muss klar sein: Bisher haben wir uns mit dem Epochenbewusstsein der Zeitgenossen beschäftigt. Dieses Epochenbewusstsein ist zwar ein Argument für die Periodisierung. Es ist aber noch lange keine wissenschaftliche Begründung. Daher seien abschließend die Argumente zusammengestellt, mit denen die heutige Geschichtswissenschaft das Festhalten an einer Epoche namens Früher Neuzeit rechtfertigt.

Grundsätzlich wird die Frühe Neuzeit als **eine Phase des Übergangs zwischen zwei Modernitätsschwellen** gesehen. Die erste Schwelle ist der Beginn der Neuzeit um 1500, die zweite Schwelle ist der Eintritt in die eigentliche Moderne um 1800. Beide Schwellen sind nicht auf ein Datum zu reduzieren, sondern als eine breite Phase des Übergangs zu verstehen: Der Beginn der Neuzeit wird zwischen 1450 und 1550 gesehen, der Übergang in die Moderne zwischen 1750 und 1850. Die Jahreszahlen 1500 und 1800 sind daher nicht als exakte Datierungen, sondern als pragmatische Kürzel für längere Phasen der Epochenwende zu verstehen. Für beide Schwellen werden eine ganze Reihe von Faktoren aus unterschiedlichen Feldern der historischen Wirklichkeit genannt. Hin und wieder begegnen auch einzelne Daten, für den Beginn der Neuzeit etwa die Eroberung Konstantinopels durch die Osmanen 1453, die Entdeckung Amerikas 1492 oder Luthers angeblicher Thesenanschlag als Auftakt zur Reformation 1517. Aber zum einen stehen diese Daten nur symbolisch für verschiedene Entwicklungen. Und zum anderen wird der Charakter der Epochenwende gerade darin gesehen, dass sich diese Tendenzen überlagert und wechselseitig beeinflusst haben.

In diesem Sinn ist der **Beginn der Neuzeit** markiert durch folgende Phänomene: Mit der **Reformation** bricht nicht nur die Vorstellung einer einheitlichen Christenheit auseinander; mit der Ausbildung verschiedener Konfessionen (Luthertum, Katholizismus, Calvinismus) kommt auch ein Prozess in Gang, der als **Konfessionalisierung** bezeichnet wird und die Untertanen sowohl zu guten Christen ihrer jeweiligen Konfession als auch zu braven Untertanen erzogen haben soll. Dieser mit Oestreichs Sozialdisziplinierung verwandte Prozess stellt auch eine treibende Kraft für das **Wachstum der Staatsgewalt** dar. Der frühmoderne Staat erlebt v.a. im 16. Jahrhundert einen Entwicklungsschub, der sich besonders in einer Ausweitung von Gewaltmonopol, zunehmend professioneller Verwaltungstätigkeit und Finanzhoheit äußert. Damit verbunden ist eine Intensivierung der zwischenstaatlichen Kriege, die nicht nur zur Ausbildung stehender Heere, sondern langfristig auch zur **Entwicklung des europäischen Staatensystems** mit Gleichgewichtsgedanken und Völkerrecht führt. In ökonomischer Hinsicht äußert sich der **Frühkapitalismus** mit Kreditwirtschaft und Fernhandel, und auf dem Land kommt es zu einer auch als **Protoindustrialisierung** bezeichneten Entwicklung ganzer Gewerbelandschaften etwa in der Textilproduktion. Die **Entdeckungen** führen zur Europäisierung und Christianisierung der Welt. Die europäische **Expansion** hat aber auch Folgen für die Wirtschaft (z. B. Einführung neuer Kulturpflanzen wie der Kartoffel) und das Weltbild. Das Weltbild ändert sich aber nicht nur durch die Glaubensspaltung und die Entdeckungen, sondern auch durch die Entwicklung der **modernen Naturwissenschaften** mit ihrem experimentellen Charakter. Der Durchbruch der kopernikanischen Lehre von der Drehung der Erde um die Sonne ist lediglich ein früher Schritt auf diesem Weg. Als Verbreitungsmedium der neuen Erkenntnisse von zentraler Bedeutung ist der **Buchdruck**. Seine Entdeckung im späteren 15. Jahrhundert kommt einer **Medienrevolution** gleich, die in ihrer Tragweite nur mit der Entwicklung der Schrift zu vergleichen ist. Der Buchdruck verhilft nicht nur der Reformation zu ihrer Durchschlagskraft, er führt auch zu einer Zunahme der Alphabetisierung und ermöglicht schließlich das Entstehen einer neuen Form der **Öffentlichkeit**.

All diese Faktoren verleihen der Frühen Neuzeit ein bislang nicht gekanntes Maß an Dynamik. Allerdings ist auch hier eine gewisse **Gleichzeitigkeit des Ungleichzeitigen** zu verzeichnen. Denn neben den dynamischen Elementen finden sich ausgesprochen statische Felder. Und auf vielen dieser Felder brachte erst die **zweite Modernitätsschwelle um 1800** Bewegung. Einige der sich überlagernden Tendenzen und Entwicklungen, die den Epochenübergang zwischen 1750 und 1850 ausmachen, wurden schon genannt: die **Industrielle Revolution** als die langfristig wohl folgenreichste Veränderung auch im Blick auf das Konfliktpotenzial der Gesellschaft, die **politischen Revolutionen**, die mit dem **Nationalstaat** eine neue Bezugsgröße politischen Denkens mit Folgen für die politische Partizipation und Theorie, aber auch für die Art der Kriegführung mit sich brachten. Zu nennen wären überdies der um die Mitte des 18. Jahrhunderts erfolgte Durchbruch zu einem rasanten **Bevölkerungswachstum**, das der vergleichsweise statischen vorindustriellen Bevölkerungsweise eine Ende bereitete; der Wandel von der ständischen Gesellschaft zur **Klassengesellschaft**, der in der Frühen Neuzeit zwar auf vielfältige Weise vorbereitet wurde, sich aber erst jetzt voll durchsetzte; oder die fortschreitende **Säkularisierung des Denkens**, die nun endgültig die **Religion zur Privatsache** machte. All diese Veränderungen werden oft unter dem Begriff der **Sattelzeit** gebündelt. Reinhart Koselleck, von dem diese Bezeichnung stammt, hat sie ursprünglich auf die semantischen Veränderungen, also auf die Umstellungen im Sprachgebrauch zwischen 1750 und 1850 bezogen. Aber mittlerweile ist der Begriff „Sattelzeit", der die aus der Differentialrechnung bekannte Vorstellung eines Sattel- oder Wendepunktes mit der Idee einer zeitlichen Übergangsphase kombiniert, zum Synonym für die Epochenwende um 1800 geworden.

Beginn der Neuzeit, Sattelzeit – so überzeugend das alles klingen mag, so wenig sollten Sie eines übersehen: Wie jede Epocheneinteilung bleibt **auch diese Periodisierung ein Konstrukt**. Dass man auch andere Epochengrenzen ziehen könnte, und zwar mit genau so guten Argumenten, belegt der wichtigste Gegenentwurf zur hier vorgestellten Gliederung. Dieser Gegenentwurf behält zwar die Modernitätsschwelle um 1800 bei, die Schwelle um 1500 wird hingegen eingeebnet. Schließlich seien die genannten Prozesse und Tendenzen um 1500 nicht vom Himmel gefallen, sondern ihrerseits Phasen in noch längerfristigen Prozessen. Ob Streben nach Kirchenreform oder Staatsbildung: all dies habe bereits im Hochmittelalter eingesetzt, und so könne man die gesamte Zeitspanne zwischen 1300 und 1800 zu einer einzigen Epoche namens „**Alteuropa**" bündeln. Dieses vornehmlich von Dietrich Gerhard und Otto Brunner vertretene Konzept hat zwar durchaus Anhänger gefunden. So fühlt sich etwa die für die Frühneuzeitforschung sehr wichtige „**Zeitschrift für Historische Forschung**" dem Alteuropa-Konzept verpflichtet und daher für den gesamten Zeitraum zuständig. Überdies hat „Alteuropa" seine Spuren in Form einer gewissen Begriffsverwirrung hinterlassen: Für die Vertreter des Alteuropa-Konzepts ist die Frühe Neuzeit die **Vormoderne**, für die Befürworter einer eigenen Epoche namens Frühe Neuzeit ist sie die **Frühmoderne**. Vor allem aber wirft das Konzept eine Reihe von wichtigen und richtigen Fragen auf, Fragen, die auf die Vorgeschichte der als Epochengrenze betonten Phänomene zielen und damit an einen wichtigen Punkt erinnern: Periodisierungen sind wie alle Theorien in der Geschichtswissenschaft Hilfsmittel. Sie sollen die Erkenntnis fördern, nicht den Blick verstellen. Um das zu vermeiden, muss jeder, der sich mit Geschichte befasst, die jeweils zugrunde gelegten Epochengliederungen, ihre Entstehungsgeschichte und Argumente kennen. Handhaben sollte man sie jedoch flexibel.

Aufgaben zum Selbsttest

● Inwieweit ist die Periodisierung der Geschichte als ein theoretisches Konstrukt zu betrachten?
● Wie ist die Frühe Neuzeit zur Epoche geworden?
● Mit welchen Argumenten wird dies heute begründet?

Literatur

Johannes Burkhardt, **Frühe Neuzeit**, in: Fischer Lexikon Geschichte, hg. von Richard van Dülmen, aktualisierte, vollständig überarbeitete und ergänzte Auflage Frankfurt a. M. 2003, S. 438 – 465.
Wolfgang Reinhard, **Probleme deutscher Geschichte 1495 – 1806. Reichsreform und Reformation 1495 – 1555** (Gebhardt Handbuch der deutschen Geschichte, 10., völlig neu bearbeitete Auflage, Bd. 9), Stuttgart 2001, Kap. I, § 2: Periodisierungsprobleme, S. 47 – 64.
Winfried Schulze, **Neuere Geschichte – ein problematisches Fach**, in: Hans-Jürgen Goertz (Hg.), Geschichte. Ein Grundkurs, Reinbek 1998, S. 287 – 317.

2.7 | Perspektiven der Frühneuzeitforschung

Jetzt wissen Sie einiges über die grundlegenden Theorie- und Methodenfragen der Geschichtswissenschaft. Und Sie wissen auch, was es mit der Frühen Neuzeit als Epoche auf sich hat. Zu klären bleibt in diesem theoretischen Kapitel daher nur noch, was das eine mit dem anderen zu tun hat. Wie also wirken sich die Methodendiskussionen des Faches auf die konkrete Erforschung der Frühen Neuzeit aus? Welche Ansätze, welche **Forschungsperspektiven** haben die methodischen Debatten und Entwicklungen hervorgebracht?

Solche Überlegungen sind kein Selbstzweck. Im Gegenteil: Sie helfen, sich in der nicht mehr überschaubaren Flut von Forschungsliteratur zu unserer Epoche zurechtzufinden. Ja mehr noch: Sie erleichtern die Orientierung im Fach Geschichte überhaupt. Denn die **verschiedenen Ansätze**, um die es im Folgenden geht, spielen ja nicht nur in der Frühneuzeitforschung eine Rolle. Die hier zu skizzierende Entwicklung **vom Historismus zur kulturalistischen Wende** gilt für die gesamte Geschichtswissenschaft. Und wenn Sie einmal verstanden haben, was mit den unterschiedlichen Ansätzen gemeint ist, werden die zahlreichen im Umlauf befindlichen Etiketten, Schlagworte und Label Sie nicht mehr erschrecken können.

Gewiss ließe sich die Geschichte und ihre Erforschung auch nach anderen Kriterien gliedern: etwa **nach dem Untersuchungsraum** in die Geschichte von Städten, Regionen, Ländern, Staaten, Kontinenten oder der ganzen Welt, oder **nach Themenfeldern** in Wirtschafts-, Politik-, Sozial-, Kirchen- oder Ideengeschichte. Dass beide Möglichkeiten der Einteilung heuristisch ebenso sinnvoll sind wie die Untergliederung der Geschichte in Epochen, zeigt schon ein Blick auf das weite Feld der entsprechend spezialisierten Nachschlagewerke und Hilfsmittel (→ Kap. 4). Dem tieferen Verständnis des Faches weit dienlicher ist es jedoch, sich an den jeweils zugrunde liegenden **Fragen und Methoden** zu orientieren. Denn zum einen sind es diese Fragen und Methoden, die über den Untersuchungsgegenstand entscheiden. Und zum anderen ist die Entwicklung des Faches ja gerade von dem Bemühen geprägt, die aus praktischen Gründen gezogenen Grenzen zwischen den Themenbereichen zu überwinden. Genau das lag ja schon dem ersten großen Schritt auf dem Weg der methodischen Entwicklung zugrunde: der Ablösung der historistischen Geschichtswissenschaft durch die Gesellschaftsgeschichte. Sowohl dieser Prozess als auch die sich anschließende Neubelebung hermeneutischer Ansätze ist uns bereits begegnet. Was dies konkret für die Erforschung der Frühen Neuzeit bedeutete und wie die Entwicklung bis zum heutigen Tag weiterging, werden die folgenden Abschnitte zeigen.

Historismus

2.7.1

Gemäß der Überzeugung, dass die Geschichte von den großen Männern gemacht werde, standen im Historismus neben einzelnen Denkern vor allem die mächtigen Staatsmänner im Mittelpunkt des Interesses. Methodisch dominierten hermeneutische Verfahren, in der Darstellung die auf Personen und ihre Handlungen bezogene, stark beschreibende Erzählung. Inhaltlich konzentrierte sich der Historismus auf die **Politikgeschichte**, und das in einem sehr engen Verständnis: Politik war für die Historiker des 19. Jahrhunderts all das, was mit dem Staat zu tun hatte, mit dem Staat in seiner damaligen, für gut befundenen Form: So wie sie selbst als Zeitzeugen die Ausbildung starker Nationalstaaten erlebt hatten, so galt für sie auch in der Geschichte der nach innen wie außen starke Staat als Maß aller Dinge. Gerade in Deutschland, das erst mit der Reichsgründung von 1871 zu einem dieser starken Nationalstaaten wurde, neigten die Historiker zur Verherrlichung des Machtstaates. Diese „Staatsfrömmigkeit", so ein späterer Kritiker (Otto Hintze), führte in der Forschung zu einer Konzentration auf die **„Haupt- und Staatsaktionen"**, d. h. auf die wichtigen Entscheidungen und Ereignisse, bei denen die Staatsmänner ihre Größe unter Beweis stellen konnten. Nach sozio-ökonomischen Hintergründen des Handelns wurde dabei ebenso wenig gefragt wie nach den gesellschaftlichen Bedingungen der Politik. Dass Politikgeschichte als die eigentliche Geschichte galt und überdies als Geschichte starker Staaten konzipiert wurde, schlug sich auch in der **Erforschung der Frühen Neuzeit** nieder. Mit viel Sympathie konnte diese Epoche wenigstens in Deutschland nicht rechnen. Schließlich ist die Frühe Neuzeit im deutschen Raum mit seinem komplizierten Heiligen Römischen Reich gerade durch das Fehlen einer starken Zentralgewalt gekennzeichnet. Aber allen Entwicklungen, die auf den von Preußen geprägten, protestantisch dominierten Nationalstaat von 1871 hinzusteuern schienen, war die Aufmerksamkeit der Historiker sicher. Dies galt einerseits für die **Reformation**, mit der sich, so die Sicht der protestantischen Historiker, Deutschland vom Joch der römischen Kirche befreite. Und es galt andererseits für den **Aufstieg Brandenburg-Preußens** zum Machtstaat auf deutschem Boden. Dass Leopold von Ranke neben mehreren Büchern über die Geschichte einzelner Staaten von Frankreich über Italien bis Spanien sowohl eine „Geschichte Deutschlands im Zeitalter der Reformation" als auch eine „Preußische Geschichte" verfasst hat, ist durchaus symptomatisch für dieses Forschungsinteresse.

2.7.2 Struktur- und Gesellschaftsgeschichte

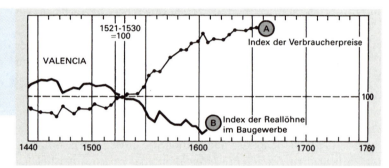

Abb. 16

Eine Tabelle aus Braudels Mittelmeer-Buch: Preise und Reallöhne in Valencia.

Gegen dieses Verständnis von Geschichte regte sich allerdings auch Widerspruch. Wichtige Impulse gingen hierbei vor allem von Frankreich aus, genauer: von einer Gruppe von Historikern und Vertretern benachbarter Disziplinen, die sich nach der von ihnen schon 1929 gegründeten Zeitschrift **„Annales"** (Jahrbücher) nannte. Einen führenden Vertreter der Annales kennen Sie bereits: **Fernand Braudel**, der in seinem Mittelmeer-Buch von 1949 auf die unterschiedlichen Zeitebenen und Entwicklungsrhythmen der Geschichte hingewiesen hatte (→ Kap. 2.6.1). Damit dürfte auch klar sein, welche Alternative Braudel der traditionellen Politikgeschichte entgegenhielt: Statt sich auf die Ereignisgeschichte und damit auf die Ebene der kurzen Dauer zu konzentrieren, müssen, so Braudel, auch die tieferliegenden Schichten erfasst werden: auch die quasi unbewegte Geschichte der geologischen Gegebenheiten, aber vor allem **die Strukturen**, die sich im Rhythmus von Generationen oder Jahrhunderten verändern und daher oft der longue durée zugerechnet werden. Gemessen an diesen Ebenen der langen Dauer nimmt sich die bislang betriebene Ereignisgeschichte wie ein leichtes Kräuseln auf dem Meer der Geschichte aus: Ereignisse und mit ihnen die traditionelle Politikgeschichte sind fast bedeutungslos, was zählt, sind die Strukturen. Inhaltlich ging es Braudel zwar nicht nur, aber vorrangig um **ökonomische Strukturen**. Methodisch dominierten daher **quantifizierende Verfahren** auf der Grundlage serieller Quellen. Ein Beispiel hierfür liefert die Grafik (→ Abb. 16) aus Braudels Buch.

Dargestellt ist die Entwicklung der Löhne und Preise in Valencia für einen Zeitraum von über 200 Jahren. Dass diese Art der Forschung anders als der Historismus nicht primär nach Intentionen und individuellem Handeln fragt, wird schon beim ersten Blick auf die Grafik deutlich. Dass weder der Staat noch die Politikgeschichte für die Annales-Schule im Mittelpunkt standen, liegt ebenfalls auf der Hand. Nicht zuletzt deswegen hatten die Annales-Historiker keine Berührungsängste gegenüber der **Frühen Neuzeit** mit ihrer noch im Wachstum befindlichen Staatsgewalt. Im Gegenteil: Gerade diese Epoche faszinierte viele Vertreter der Annales, und so ging aus diesem Kreis eine ganze Reihe von Regionalstudien zum frühneuzeitlichen Frankreich hervor, in denen die Entwicklung des Klimas und der Preise, aber auch der Bevölkerung und der politischen wie sozialen Strukturen nachgezeichnet wird.

Allerdings begegnen in der langen Geschichte der Annales, die sich in mehrere Generationen mit verschiedenen inhaltlichen und auch methodischen Schwerpunkten untergliedern lässt, auch Phasen, in denen andere als die von Braudel betonten Strukturen im Vordergrund stehen. Dies gilt vor allem für die mentalen Strukturen, also für die kollektiven Vorstellungen, die handlungsleitenden Ideen, Grundhaltungen und Glaubensgewissheiten größerer Gruppen, kurz: für die **MENTALITÄTEN**. Im Unterschied zur Ideen- oder Geistesgeschichte historistischer Prägung, die nach den Gedanken großer Männer fragte, befasst sich die Mentalitäts- oder **Mentalitätengeschichte** – beide Begriffe werden meist synonym gebraucht (→ Kap. 2.7.3) – also mit kollektiven, von der Masse der Bevölkerung geteilten Vorstellungen. So haben wir es auch im Blick auf die mentalen Strukturen mit einer Erweiterung der Geschichte um tieferliegende Ebenen zu tun. Mit Fragen dieser Art beschäftigten sich vor allem die Generationen der Annales vor und nach Braudel. Schon einer der Mitbegründer der Namen gebenden Zeitschrift, **Marc Bloch** (1886 – 1944) hatte die für uns merkwürdig wirkende, aber in Mittelalter und Früher Neuzeit verbreitete Vorstellung untersucht, die Könige könnten durch Handauflegen Wunderheilungen vollbringen. Blochs Studie über **„Die wundertätigen Könige"** von 1924 eröffnete mit dem

MENTALITÄT, von lat. mens = Geist, Verstand, Gemüt.

Blick auf diese kollektive Vorstellung auch einen neuen Zugang zum frühneuzeitlichen Verständnis des Königtums und gilt noch heute als Pionierleistung der Mentalitätengeschichte. Es folgten zahlreiche weitere Studien mentalitätsgeschichtlicher Ausrichtung: über die Geschichte der Kindheit, über Tod und Angst, über Familie und Sexualität. Dass Vertreter der Annales auch noch entdeckten, wie sich mentalitätengeschichtliche Fragen mit Hilfe quantitativer Methoden untersuchen lassen, wird uns noch beschäftigen (→ Kap.3.1.1). Hier bleibt zunächst festzuhalten, dass neben der strukturgeschichtlichen Erweiterung der Forschung und der Etablierung quantifizierender Methoden auch die Entdeckung der Mentalitätengeschichte zu den Verdiensten der Annales gehört.

In Deutschland wurden die Werke der Annales-Historiker zwar erst seit den 1970er Jahren und damit deutlich verspätet rezipiert. Aber nachdem der Zweite Weltkrieg das destruktive Potenzial des einst verklärten starken Nationalstaates vor Augen geführt hatte, kam es auch hier zu einer Ablösung vom Historismus und seiner staatsfixierten Politikgeschichte. So radikal wie in Frankreich war die Abwendung von der Ereignis- und Politikgeschichte in Deutschland zwar nicht. So blieb sowohl für die **Strukturgeschichte** der 1950er Jahre als auch für die sich daraus in den 1960er Jahren entwickelnde **Historische Sozialwissenschaft** oder **Gesellschaftsgeschichte** die Politikgeschichte ein wichtiges Thema. Allerdings verstanden die Vertreter dieser Strömungen, die seit den späten 1960er Jahren die Vorherrschaft in der deutschen Geschichtswissenschaft übernahmen, unter Politik weit mehr als den Staat und sein Handeln. So lenkte schon die **Strukturgeschichte** den Blick auf die Namen gebenden Strukturen: auf die überindividuellen Verhältnisse, Entwicklungen und Prozesse, und zwar auch auf jene im Feld der Politik. Einen Schritt weiter ging die **Gesellschaftsgeschichte**. Auch für ihre Vertreter spielen die Strukturen eine weit wichtigere Rolle als das individuelle Handeln. Aber während diese Strukturen bislang getrennt voneinander untersucht und die politischen folglich neben die sozialen und ökonomischen Strukturen gestellt wurden, plädiert die Gesellschaftsgeschichte dafür, alle Bereiche des Lebens aufeinander zu beziehen. Gesellschaft ist also ein Sammelbegriff für die einzelnen Teilbereiche wie Wirtschaft, Politik, Kultur. Allerdings wird in dieser Konzeption einem Bereich eine besonders große Bedeutung beigemessen: Nicht mehr, wie im Historismus, der Politik, sondern vielmehr der sozialen Ebene. Und dies in doppelter Hinsicht. Zum einen befassen sich viele Studien aus dem Umfeld der Gesellschaftsgeschichte mit sozialgeschichtlichen Themen: Wenn man **Sozialgeschichte als Teilbereich** der gesamten Geschichte neben anderen Feldern wie etwa Politik und Kultur betrachtet, dann fallen unter diesen Begriff alle Themen, die auf die sozialen Beziehungen der Menschen zielen. Solche Themen wären etwa Arbeitsverhältnisse, Stände und Klassen, soziale Ungleichheit, soziale Proteste, aber auch Prozesse wie die Industrialisierung oder Urbanisierung und ihre Folgen. Und genau diese Themen erlebten seit den 1960er Jahren einen massiven Aufschwung. Zum anderen kann man Sozialgeschichte aber nicht nur als Teilbereich neben anderen verstehen, sondern auch als **Perspektive**, als einen **spezifischen Zugriff auf die gesamte Geschichte**. Schließlich haben alle Bereiche, ob Kultur, Wirtschaft oder Politik, eine soziale Dimension. Und diese Dimension steht nun im Vordergrund: Eine Politikgeschichte unter diesen Vorzeichen fragt daher weniger nach den Intentionen der Akteure als vielmehr nach den sozialgeschichtlichen Bedingungen und Folgen politischen Handelns. Eine Ideengeschichte in sozialhistorischer Perspektive konzentriert sich nicht mehr auf die großen Denker, sondern auf deren soziales Umfeld und auf die sozialen Gründe für den Erfolg ihrer Ideen. Die Entwicklung hin zur Gesellschaftsgeschichte bedeutete also für die deutsche Geschichtswissenschaft dreierlei:

- eine Erweiterung des Forschungsgegenstandes um sozialgeschichtliche Themen,
- eine Neukonzeption des Zugangs zur Geschichte, der auf Strukturen und Prozesse im Allgemeinen und die soziale Dimension allen Geschehens im Besondern abhebt,
- und schließlich den Versuch einer Synthese, die alle Bereiche des menschlichen Lebens erfassen und miteinander in Beziehung bringen will.

Wie dies alles methodisch funktionieren soll, deutet sich in einer verbreiteten Bezeichnung dieser Strömung an: Die Gesellschaftsgeschichte wird nicht nur nach der Wirkungsstätte ihres führenden Vertreters **Hans-Ulrich Wehler** (geb. 1931) die **„Bielefelder Schule"** genannt. Sie begegnet auch unter dem Label **Historische Sozialwissenschaft**. Dieser Begriff, der im Übrigen dem Untertitel der als Zentralorgan der Gesellschaftsgeschichte 1975 gegründeten Zeitschrift **„Geschichte und Gesellschaft"** entnommen ist, verweist schon auf den ersten Blick auf die Nähe dieser Strömung zu den Systematischen Sozialwissenschaften, allen voran zur Soziologie. Von der Soziologie und hier vor allem von dem erst jetzt in Deutschland massiv rezipierten Max Weber hat die Gesellschaftsgeschichte Folgendes übernommen: den bewussten Einsatz von Theorien und Begriffen, die typisierende und vergleichende Arbeitsweise und nicht zuletzt die Vorliebe für quantifizierende Verfahren. Dass mit diesem Methodenarsenal nicht nur eine Abkehr von der traditionellen Politikgeschichte, sondern insgesamt eine antihermeneutische Wende verbunden war, liegt auf der Hand. Statt hermeneutischem Sinn-Verstehen individuellen Handelns stand nun das analytische Erklären makrohistorischer, gesamtgesellschaftlicher Prozesse im Mittelpunkt. Vor allem eine Theorie spielte für die Gesellschaftsgeschichte eine zentrale Rolle: die **Modernisierungstheorie**. Unter diesem Begriff werden alle Bemühungen gebündelt, die Entwicklung der westlichen Gesellschaften von der Sattelzeit hin zur Moderne, d.h. hin zur liberalen Demokratie und industriellen Massengesellschaft des 20. Jahrhunderts in einem theoretischen Modell zu erfassen, d.h. in ihrem idealtypischen Verlauf festzuhalten und die fördernden wie hemmenden Faktoren zu benennen. Gemessen an diesem Standardweg in die grundsätzlich positiv bewertete Moderne schien die deutsche Geschichte vom Kurs abgekommen zu sein: Der **deutsche Sonderweg** führte nicht in die Moderne, sondern in den Nationalsozialismus. Diese heute eher kritisch bewertete Sonderwegs-These wirkte in der Neuesten Geschichte überaus anregend. Aber auch für die **Erforschung der Frühen Neuzeit** gingen von der Gesellschaftsgeschichte zahlreiche Impulse aus. Denn auch wenn die Modernisierungstheorie wie die Gesellschaftsgeschichte überhaupt ihren zeitlichen Schwerpunkt eindeutig im 19. und 20. Jahrhundert hat, begegnen seit den späten 1960er Jahren auch für die Jahrhunderte vor 1800 **Theorien mit modernisierungsgeschichtlicher Ausrichtung**. Eine davon kennen Sie bereits: Es ist das Konzept der **Sozialdisziplinierung** von Gerhard Oestreich (→ Kap. 2.5.3). Noch einflussreicher als diese ohnehin einflussreiche Theorie wurde allerdings ein anderes Konzept: die Anfang der 1980er von Wolfgang Reinhard und Heinz Schilling vorgestellte Theorie der **Konfessionalisierung**. Ganz im Sinne der um eine Synthese bemühten Gesellschaftsgeschichte ist die Konfessionalisierung als Erweiterung der Sozialdisziplinierung um Befunde aus der Kirchengeschichte und der politischen Geschichte zu verstehen. Aus der Kirchengeschichte stammt die Einsicht, dass sich alle Konfessionen seit dem 16. Jahrhundert darum bemühten, ihre Mitglieder zu ebenso frommen wie bewussten Anhängern der jeweiligen Glaubensrichtung zu erziehen. Zur politischen Geschichte gehört der Befund, dass dieser Erziehungsprozess nicht nur fromme Christen, sondern auch gehorsame und loyale Untertanen produziert und somit dem Wachstum der Staatsgewalt gute Dienste erweist. Und mit der Sozialdisziplinierung ist die Konfessionalisierung insofern verwandt, als beide auf einen gesamtgesellschaftlichen Wandel abzielen und im Grunde nur zwei verschiedene chronologische Phasen des gleichen Prozesses darstellen: Die Konfessionalisierung ist die erste Phase der Sozialdisziplinierung, in der die Kirche dem noch schwachen Staat die Erziehung der Untertanen im beiderseitigen Interesse abnehmen musste.

Aber nicht nur dieses Konzept, das die Frühneuzeitforschung seit den 1980er Jahren stark geprägt hat, belegt die anregende Wirkung der Gesellschaftsgeschichte. Dass der damals an der Uni Bochum lehrende Winfried Schulze die Frühe Neuzeit jetzt zum „Musterbuch der Moderne" erklärte, illustriert ebenfalls, wie attraktiv die Suche nach modernisierenden, in die Moderne weisenden Tendenzen geworden war. Gleichzeitig wuchs das Interesse an einzelnen sozialen Schichten und Gruppen, aber auch an Strukturen jeder Art und nicht zuletzt an sozialen Konflikten. Studien über die Bauern in der Frühen Neuzeit oder den Adel, über die Amtsträger im Dienst der Staatsgewalt und die sozialen Schichten, auf die sich frühneuzeitliche Herrschaftssysteme stützen konnten, über die ständische Gesellschaft insgesamt, über Agrarkonjunkturen und Preisentwicklungen, über Unruhen und Aufstände bestimmten nun das Bild. Diese in Themenwahl wie Zugriff sozialgeschichtliche Perspektive rückte nun nicht mehr nur die Herrschaft an sich, sondern auch die Beherrschten, ihre Gegenwehr und Gegenstrategien ins Bild. Aber auch wenn jetzt Minderheiten ebenso thematisiert wurden wie Kriminalität und **DEVIANZ** – noch traten die historischen Akteure nicht als Individuen, sondern als Mitglieder einer kollektiven Einheit, einer bestimmten sozialen Gruppe in Erscheinung. Und genau das sollte sich in den 1980er Jahren ändern.

> **DEVIANZ**, von latein. devius = vom Wege abliegend; übergreifende Bezeichnung für abweichendes Verhalten.

Neue Kulturgeschichte

| 2.7.3

Die Strukturgeschichte der Annales und die Gesellschaftsgeschichte hatten eines gemeinsam: Konkrete Menschen kamen kaum vor. Es ging um Schichten und Klassen, um Strukturen und Prozesse. Der einzelne Mensch und sein individuelles Handeln, sein Denken und Fühlen, seine Wünsche und Entscheidungen schienen hinter den Strukturen zu verschwinden. Wenn Menschen vorkamen, dann als Repräsentanten eines Kollektivs, als Träger der für diese Gruppe typischen Merkmale. Und da die strukturellen Bedingungen nach Auffassung der Gesellschaftsgeschichte das Handeln nahezu vollständig bestimmten, wurden die Menschen, so eine treffende Formulierung, zu **„Marionetten der Strukturen"** (Reinhard Sieder).

Genau dagegen richtete sich das, was in den 1980er Jahren begann und mittlerweile als **die kulturalistische Wende** der Geschichtswissenschaft bezeichnet wird. Eine ganze Reihe verschiedener Ansätze mit je nach Land und Zeit unterschiedlichen Namen und Schwerpunkten verfolgte ein gemeinsames Ziel: Zurück zum Menschen, zurück zu den Handlungen, zurück zu den Fragen nach Sinn, nach Deutungen, nach Bedeutungen. **„Aus Marionetten werden Menschen"**, nannte der Historiker Otto Ulbricht diesen Vorgang in Anlehnung an die zitierte Kritik an der Gesellschaftsgeschichte. Denn jetzt kam die subjektive Seite der Geschichte wieder in den Blick: die Innenansicht der Strukturen und Prozesse, die Art und Weise, wie sich die Menschen die strukturellen Gegebenheiten angeeignet haben, ihr Eigensinn, d.h. ihre ganz individuelle, keineswegs von den Strukturen fast automatisch vorgegebene Auslegung der Welt.

Zunächst wurden bislang vernachlässigte Themen erschlossen: die Geschichte der Unterschichten etwa oder die Geschichte der Frauen. Aber schon bald zeigte sich, dass die neuen Strömungen nicht nur das Themenspektrum der Sozialgeschichte erweitern, sondern zu einem grundlegenden Neuansatz gelangen wollten. Für diese fundamentale Umorientierung, die seit den 1980er Jahren nicht nur in der deutschen historischen Forschung, sondern in vielen Geisteswissenschaften und zahlreichen Ländern zu beobachten ist, hat sich der Begriff der kulturalistischen Wende eingebürgert. Die geschichtswissenschaftlichen Ansätze, die zu dieser Wende beigetragen haben oder aus ihr hervorgegangen sind, werden meist unter der Bezeichnung **Neue Kulturgeschichte** – neu in Abgrenzung von älteren, inhaltlich anders gelagerten Ansätzen – gebündelt.

Im Kern könnte man die kulturalistische Wende als **Ablösung der Gesellschaft durch die Kultur** begreifen. Während die Historische Sozialwissenschaft die Geschichte unter dem Leitbegriff „Gesellschaft" betrachtete und die sozialen Beziehungen in allen Bereichen des Lebens in den Vordergrund rückte, erfassen die neuen Ansätze die

Vergangenheit unter dem Leitbegriff „Kultur". Mit **KULTUR** ist hier keineswegs die Hochkultur im Sinne von Oper und Feuilleton gemeint. Kultur umfasst vielmehr die gesamte Dimension der Vergangenheit, die mit **Sinnstiftungen und Bedeutungszuweisungen** zu tun hat. Deswegen ist auch die Rede von **Kultur als Sinnuniversum** oder von Kultur als dem selbstgesponnenen Netz aus Bedeutungen, in dem der Mensch verstrickt ist (Clifford Geertz). Kulturgeschichte heißt nun, die Vergangenheit im Blick auf diese Ebene zu analysieren, d. h. zu fragen, wie die historischen Akteure sich selbst und die Welt gedeutet haben, wie sie ihr Handeln und Leiden mit Sinn und Bedeutung versehen haben. Dies ist nun keineswegs als inhaltliche Ergänzung der Gesellschaftsgeschichte um eine bislang vernachlässigte Ebene zu begreifen. Die Kulturgeschichte versteht sich vielmehr (wie vor ihr schon die Gesellschaftsgeschichte) als neuer Zugang zur gesamten Geschichte, als **neue Perspektive auf sämtliche Bereiche und Themenfelder der Vergangenheit**. Denn zum einen haben wir es überall dort, wo Menschen handeln, mit der Frage nach Sinn und Bedeutung zu tun, und so können sämtliche Themen der historischen Forschung auch in kulturgeschichtlicher Perspektive analysiert werden. Kulturgeschichte definiert sich also nicht über ihre Themen, sondern über ihre Perspektiven und Fragestellungen! Und zum anderen ist die Ebene der Deutungen und Bedeutungen keineswegs als eigenständiges, abtrennbares Feld zu begreifen: Während der Historismus sich für individuelles Handeln ohne Rücksicht auf die Strukturen interessierte und die Historische Sozialwissenschaft auf eine Strukturgeschichte ohne Individuen hinauslief, will die Kulturgeschichte beide Ebenen, das individuelle Handeln und die strukturellen Gegebenheiten, miteinander verbinden. Sie geht daher von einem wechselseitigen, **dialektischen Verhältnis von Struktur und Individuum** aus. Die strukturellen Bedingungen schränken die Deutungs- und Handlungsmöglichkeiten auf ein gewisses Spektrum ein, ohne sie exakt vorzugeben. Die Individuen eignen sich diese Gegebenheiten daher auf subjektiv unterschiedliche Weise an, d. h. sie gehen unterschiedlich damit um. Und indem sie dies tun, reproduzieren sie die Strukturen nicht nur, sie können sie auch modifizieren. Strukturen prägen zwar das Individuum und sein Handeln, werden aber zugleich durch Handeln und das heißt von Menschen geschaffen. Angesichts dieser untrennbaren Verzahnung von Struktur und Individuum, von strukturellen Gegebenheiten und individuellem Handeln, Denken und Empfinden lautet die

KULTUR, von lat. cultura = Pflege, Veredelung; bereits von Cicero vom Ackerbau auf Philosophie und Literatur übertragen.

THEORETISCHES: FRÜHE NEUZEIT ALS WISSENSCHAFT

Grundüberzeugung der kulturgeschichtlichen Forschung: Historische Phänomene gleich welcher Art können niemals unabhängig von den Wahrnehmungsmustern und Bedeutungszuschreibungen der historischen Akteure erfasst werden.

Offenbar haben wir es hier mit einem **Paradigmenwechsel**, mit einem neuen Grundverständnis des Faches zu tun. Wie war das möglich? Mit verantwortlich für diese Wende in der Geschichtswissenschaft sind auch hier **außerwissenschaftliche Gründe**. Die Moderne westlicher Prägung, die der Gesellschaftsgeschichte nach den Erfahrungen des Zweiten Weltkriegs als Ideal und Ziel aller historischen Entwicklung erschienen war, hatte ihre Faszination verloren. Der Glaube an die **„GROßE ERZÄHLUNG"** vom Aufstieg des Westens zum Wohle der gesamten Welt war durch weitere Kriege, aber auch durch Umweltkatastrophen und die gesellschaftlichen Veränderungen im Westen selbst ins Wanken geraten. Die Suche nach allem, was auf diese Moderne hinzuweisen schien, verlor an Attraktivität, zunehmend Interesse fanden alle gegenläufigen, aus modernisierungstheoretischer Sicht eher störenden Entwicklungen, der menschliche, soziale und kulturelle Preis der Modernisierung sowie alle Widerstände gegen Tendenzen in dieser Richtung. Schließlich machte das Menschenbild des späten 20. Jahrhunderts die Vorstellung immer plausibler, die kleinen Leute seien keineswegs willen- und machtlose Marionetten der Strukturen, sondern durchaus bereit und fähig zum **Widerstand** gegen den Lauf der Welt gewesen. Zu diesen gesamtgesellschaftlichen Veränderungen kamen **innerwissenschaftliche Gründe**: Aus der etablierten, in Deutschland das Feld beherrschenden Gesellschaftsgeschichte kamen nur noch wenige Innovationen. Umso mehr Inspiration ging von neuen Ansätzen aus, die sich im Widerspruch zur Gesellschaftsgeschichte entwickelten und oft auf deren heftige Gegenwehr stießen. Solche Ansätze stammten teils von jüngeren Historikern in Deutschland – wissenschaftliche Debatten sind nicht selten auch Generationenkonflikte. Ein großer Teil der Anregungen kam jedoch aus anderen europäischen Ländern und hier vor allem aus der methodisch überaus innovativen Frühneuzeitforschung. Werfen wir also einen Blick auf einige der Strömungen, die unter dem Label „Neue Kulturgeschichte" zusammengefasst werden und ihren jeweils eigenen Beitrag zur kulturalistischen Wende geleistet haben.

Vor allem in methodischer Hinsicht innovativ erwies sich schon in den 1970er Jahren die **italienische Microstoria oder Mikrogeschichte**.

„GROßE ERZÄHLUNG", von den Vertretern der so genannten Postmoderne geprägter Begriff für die großen Traditionslinien, in denen sich die Moderne sah, z. B. die Aufklärung.

Wie ihre Name schon sagt, geht es diesem Ansatz um die Verkleinerung der Untersuchungsperspektive, um eine mikroskopische Analyse von Einheiten, die dementsprechend klein gewählt sein müssen. Die kleinste Einheit ist der Mensch, und mit einem solchen Menschen befasst sich auch eine klassische Studie der Microstoria. Sie stammt von Carlo Ginzburg, trägt den Titel **„Der Käse und die Würmer"** und behandelt dem Untertitel zufolge die Welt eines Müllers um 1600. Vorgestellt wird der Müller Menocchio, der durch seine unorthodoxen Reden vor die Inquisition geraten war. Wie Menocchio die Welt und das Universum sah, nämlich als Käse, in den Würmer Löcher gefressen hatten, kann Ginzburg anhand der Verhörprotokolle des am Ende hingerichteten Müllers rekonstruieren. Ginzburgs eigentliches Thema ist allerdings nicht der Müller Menocchio. Wie es der Mikrogeschichte insgesamt darum geht, in den kleinen Einheiten große Themen zu behandeln (→ Kap. 2.4.3), so will auch Ginzburg hinter Menocchios Weltbild die **Volkskultur** entdecken, die Werte und Vorstellungen also, die sich in der italienischen Bevölkerung um 1600 zum Leidwesen der Inquisition gehalten hatten. Dass dieser Volkskultur eine hier durch die Kirche vertretene **Elitenkultur** gegenübergestanden habe und der Kulturwandel der Frühen Neuzeit als Prozess der Verdrängung populärer Vorstellungen durch die Vorgaben der Eliten zu verstehen sei, wird zwar heute bezweifelt. Aber auch wenn man mittlerweile von einem Wechselverhältnis zwischen den von oben vorgegebenen Normen und den Aneignungen von unten ausgeht, ist Ginzburgs Methode, die mikrohistorische Konzentration des Blicks auf Einzelfälle, auf fruchtbaren Boden gefallen.

Verantwortlich für den Erfolg mikrohistorischer Methoden war nicht zuletzt der wachsende Einfluss einer zu diesem Zeitpunkt ebenfalls auf die genaue Beschreibung und hermeneutische Deutung des Einzelfalls konzentrierten Nachbardisziplin. Die **Ethnologie**, d.h. die um das Verstehen fremder Kulturen bemühte Völkerkunde, erreichte mit der kulturalistischen Wende jene Stellung, die in Deutschland zuvor die Soziologie innehatte: Sie wurde zur **Leitdisziplin für die Geschichtswissenschaft**, zu jener Nachbardisziplin also, von der die meisten Anregungen für die historische Forschung ausgingen. Der Grund hierfür ist schlicht, aber aufschlussreich. Die Historiker kamen sich jetzt vor wie die Ethnologen: Seit sie sich für das alltägliche Verhalten der kleinen Leute interessierten, seit sie nach deren Sinnstiftungen und Deutungen fragten, hatten sie das Gefühl, vor Fremdem zu stehen. Wie die Ethnologen durch die Welt reisen, um fremde Kulturen zu studieren, so reisen die Historiker durch die Zeit, um ebenfalls auf Fremdes zu stoßen. Die Historiker, die nicht länger nur nach Entwicklungen fahnden wollten, die auf die Moderne hinweisen, übernahmen den **„ethnologischen Blick"**: Sie fragten verstärkt nach den mentalen und sozialen Eigenstrukturen, nach dem **„Eigensinn"** vergangener Gesellschaften, nach den **Praktiken und Symbolen,** in denen sich diese Eigenstrukturen äußerten, nach dem **individuellen und kollektiven Gedächtnis**, mit dem die Menschen ihrer Geschichte Sinn verliehen. Und sie akzeptierten mehr und mehr, dass sie ihre Untersuchungsobjekte, die historischen Akteure, nicht an heutigen Maßstäben messen, sondern nur verstehen können, wenn sie deren damalige Regeln, Normen und Sinnstiftungen aus sich heraus zu erfassen suchen.

Dies aber muss eine Reihe methodischer Konsequenzen haben. Zum einen erklärt die Einsicht in die Unmöglichkeit, das fremde historische Gegenüber durch Einfühlen verstehen zu können, warum die von Clifford Geertz für die Ethnologie entwickelte **dichte Beschreibung** jetzt auch für die Geschichtswissenschaft attraktiv wurde (→ Kap. 2.4.1). Weil die hermeneutische Differenz eine unaufhebbare, durch kein Hineinversetzen zu überbrückende Distanz zwischen uns und den Menschen der Vergangenheit darstellt, können wir das Fremde nur dicht beschreiben, das heißt einerseits möglichst detailliert und nah an den Quellen nachvollziehen und andererseits aus sich selbst heraus verstehen. „Die Erfahrungen anderer Leute im Kontext ihrer eigenen Ideen betrachten", heißt das bei Geertz. Damit war eine massive Wiederbelebung der von der Gesellschaftsgeschichte nur wenig geschätzten **hermeneutischen Verfahren** verbunden. Aber auch quantitative Methoden und auf die Strukturen gerichtete Fragen behielten ihre Berechtigung. Schließlich sollten die Wahrnehmungen und Deutungen immer auch auf die konkreten Lebensbedingungen bezogen werden. Die kulturelle Ebene der Sinnstiftung ließ sich mit den strukturellen und materiellen Dimensionen zu einer umfassenden Sicht auf die Geschichte aber nur verbinden, wenn man in der praktischen Arbeit den Untersuchungsgegenstand verkleinerte. Und genau dieses wachsende Interesse am Einzelfall förderte die Rezeption der mikrohistorischen Methode.

In Frankreich etwa betrat in den 1980er Jahren mit der so genannten **„Nouvelle Histoire"** die vierte Generation der Annales die

PERSPEKTIVEN DER FRÜHNEUZEITFORSCHUNG

Bühne, die sich im Unterschied zu ihren Vorgängern weit mehr für individuelle Praktiken und Aneignungen interessierte als für kollektive Mentalitäten.

Dass jetzt meist von Mentalitätengeschichte im Plural statt, wie bisher, von Mentalitätsgeschichte die Rede war, spiegelt die Erweiterung des Blicks von den groben Strukturen auf die Vielfalt der Phänomene. In Deutschland wurden solche Ansätze, die ethnologisch inspiriert waren und meist mikrohistorisch arbeiteten, unter verschiedenen Begriffen gebündelt. Zunächst war von der **Alltagsgeschichte** die Rede – wobei diese etwas missverständliche Bezeichnung keineswegs nur die alltäglichen Verrichtungen, sondern auch und gerade die Wahrnehmungen und Sinnstiftungen der Akteure meint. Ihren Schwerpunkt hatte die Alltagsgeschichte in der Erforschung des 19. und 20. Jahrhunderts, und so blieb vor allem dort dieses gern als Gegenbegriff zur Gesellschaftsgeschichte verwendete Label lange Zeit die beherrschende Bezeichnung. Aber auch in der **Frühneuzeitforschung** entstanden nun Arbeiten, die sich selbst als Beitrag zur Alltagsgeschichte begriffen. Eine ganze Reihe dieser Studien nahm sich der großen Theorien wie der Konzepte der **Sozialdisziplinierung** und **Konfessionalisierung** an. Aber in neuer Perspektive: Den Prozess von oben, aus der Sicht der Obrigkeit zu betrachten, galt nun als verwerfliche Fixierung auf den Staat, als methodisch überholter „**ETATISMUS**". Stattdessen wurden die Bemühungen der Obrigkeiten nun von unten, aus der Sicht einzelner Menschen oder im Blick auf Dörfer und Regionen analysiert. Dass die Anstrengungen von Staat und Kirche zwar durchaus Wirkung gezeigt hätten, aber sowohl Sozialdisziplinierung als auch Konfessionalisierung nicht als Einbahnstraßen, sondern als komplexes Zusammenwirken von Obrigkeiten und Untertanen zu verstehen seien, lautete der seitdem weitgehend akzeptierte Befund. Andere Arbeiten konzentrierten sich nach dem Vorbild der Microstoria auf kleine Räume, aber umfassende Fragen. Die berühmteste Studie dieser Art dürfte das Buch von **Hans Medick** über den schwäbischen Ort Laichingen sein. Konzipiert als „Detailgeschichte des Ganzen", präsentiert dieses stark auf quantifizierende Verfahren gestützte Buch über das **„Weben und Überleben in Laichingen"** (1996) sowohl wirtschaftsgeschichtliche Befunde als auch Informationen zur Rolle der Kleidung als Merkmal sozialer **DISTINKTION**, zum Heiratsverhalten der Laichinger und zu ihrem Verhältnis zu Büchern. Überdies zeigt Medick am Laichinger Beispiel, dass auch andere Wege in den Ka-

ETATISMUS, von franz. état = Staat; Fixierung auf den Staat, meist als Vorwurf gemeint.

DISTINKTION, von lat. distinctio = Unterscheidung, Abgrenzung; die soziale Abgrenzung von unteren Schichten.

pitalismus möglich waren als die von den großen Theorien vorgesehenen. Wie sich, so der Untertitel, **„Lokalgeschichte als Allgemeine Geschichte"** schreiben lässt, führt diese mikrohistorische Musterstudie in der Tat vor.

Stärker noch als hier kam der auch von Medick immer wieder eingeforderte und umgesetzte ethnologische Blick auf die Wahrnehmungen und Deutungen in einer Strömung zum Tragen, die sich schon bald in der Vordergrund schieben sollte: die **Historische ANTHROPOLOGIE**. Im engeren Sinne ist die Historische Anthropologie ein Ansatz, der sich mit anthropologischen, d.h. dem Menschen als Menschen eigenen Themen befasst. Aber anders als die biologische Anthropologie geht es ihrer historischen Variante nicht um das Menschsein an und für sich. Die Vertreter der Historischen Anthropologie fragen vielmehr nach den sich verändernden Möglichkeiten von Menschsein, nach dem historischen Wandel also, der im Umgang mit Themen wie Jugend, Alter und Tod, Krankheit und Gesundheit, Körper und Geschlecht, Zeit und Raum zu beobachten ist. Dieser Katalog ließe sich unschwer erweitern. Denn das Themenspektrum, das die Historische Anthropologie der Forschung eröffnet hat, ist nahezu unbegrenzt, und gerade für die Frühe Neuzeit wird es auch intensiv bearbeitet. Nicht zuletzt wegen seiner inhaltlichen Weite hat sich der Begriff Historische Anthropologie von dieser engeren Bedeutung zur Sammelbezeichnung für all jene Strömungen entwickelt, die sich mit kulturgeschichtlichen Fragen befassen. Greifbar wird dies abermals in der Gründung einer Zeitschrift: Seit 1993 erscheint die Zeitschrift „Historische Anthropologie", deren Untertitel „Kultur – Gesellschaft – Alltag" nicht zufällig so weit gefasst ist.

Thematisch wie methodisch erweitert wurde die kulturgeschichtliche Forschung aber nicht nur von der Ethnologie. Wichtige Anregungen gingen auch von einem Ansatz aus, den Sie bereits kennen: vom **Linguistic Turn** (→ Kap. 2.3.3). Diese verschiedene Disziplinen übergreifende Wende regte dazu an, das Verhältnis von Sprache und Wirklichkeit auch aus der Sicht der Geschichtswissenschaft zu überprüfen. Dass Geschichte nichts anderes als Dichtung sei und ihren Gegenstand, die Vergangenheit, ohnehin nicht erkennen könnte – diese radikale Lesart machte sich zwar in der historischen Forschung kaum jemand zu eigen. Aber dass es sich lohnen könnte, die Sprache als historischen Untersuchungsgegenstand ernster zu nehmen, haben einige Ansätze aus dem Umfeld des Linguistic

ANTHROPOLOGIE, die Wissenschaft vom Menschen.

Turn unter Beweis gestellt. Dies gilt vor allem für die **Diskursanalyse,**
einem Ansatz, der untrennbar mit dem Namen des französischen
Philosophen **Michel Foucault** (1926 – 1984) verbunden ist. Unter
einem **Diskurs** versteht Foucault ein System von sprachlichen Regeln, die darüber bestimmen, was innerhalb eines bestimmten Aus-
schnittes der Wirklichkeit als sinnvoll und wahr gelten kann.
Indem sie manche Aussagen ausschließen, andere aber möglich
machen, entscheiden die Diskurse darüber, welche Bedeutungen er-
zeugt und vermittelt werden. Sie regeln also, was wir wissen, was
wir für wahr halten und was wir nicht glauben wollen. Der Diskurs
über den Wahnsinn zum Beispiel bestimmt nicht nur, wen oder was
wir für wahnsinnig halten. Er hat den Wahnsinn als Phänomen, das
uns heute so selbstverständlich zu existieren scheint, benennbar
gemacht, inhaltlich bestimmt und damit erst hervorgebracht. Aufgabe der Diskursanalyse ist es nun zu klären, wie solche Diskurse
entstanden sind und wie sie funktionieren. Untersucht wird dafür
zum einen der Diskurs selbst, also die Art und Weise, wie bestimmte Akteure oder Institutionen ihre Auffassung vom jeweils
gültigen Wissen sprachlich zum Ausdruck bringen (Foucault nennt
das auch **diskursive Praktiken**). Die Diskursanalyse erfasst aber auch
die **nichtdiskursiven, nichtsprachlichen Praktiken**, also all das, was die mit
den Diskursen verbundenen Institutionen und Akteure zur Umsetzung „ihrer" Wahrheit tun – in unserem Beispiel also etwa die Ir-
renhäuser und Psychiater. Gerade für die Frühe Neuzeit hat Foucault eindrucksvolle Studien vorgelegt, etwa sein Buch „Überwachen und Strafen" (1975, deutsch 1976) über, so der Untertitel, die
Geburt des Gefängnisses: Dass Gefängnisse als Besserungsanstalten
eingerichtet werden, äußerte sich nicht nur in der konkreten Insti-
tution mit ihren nichtdiskursiven Praktiken. Es setzte auch eine
entsprechende Entwicklung des sprachlichen Diskurses über Ge-
walttäter, Kriminelle, Erziehen und Strafen voraus.

Diese Anregungen der linguistischen Wende für die Geschichtswissenschaft lassen sich verallgemeinern: Wenn die Sprache dem
Denken und Handeln vorgelagert ist – und davon gehen die Vertreter des Linguistic Turn einschließlich Foucault ja aus – wenn also
die Sprache unhintergehbar ist und darüber bestimmt, wie wir denken und handeln können, dann bestimmt die Sprache auch die
Denk- und Handlungsmöglichkeiten der historischen Akteure. Wer
also die Denk- und Handlungsmöglichkeiten der Menschen in der
Vergangenheit untersuchen will – und das will ja die Neue Kultur-

geschichte – der muss folglich auch die sprachlichen Systeme, die Diskurse analysieren, in denen diese Menschen gefangen sind.

Vor allem ein geschichtswissenschaftlicher Ansatz hat die Vorstellung, dass Sprache die Wirklichkeit nicht spiegelt, sondern konstituiert, schon früh gewinnbringend umgesetzt: die **Frauen- und Ge-**

Abb. 17

Kampf um die Hosen. Niederdeutsche Spielkarten des 16. Jahrhunderts.

schlechtergeschichte. Entstanden vor dem Hintergrund der Frauenbewegung vor allem in den USA der 1970er Jahre, gab sich die Historische Frauenforschung zunächst thematisch innovativ, aber methodisch konventionell. Neu war die Frage nach der Geschichte der Frauen, die in der Gesellschaftsgeschichte nur am Rande vorgekommen waren. Aber da es zunächst darum ging, wie einst für die Männer nun für die Frauen deren Lebensbedingungen und Erfahrungen in der Vergangenheit zu rekonstruieren, war dieser Ansatz lediglich eine Ergänzung der klassischen Sozialgeschichte. In der Frühneuzeitforschung etwa schlug sich dies in Studien über als typisch weiblich identifizierte Berufe wie den der Hebamme nieder. Interesse fanden aber auch Herrscherinnen und vor allem das Verhältnis von Männern und Frauen. Die Suche nach der Geschichte der Frauen erschloss eine Reihe neuer Themen und mitunter auch neue Quellen wie die hier abgebildeten Spielkarten (→ Abb. 17). Aber solange Geschlecht als biologische Gegebenheit ohne eigene Geschichte begriffen wurde, beschränkte sich der Ansatz darauf, Frauen als historische Subjekte zu entdecken und ihre Geschichte zu derjenigen der Männer hinzuzuaddieren. Dies sollte sich erst mit der Einführung der Kategorie **Gender** (→ Kap. 2.5.1) grundlegend ändern. Aus der Vorstellung, das Geschlecht sei nicht nur eine vorgegebene, unveränderliche biologische Größe, sondern auch eine gesellschaftlich produzierte soziale Rolle, erwuchs nun ein ganz neuer Blick auf die Gesamtgeschichte. Denn wenn Gender gesellschaftlich hervorgebracht wird, wenn also die Geschlechterrollen durch sprachliche wie nichtsprachliche Praktiken erst geschaffen werden, dann lässt sich dieser Prozess (auch „doing gender" genannt) untersuchen. Und da Gender Frauen wie Männer betrifft, muss diese Kategorie in allen Lebensbereichen von Bedeutung sein. Die Frühneuzeitforschung konnte dies für zahlreiche Felder zeigen: etwa für den geschlechtsspezifischen Begriff von Ehre, der Frauen fast ausschließlich an ihrem Sexualverhalten misst und z.B. vor Gericht in Anklageverhalten und Urteilssprechung massiv zum Tragen kam; oder aber für die Alltagsnormen, die Alkoholgenuss für Männer zur sozialen Verpflichtung, für Frauen hingegen zum Zeichen der Liederlichkeit machten. Indem die Frauengeschichte die lebensbestimmende und auch strukturbildende Macht kultureller Faktoren wie der Sprache und der Diskurse zur Kenntnis nahm und sich selbst zur Gender-Forschung weiterentwickelte, war aus einem thematisch begrenzten Teilbereich der Forschung ein neuer Blick auf die Gesamtgeschichte geworden. Und weil sich dieser Prozess hier früher abspielte als auf anderen Feldern, gilt die Frauen- und Geschlechtergeschichte als Musterbeispiel für die kulturalistische Wende.

Während sich die Überlegungen im Umfeld des Linguistic Turn vor allem auf die Sprache konzentrierten, weisen andere Ansätze darauf hin, dass man auch mit nichtsprachlichen, nämlich mit symbolischen Mitteln kommunizieren kann. Da die Frage nach der **symbolischen KOMMUNIKATION** in der Frühneuzeitforschung der letzten Jahre eine große Rolle spielt, sei dieser Ansatz abschließend kurz skizziert. Der Ausgangsgedanke hierbei ist schlicht: Damit Kommunikation funktionieren kann, damit also eine mitgeteilte In-

KOMMUNIKATION, von latein. communicatio = Unterredung, Mitteilung; besteht aus Information, Mitteilung und Verstehen.

RITUAL, auch ZEREMONIE, eine nach bestimmten Regeln ablaufende Handlungssequenz; die Abgrenzung wird unterschiedlich vorgenommen.

WERTE, bestimmen, was sein soll; Normen: regeln, was man tun soll.

formation auch als solche verstanden wird, ist eine gemeinsame Grundlage nötig, eine Sprache etwa, die alle Beteiligten verstehen. Und da diese gemeinsamen Grundlagen der Kommunikation in jeder einzelnen kommunikativen Handlung zum Vorschein kommen, lassen sich anhand solcher Handlungen auch die zugrunde liegenden Regeln und Konventionen erkennen. Nun ist die geschriebene oder gesprochene Sprache aber nur eines von mehreren möglichen Mitteln, um zu kommunizieren. Etwas mitteilen lässt sich auch durch Bilder und Gegenstände, durch Gesten und Gebärden, durch kompliziertere Handlungsabfolgen wie RITUALE und ZEREMONIEN sowie durch eine Reihe anderer, nicht sprachlicher, sondern symbolischer Zeichen. Aber auch in diesem Falle funktioniert die Kommunikation nur, wenn sie einem Code folgt, den alle Beteiligten kennen. Wenn Sie sich eine chinesische Teezeremonie vorstellen, wird Ihnen einleuchten, dass hinter dem Code, dem diese Zeremonie folgt, die Wertvorstellungen und Handlungsnormen der chinesischen Gesellschaft stecken. Für Historiker, die sich für diese Ebene der Normen, WERTE und Bedeutungen interessieren, dürfte es sich daher lohnen, solche Zeremonien und andere Formen der symbolischen Kommunikation zu untersuchen. Die gilt um so mehr, wenn man sich die Funktion solcher kommunikativen Akte für die Gesellschaft deutlich macht. Indem wir die Regeln einhalten, die uns vorgegeben sind, akzeptieren wir sie für uns selbst. Und wenn wir uns nicht an die Regeln halten, wollen wir ihre grundsätzliche Gültigkeit in Frage stellen. Folglich können kommunikative Akte den gültigen, auf den Normen und Wertvorstellungen einer Gesellschaft basierenden Code sowohl bestätigen und damit stabilisieren als auch angreifen. Soziale und politische Konflikte werden daher immer auch auf der Ebene des Symbolischen ausgetragen. Greifbar wird dies etwa im Phänomen des Bildersturms: Zerschlagen werden die Bilder, gemeint ist die ihnen zugrunde liegende Ordnung. Umgekehrt können kommunikative Akte aber auch neue Werte schaffen helfen. Ein Musterbeispiel hierfür ist die Französische Revolution. Wie es sich für eine Revolution gehört, wurden die alten Zeichen der königlichen Macht, Porträts des Monarchen oder Statuen etwa, zerschlagen. Gleichzeitig sollten in den revolutionären Festen, aber auch in Symbolen wie der Trikolore, in Liedern wie der Marseillaise und schließlich in der Figur der Marianne, die bis heute Frankreich verkörpert, die Werte der neuen Gesellschaftsordnung inszeniert werden. Inszeniert, nicht abgebildet, denn die nationale Einheit, die etwa die Feste der Revolution beschworen, gab es noch gar nicht. Akte dieser Art können offenbar das, was sie darstellen, erst zu schaffen versuchen. Dies ist keineswegs ungewöhnlich: Die Zeremonie der kirchlichen Trauung schafft das, was sie beschreibt, nämlich die Ehe, ja erst. Und wenn sich ein Politiker als souveräner Chef seiner Partei darstellt, möchte er es durch solche Akte oft erst noch werden. Der Fachbegriff für solche Akte, die etwas darstellen und dies damit eigentlich schaffen wollen, lautet im Übrigen **Performanz**.

Abb. 18

Jacques-Louis David, Le sacre de Napoléon (Louvre, Paris).

Aus diesen Hinweisen ergibt sich, welchen Nutzen der Blick auf die symbolische Kommunikation für die Frühneuzeitforschung hat: Akte der symbolischen Kommunikation eröffnen einen Zugang zu den Werten, Deutungsmustern und Normen, die eine Gesellschaft verbinden, aber auch zu den Konflikten, die innerhalb dieser Gesellschaft ausgetragen werden, und nicht zuletzt zu den Ansprüchen, die einzelne Personen oder Gruppen erheben.

Prinzipiell ist der Zugriff auf die Geschichte über ihre symbolische Ebene in jedem Themenfeld möglich. Tatsächlich konzentriert sich die Frühneuzeitforschung aber auf kommunikative Akte aus dem Bereich der Politik. Im Mittelpunkt stehen dabei Fragen des **ZEREMONIELLS**, in denen immer auch Konflikte um die politische Hierarchie und den sozialen Rang ausgetragen wurden. Aber auch

ZEREMONIELL, Gesamtheit der Regeln und Verhaltensweisen bei bestimmten feierlichen Handlungen.

politische Verfahren wie etwa die Verhandlungsweisen von Ständeversammlungen und nicht zuletzt einzelne zeremonielle Akte wie die im hier abgebildeten Gemälde (→ Abb. 18) festgehaltene Kaiserkrönung Napoleon Bonapartes im Jahr 1804 finden das Interesse dieses Ansatzes. Damit aber sind wir wieder bei der Politikgeschichte angekommen, auf die sich einst der Historismus konzentriert hat. Dass die Fragestellungen und methodischen Zugriffe aber gänzlich andere geworden sind, dürfte auf unserem Marsch vom Historismus zur kulturalistischen Wende deutlich geworden sein. Und dass dies auch für die Quellen gilt, auf die sich die unterschiedlichen Ansätze bevorzugt stützen, wird das nächste Kapitel zeigen.

Aufgaben zum Selbsttest

- Welche Interessenschwerpunkte hatte die historische Forschung in der Zeit des Historismus und wie wirkte sich dies auf die Erforschung der Frühen Neuzeit aus?
- Was war das Hauptanliegen der Annales?
- Inwieweit kann man die Historische Sozialwissenschaft als Sozialgeschichte bezeichnen?
- „Aus Marionetten werden Menschen" – Was könnte der Autor (Otto Ulbricht) mit diesem Titel gemeint haben?
- Auf welchen gemeinsamen Nenner lassen sich die unterschiedlichen Strömungen der Neuen Kulturgeschichte bringen?

Literatur

Ute Daniel, **Kompendium Kulturgeschichte. Theorien, Praxis, Schlüsselwörter**, Frankfurt a.M. 2001.
Joachim Eibach, Günther Lottes (Hg.), **Kompass der Geschichtswissenschaft. Ein Handbuch**, Göttingen 2002.
Fischer Lexikon Geschichte, hg. von Richard van Dülmen, aktualisierte, vollständig überarbeitete und ergänzte Auflage Frankfurt a. M. 2003.
Clifford Geertz, **Dichte Beschreibung. Beiträge zum Verstehen kultureller Systeme**, Frankfurt a. M. 1987.
Achim Landwehr, Stefanie Stockhorst, **Einführung in die Europäische Kulturgeschichte**, Paderborn 2004.
Lutz Raphael, **Geschichtswissenschaft im Zeitalter der Extreme. Theorien, Methoden, Tendenzen von 1900 bis zur Gegenwart**, München 2003.
Barbara Stollberg-Rilinger, **Symbolische Kommunikation in der Vormoderne. Begriffe – Thesen – Forschungsperspektiven**, in: ZHF 31 (2004), H. 4, S. 491 – 527.
Otto Ulbricht, **Aus Marionetten werden Menschen. Die Rückkehr der unbekannten historischen Individuen in die Geschichte der Frühen Neuzeit**, in: Richard van Dülmen, Erhard Chvojka, Vera Jung (Hg.), Neue Blicke. Historische Anthropologie in der Praxis, Wien/Köln/Weimar 1997, S. 13 – 32.

Methodisches: Quellen und Verfahren der Forschung | 3

Überblick

Nach so viel Theoretischem führt Sie dieses Kapitel in die Praxis der historischen Arbeit. Näher vorgestellt werden nicht nur die einzelnen Quellengattungen (Textquellen, Zahlenmaterial und serielle Daten, Sachquellen und Bildquellen), sondern auch die handwerklichen Tricks und Fertigkeiten, die wir für die Entschlüsselung der Quellen benötigen. Zur Verfügung gestellt wird dieses Handwerkszeug von den so genannten Historischen Hilfswissenschaften. Deren Nutzen will dieses Kapitel an konkreten Beispielen vorführen. Dabei wird sich zeigen, dass jede der Hilfswissenschaften nicht nur unverzichtbare Kenntnisse für die Arbeit mit den Quellen liefert, sondern gleichzeitig auch einen eigenen Zugang zur frühneuzeitlichen Geschichte eröffnet. Des Weiteren illustriert das Kapitel, welche Anregungen die Nachbardisziplinen der Geschichtswissenschaft für diese zu bieten haben. Und schließlich sollte deutlich werden, dass und wie sich Fragestellung, Quellenauswahl und Methode gegenseitig beeinflussen.

All dies wird nicht nur theoretisch erörtert, sondern an praktischen Beispielen vorgeführt. Alle Beispiele entstammen dem gleichen Kontext: dem von 1643 bis 1648 in Münster und Osnabrück ausgehandelten Westfälischen Frieden, der 1648 den Dreißigjährigen Krieg beendete. Nach der Lektüre des Kapitels dürfte Ihnen daher nicht nur klarer sein, was es mit den unterschiedlichen Perspektiven und Methoden der Geschichtswissenschaft auf sich hat. Sie werden auch einiges über die Geschichte der Frühen Neuzeit gelernt haben.

3.1 | Quelle, Frage, Quellenlage

QUELLENWERT, Aussage-
kraft einer Quelle im
Blick auf eine konkrete
Fragestellung.

„Der Ausgangspunkt des Forschens ist die historische Frage." Dieser Satz aus Droysens Historik ist von grundlegender Bedeutung, wie Sie bereits wissen. Die Fragestellung leitet die Suche nach den Quellen an, sie bestimmt darüber, was wir überhaupt als Quelle ansehen, und von ihr hängt es auch ab, welchen QUELLENWERT wir der jeweiligen Quelle zumessen. Aber andererseits: Ohne Quellen lässt sich keine Fragestellung beantworten. Offenkundig hat auch die Quellenlage einen gewissen Einfluss auf die Frage, der wir forschend nachgehen. Diese schlichte Beobachtung stellt uns vor zwei Aufgaben: Zum einen gilt es, das wechselseitige Verhältnis von Quellen und Fragestellung näher zu bestimmen. Zum anderen ist zu klären, wie es um die Quellenlage zur frühneuzeitlichen Geschichte bestellt ist.

3.1.1 | Quellenwert und Fragestellung

Dass nicht nur die Fragestellung die Suche nach den Quellen bestimmt, sondern dass auch umgekehrt die Quellen auf die Fragestellung zurückwirken können, zeigt sich in der Forschungspraxis immer wieder. Schon in den ersten Hausarbeiten, in denen Sie mit Quellen arbeiten, wird Ihnen dieses Phänomen begegnen: Sie haben sich in ein Thema eingearbeitet und mit Hilfe der Sekundärliteratur eine Fragestellung konzipiert. Nun greifen Sie zu den Quellen. Aber anstatt einer prompten und eindeutigen Antwort auf Ihre Frage liefern Ihnen die Quellen zunächst etwas anderes: Anregungen, wonach Sie auch fragen könnten, Hinweise, in welche Richtung sich Ihre Ausgangsfrage weiterentwickeln ließe. Es ist wie beim hermeneutischen Zirkel: Ihre Fragestellung hilft Ihnen, die Quellen zu finden und zum Reden zu bringen. Aber das, was die Quellen zu sagen haben, lässt auch Ihre Frage in einem neuen Licht erscheinen. Gewiss sollte man nicht jeder Versuchung nachgeben und immer neue Fragen entwerfen – die Hausarbeit muss schließlich irgendwann fertig werden. Aber dass die Quellen nicht nur ein Vetorecht gegenüber unhaltbaren Thesen haben, sondern auch Anregungen für weitere Forschungen liefern, werden Sie schnell zu schätzen lernen.

In manchen Fällen will diese Wechselwirkung zwischen Frage und Quellen allerdings nicht in Gang kommen, nämlich dann, wenn Sie für Ihre Frage einfach keine Quellen finden. Damit sind wir bei einer zweiten Ergänzung zu Droysens wichtigem Merksatz. Auch die beste Fragestellung kann sich ihre Quellen nicht selbst erschaffen. Die historische Forschung ist immer auch abhängig von der Quellenlage, und auf manche Fragen wird man deshalb wohl nie eine Antwort erhalten. Dies ist allerdings nicht als Aufforderung zu verstehen, die Flinte ins Korn zu werfen und die eigenen Forschungsinteressen mit dem Hinweis auf die zu dünne Quellenbasis aufzugeben. Denn dass Quellen oft über Dinge berichten, nach denen man ursprünglich gar nicht gefragt hat, lässt sich auch umkehren: Auch Quellen, die mit der Fragestellung scheinbar nichts zu tun haben, können Antworten liefern. Um etwa Auskunft über die Frömmigkeit der frühneuzeitlichen Menschen zu erlangen, ist man nicht auf religiöse Bekenntnisse angewiesen. Auch die in Finanzaufstellungen oder in Testamenten festgehaltene Bereitschaft, Geld für das eigene Seelenheil aufzuwenden, kann hier als Indikator dienen. So hat der französische Historiker **Michel Vovelle** in einer berühmt gewordenen Studie von 1973 den langsamen Bedeutungsverlust des christlichen Glaubens im 18. Jahrhundert für das französische Bürgertum anhand von Tausenden von Testamenten untersucht. Sein Befund: Die testamentarisch verfügten Ausgaben für das Seelenheil gingen seit der Mitte des Jahrhunderts merklich zurück. Seine Schlussfolgerung: Wenn die Menschen weniger Geld für ihr Seelenheil aufzuwenden bereit waren, scheint auch die Bedeutung der Religion nachgelassen zu haben. Dass die Zahl der gestifteten Seelenmessen und das Gewicht der dafür bestimmten Kerzen zum Indikator für religiöse Veränderungen werden können, zeigt sehr schön, wie sich auf den ersten Blick hermeneutische Fragen (die Bedeutung der Religion für die Menschen) mit seriellen Quellen (tausende Testamente) und quantifizierenden Verfahren (Auswertung der Zahlenangaben) bearbeiten lassen. Und genau diese Verbindung von Mentalitätengeschichte und quantifizierenden Verfahren war die bereits angesprochene (→ S. 124) Entdeckung der Annales-Generation von Michele Vovelle.

Vor allem aber unterstreicht das Beispiel, dass Quellen auch **gegen den Strich gelesen** werden können. Sie lassen sich nach Dingen befragen, mit denen sie auf den ersten Blick nur wenig zu tun haben. Die Suche nach solchen Quellen ist nicht ganz einfach. Wie in unserem Beispiel braucht man hierfür ein bestimmtes Vorwissen (Religiosität drückt sich in den testamentarischen Verfügungen für das eigene Seelenheil aus). Aber wie Vovelle vorgeführt hat, lassen sich mit Hilfe von Kenntnissen, wie sie der Literatur zu entnehmen sind, auch für solche Fragen quellengesättigte Antworten finden, für die auf den ersten Blick kein Material zur Verfügung steht. Der Phantasie sind hierbei keine Grenzen gesetzt.

Doch bei aller Kreativität in methodischen Fragen: Bestimmte Grenzen lassen sich nicht überwinden. Und da diese Grenzen mit der Quellenlage gesetzt sind, sei ein Blick auf die Situation für die Frühe Neuzeit geworfen.

3.1.2 | Die Quellenlage zur Geschichte der Frühen Neuzeit

Dass die Quellenlage maßgeblich von der Zeit abhängt, mit der man sich beschäftigen möchte, liegt auf der Hand: Niemand wird für die Frühe Neuzeit mit Ton- oder Bildaufnahmen rechnen, und auch die mündliche Befragung, ein als **„ORAL HISTORY"** in der Zeitgeschichte eingeführtes Verfahren, scheidet für die Zeit vor dem 20. Jahrhundert aus. Aber nicht nur die Lücken in der Quellenlage, auch die Art der vorhandenen Quellen sind auf die **Rahmenbedingungen ihrer Entstehungszeit** zurückzuführen und lehren daher einiges über die Epoche, aus der sie stammen. So stellen für die Frühe Neuzeit im Unterschied zur Antike und zu weiten Teilen des Mittelalters die Schriftquellen die mit Abstand größte Gruppe unter den Quellen dar. Verantwortlich hierfür ist eine regelrechte **Explosion der Schriftlichkeit** zu Beginn der Neuzeit. Überdies verlagerte sich das Schwergewicht innerhalb der Textgattungen: Die Schriftquellen des Mittelalters bestehen vorrangig aus Schriftstücken, die rechtliche Vorgänge festhalten, zu diesem Zweck beglaubigt werden und nach bestimmten formalen Vorschriften gestaltet sind, mit einem Wort: aus **Urkunden**. Die Neuzeit hingegen gilt als das Zeitalter der **Akten**, d. h. der Schriftstücke, die zur Vorbereitung und Durchführung eines Rechts- oder Verwaltungsgeschäfts angelegt wurden. Explosion der Schriftlichkeit, **Übergang vom Urkundenzeitalter zum Zeitalter der Akten** – was verbirgt sich hinter diesen beiden Entwicklungen? Dass immer mehr geschrieben wurde, und zwar im staatlichen wie im „privaten" Bereich, mag mit der besseren Versorgung mit Papier zu tun haben. Es ist aber auch auf die zunehmende Komplexität des Lebens im Allgemeinen und der politischen Herrschaft im Besonderen zurückzuführen. Eben weil die Staatsgewalt expandierte, immer mehr Aufgaben an sich zog, intensivierte sich auch die schriftliche Kommunikation. Und weil damit der Bedarf an weniger

ORAL HISTORY, engl. = mündliche Geschichte; Verfahren der zeitgeschichtlichen Forschung, basiert auf der Befragung von Zeitzeugen.

förmlichen Dokumenten wuchs, stand am Beginn der Neuzeit auch die Ablösung der Urkunden durch die Akten.

Dass verschiedene Zeitalter unterschiedliche Quellen hervorbringen und hinter diesen epochenspezifischen Gattungen konkrete Entwicklungen der Zeit stehen, bestätigt ein Blick auf die **Publizistik**: Mit der Erfindung des Buchdrucks kam es auch im Bereich der Publizistik zu einem ganz neuen Boom und damit auch zu neuen Medien: Neben den Büchern sind hier vor allem die für die Frühneuzeitforschung äußerst wichtigen Flugblätter und Flugschriften und die ab dem frühen 17. Jahrhundert erscheinenden ersten Zeitungen zu nennen. Mit dem **Beginn der GUTENBERG-GALAXIS**, wie manche Forscher diesen tief greifenden Einschnitt in der Mediengeschichte nennen, konnten eben auch erste Formen einer politischen Öffentlichkeit entstehen, und genau dieser fundamentale Prozess spiegelt sich in der Quellenlage.

Ebenfalls von der Entstehungszeit der Quellen hängt ab, was überhaupt aufbewahrt wird. Dass man sich darüber streiten kann, welche Dokumente als bewahrenswert gelten und daher archiviert werden, zeigt schon ein Blick in jede private Sammlung von Unterlagen: Auch Sie werfen einiges weg, anderes heben Sie auf. Nicht anders geht es in den städtischen oder staatlichen **ARCHIVEN** zu, die für die Aufbewahrung wichtiger behördlicher Unterlagen zuständig sind. Durch den Anstieg der produzierten Akten muss heute mehr denn je ausgewählt werden: In Deutschland findet kaum noch ein Zehntel der amtlichen Unterlagen den Weg ins Archiv. Mit den gleichen Problemen haben im Übrigen auch die neben den städtischen und staatlichen Archiven existierenden Kirchen-, Privat- und Firmenarchive zu kämpfen.

Aber auch in der Frühen Neuzeit wurde bei weitem nicht alles aufgehoben. Sowohl Privatleute als auch Vertreter der Staatsgewalt sammelten, was man weiterhin brauchte, also vor allem Unterlagen, die Rechtsansprüche dokumentieren, und das waren primär die Urkunden. Die alltäglichen Amtsakten wurden erst nach und nach als bewahrenswert erkannt. **Staatsarchive**, in denen die Unterlagen verschiedener Stellen gesammelt wurden, entstanden daher erst seit dem 16. Jahrhundert. Und erst in der Französischen Revolution setzte sich die Vorstellung durch, dass nicht nur der rechtliche, sondern auch der historische, wissenschaftliche oder künstlerische Wert bei der Auswahl des Aufzubewahrenden eine Rolle spielen sollte. Vor allem dem vom Historismus geprägten 19. Jahrhundert blieb

GUTENBERG-GALAXIS, Begriff des Medienwissenschaftlers Marshall McLuhan für eine Welt, die grundlegend vom Buch als Leitmedium geprägt ist; endet mit der Umwandlung der Welt in ein von den elektronischen Medien geschaffenes „globales Dorf".

ARCHIV, von griech. Arché = Behörde, Amt.

Info

Wichtige Begriffe zum Archivwesen

▶ Pertinenzprinzip: das bis weit ins 19. Jahrhundert hinein vorherrschende Ordnungsprinzip der Archive. Die Unterlagen werden nach bestimmten Sachbetreffen geordnet (z. B. nach bestimmten Steuern, Bauprojekten oder politischen Vorgängen). Dieses Prinzip erleichtert zwar die Suche nach Themen, reißt aber die Bestände der einzelnen Behörden auseinander und zerstört so den Entstehungszusammenhang der einzelnen Dokumente.

▶ Provenienzprinzip: das im europäischen Archivwesen seit dem Ende des 19. Jahrhunderts allgemein angewandte Ordnungsprinzip. Die Bestände der einzelnen abgebenden Stellen werden nicht auseinander gerissen, sondern nach ihrer Provenienz (Herkunft) sortiert.

▶ Kassation: das Ausscheiden von Akten. Archive müssen angesichts der Masse Unterlagen als nicht bewahrenswert aussortieren und vernichten („kassieren").

▶ Findmittel: Bücher, Verzeichnisse und sonstige Unterlagen, die den Bestand eines Archivs systematisch erschließen und damit das Auffinden bestimmter Quellen erleichtern.

es überlassen, Denkmäler und andere Zeugnisse der Vergangenheit für prinzipiell bewahrenswert zu erachten. Der Ausbau des Archivwesens, aber auch die Gründung von Nationalmuseen und die Durchsetzung des Denkmalschutzes belegen dies eindrücklich.

Hinzu kommt ein weiterer Faktor, der über jede Quellenlage mit entscheidet: der **Zufall**. Kunstwerke fallen gelegentlich der Zerstörung anheim, Gebäude werden abgerissen, Archive können komplett verloren gehen, v.a. durch Krieg und Feuer. Aber nicht nur ein gelegentliches Feuer, sondern auch der Zahn der Zeit nagt an den Beständen. Tintenfraß ist eine treffende Bezeichnung für das, was Dokumenten je nach verwendetem **Material und Art der Lagerung** passieren kann: Wenn Sie im Archiv ein Aktenbündel aufschlagen und Ihnen das, was einst die Schrift war, in Form schwarzer Krümel entgegenrieselt, wissen Sie, was mit Tintenfraß gemeint ist. Dass heutige Tinte deswegen weniger aggressiv ist, weil sie nach etwa 30 Jahren ohnehin unlesbar wird, ist ein wohl eher schwacher Trost. Und dass sich mit den modernen Medien wie Film, Fax, Email und SMS nicht nur die Art der Kommunikation, sondern auch das Material der Datenträger verändert hat, kann nicht ohne Folgen für die Quellenlage bleiben. Wenigstens sollten die sich mehrenden Hinweise auf die beschränkte Haltbarkeit elektronischer Speichermedien nachdenklich stimmen.

Aber es gibt auch eine gute Nachricht: Gelegentlich nehmen die Quellen zu, und das auch für die Frühe Neuzeit. Damit kommen wir zu einem weiteren wichtigen Faktor für die Quellenlage: Welche Quellen der historischen Forschung zur Verfügung stehen, ist immer auch von der eigenen Zeit abhängig. Zum einen eröffnen sich mit **neuen technischen Möglichkeiten** auch neue Wege der Quellenanalyse. Die EDV etwa hat die großangelegte Auswertung serieller Quellen mit ihrem Zahlenmaterial möglich gemacht. Und an Wallensteins Schienbein wurde bereits illustriert, welche Rolle neue wissenschaftliche Verfahren auch im Umgang mit Sachquellen spielen (→ S. 63). Vor allem aber ändern sich die Fragestellungen und Forschungsinteressen der Geschichtswissenschaft. **Neue Fragen** lenken den Blick auf neue Quellen, auf Quellen also, die bislang unbeachtet in den Archiven schlummerten. Was dies konkret bedeutet, wird im Folgenden an einem Beispiel aus der Praxis dargelegt. Dem besseren Verständnis zuliebe sei aber zunächst ein Blick auf dieses Beispiel geworfen.

Das Beispiel: der Westfälische Frieden | 3.1.3

Was es mit dem Zusammenhang von Fragestellung und Quellen auf sich hat, wie die verschiedenen Quellen mit Unterstützung der Historischen Hilfswissenschaften handwerklich zu erschließen sind und welche Impulse hierbei von den Nachbardisziplinen der Geschichtswissenschaft ausgehen können – all dies lässt sich am besten an einem konkreten Beispiel zeigen: Unser Beispiel wird der **Westfälische Frieden** sein. Dieser Friedensschluss von 1648 beendete den **Dreißigjährigen Krieg** und gehört damit, wie der Krieg selbst, zu den herausragenden Ereignissen der frühneuzeitlichen Geschichte. Worum ging es? Krieg wie Frieden drehten sich im Wesentlichen um drei Punkte.

Erstens ging es um die **Reichsverfassung**, d.h. um die Organisation jenes Heiligen Römischen Reiches deutscher Nation, das sich als Rechtsnachfolger des römischen Imperiums ansah (→ S. 113), seit etwa 1500 aber durch die auch als Reichsreform bezeichnete Ausbildung von Institutionen wie dem Reichstag mehr und mehr zum politischen System allein des deutschsprachigen Raumes wurde und daher jetzt auch den Namenszusatz „deutscher Nation" erhielt. Dieses Reich war eine Art Dachverband, der, einem Flickenteppich nicht unähnlich, aus einer ganzen Reihe von Bausteinen bestand.

Bei diesen Bausteinen handelte es sich um nahezu unabhängige Herrschaftsgebiete, die zwar unterschiedlich groß und im Innern jeweils verschieden beschaffen waren, aber grob in zwei große Gruppen unterteilt werden können: Auf der einen Seite gab es die **Territorien** unter der Herrschaft eines Landesherrn. Dieser Landesherr konnte entweder ein **weltlicher Fürst** sein: ein Kurfürst (d. h. einer der sieben bzw., ab 1648, acht zur Wahl des Königs berechtigten Fürsten des Reiches) wie im Kurfürstentum Sachsen oder ein Herzog wie im Herzogtum Württemberg. Der Landesherr konnte aber auch ein **Geistlicher** sein: ein Erzbischof wie jener von Mainz, der das Erzbistum Mainz wie ein weltlicher Herr regierte und ebenfalls zu den Kurfürsten gehörte, oder auch ein Abt, der nicht nur seinem Kloster, sondern auch dem Land vorstand, das diesem Kloster unterworfen war. Neben diesen Territorien, die den Großteil des Reichsgebiets ausmachten, gab es aber auch **Reichsstädte** wie Nürnberg, Ulm oder Augsburg, die formal nur dem Kaiser unterstanden und daher ebenfalls nahezu unabhängig waren.

Die Herrscher all dieser Gebiete, die weltlichen und geistlichen Landesherren und die Vertreter der freien Reichsstädte, werden als die **Reichsstände** bezeichnet. Ihre Herrschaftsgebiete, die Bausteine also, bildeten gemeinsam das Territorium des Reiches. Das Reich selbst, d. h. die politischen Institutionen des Reiches, überwölbte diese Bausteine, es fasste sie zu einer Einheit zusammen und lässt sich daher als eine Art zweiter Ebene über der Ebene der einzelnen Territorien und Städte begreifen. Damit aber stellen sich zwei Fragen: Welche Rechte sollte diese zweite Ebene, das Reich, über die erste Ebene, die Landesherren und freien Städte haben? Und wer hatte auf der Reichsebene das Sagen? Genau um diese Fragen wurde während der gesamten Frühen Neuzeit und auch im Dreißigjährigen Krieg gerungen. Zwei Parteien standen sich hierbei gegenüber: Auf der einen Seite der **römische König**, d. h. der König, der dem Heiligen Römischen Reich deutscher Nation vorstand und daher diesen etwas verwirrenden Titel trug. Da mit diesem Amt der Anspruch auf das Kaisertum verbunden war, wird der römische König oft auch schlicht als der **Kaiser** bezeichnet. Die Grundlage dieser Position war jedoch seine Wahl zum römischen König, und diese Wahl erfolgte durch die Kurfürsten. Obschon das Reich damit formal eine **Wahlmonarchie** war, konnte sich eine Familie während der Frühen Neuzeit so gut wie immer den Königstitel sichern: die Dynastie der **Habsburger**. Die Habsburger waren zwar selbst Landesherren von Österreich,

Böhmen und anderen Gebieten, d. h. Herrscher über einige Bausteine des Reiches und damit Reichsstände. Aber in ihrer Eigenschaft als Kaiser ging es ihnen darum, auf der Ebene des Reiches die Zügel in die Hand zu bekommen und die Mitspracherechte der Reichsstände möglichst zurückzudrängen. Damit wäre auch geklärt, wer das politische Gegenüber des Kaisers war: die Reichsstände, die sich auf dem **Reichstag** versammelten und ihrerseits versuchten, die Institutionen des Reiches (z. B. das Reichkammergericht) unter ihre Kontrolle zu bringen und die Rechte des Kaisers, die so genannten **RESERVATRECHTE**, zu beschneiden. Nun sollte man das Verhältnis zwischen Kaiser und Reichsständen nicht dramatisieren: Auf den Reichstagen, auf denen Stände und Kaiser zusammentrafen, überwog oft die Suche nach einer gemeinsamen Lösung. Und wie die zeitgenössische Formulierung **„Kaiser und Reich"** zum Ausdruck bringt, sahen sich beide Parteien als Teil eines Ganzen. Allerdings unternahmen die Kaiser immer wieder Anläufe, das Reich im Sinne einer monarchischen Reform umzugestalten, ihre Kompetenzen auszubauen, in die Gebiete der Reichsstände hineinzuregieren und für sich selbst eine ähnlich starke Stellung durchzusetzen, wie sie etwa der französische König gegenüber seinen deutlich schwächeren Ständen genoss. Man könnte auch sagen: Der Kaiser versuchte, aus dem losen Reichsverband einen straff organisierten Staat zu machen, an dessen Spitze allein er, der Kaiser, stand. Da nun aber die Reichsstände ihre Gebiete als Quasi-Staaten und sich selbst als Quasi-Monarchen verstanden, mussten solche Versuche zu Konflikten führen. Und genau das, ein **Ständekonflikt** zwischen Kaiser und Reichsständen, wurde im Dreißigjährigen Krieg ausgetragen.

Überlagert wurde die Frontlinie zwischen Kaiser und Reichsständen allerdings von einer weiteren, ebenso wichtigen Auseinandersetzung: dem **Konfessionskonflikt**. Weil die Landesherrn und Stadträte im 16. Jahrhundert die ja immer auch politisch relevante Glaubensfrage in die Hand genommen und die Reformation entweder eingeführt oder aber verhindert hatten, gab es sowohl katholische als auch protestantische (d. h. lutherische, später auch calvinistische) Gebiete. In manchen Städten existierten mehrere Konfessionen nebeneinander. Aber in den Territorien galt stets nur eine Konfession, und die bestimmte nach den Regelungen des **Augsburger Religionsfriedens von 1555** der Landesherr (**„CUIUS REGIO, EIUS RELIGIO"**). Dies führte nicht nur zu Konflikten mit den Untertanen, die den konfessionspolitischen Entscheidungen ihrer Landesherren entweder fol-

RESERVATRECHTE, die Rechte des Kaisers, die er ohne Mitwirkung des Reichstags ausüben durfte (z. B. Standeserhöhungen).

CUIUS REGIO, EIUS RELIGIO, latein. = Wessen Land, dessen Glauben; der Landesherr bestimmt die Konfession.

gen mussten oder bestenfalls auswandern konnten. Die konfessionelle Spaltung der Reichsstände lähmte auch die Zusammenarbeit auf der Ebene des Reiches. In Konfessionsfragen standen sich daher nicht der Kaiser einerseits und die Stände andererseits gegenüber. Sobald die Glaubensfrage berührt war, bildeten die katholischen Stände und der katholischen Kaiser die eine, die protestantischen Reichsstände die andere Partei. Nun spielte die Glaubensfrage aber in fast jeden Bereich der frühneuzeitlichen Politik hinein, und so musste der Konfessionskonflikt den Ständekonflikt immer wieder überlagern, zusätzlich aufheizen und seinerseits zur Verschärfung der Auseinandersetzungen im Dreißigjährigen Krieg beitragen.

Entzündete sich der Dreißigjährige Krieg an einem konfessionell aufgeladenen Ständekonflikt innerhalb des von den Habsburgern als Landesherren beherrschten Böhmen (Prager Fenstersturz 1618), zog der Krieg bald weite Kreise. Aus einem regionalen Problem wurde schnell ein **internationaler Konflikt um die Vorherrschaft in Europa**. Als 1630 das protestantische Schweden und 1635 das schon vorher hinter den Kulissen agierende katholische Frankreich auch offiziell in den Krieg eintraten, hatte dies auch konfessionelle Gründe. Vor allem aber ging es den Mächten darum, die Kräfteverhältnisse in Europa zu ihren Gunsten zu verändern. **Schweden** wollte zur Vormacht in Nordeuropa aufsteigen, **Frankreich** sah die Chance gekommen, die habsburgische Bedrohung ein für allemal zu zerschlagen. Immerhin lagen die Bemühungen Kaiser Karls V., zur mittelalterlichen Universalmonarchie zurückzukehren und alle anderen Mächte, v. a. Frankreich, der Dominanz des Reiches zu unterwerfen, noch nicht lange zurück. Und da nicht nur im Reich, sondern seit Karl V. auch in Spanien die Habsburger regierten, musste sich Frankreich von dieser Dynastie in die Zange genommen fühlen. Die Gelegenheit zum Befreiungsschlag gegen diese **Habsburger Klammer** schien mit dem Dreißigjährigen Krieg gekommen: Der Kaiser sah sich massiven inneren Problemen gegenüber, Spanien war in den Niederlanden, die es als seine Provinz betrachtete, seit dem dortigen Aufstand in einen langwierigen Krieg verstrickt. Diese Chance konnte sich Frankreich nicht entgehen lassen.

So vielschichtig wie der Konflikt selbst, so kompliziert waren auch die **Friedensverhandlungen**. 1641 einigte man sich darauf, solche Verhandlungen in Angriff zu nehmen. Als Vorhandlungsorte wurden zwei benachbarte Städte in Westfalen ausersehen: nahe genug beieinander, um das Ganze als einen einzigen Kongress betrachten zu können, aber doch in zwei Städten, damit man nach Konfessionen getrennt tagen konnte: In **Münster** sollten die Vertreter von Kaiser und Reich mit Frankreich verhandeln, für die Gespräche mit den Schweden, die sich geweigert hatten, auf den als Vermittler tätigen Vertreter des Papstes zu treffen und daher nicht in Münster untergebracht werden konnten, war **Osnabrück** vorgesehen. Insgesamt tätig wurden 37 ausländische und 111 deutsche Gesandtschaften. Die ersten von ihnen trafen ab 1643 ein; zu einem Ergebnis, dem **Westfälischen Frieden**, kamen sie aber erst 1648. Dass die Reichsstände im Vorfeld durchgesetzt hatten, als eigene Verhandlungsparteien vertreten zu sein, machte den Friedenskongress zu einer Art Reichstag mit internationaler Beteiligung. Gleichzeitig war damit bereits vorentschieden, wie der Kampf um die Reichsverfassung ausgehen würde. Tatsächlich hatten sich im Blick auf die **Reichsverfassung** die Stände durchgesetzt: Der letzte Versuch einer monarchischen Reichsreform war gescheitert, die Staatsbildung, die Intensivierung der Herrschaft samt Ausbau des Herrschaftsapparats wurde fortan auf der Ebene der Territorien, nicht auf der Ebene des Reiches fortgesetzt. Das zentrale politische Organ des Reiches war weiterhin der Reichstag, ohne dessen Zustimmung der Kaiser wie bisher weder Steuern noch Gesetze beschließen, neuerdings aber auch nicht mehr über Krieg und Frieden entscheiden konnte. Weiter gestärkt wurde die Quasi-Souveränität der Landesherren: einerseits nach innen durch die Bestätigung des **IUS TERRITORIALE**, d. h. der Landeshoheit, andererseits nach außen durch die Bestätigung des Bündnisrechts, des **IUS FOEDERIS**. Weitere Bestimmungen zur Reichsverfassung zielten auf die Gleichberechtigung der Konfessionsparteien auf Reichsebene, die so genannte **Parität**.

Das **Konfessionsproblem** selbst versuchte man durch einen Kompromiss zu lösen: Anerkannt wurde nun neben der katholischen und der evangelischen auch die calvinistische Konfession. Was die Ansprüche und Besitzverteilungen zwischen den Konfessionen anging, sollten die Verhältnisse des so genannten **Normaljahres** gelten, d. h. alles würde so bleiben bzw. wieder werden, wie es am 1. Januar 1624 gewesen war. Fortan durfte zwar noch der Landesherr seinen Glauben ändern, aber nun konnte er seinen Untertanen nicht mehr vorschreiben, mit ihm die Konfession zu wechseln. Glaubensfreiheit war damit gewiss noch nicht erreicht. Aber für die Untertanen bedeutete der Westfälische Frieden zweifellos eine Verbesserung.

IUS TERRITORIALE, Landeshoheit, dank derer die Erhebung von Steuern, die Gesetzgebung und das Aufstellung von Truppen im Belieben des Landesherrn stand.

IUS FOEDERIS, Bündnisrecht, danach durften die Stände sowohl untereinander als auch mit auswärtigen Mächten Bündnisse schließen, soweit sich diese nicht gegen Kaiser und Reich richteten.

Klare Sieger sind im Blick auf die **internationale Politik** auszumachen. Sowohl Schweden als auch Frankreich gewannen neben anderen Entschädigungsleistungen auch Gebiete hinzu, die das Reich abtreten musste: **Schweden** erhielt die Herzogtümer Bremen und Verden, Vorpommern mit der Stadt Stettin, der Odermündung, den Inseln Usedom, Wollin, Rügen sowie die Stadt Wismar; an **Frankreich** gingen die in Lothringen gelegenen Bistümer Metz, Toul und Verdun sowie die habsburgischen Besitzungen im Elsass. Für Frankreich fast noch wichtiger war indes, dass der Habsburger Kaiser ohne Rücksicht auf das habsburgische **Spanien** Frieden geschlossen hatte. Derart allein gelassen von der Nebenlinie in Wien, mussten die spanischen Habsburger bis 1659 weiter Krieg gegen Frankreich führen und im **Pyrenäenfrieden** empfindliche Einbußen hinnehmen. Da Spanien überdies 1648 den Kampf in den **Niederlanden** aufgegeben und die bisherige Provinz in die Unabhängigkeit entlassen hatte, gehört die iberische Monarchie zu den großen Verlierern. Frankreich hingegen war der eigentliche Gewinner. Die habsburgischen Ansprüche auf europäische Vorherrschaft konnten zerschlagen, universale Herrschaftskonzepte endgültig zurückgewiesen werden. Damit war der Weg frei für eine neue Phase in der Geschichte der internationalen Beziehungen: An die Stelle der alten Hierarchien war das Nebeneinander prinzipiell gleichberechtigter souveräner Staaten getreten.

Angesichts dieser Inhalte verwundert es nicht, dass Dreißigjähriger Krieg und **Westfälischer Frieden in der historischen Forschung** lange Zeit als Tiefpunkt der deutschen Geschichte, ja gar als „deutsche Katastrophe" galten. Schließlich war für die Historiker des Historismus der starke Staat das Maß aller Dinge, und da die Regelungen von 1648 das Reich sowohl nach innen wie nach außen geschwächt hatten, konnte der Westfälische Frieden wenigstens unter deutschen Historikern nicht mit Sympathien rechnen. Auf Interesse stieß er erst wieder nach dem Zweiten Weltkrieg, nun aber unter völlig veränderten Vorzeichen: Der starke Staat war in Verruf geraten, die Schwäche des Reiches nach außen wurde nun, nach den Erfahrungen des Zweiten Weltkriegs, als sympathischer Zug begriffen. Und dass dieses Gebilde im Innern eher einem losen Zusammenschluss als einem straffen Nationalstaat glich, verlieh dem Reich in den Zeiten der europäischen Einigung einen zusätzlichen Reiz. Aus diesen Gründen hat es der Westfälische Frieden und das nun liebevoll das **Alte Reich** genannte Heilige Römische Reich deutscher Nation in den letzten Jahrzehnten zu einem der bevorzugten Studienobjekte der deutschen Frühneuzeitforschung gebracht. Dass veränderte Lebensbedingungen in der Gegenwart neue Fragen und Perspektiven auf die Geschichte eröffnen, ist uns in der Theorie bereits begegnet (→ S. 79). Mit dem Alten Reich im Allgemeinen und dem Westfälischen Frieden im Besonderen haben wir nun auch ein praktisches Beispiel für das vor Augen, was Max Weber die „ewige Jugendlichkeit" der Geschichtswissenschaft genannt hat.

Allerdings haben sich in den letzten Jahrzehnten nicht nur die Bewertung des Friedens und seine Würdigung in der Geschichtswissenschaft verändert. Dass dies auch für die konkreten Fragen, die herangezogenen Quellen und die angewandten Methoden gilt, werden die nächsten Abschnitte zeigen.

Aufgaben zum Selbsttest

- In welchem Verhältnis stehen Fragestellung, Quellenlage und Quellenwert?
- Was heißt, Quellen „gegen den Strich" zu lesen?
- Skizzieren Sie die Quellenlage zur Frühen Neuzeit.
- Welche Faktoren spielen für die Quellenlage grundsätzlich eine Rolle?

Literatur

Martha Howell, Walter Prevenier, **Werkstatt des Historikers. Eine Einführung in die historischen Methoden**, Köln 2004.
Volker Sellin, **Einführung in die Geschichtswissenschaft**, 2., durchgesehene Auflage Göttingen 2001, Kap. 6: Über Methode, S. 83 – 97.

Textquellen | 3.2

Mit dem Beginn der Neuzeit, genauer: seit der Mitte des 15. Jahrhunderts, stieg die Zahl der schriftlichen Quellen dramatisch an. Schriftquellen sind daher die für die Neuere Geschichte zentrale Art von Quellen. Aber was genau verbirgt sich hinter dieser Sammelbezeichnung? Man kann die **Vielfalt von Quellengattungen** in unterschiedlicher Weise einteilen: Manche Autoren unterscheiden zwischen historischen Aufzeichnungen, Geschäftsquellen (Urkunden und Akten), Publizistik und Literatur. Andere differenzieren zwischen erzählenden Quellen, Rechtsquellen (Urkunden) und Sozialquellen (Akten). Man könnte die Einteilung auch nach den Urhebern der Quellen vornehmen: nach Untertanen und Obrigkeit, nach Kirche und Staatsgewalt, oder nach Themenfeldern wie Justiz und Policey, Diplomatie und Steuerwesen. Und schließlich ließe sich nach dem Grad fragen, nach dem die Autoren der Quellen über sich selbst sprechen: So werden Quellen, deren Verfasser sich selbst thematisieren, in der jüngeren Forschung als Selbstzeugnisse oder Ego-Dokumente zusammengefasst.

Offenbar sind solche Systematisierungen der Schriftquellen mit einer gewissen Beliebigkeit verbunden: Man kann es so machen, aber auch anders. Dennoch ist die Frage, zu welcher Quellengattung ein bestimmtes Dokument gehört, oft hilfreich für sein Verständnis. Schließlich besitzen nicht wenige Schriftquellen gattungsspezifische Eigenheiten, eine bestimmte äußere Form etwa oder festgelegte Formulierungen. Diese Eigenheiten führen dazu, dass bestimmte Quellengattungen den Einsatz bestimmter Handwerkstechniken nötig machen und die Kategorisierung der Quellen somit auch den Überblick über die Historischen Hilfswissenschaften erleichtert. Und nicht zuletzt lässt sich mit Hilfe solcher Kategorien klarer machen, welcher Zusammenhang zwischen der Fragestellung und der Auswahl der Quellen besteht. Daher wird auch im Folgenden zwischen verschiedenen Gruppen von Textquellen unterschieden: zwischen den Urkunden und Akten, der Publizistik, und den Selbstzeugnissen.

3.2.1 | Urkunden und Akten

Urkunden und Akten stellen jene Dokumente dar, in denen sich die rechtliche, aber auch politische und ökonomische Geschäftstätigkeit in allen Bereichen der Gesellschaft niederschlägt. Sie lassen sich daher auch unter dem Begriff der **Geschäftsquellen** zusammenfassen. Wie Urkunden und Akten definiert werden, wissen Sie bereits: **Urkunden** sind Schriftstücke, die rechtliche Vorgänge festhalten, zu diesem Zweck beglaubigt werden und nach bestimmten formalen Vorschriften gestaltet sind. **Akten** sind hingegen Schriftstücke, die zur Vorbereitung und Durchführung eines Rechts- oder Verwaltungsgeschäfts angelegt wurden, also Berichte, Amtskorrespondenzen, Denkschriften, Steuerlisten oder Protokolle.

Schon mit diesen Definitionen dürfte klar sein, dass wir für unser Beispiel, den Westfälischen Friedenskongress, sowohl Urkunden als auch Akten zur Verfügung haben. Eine Urkunde wäre etwa das wohl prominenteste Dokument dieser Verhandlungen überhaupt: der Friedensvertrag von 1648. Genauer gesagt: **die drei Friedensverträge von 1648**, die in den westfälischen Städten Münster und Osnabrück abgeschlossen wurden und daher in einer etwas unpräzisen, aber weit verbreiteten Formulierung als **„Der Westfälische Frieden"** bezeichnet werden.

Info

Der Westfälische Frieden

Er besteht aus:

▶ dem Friedensschluss zwischen Spanien und der damit unabhängig gewordenen Republik der Vereinigten Niederlande, unterzeichnet am 30. Januar 1648 in Münster, ratifiziert am 15. Mai 1648;

▶ dem Vertrag zwischen Frankreich, dem Kaiser und den Reichsständen, unterzeichnet am 24. Oktober 1648 in Münster, ratifiziert am 18. Februar 1649, bekannt unter der Bezeichnung IPM (Instrumentum Pacis Monasteriense);

▶ dem Vertrag zwischen Schweden, dem Kaiser und den Reichsständen, ausgehandelt in Osnabrück, unterzeichnet am 24. Oktober 1648, ratifiziert am 18. Februar 1649, bekannt unter der Bezeichnung IPO (Instrumentum Pacis Osnabrugense).

Welche Fragen uns diese Verträge beantworten, liegt auf der Hand: Sie enthalten die in jahrelangen mühsamen Gesprächen ausgehandelten Bestimmungen des Friedens. Wer in klassisch politikgeschichtlicher Manier wissen will, wie der Dreißigjährige Krieg ausgegangen ist, muss sich folglich mit diesen Urkunden befassen. Der Text dieser im Original auf Lateinisch abgefassten Verträge ist nicht nur in mehrere Sprachen übersetzt worden, sondern auch in verschiedenen Editionen und mittlerweile sogar im Internet zugänglich (www.pax-westphalica.de). Aber auch die Originale kann man gelegentlich bestaunen: entweder auf Ausstellungen und später in den entsprechenden Katalogen, oder in **FAKSIMILE**-Ausgaben. In Abbildung 19 sehen Sie die Schlussseite des Vertrages zwischen Frankreich, dem Kaiser und den Reichsständen (IPM), genauer: eine der **AUSFERTIGUNGEN** dieses Vertrages. Schließlich wollte jede Partei ein Exemplar des Friedens mit nach Hause nehmen. Und so wurden mehrere Exemplare des von den Diplomaten ausgehandelten und am 24. Oktober 1648 unterzeichneten Regelwerks ausgefertigt. Je eine Ausfertigung erhielten der französische König, der Kaiser

FAKSIMILE, latein. = mache ähnlich!; Reproduktion, die mit dem Original in Größe und Ausführung genau übereinstimmt.

AUSFERTIGUNG, ein amtliches Schriftstück, ordnungsgemäß mit Unterschrift und Siegel versehen.

Abb. 19 | *Instrumentum Pacis Monasteriense (IPM), Ausfertigung des Vertragstexts für den Kurfürsten von Sachsen (oben), Ausschnitt aus der Urkunde (unten), Dresden, Sächsisches Hauptstaatsarchiv.*

sowie der Mainzer Erzbischof, der nicht nur Kurfürst, sondern auch Erzkanzler des Reiches war und kraft dieses traditionsreichen Amtes sowohl das Reichsarchiv führte als auch das Reich vertrat. Allerdings waren die Reichsstände konfessionell gespalten, und um dem Rechnung zu tragen, ging ein viertes Exemplar des Friedens an den Kurfürsten von Sachsen als Vertreter der protestantischen Reichsstände.

Stellen Sie sich vor, Sie wollten mit dieser Urkunde arbeiten. Schon auf den ersten Blick dürfte klar werden, dass hier eine ganze Reihe von Hilfswissenschaften zum Einsatz kommen müsste. Bereits bei der Schrift könnten wir Hilfe gebrauchen, und diese Hilfestellung bietet uns die Paläographie.

Die **PALÄOGRAPHIE** ist die Lehre von den alten Schriften. Schreiben ist eine Kulturtechnik, und die **Geschichte der Schrift** kann einiges über ihren jeweiligen historischen Hintergrund lehren. Nehmen wir nur unsere eigene, die lateinische Schrift. Ihre Wurzeln hat sie zwar schon in der römischen Antike, in der sich seit dem 7. Jahrhundert v. Chr. aus dem Griechischen das lateinische Alphabet entwickelte. Diese Schrift wurde zunächst mit der lateinischen Sprache im römischen Imperium und damit in weiten Teilen Europas verbreitet, mit dem Ende des Römischen Reiches aber überlagert von frühen Formen der so genannten gotischen Schrift, die sich seit dem 7. Jahrhundert bei den Westgoten im christlichen Spanien entwickelte. Karl der Große und die Karolinger griffen die antike lateinische Schriftform wieder auf, aber auch die karolingische Schrift, eine Weiterentwicklung der antiken lateinischen, wurde seit dem 12. Jahrhundert fast überall von der gotischen Variante abgelöst.

Die Wende kam erst mit der Wiederentdeckung der Antike in der Renaissance und dem Humanismus. Genauer gesagt: mit einem Irrtum der Humanisten des 15. Jahrhunderts. Denn da sie die antiken Texte zwar meist in Abschriften aus dem 9. und 10. Jahrhundert kennen lernten, diese aber für antike Originale hielten, glaubten die Humanisten, die antike Schrift vor sich zu sehen. Aufgrund dieses Missverständnisses wurde die karolingische Schrift nun als **Antiqua** bezeichnet und von den Verehrern der Antike wiederverwendet. Nicht zuletzt dank der Humanisten konnte sich die Antiqua in weiten Teilen Europas durchsetzen: zunächst nur in Verbindung mit der lateinischen Sprache, aber schon bald auch beim Schreiben in der Landessprache. Die gotischen Schriften wurden dabei nach und nach verdrängt.

Allerdings gelang der Antiqua dieser Sieg über ihre gotische Konkurrenz nicht in ganz Europa: Im deutschen Sprachraum konnten sich die gotischen Schriften halten. Dies sorgte für eine schriftgeschichtliche Sonderentwicklung: In unserem Raum und damit auch in unseren Quellen haben wir es in der Frühen Neuzeit mit dem ei-

PALÄOGRAPHIE, von griech. palaios = alt, graphein = schreiben.

METHODISCHES: QUELLEN UND VERFAHREN DER FORSCHUNG

gentümlichen Phänomen der **Zweischriftigkeit** zu tun. Humanisten und andere Gelehrte benutzten die Antiqua für Latein und andere romanische Sprachen, die gotische Schrift hingegen dominierte in deutschen Texten. In Luthers Handschrift führte dies zu einer Mischform aus Antiqua und gotischer Schrift; der humanistisch geschulte Reformator Philipp Melanchthon wusste zu trennen: Seine lateinischen Werke schrieb er in der Antiqua, seine deutschen hingegen in der gotischen Schrift. Andere Autoren passten sogar innerhalb des gleichen Textes die Schrift der Sprache an, und so begegnet in deutschen Texten inmitten der gotischen Schrift zuweilen ein lateinisches Wort in der Antiqua. Dass dies auch umgekehrt der Fall sein kann, wird unser Friedensvertrag zeigen.

Dominierend blieb hingegen die gotische Schrift, und das bis ins 20. Jahrhundert. Wir finden sie seit der Frühen Neuzeit auf allen Ebenen: Im Buchdruck, d. h. als Druckschrift kam zunächst die **Schwabacher Letter** zum Einsatz, die das Schriftbild der gesamten Reformationszeit maßgeblich prägte. Aus diesen Lettern entwickelte sich die **Fraktur**, und diese blieb bis ins 20. Jahrhundert das Grundmuster für das deutsche Druckgewerbe.

In Fraktur geschrieben wurde allerdings nur bei besonders festlichen Anlässen. Schließlich stellt das Schreiben mit Federkiel auf Papier andere Anforderungen an eine Schrift als das Zuschneiden oder Gießen von Lettern. Deshalb existieren neben den Buchschriften immer auch so genannte **Geschäftschriften,** die auch als **KURRENT-SCHRIFTEN** oder **KURSIVE** bezeichnet werden und an den **LIGATUREN** (Verbindungslinien) zwischen den Buchstaben zu erkennen sind. Für die Neuzeit im deutschen Raum ist hier die **Kanzleischrift** zu nennen, die nur halb kurrent und daher nicht leicht zu schreiben war. Diese Schrift finden wir vor allem auf Urkunden und anderen offiziellen Dokumenten. Zur eigentlichen Geschäftschrift wurde die **Deutsche Kurrent**, eine flüssige Verkehrsschrift, die im 16. Jahrhundert entstand und bis ins 20. Jahrhundert die Grundlage aller deutschen Schriften blieb. Die letzte Variante dieser „deutschen Schrift" könnten Sie aus Briefen Ihrer Großeltern noch kennen: Es ist die von einem Berliner Grafiker im Auftrag des preußischen Staates entwickelte und nach ihm benannte **Sütterlin-Schrift**. 1915 verbindlich eingeführt, wurde sie allerdings 1941 wieder abgeschafft: Weil die Nazis wollten, dass ihre Propaganda und Befehle auch in den besetzten Gebieten gelesen werden konnten, schrieben sie 1941 den Gebrauch der in anderen Ländern ohnehin üblichen lateinischen Schrift auch für Deutschland

---

Beispiele für Frakturschrift
→ Abb. 22 und 23.

KURRENTSCHRIFT, geläufige Schrift.

KURSIVE, von latein. cursare = durchlaufen.

LIGATUREN, von latein. ligare = verbinden.

vor. Fraktur und deutsche Schrift waren damit von der lateinischen Antiqua abgelöst, und dabei ist es bis heute geblieben.

Die Paläographie erschließt aber nicht nur die Geschichte der Schrift und ihre Hintergründe, sie ist auch eine **Hilfswissenschaft im engeren Sinne**: Sie hilft, die jeweiligen Schriften lesen zu lernen. Überdies lassen sich anhand paläographischer Kenntnisse Quellen datieren und schließlich Fälschungen entlarven.

Tipp

Alte Schriften lesen lernen

Wer das Lesen einer bestimmten Schrift üben möchte, kann dies mit Hilfe von Schrifttafeln tun: Diese Schrifttafeln enthalten Beispiele für die jeweilige Schrift, eine **TRANSKRIPTION** der ausgewählten Textstellen und meist auch ein Alphabet in der jeweiligen Schriftform. Außerdem bieten zahlreiche Universitäten paläographische Kurse an.

Was lehrt uns die Paläographie im Blick auf unsere Urkunde auf Seite 156? Zunächst hilft sie uns, die Schrift näher zu bestimmen: Der Text des Dokuments ist in einer sehr gleichmäßigen, geübten Handschrift verfasst, was auf einen berufsmäßigen Schreiber hinweist. Bei der Schrift selbst handelt es sich um eine lateinische, der unseren verwandte und daher gut lesbare Schrift. Eben weil sie gut lesbar ist, stellen wir schnell fest, dass zwar die mit den jeweiligen Siegeln versehenen Unterschriften in lateinischer Form dargeboten werden, der Text selbst aber auf Französisch verfasst ist. Das ist merkwürdig: Schließlich sind die Originale der Verträge allesamt auf Latein. Noch merkwürdiger ist der Inhalt. So lesen wir am Ende der französischen Passage:

TRANSKRIPTION, latein. transcibere = übertragen; Übertragung in eine andere Schrift.

Car tel est Nostre plaisir. Donné à Paris, le xx jour de Mars, l'an de grace 1648, et de Nostre Règne le cinquiesme. Signé Louys, Et sur le reply: Par le Roy, la Reyne Régente sa Mère présente, de Loménie, et seillée du grand Seau en Cire jaulne.

Weil das unser Wille ist. Gegeben zu Paris, den 20. Tag des März im Jahr der Gnade 1648, dem fünften (Jahr) unserer Regierung. Gezeichnet Ludwig, und auf dem **UMBUG**: Von wegen des Königs, in Anwesenheit der Königin-Regentin, seiner Mutter, De Lomenie. Gesiegelt mit dem großen Siegel in gelbem Wachs.

UMBUG, auch Plica, die Faltung einer Urkunde am unteren Rand, dient dem Schutz vor Einreißen.

Offenbar haben wir es hier mit einer Urkunde zu tun, die der französische König Ludwig XIV. am 20. März 1648 unterzeichnet hat. Siegel und Unterschrift unter dieser Urkunde werden zwar er-

INSERTION, das Einfügen einer Urkunde in vollem Wortlaut in eine neue Urkunde.

wähnt, sind aber nicht zu sehen. Dies alles wirkt sehr merkwürdig, ist aber schnell erklärt: Wir haben es mit einer so genannten **INSERTION** zu tun. In den Vertragstext des Westfälischen Friedens wurde eine andere Urkunde aufgenommen. Es handelt sich dabei um eine Urkunde des französischen Königs, genauer: um die Vollmacht, mit der Ludwig XIV. seinen Unterhändler Servien ausgestattet hat. Könnten wir in unserem Exemplar des Vertrages blättern, würden wir feststellen, dass vor der französischen auch die Vollmachten der kaiserlichen Unterhändler abgeschrieben wurden. Mit anderen Worten: Zwischen dem eigentlichen Vertragstext und seiner Beglaubigung in Form der Siegel und Unterschriften wurden die Vollmachten der Unterhändler inseriert.

Der **Vertragstext** selbst ist auf Latein verfasst und dementsprechend in der lateinischen Handschrift niedergeschrieben. Allerdings hat auch hier die für den deutschen Raum typische **Zweischriftigkeit** ihre Spuren hinterlassen. So wurden zwar auch die Regelungen zur Reichsverfassung samt der komplizierten Terminologie ins Lateinische übersetzt. Aber da man sichergehen wollte, dass bei derart speziellen Begriffen wie „ausschreibende Fürsten" oder „Kreis-Obristen" durch die Übersetzung keine Unklarheiten entstanden, fügte man den deutschen Ausdruck hinzu – wie es sich gehörte, in Fraktur.

Zeigt schon bei einem ersten Blick auf den Vertrag die Paläographie ihren Nutzen, benötigen wir in anderer Hinsicht zwei weitere Hilfswissenschaften: die Diplomatik und die Sphragistik.

DIPLOMATIK, von griech./latein. diploma = Urkunde.

Die **DIPLOMATIK** ist die Lehre von den Urkunden. Oft liest man, sie sei die Lehre von den mittelalterlichen Urkunden. In der Tat hat sich die Diplomatik, die als älteste der Hilfswissenschaften gilt, vorrangig mit den Urkunden des Mittelalters beschäftigt und an diesen Do-

---

Abb. 20

Textseite aus der kritischen Edition des IPM: Deutschsprachige Einschübe in Fraktur.

[§ 100 = XVI,2 IPO] Imprimis quidem Imperator per universum Imperium edicta promulget et serio mandet eis, qui hisce pactis et hac pacificatione ad aliquid restituendum vel praestandum obligantur, ut sine tergiversatione et 15 noxa intra tempus conclusae et ratificandae pacis praestent et exequantur transacta, iniungendo tam directoribus (**außſchreibenden fürſten**) quam praefectis militia circularis (**cräiß-obriſten**), ut ad requisitionem restituendorum iuxta ordinem executionis et haec pacta restitutionem cuiusque promoveant et perficiant. 20
Inseratur etiam edictis clausula, ut quia circuli directores (**die außſchreibende fürſten**) aut praefecti militiae circularis (**creyß-obriſten**) in causa vel restitutione propria minus idonei executioni esse censentur, hoc in casu, itemque si directores vel praefectum militiae circularis repudiare commissionem contingat, vicini circuli directores aut praefecti militiae circularis eodem executionis mu- 25 nere etiam in alios circulos ad restituendorum requisitionem fungi debeant.

TEXTQUELLEN

161

> **Tipp**
>
> **Rechts- und Verfassungspolitik**

Informationen zur **Rechts- und Verfassungsgeschichte** halten eine Reihe von Handbüchern und Handwörterbüchern bereit, mit deren Hilfe der komplizierte Inhalt der Verträge im Detail erschlossen werden kann. Z. B.:
– Heinz Duchhardt, Deutsche Verfassungsgeschichte 1495 – 1806, Stuttgart/Berlin/Köln 1991.
– Handwörterbuch zur deutschen Rechtsgeschichte, 5 Bde., Berlin 1971 – 1998.

kumenten auch ihre Terminologie entwickelt. Das heißt aber nicht, dass es in der Frühen Neuzeit keine Urkunden mehr gegeben hätte oder diese nicht mehr wichtig gewesen wären. Das Gegenteil ist der Fall! Denn auch wenn um 1500 das Aktenzeitalter begann, blieb es doch die Aufgabe der Urkunden, Vorgänge von rechtserheblicher Natur, also Rechtsgeschäfte, festzuhalten und zu beglaubigen. Abschließen ließen sich **Rechtsgeschäfte** auf vielfältigen Wegen: durch mündliche Vereinbarung wie beim alltäglichen Marktgeschehen, aber auch durch Handschlag oder andere symbolische Handlungen, und schließlich in der schriftlichen Form eines Vertrags. Wer allerdings seinem Rechtsgeschäft eine möglichst hohe Beweiskraft sichern und sich selbst vor der Anfechtung des Vorgangs bewahren wollte, der musste sich das rechtliche Geschehen **beglaubigen** lassen.

Dies galt für Herrschaftsträger wie für Untertanen, allerdings mit höchst unterschiedlichen Folgen. Wenn Päpste, Kaiser oder Könige Gesetze erlassen, Ämter besetzen, Lehen vergeben, Gnaden und Privilegien erteilen oder Schenkungen vornehmen wollten, ließen sie ihre **KANZLEIEN** eine Urkunde erstellen. Deren Beweiskraft wurde formal durch die Einhaltung vorgegebener Formen im Aufbau des Textes und durch den Einsatz der jeweils üblichen **Beglaubigungsmittel** hergestellt: durch die Unterschrift, aber v.a. durch das Siegel. Faktisch hing die Beweiskraft einer Urkunde jedoch von der Autorität der Stelle ab, die sie ausgestellt hatte. Für die Untertanen bedeutete dies, dass sie ihre Rechtsgeschäfte zunächst nicht selbst beglaubigen konnten, sondern jene Instanzen darum bitten mussten, die über die notwendigen Fertigkeiten und vor allem über die notwendige Autorität verfügten: die Kirche und die weltliche Obrigkeit. Als Beurkundungsstelle in Frage kamen folglich die kirchlichen Gerichte, die sich in jedem Bistum fanden und unter dem Namen **OFFIZIALAT** bekannt sind. Wenden konnte man sich aber auch an die **Notare**, d.h. an die öffentlichen Urkundenschreiber, die von Päpsten oder Königen eingesetzt worden waren. Diese Institu-

KANZLEI, von latein. cancelli = Schranken, die den Amtsraum abtrennten; Behörde eines Fürsten oder einer Stadt, der die Ausfertigung der Urkunden und die Durchführung des Schriftverkehrs oblagen.

OFFIZIALAT, bischöfliche Gerichtsbehörde; der Offizial: bischöflicher Richter.

tion hatte ihre Wurzeln bereits in der Antike, konnte sich im deutschsprachigen Raum aber erst im 13. Jahrhundert durchsetzen. Gehalten hat sie sich indes bis heute: Unsere ja ebenfalls vom Staat autorisierten Notare sind im Grunde nichts anderes als die Amtsnachfolger der mittelalterlichen Notare. Auch eine andere Variante, Rechtsgeschäfte beglaubigen zu lassen, hat sich bis in unsere Tage erhalten: So wie noch heute Grundstücksgeschäfte im amtlichen Grundbuch verzeichnet werden, konnte man im Mittelalter private Rechtsgeschäfte aller Art in die so genannten **Stadtbücher** eintragen und auf diese Weise beglaubigen lassen.

Sowohl die Stadtbücher als auch die Archive der Offizialate und Notariate stellen folglich wichtige Quellen für die mittelalterliche und auch für die frühneuzeitliche Geschichte dar. Zweierlei darf man dabei aber nicht übersehen. Zum einen blieb die Ausstellung solcher Urkunden durch befugte Stellen aufwändig, teuer und daher nur auf besonders wichtige Fälle beschränkt. Die Bezeichnung des Mittelalters als das Zeitalter der Urkunden sollte also nicht vergessen machen, dass der größte Teil der Rechtsgeschäfte ohne Beglaubigung ausgekommen sein dürfte und daher auch keine Urkunden hinterlassen hat. Zum anderen änderten sich die Verhältnisse im Spätmittelalter: Der Kreis derer, die Urkunden für sich selbst ausstellen konnten, nahm nun dramatisch zu: Neben Päpsten, Kaisern und Königen waren als beurkundende Instanzen schon bald andere selbständige Herrschaften getreten, und zwar sowohl weltliche wie Fürsten oder Landesherren als auch geistliche wie Bischöfe, Klöster und Konvente. Hinzu kamen nun auch Stadtgemeinden in Gestalt ihres Rates und Korporationen wie etwa Universitäten, Zünfte und Bruderschaften. Und schließlich begannen im Spätmittelalter die Bürger der Städte, aber auch Dorfgemeinden und sogar Bauern ihre Rechtsgeschäfte in Urkunden zu beglaubigen. Dass die traditionelle Diplomatik zwar zwischen **Papst-, Kaiser- und Königsurkunden** unterscheidet, die Urkunden sämtlicher anderer Aussteller aber sehr pauschal als **Privaturkunden** zusammenfasst, entpuppt sich im Lichte dieser Entwicklung als eine eher unglückliche terminologische Festlegung. Lassen Sie sich davon nicht verwirren: Privaturkunden sind schlicht alle nichtköniglichen, nichtpäpstlichen und nichtkaiserlichen Urkunden und können daher sowohl von Privatleuten wie etwa einfachen Untertanen als auch von Landesherren, Städten, kirchlichen Würdenträgern und anderen, keineswegs „privaten" Personen und Institutionen stammen.

Folgen hat diese **Ausweitung des Urkundenwesens** auch für die **SPHRAGISTIK** oder Lehre von den Siegeln. Ein **SIEGEL** ist ein Abdruck, der mit einem individuell gestalteten Stempel hergestellt wird. Aber auch der Stempel selbst, der in der Fachsprache der Sphragistik das **TYPAR** oder das **Petschaft** heißt und meist aus Metall, aber auch aus Stein oder Elfenbein bestand, wird mitunter als Siegel bezeichnet. Siegel sind rechtsrelevante Zeichen, mit deren Hilfe der **Siegelführer**, also der rechtmäßige Besitzer und Benutzer des Siegels, zweierlei tun kann: versiegeln und besiegeln. Das **Versiegeln** soll die Unversehrtheit eines Schriftstückes, aber auch eines Raumes oder Gegenstandes sicher stellen. So werden ja noch heute Briefe, Truhen, aber auch Tatorte oder Gaszähler (in diesem Fall mit einem Bleisiegel oder einer Plombe) versiegelt. Dass man auch Bücher versiegeln kann, zeigt schon das sprichwörtliche Buch mit den sieben Siegeln, das im Übrigen aus der Bibel (Johannes-Offenbarung) stammt. Aber auch unser Exemplar des Friedensvertrages ist, wie wir noch sehen werden, versiegelt.

Der Friedensvertrag war allerdings nicht nur ver-, sondern auch besiegelt, und dieses **Besiegeln** ist die zweite Funktion des Siegels. Wie heute noch das Dienstsiegel von Ämtern und Behörden, das meist als schlichter Gummistempel daherkommt, dienten auch die Siegel im Mittelalter und in der Frühen Neuzeit der Beglaubigung von Dokumenten. Bei den Urkunden hatte sich das Siegel seit dem 13. Jahrhundert als maßgebliches Beglaubigungsmittel durchgesetzt. Gegen Ende des Mittelalters trat die Unterschrift des Ausstellers oder eines Bevollmächtigten neben dem Siegel verstärkt in Erscheinung, und seit der Frühen Neuzeit stellen Unterschrift und Siegel gemeinsam die noch heute übliche Doppelform urkundlicher Beglaubigung dar. Doch während wir es heute vor allem mit Amtssiegeln zu tun haben, führten in der Frühen Neuzeit auch zahlreiche Privatpersonen ein Siegel – der **Siegelring** war damals nicht nur ein modisches Accessoire. Allerdings musste sich die Rechtskraft dieser Siegel erst langsam durchsetzen. So galten nach mittelalterlicher Rechtsauffassung nur die Siegel von Kaisern, Königen, Päpsten, weltlichen und geistlichen Fürsten, Offizialen, Ordensgeneralen, Klöstern und Städten als so genannte **authentische Siegel**. Und nur mit einem solchen **sigillum authenticum** konnte man sowohl den eigenen Urkunden eine hohe Autorität als auch den Urkunden Dritter Rechtskraft verleihen. Aber wie sich bereits in der Ausweitung des Urkundenwesens angedeutet hat, setzte sich auch bei den Sie-

SPHRAGISTIK, von griech. Sphragis = Zeichen, Siegel.

SIEGEL, von latein. sigillum, Diminutiv von Signum = Zeichen.

TYPAR, von latein. typus = Figur, Bild.

geln bis zum Beginn der Neuzeit die Auffassung durch, dass jeder, der ein Siegel besaß, wenigstens seine eigenen Urkunden beglaubigen und damit beweiskräftig machen konnte.

Dank dieser doppelten, eng verzahnten Ausweitung von Siegelführung und Urkundenwesen finden wir **Urkunden in der Frühen Neuzeit** auf zahlreichen Feldern: Im staatlichen Bereich haben wir es mit Verfassungen und Verwaltungsordnungen, mit Rechtsprechung und Gesetzgebung, mit Gnadenerweisen und Privilegierungen, mit Bündnissen, Krieg und Frieden und daher auch mit Friedensverträgen wie jenem von 1648 zu tun. Auf kommunaler Ebene geht es um Gesetze und Regelungen der Stadtverfassung oder dörflichen Ordnung, aber auch um Zünfte und Gilden, um kirchliche Institutionen und Gemeinschaften. Im privaten Bereich schließlich regeln Urkunden die rechtlichen Beziehungen und Rechtsgeschäfte zwischen Privaten, etwa in Form von Testamenten, Eheschließung, Kauf und Verkauf, Schuld und Schenkung. Dass die Neuzeit als Aktenzeitalter bezeichnet wird, ist angesichts der sprunghaften Zunahme solcher nicht beglaubigter Dokumente zwar durchaus berechtigt. Aber dass gleichzeitig auch die Zahl der Urkunden zunahm, sollte man dabei nicht übersehen.

Überdies verschoben sich nun auch im Blick auf den rechtlichen Charakter der Urkunde die Akzente. In dieser Hinsicht lassen sich grundsätzlich zwei Arten von Urkunden unterscheiden: Auf der einen Seite gibt es Urkunden, die einen bereits vollzogenen Rechtsakt nur bestätigen, also ein etwa durch Handschlag zustande gekommenes Rechtsgeschäft beglaubigen. In diesen Fällen spricht die Diplomatik von **Beweisurkunden oder deklaratorischen Urkunden**. Auf der anderen Seite stehen die Urkunden, die nichts nachträglich bestätigen, sondern das Recht erst schaffen. Bei diesen **DISPOSITIVEN oder konstitutiven Urkunden**, auch Geschäfts- oder Verfügungsurkunden genannt, fällt der Rechtsakt mit der Ausstellung der Urkunde zusammen. Zwar gibt es beide Formen noch heute: Eine Quittung etwa beweist den schon erfolgten Rechtsvorgang, ein Testament schafft die rechtlichen Regelungen, die es noch zu verwirklichen gilt. Aber da die konstitutive Urkunde sowohl eine gewisse Verbreitung der Schrift als auch ein bestimmtes Vertrauen in das geschriebene Recht voraussetzt, spielt diese Form der Urkunde in der Neuzeit eine größere Rolle als im Mittelalter. Und weil der Rechtsakt in diesem Fall ohne Urkunde überhaupt nicht zu vollziehen war, musste mit dieser Entwicklung auch der Bedarf an solchen Dokumenten zunehmen.

Notare benutzten zur Beglaubigung von Urkunden kein Siegel, sondern ein von Hand gezeichnetes persönliches Symbol, das Signet.

DISPOSITIV, von latein. disponere = festsetzen.

Die Erweiterung der Beurkundungstätigkeit und die wachsende Anzahl der Urkunden konnte nicht ohne Folgen für deren **äußere Gestaltung** bleiben. Da immer mehr Urkunden ausgestellt wurden und diese auch zunehmend Alltagsgeschäfte behandelten, bildeten sich schon im Mittelalter zwei Varianten der Urkunden aus: die feierlichen, sehr **förmlichen Diplome** und die weit **schlichteren LITTERA**, die auch **MANDATE** oder mittelhochdeutsch **Brief** genannt wurden. Dass es sich bei diesen Briefen nicht um unsere heutigen Schreiben, sondern weiterhin um Urkunden handelte, signalisieren schon Formulierungen wie etwa verbriefen oder jemandem **Brief und Siegel geben**. Allerdings unterscheiden sich diese schlichten Formen deutlich von den Diplomen: Sie sind im **Formular**, d.h. im Aufbau des Textes, spürbar verschlankt und im Siegel weniger aufwändig. Zu diesem Zweck führten vor allem Herrschaftsträger wie Könige und Päpste neben ihrem ursprünglichen großen Siegel seit dem Spätmittelalter oft auch kleinere **Nebensiegel**. Diese kleineren Siegel wurden nicht mehr wie bisher in Wachs oder gar in Blei oder Edelmetall abgedrückt und den Dokumenten mit einer Schnur angehängt. Statt dieser künstlerisch aufwändigen und teuren **Großen Siegel**, deren Durchmesser durchaus 10 cm übersteigen konnte, kamen die **Kleinen Siegel** auf, die direkt auf das Dokument gedrückt wurden, oft mit einem Siegelring und seit dem 16. Jahrhundert in Lack statt in Wachs. Ein schönes Beispiel hierfür liefern die **Papsturkunden**: Als feierliche Form stehen den Päpsten bis heute die **BULLEN** zur Verfügung. Die **Goldene Bulle** von 1356, in der Kaiser Karl IV. die Wahl seiner Nachfolger durch die sieben Kurfürsten regelte und damit die Fundamente auch der frühneuzeitlichen Reichsverfassung legte, ist folglich nichts anderes als einen Urkunde mit Goldsiegel. Allerdings trugen vor allem die feierlichen Urkunden der Päpste ein solches Metallsiegel (meist aus Blei), und so setzte sich für sie der Begriff der Bulle durch. Neben diesen Bullen bildete sich mit dem zunehmenden Bedarf an Urkunden seit dem 14. Jahrhundert eine schlichtere Form als Alternative heraus: die **BREVEN**. Das Siegel dieser Breven ist der berühmte **Fischerring**, der Siegelring des Papstes, der den Namen des jeweiligen Pontifex trägt, als Motiv aber immer Petrus mit dem Fischernetz zeigt. 1843 wurde das Siegeln mit dem Ring zwar durch eine Art Briefmarke ersetzt. Aber bis heute stellen die Päpste Urkunden „sub annello piscatoris" (unter dem Fischerring) aus.

Dieses Beispiel verweist auf den **Nutzen der Diplomatik und Sphragistik für die historische Forschung**. Als Hilfswissenschaften wollen sie zwar

LITTERA: latein. = Brief, Dokument, Urkunde.

MANDAT, von latein. mandare = anvertrauen.

BULLE, Urkunde, die ihren Namen dem Siegel verdankt. Als Bulla wurde zunächst die Kapsel bezeichnet, in der das Siegel zum Schutz untergebracht war, später dann das Metallsiegel.

BREVE, von latein. brevis = kurz.

vor allem die Quellenkritik unterstützen, d. h. die Datierung, Zuordnung und Echtheitskontrolle der Quellen erleichtern. Überdies
lassen sich die Siegelbilder, die ja stets der Selbstdarstellung der Siegelführer dienten, auch als Quelle für deren Selbstverständnis erschließen. Vor allem aber eröffnen die von der Diplomatik und
Sphragistik beschriebenen Entwicklungen Einblicke in grundlegende Sachverhalte. So wie sich in der Ausweitung von Urkundenwesen
und Siegelführung die allgemeine Rechtsgeschichte spiegelt, so entspricht die formale Verschlankung der Urkunden hin zu den Briefen
einer Tendenz, die wir bereits kennen: der wachsenden Komplexität
des Lebens im Allgemeinen und der Verwaltung im Besonderen. So
wird die **Verdichtung der Herrschaft**, die Intensivierung staatlichen Handelns, nicht nur im Aufkommen der Akten greifbar, sondern auch
in der Vereinfachung der Urkunden und der Zunahme ihrer Zahl.
Hinweise auf die damit verbundene Ausdifferenzierung des frühneuzeitlichen Herrschaftsapparates liefern aber auch scheinbar un-
bedeutende Details: Dass auf frühneuzeitlichen Königsurkunden
neben der Unterschrift des Herrschers immer häufiger die **Kontrasignatur**, d. h. die **Gegenzeichnung** durch den zuständigen „Beamten" zu
finden ist, lässt sich unschwer als Indiz für die behördengeschicht-
liche Entwicklung interpretieren. Denn sinnvoll ist eine solche
Kennzeichnung der Verantwortlichkeit nur dort, wo der bürokrati-
sche Apparat ein gewisses Maß an Komplexität erreicht hat.

Was aber nützt uns dies alles für unsere konkrete Urkunde?
Nehmen wir abermals unsere französische Urkunde in den Blick:
Dass hier nicht nur der König, sondern mit Loménie auch der zu-
ständige Sekretär unterzeichnet hat, lässt sich nun leicht als Hinweis auf die Ausdifferenzierung der französischen Zentralbehörden
interpretieren. Dass die Urkunde mit dem Großen Siegel in gelbem
Wachs versehen war, unterstreicht hingegen die besondere Bedeutung des Dokuments. Aber auch den Text können wir mit Hilfe di-
plomatischer Kenntnisse besser verstehen. So heißt es in der Urkunde: „Car tel est notre plaisir" – „weil wir es so wollen". Exakt
diese Wendung ist die Formel, mit der die französischen Könige
ihren Urkunden Rechtskraft verliehen, und das von 1494 bis hin
zur Französischen Revolution.

Dieses Beispiel verweist auf eine weitere Funktion der Diplomatik für die historische Praxis. Wenn wir Urkunden wie unseren Friedensvertrag nach der Bedeutung solcher Formeln und anderer Elemente befragen, muss zunächst eines geklärt werden: Sind diese

Bausteine, ihre Anordnung und ihre formale wie inhaltliche Gestaltung Spezifika des Vertrages, oder entsprechen sie lediglich den
üblichen Vorgaben bei der Erstellung einer Urkunde? Immerhin
sagt schon die Definition dieser Quellengattung, dass Urkunden
nach bestimmten formalen Vorschriften zu gestalten und auf ebenso geregelte Weise zu beglaubigen sind. Um sowohl die der Gattung
geschuldeten Elemente als auch die Besonderheiten eines konkreten Vertrags identifizieren zu können, muss man daher die formalen Vorgaben kennen. Und auch das lehrt die Diplomatik.

Sowohl dem französischen Siegel zufolge, als auch dem bedeu-
tenden Anlass entsprechend, dürften wir es bei unserem Friedensvertrag mit einem feierlichen Diplom zu tun haben. Wie die Diplomatik an den mittelalterlichen Papst-, Kaiser- und Königsurkunden
ermittelt hat, müsste ein solches Diplom idealtypischerweise fol-
gendermaßen aufgebaut sein:

Idealtypischer Aufbau einer Königsurkunde

Protokoll
Invocatio (Anrufung Gottes)
Intitulatio (Name und Titel des Ausstellers)
Inscriptio (Nennung des Empfängers)
Arenga (allgemeine, meist redensartliche Begründung,
z. B.: Weil das Gedächtnis der Menschen schlecht ist, halten wir
fest...)

Kontext
Promulgatio (Verkündigungsformel, z. B.: Wir geben kund und
zu wissen)
Narratio (Erzählung, wie es zu dem zu beurkundenden Rechts-
akt gekommen ist)
Dispositio (der rechtlich zentrale Block, der den Inhalt der
Rechtshandlung angibt)
Sanctio (**POENFORMEL**, d. h. Androhung einer Strafe bei Zuwider-
handlung)

POENFORMEL, von latein.
poena = Strafe.

Corroboratio (Angabe der Beglaubigungsmittel)

Eschatokoll (Schlussprotokoll)
Datierung (Tages- und Ortsangabe)
Beglaubigungen in Form von Unterschriften und Siegeln.

RATIFIKATION, Bestätigung eines völkerrechtlichen Vertrages durch die gesetzgebende Körperschaft, in der Frühen Neuzeit durch den Monarchen.

Vergleichen wir nun den Aufbau unseres Instrumentum Pacis Monasteriense (IPM) mit diesem Formular. Erwartungsgemäß beginnt der Vertrag mit der *Invocatio*, der Anrufung Gottes. Dann aber folgt eine kurze *Präambel*, die es im klassischen Formular gar nicht gibt, die aber mit der *Narratio* verwandt ist und, wie es zu einer solchen Erzählung der Vorgeschichte gehört, auf die Vollmachten hinweist. Unmittelbar darauf beginnt bereits die *Dispositio*, die den mit Abstand größten Teil der gesamten Urkunde ausmacht. Ihr schließt sich in § 120 die *Corroboratio* an: Hier wird geregelt, wer den Vertrag zu unterzeichnen und zu siegeln hat und wie die offenbar danach noch ausstehende **RATIFIKATION** durchzuführen ist. Der letzte Teil einer klassischen Urkunde, das *Eschatokoll*, ist vollständig vorhanden, wobei allerdings zwischen die Datierung und die Beglaubigungen in Form der abgebildeten Siegel und Unterschriften die erwähnten Abschriften der Vollmachten eingeschoben sind.

Insgesamt präsentiert sich das IPM im Vergleich mit dem klassischen Urkundenformular also stark verschlankt. Dies lag zwar durchaus im Trend der Zeit. Alle Besonderheiten lassen sich mit dieser allgemein zu beobachtenden Vereinfachung der Urkunden allerdings nicht erklären. So werden im Text weder Aussteller noch Empfänger der Urkunde genannt, und bei den offenbar nur durch Bevollmächtigte vollzogenen Beglaubigungen vermisst man sowohl die Unterschriften der Herrscher als auch ihre Großen Siegel. Diese Eigenheiten lassen nur einen Schluss zu: Wir haben es hier nicht mit einer klassischen Königsurkunde mit Aussteller, Adressat und Großem Siegel zu tun, sondern mit einer so genannten **Unterhändlerurkunde**. Unser Vertrag ist also ein Dokument, das von den diplomatischen Vertretern der Mächte ausgehandelt wurde und formal nur vollständig wird, wenn man folgende flankierende Urkunden hinzuzieht: zum einen die **Vollmachten**, die in unserem Exemplar in der Präambel erwähnt werden und später als Insertion auftauchen, zum anderen die Urkunden der im Text angekündigten **Ratifikation**. Der Frieden selbst wird zwar nach der Unterhändlerurkunde auf den 24. Oktober 1648 datiert. Rechtskräftig wurde er aber erst mit dem am 18. Februar 1649 erfolgten Austausch der Ratifikationsurkunden, also der Bestätigung des Vertragswerks durch die beteiligten Herrscher. Interessant daran ist vor allem, dass sowohl die Vollmachten als auch die Ratifikationsurkunden im Namen der Herrscher ergingen und neben deren persönlichen Unterschriften auch die Großen Siegel trugen, zu sehen in Abb. 21.

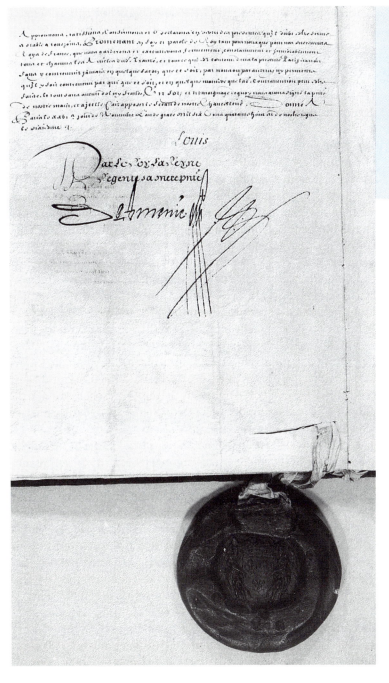

Abb. 21

Ratifikation des Westfälischen Friedensschlusses durch Ludwig XIV., Urkunde mit Großem Wachssiegel in goldener Siegelkapsel. Österreichisches Haus-, Hof- und Staatsarchiv, Wien.

Offensichtlich haben sich die Monarchen der Frühen Neuzeit durchaus noch der klassischen Urkundenform bedient. Tatsächlich finden wir die traditionelle Königsurkunde, die ja stets einen Aussteller und einen Empfänger hatte und damit eine gewisse Hierarchie zum Ausdruck brachte, in zahlreichen Bereichen der frühneuzeitlichen Politik. Auf einem Feld jedoch musste die Frühe Neuzeit eine neue, den veränderten Umständen angemessene Form der Urkunde hervorbringen: in der **internationalen Politik**. Schließlich waren spätestens mit dem Dreißigjährigen Krieg alle Versuche, die alte hierarchische Weltordnung mit Kaiser und Papst an der Spitze wieder herzustellen, endgültig gescheitert. Europa bestand nicht mehr aus einer Universalmonarchie, sondern aus einer ganzen Reihe souveräner, im Prinzip gleichrangiger Staaten. Aus diesem Grund wurde in Westfalen mit dem großen Friedenskongress eine neue Form der Diplomatie entwickelt, die mindestens bis zum Wiener Kongress von 1814/15 das Vorbild für aller weiteren Friedensverhandlungen abgab. Und da ein internationaler Vertrag wie der Friedenschluss als Vertrag zwischen gleichberechtigten Mächten gestaltet sein musste, bedurfte es statt der hierarchisch konzipierten Königsurkunde einer solchen Unterhändlerurkunde. Vollmachten und Ratifikationsurkunden dokumentierten auch in ihrer formalen Gestaltung den monarchischen Anspruch der Herrscher; die Unterhändlerurkunde signalisierte hingegen, dass sich die Grundlagen der internationalen Politik geändert hatten. So gesehen, können diplomatische und sphragistische Details eine Menge über die Geschichte Europas sagen.

Aufschlussreich ist auch ein näherer Blick auf die **Unterschriften und Siegel**. Während andere Ausfertigungen bis zu 39 Siegel trugen, hat unser Vertragsexemplar (→ Abb. 19, S. 156) insgesamt 33 Unterschriften mit 32 aufgedrückten Lacksiegeln aufzuweisen, von denen wir in der Abbildung nur einen Teil sehen. Optisch dominiert wird die abgebildete Seite von der **Siegelschnur**, die den Unterschriften der beiden kaiserlichen Gesandten Nassau (links oben) und Volmar (links unten) sowie derjenigen ihres französischen Kollegen Servien (rechts) unterlegt ist. Hebt diese Anbringung die kaiserlichen und französischen Unterschriften als besonders wichtig hervor, verweist die Farbe der aus schwarzer und gelber Seide geflochtenen Schnur auf den Empfänger der Urkunde. Denn während das schwedische Exemplar des Friedensvertrages mit einer blau-gelben und das französische mit einer blau-roten Siegelschnur versehen war, übernahm die Ausfertigung für Kursachsen das Schwarz-Gelb, das auch die anderen für Kaiser und Reich bestimmten Exemplare zierte. Wir können also festhalten: Selbst Siegelschnüre haben einen Quellenwert! Diese Schnur diente im Übrigen auch dem Verschluss des Dokuments. Denn indem sie nach unten zum **FALZ** geführt und dreimal durch Einband und Buchblock gezogen wurde, konnte kein Unbefugter den Band unbemerkt öffnen, etwas ändern oder Seiten entnehmen.

FALZ, die Stellen eines Buches, an denen das Material gefaltet wird.

Kann uns bereits die Siegelschnur einiges über unsere Quelle sagen, gewähren Unterschriften und Siegel gar Einsichten in grundlegende Sachverhalte der Frühen Neuzeit. Nehmen wir die **Unterschriften** in den Blick, fällt nach denjenigen der bereits genannten Bevollmächtigten eine Veränderung ins Auge: Während Nassau, Volmar und Servien dank ihrer Vollmachten als rechtmäßige Vertreter des Kaisers bzw. des französischen Königs ausgewiesen waren, mussten die anderen Unterzeichner stets angeben, in wessen Namen sie die Unterschrift leisteten. So lauten die folgenden Einträge:

- *Nomine domini electoris Bavariae Joannes Adolphus Krebs, consiliarius intimus* (Im Namen des Kurfürsten von Bayern Johannes Adolph Krebs, Geheimer Rat)
- *Nomine domini electoris Saxoniae Joannes Leüber manu propria* (Im Namen des Kurfürsten von Sachsen Johannes Leuber, mit eigener Hand).
- (am rechten Rand auf gleicher Höhe wie Leuber): *Nomine domini electoris Brandenburgici Ioannes comes in Sain et Witgenstein etc.* (Im Namen des Kurfürsten von Brandenburg Johannes Graf von Sain und Wittgenstein etc.)

Auffällig hieran ist, dass alle Gesandten im Namen ihrer Auftraggeber, nicht etwa im Namen des Staates oder Territoriums unterzeichneten. Und noch etwas fällt ins Auge: Bei den **Siegeln**, die die Gesandten zum Zweck der Beglaubigung neben ihre Unterschriften setzten, handelt es sich ausnahmslos um die Privatsiegel dieser Personen. Beide Beobachtungen verweisen auf einen grundlegenden Sachverhalt der frühneuzeitlichen Geschichte: Herrschaft war nicht wie heute an Institutionen gebunden, sondern an Personen. Die Diplomaten unterzeichneten nicht im Auftrag eines Staates, sondern im Auftrag eines Herrschers; die Rechtskraft ihrer Unterschriften und Siegel beruhte nicht auf einem Amt, sondern allein auf ihrer persönlichen Beauftragung durch den Herrscher; und da die ihnen verliehene Autorität folglich an ihre eigene Person gebunden war, benutzten sie auch ihre Privatsiegel. Um mit Max Webers Idealtypen zu sprechen: In der Frühen Neuzeit haben wir es mit traditionaler, nicht mir legaler Herrschaft zu tun (→ S. 101), und genau das wird in den Unterschriften und Siegeln mit Händen greifbar.

Der Blick auf die Beglaubigungen verweist aber nicht nur auf das personale Herrschaftsverständnis der Frühen Neuzeit. Unsere Quelle kann uns auch einiges über den Aufbau des Reiches sagen. Denn da in der *Corroboratio* geregelt ist, dass die Unterzeichner nicht nur für sich selbst stehen, sondern sämtliche Stände des Reiches repräsentieren und diese mit ihrer Unterschrift auch zur Einhaltung des Vertrages verpflichten, müssten bei der Auswahl der Unterzeichner alle Gruppen der Reichsstände vertreten sein. In der Tat spiegelt sich in der vollständigen Liste der Unterschriften jene Aufteilung der Reichsstände in Gruppen, die auch der Organisation des Reichstags zugrunde lag.

Die Liste der Unterzeichner ließe sich aber auch nach anderen Gesichtspunkten auswerten. Fragte man etwa nach der Ausbildung

Aufbau des Reichstags	Unterzeichner des WF für das Reich
Kurfürstenrat	4 Kurfürsten (2 weltliche, 2 geistliche)
Fürstenrat	
Virilstimmen (Jede Person hat eine Stimme)	22 weltliche und geistliche Fürsten
weltliche Fürsten	
geistliche Fürsten	
Kuriatstimmen	2 Vertreter der Grafenbanken
Mindermächtige Grafen und Prälaten, aufgeteilt auf mehrere Bänke, pro Bank eine Stimme	
Städterat (aufgeteilt auf rheinische und schwäbische Bank)	8 Vertreter, z. T. für mehrere Städte

und dem sozialen Status der Diplomaten, würde das Übergewicht der Juristen vor den Adligen ins Auge fallen. Auf diese Weise könnte der Friedensvertrag herangezogen werden, um der zunehmenden Professionalisierung im Fürstendienst nachzugehen.

Dass eine Quelle wie der Friedensvertrag von 1648 Antworten auf höchst unterschiedliche Fragen geben kann, wäre damit illustriert. Aber auch über den Frieden selbst hat unser Exemplar einiges zu sagen. So zeigt ein näherer Blick auf die Unterzeichner, dass sowohl deren Auswahl als auch die Reihenfolge der Unterschriften Präzedenz- und Paritätsgesichtspunkten folgte. Die **PRÄZEDENZ** brachte die soziale Hierarchie innerhalb des Reiches zum Ausdruck, die den Kurfürsten eine höhere Stellung als den Fürsten und den Vertretern der Städte einräumte. Mit der **PARITÄT** ist die Gleichgewichtung der konfessionellen Parteien gemeint. Schließlich gehörte es zu den zentralen Anliegen des Westfälischen Friedens, die Konfessionskonflikte im Reich zu entschärfen, und weil dies auch die zeremonielle Gleichberechtigung voraussetzte, unterschrieben für die verschiedenen Gruppen der Reichsstände stets sowohl katholische als auch protestantische Vertreter.

Allerdings hat sich nicht nur das Bemühen um einen konfessionellen Ausgleich bereits in der äußeren Form des Vertrags niedergeschlagen. Auch die Schwierigkeiten, die einer solchen konfessionellen Befriedung in Zukunft im Wege stehen würden, deuten sich schon in der Gestaltung des Vertrags an. Denn wenn man unser Exemplar des Friedens mit den Ausfertigungen für den Kaiser und für Frankreich vergleicht – und einen solchen Vergleich sollte man bei mehrfach ausgefertigten Dokumenten immer vornehmen! –, zeigen sich einige interessante Abweichungen. So hat der kursächsische Vertreter Johannes Leuber in den Exemplaren für den Kaiser und Frankreich Siegel und Unterschrift an einer ungewöhnlichen Stelle, noch dazu zwischen zwei bereits beschriebenen Zeilen und damit offensichtlich nachträglich angebracht. Den Grund nennen uns andere Quellen wie etwa Leubers Korrespondenz: Weil der sächsische Kurfürst bis zuletzt unzufrieden mit einigen Regelungen war, stellte er die Vollmacht für seinen Vertreter zu spät aus. Leuber konnte daher nicht im Rahmen des feierlichen Aktes vom 24. Oktober unterzeichnen, sondern musste seine Unterschrift auf den an diesem Tag ausgefertigten Dokumenten Wochen später nachtragen. In unserem Exemplar ist seine Unterschrift aber keineswegs nachträglich angefügt, sondern sauber eingereiht. Daraus können

PRÄZEDENZ, von latein. praecedere = voranschreiten; Rangfolge, Vortritt im Zeremoniell.

PARITÄT, von latein. par = gleich; Gleichheit, Gleichgewicht.

wir eines schließen: Unsere Urkunde kann erst ausgefertigt worden sein, nachdem der kursächsische Gesandte seine Vollmacht erhalten hatte, und das heißt erst im November 1648. Tatsächlich belegen auch andere Quellen, dass der arme Leuber Monate nach der offiziellen Unterzeichnung des Vertrages die noch in Münster weilenden Diplomaten nach und nach um Siegel und Unterschrift für seine verspätete Ausfertigung bitten musste.

Warum das kursächsische Exemplar einige Siegel weniger aufzuweisen hat als andere Ausfertigungen, wäre damit geklärt: Bei manchen Teilnehmern des in Auflösung befindlichen Friedenskongresses kam Leuber schlicht zu spät. In einem Fall steckte jedoch mehr dahinter. Während in den Ausfertigungen vom 24. Oktober unter den Gesandten des Kaisers und Frankreichs der Vertreter des Kurfürsten von Mainz unterschrieben und gesiegelt hat, ist Kurmainz in unseren Exemplar überhaupt nicht vertreten. Der Grund ist ebenso schlicht wie aufschlussreich: Als Vorstand des Reichsarchivs und führender Vertreter der katholischen Reichsstände war der Mainzer Kurfürst der Meinung, dass die protestantische Seite überhaupt keine eigene Urkunde bekommen sollte. Schließlich stellte dies eine politische Aufwertung der protestantischen Reichsstände im Allgemeinen und des Kurfürsten von Sachsen im Besonderen dar. Und um das zu verhindern, untersagte der Mainzer Kurfürst seinem Vertreter, Leubers Exemplar für Kursachsen zu unterzeichen.

Dies aber belegt eindrücklich den Nutzen einer gründlichen Quellenanalyse: Richtig verstanden, entpuppen sich die auf den ersten Blick wenig spektakulären Abweichungen in den Details der Urkunden als deutliche Hinweise auf das Weitergären der konfessionellen Konflikte im Reich.

Und so bleibt im Blick auf die Urkunden insgesamt festzuhalten: Um mit solchen Quellen zu arbeiten, bedarf es zwar einiger Grundkenntnisse der Paläographie, Diplomatik und Sphragistik. Aber mit Unterstützung dieser Hilfswissenschaften können Urkunden wie der Westfälische Friedensvertrag weit mehr Fragen beantworten, als man zunächst denken mag.

Urkunden dieser Art haben das historische Interesse schon früh auf sich gezogen. So stammt das erste große Werk zur Diplomatik, das mehrbändige **„De re diplomatica"** des französischen Benediktinermönches **Jean Mabillon**, schon aus dem Jahr 1681. Mit der Verwissenschaftlichung der Geschichtsforschung im 19. Jahrhundert wurden jedoch auch die **Akten als Quellen** entdeckt. Schließlich wollten die Vertreter des Historismus nicht nur wissen, welche Entscheidungen getroffen wurden. Sie wollten auch verstehen, wie die in den Urkunden festgehaltenen Rechtsakte und Beschlüsse zustande gekommen waren, und genau das dokumentieren die Akten. Der Weg zu einer Urkunde ist mit Akten gepflastert, lautet eine anschauliche Formulierung für diesen Sachverhalt. Denn während die Urkunden nur das Endergebnis zeigen, halten die Akten fest, wie es dazu gekommen ist und wie es nach dem Erlass der Urkunde weiterging. Dass sich in Akten niederschlug, was geschehen ist, was be-, ver- und gehandelt wurde, zeigt sich auch in der Begriffsgeschichte: Im 16. und 17. Jahrhundert nannte man im Deutschen das, was wir unter Akten verstehen, schlicht **„Handlungen"**. Später setzte sich die lateinische Variante durch: Das Wort Akten kommt von dem lateinischen Wort **acta**, und das heißt nichts anderes als „gehandelt". In diesem Sinne verwenden wir den Begriff auch in der Umgangssprache: Was zu Ende verhandelt und damit abgeschlossen ist, legen wir **„ad acta"**, zu den Akten.

Wo entstehen Akten? Auch wenn dies gelegentlich zu lesen ist: keineswegs nur im öffentlichen, staatlichen Bereich von Justiz und Verwaltung. Wie auch Urkunden von anderen, etwa kirchlichen oder privaten Urhebern stammen und deren Geschäfte beglaubigen können, finden wir Akten in staatlichen oder städtischen Behörden ebenso wie in kirchlichen und klösterlichen Archiven, in den Unterlagen von Korporationen wie Universitäten oder Zünften, bei Verbänden und Vereinen und schließlich in den Geschäftsunterlagen von Händlern oder Kaufleuten. Akten entstehen überall dort, wo etwas **verwaltet** wird, und immer dann, wenn dies **in schriftlicher Form** geschieht.

Allerdings ist nicht zu übersehen, dass sich die Geschichtswissenschaft zunächst für die Akten aus dem politischen, staatlichen Bereich interessiert hat. So stützte sich Leopold von Ranke gern auf **diplomatische Korrespondenzen**, allen voran auf die Berichte der venezianischen Gesandten von den Höfen Europas. Johann Gustav Droysen ging einen Schritt weiter und plädierte dafür, auch die **in der alltäglichen Verwaltung anfallenden Akten** als Quelle mit einzubeziehen. Seine Forderung fand Gehör: Noch im 19. Jahrhundert begann die systematische Erschließung solcher Akten in großen Editionsprojekten wie etwa den **Acta Borussica** zur preußischen Staatsverwaltung.

Auch für den Westfälischen Frieden liegt eine umfassende, allerdings noch nicht abgeschlossene Aktenedition vor, die den Begriff sogar im Namen führt: die **Acta Pacis Westphalicae** (abgekürzt: **APW**). Zwar schlug sich das nur allmählich wachsende Interesse am Westfälischen Frieden auch darin nieder, dass die Akten im Unterschied zu den schon 1648 gedruckt veröffentlichten Urkunden, also den Verträgen selbst, erst seit den 1960er Jahren publiziert wurden. Aber weil dieses Unternehmen vergleichsweise spät in Angriff genommen wurde, hat es auch mehr zu bieten als die im engeren Sinne politischen Akten, für die allein sich der Historismus interessiert hätte.

Im Mittelpunkt stehen aber auch hier jene Akten, die den Weg zur Urkunde pflasterten und uns folglich darüber Auskunft geben, wie es zum Friedensvertrag gekommen ist. Die **Instruktionen**, mit denen die Gesandten bei ihrer Abreise ausgestattet wurden, sind in einem Band versammelt, die während der Jahre der Verhandlungen geführten **Korrespondenzen** zwischen den Diplomaten und ihren Auftraggebern füllen zahlreiche weitere Bände, und in den ebenfalls zahlreichen Bänden mit **Protokollen** sind die Beratungen zwischen den verschiedenen Reichsständen dokumentiert. Hier lässt sich minutiös nachvollziehen, wie die Verhandlungen verliefen, welche Forderungen von welcher Seite erhoben, revidiert oder auch durchgesetzt wurden, wer mit wem in welcher Phase besonders gut auskam, welche Rolle die als Vermittler eingeschalteten Vertreter des Papstes und der Republik Venedig spielten und wie sich das Verhältnis zwischen den Diplomaten entwickelte. Aber auch andere Fragen lassen sich mit Hilfe dieser Editionen bearbeiten. Wer etwa wissen möchte, wer in Frankreich das Sagen hatte, wird mit Interesse feststellen, dass der Großteil der Korrespondenz nicht etwa vom Staatssekretär, der Regentin oder vom König selbst, sondern von seinem Ersten Minister, dem Kardinal Mazarin, geführt wurde. Und wen die Frage beschäftigt, ob frühneuzeitliche Diplomaten mit Bestechungsgeldern gearbeitet haben (sie haben, und zwar reichlich!), wird hier ebenfalls fündig.

Nun könnte man aber auch fragen, was diese Diplomaten im Alltag getrieben haben. Wie sah der Alltag während des Kongresses überhaupt aus, und was bedeutete die Gegenwart dieser zahllosen Diplomaten und ihrer Mitarbeiter für die gastgebenden Städte? Um die Verhandlungen aus dieser eher sozial- oder alltagsgeschichtlichen Perspektive in den Blick zu bekommen, empfiehlt es sich, nach denjenigen zu fragen, die für den reibungslosen Ablauf des Kongresses zuständig waren: die Stadtobrigkeiten. Nehmen wir als Beispiel den **Stadtrat von Münster,** dessen **Sitzungsprotokolle** aus den Kongressjahren in den APW in Auszügen ediert sind. In der Tat stecken diese Protokolle voller Hinweise auf die Probleme, die ein solches Riesenunternehmen wie der Friedenskongress mit sich brachte. Noch bevor die Masse der Gäste – man erwartete einige Tausend Personen! – eingetroffen war, ermahnte der Stadtrat die etwa 10 000 Bewohner von Münster in einem öffentlichen Aushang, sie sollten die Gesandten und deren Diener mit Respekt behandeln und sie nicht über den Tisch ziehen. Schließlich vermieteten die Münsteraner nicht nur Wohnungen an ihre Besucher, sie verdingten sich auch als Handwerker, verkauften Waren jeder Art und machten Geldgeschäfte mit den Fremden. Problematischer noch als die Einheimischen war ihr Borstenvieh. Weil sich die aus den Hauptstädten Europas angereisten Diplomaten von den Schweinen belästigt fühlten, die im beschaulichen Münster neben Hühnern und anderen Tieren in den Straßen umherliefen, musste der Rat mehrmals dazu auffordern, das Vieh in den Ställen zu halten. Klagen über abgeschnittene Schweineohren – offenbar waren die Gäste zur Gegenwehr übergegangen – würden nicht mehr berücksichtigt. Verboten wurde des Weiteren der Verkauf der üblichen Faschingsmasken, die nicht minder üblichen Zechgelage der Bruderschaften, das Betteln auf der Straße und die Prostitution. Fremde Bettler, die in der Hoffnung auf reiche Almosen nach Münster gezogen waren, wurden ausgewiesen, „leichtfertige Weibspersonen" ebenso. Aber auch als die abendliche Sperrstunde verschärft und die Hebammen zur Anzeige jeder unehelichen Geburt verpflichtet wurden, blieben die Probleme mit der guten Ordnung bestehen. Ein Auge hatte der Stadtrat auch auf das fahrende Volk, das mit seinen Darbietungen vor dem illustren Publikum Geld zu verdienen hoffte: Komödianten kamen aus England und Holland, Seiltänzer durften auf Wunsch der Gesandten auftreten, selbst ein dressierter Elefant war zu bestaunen.

All dies und noch viel mehr ist den Protokollen des Stadtrates zu entnehmen. Welche Rolle sie für die Untersuchung des Kongressalltags spielen, dürfte damit deutlich geworden sein. Ebenso sollte sich gezeigt haben, dass sich mit Hilfe dieser Akten auch Themen bearbeiten lassen, die mit dem Westfälischen Frieden nur wenig zu tun haben. Von den geschlechtsspezifischen Formen der Kriminalität und Kriminalisierung über die Festkultur in einer frühneuzeitlichen Stadt bis zur Sicht der Zeit auf Mensch wie Tier – all das geben die Amtsakten zu erkennen. Man muss sie nur danach fragen.

Literatur

Die Vertragstexte des Westfälischen Friedens:
Kritische Edition der lateinischen Fassung von IPM und IPO:
Acta Pacis Westphalicae, Serie III Abt. B: Verhandlungsakten, Bd. 1: Die Friedensverträge mit Frankreich und Schweden, Teilbd. 1: Urkunden, bearbeitet von Antje Oschmann, Münster 1998.

Im Internet unter: www.pax-westphalica.de.

Eine deutsche Übersetzung von IPM und IPO bietet:
Arno Buschmann (Hg.), **Kaiser und Reich. Klassische Dokumente zur Verfassungsgeschichte des Heiligen Römischen Reiches Deutscher Nation vom Beginn des 12. Jahrhunderts bis zum Jahre 1806**, München 1984, S. 285 – 402.

Akten:
Acta Pacis Westphalicae, hg. von der Nordrhein-Westfälischen Akademie der Wissenschaften in Verbindung mit der Vereinigung zur Erforschung der Neueren Geschichte e.V. zunächst von Max Braubach und Konrad Repgen, später nur von Konrad Repgen, Münster 1962 ff.
Serie I: Instruktionen
Serie II: Korrespondenzen
– Abteilung A: Die kaiserlichen Korrespondenzen – Abteilung B: Die französischen Korrespondenzen – Abteilung C: Die schwedischen Korrespondenzen
Serie III: Protokolle, Verhandlungsakten, Diarien, Varia.
– Abteilung A: Protokolle – Abteilung B: Verhandlungsakten – Abteilung C: Diarien – Abteilung D: Varia. Bd. 1: Stadtmünsterische Akten und Vermischtes, bearbeitet von Helmut Lahrkamp, Münster 1964.

Literatur:
Zum Westfälischen Frieden gibt es eine ganze Flut von Publikationen. Die bis Mitte der 1990er erschienenen Beiträge sind zu erschließen durch eine abgeschlossene Bibliographie (vgl. Kap. 4.2):
Heinz Duchhardt (Hg.), **Bibliographie zum Westfälischen Frieden**, bearbeitet von Eva Ortlieb und Matthias Schnettger, Münster 1996.
Hervorzuheben sind die Kataloge zur großen Jubiläumsausstellung von 1998: Klaus Bußmann, Heinz Schilling (Hg.), **1648. Krieg und Frieden in Europa**, 3 Bde., Göttingen 1998.

Einen kurzen Überblick über Inhalt und Verlauf der Verhandlungen gibt:
Konrad Repgen, **Die westfälischen Friedensverhandlungen. Überblick und Hauptprobleme**, in: Klaus Bußmann, Heinz Schilling (Hg.), 1648. Krieg und Frieden in Europa, Textband 1: Politik, Religion, Recht und Gesellschaft, Göttingen 1998, S. 355 – 372.

Zum Leben in Münster vgl. Helmut Lahrkamp, **Münster als Schauplatz des europäischen Friedenskongresses**, in: Geschichte der Stadt Münster, hg. von Franz-Josef Jakobi, Bd. 1, Münster 1993, S. 301 – 324.

Publizistik

3.2.2

Was aber ist zu tun, wenn die Frage weder auf den Inhalt des Friedens noch auf sein Zustandekommen abzielt, sondern schlicht lautet: Wie wurde der Frieden bekannt gemacht? Diese Frage führt uns zum Problem der Öffentlichkeit und damit auch zu einer weiteren für die Frühe Neuzeit wichtigen Quellengattung: zu den publizistischen Quellen. Mit **PUBLIZISTIK** wird der Bereich bezeichnet, der alle die Öffentlichkeit interessierenden Angelegenheiten samt der Medien, in denen diese Angelegenheiten behandelt wurden, umfasst. Publizistische Quellen sind folglich alle Quellen, die zur Veröffentlichung bestimmt sind und der Öffentlichkeit Sachinformationen oder Meinungen mitteilen wollen. Mit der Frühen Neuzeit begann in dieser Hinsicht ganz eindeutig eine neue Epoche. Denn seit Henne Gensfleisch, genannt **Johannes Gutenberg**, kurz nach 1450 in Mainz den Druck mit beweglichen Lettern entwickelt hatte, war es möglich, mit den einmal in einem Setzkasten gesetzten Lettern den gleichen Text serienmäßig, in großer Stückzahl und in stets gleicher Form zu drucken. Mit anderen Worten: Jetzt begann die publizistische Massenproduktion, und erst jetzt waren breite Kreise der Öffentlichkeit erreichbar.

PUBLIZISTIK, von latein. publicare = veröffentlichen.

Für die Frühe Neuzeit lassen sich diese Quellen in Bücher, Flugschriften, Flugblätter, Zeitungen und Zeitschriften unterteilen. Die **Bücher** waren hierbei vor allem den wissenschaftlichen, künstlerischen und literarischen Publikationen vorbehalten. Sie sind daher eine wichtige Quelle für die **Wissenschafts-, Literatur- und Geistesgeschichte** der Epoche. Weit zahlreicher und damit auch wichtiger für die Frage nach Publizistik und Öffentlichkeit waren für das 16. und 17. Jahrhundert aber zweifellos die Flugschriften und Flugblätter. Dabei versteht man unter **Flugschriften** selbständige, nicht periodisch erscheinende gedruckte Schriften aus mehreren Blättern, die (im Unterschied zum Buch) nicht gebunden sind. Sie enthalten meist nur Text und keine Illustrationen. **Flugblätter** sind hingegen Einblattdrucke, d.h. sie bestehen aus einem einzigen Blatt, und dieses Blatt ist sehr oft illustriert. Illustrieren ist hier wörtlich zu verstehen: Die Abbildung, die zunächst aus einem Holzschnitt, später häufiger aus einem Kupferstich besteht, setzt den Inhalt des Textes in Szene, sie stellt ihn bildlich dar. Hergestellt wurden Flugschriften und -blätter gemeinsam von Autoren und Künstlern sowie Druckern und Verlegern. Anders als heutige „Flyer" wurden sie ver-

METHODISCHES: QUELLEN UND VERFAHREN DER FORSCHUNG

kauft. Flugschriften und Flugblätter wurden für den Markt produziert und, meist von fliegenden Händlern, dem Publikum feilgeboten. Inhaltlich können Flugschriften und Flugblätter entweder der Vermittlung von bestimmten Positionen dienen: Wie sich noch zeigen wird, spielte diese propagandistische Funktion der Publizistik vor allem in der Reformation eine große Rolle. Flugschriften und v. a. Flugblätter können aber auch die Neugier und Sensationslust des Publikums ansprechen. Solche auf den kommerziellen Erfolg zielenden Publikationen berichten über aufsehenerregende Ereignisse, über Hochzeiten und Feste, über Schlachten und Katastrophen, über spektakuläre Verbrechen, rätselhafte Himmelszeichen und sonstige Sensationen. Die meisten dieser stets auf konkrete Ereignisse reagierenden gedruckten Meldungen begannen mit den Worten „Zeitung von" oder „Zeitung über XY". Handgeschriebene Korrespondentenberichte, die vor allem die Höfe, aber auch Fernhändler wie die Fugger bezogen, wurden schon im 16. Jahrhundert regelmäßig von Korrespondenten erstellt und verschickt. Gedruckte **ZEITUNGEN** als Vorläufer des heutigen Mediums, die überdies bald von einem größeren, weit über die Höfe hinausgehenden Kreis von Abonnenten bezogen wurden, kamen indes erst im frühen 17. Jahrhundert auf. Sie enthielten fast ausschließlich politische Nachrichten ohne jeden Kommentar. Dass diese Meldungen oft wörtlich aus amtlichen Texten übernommen wurden, sollte die Glaubwürdigkeit der Zeitung demonstrieren. Heute wirkt dies eher als warnender Hinweis auf die Nähe der Zeitungen zu den jeweiligen Höfen, in deren Umfeld sie angesiedelt waren. Tatsächlich wirkten die Höfe oft auf die Zeitungen ein: sehr direkt durch die Zensur, aber auch indirekter durch eine gezielte Informationspolitik gegenüber den Druckern und politischen Beobachtern, die diese Zeitungen herausgaben. Dennoch gehörte den Zeitungen die Zukunft: Um 1700 gab es im deutschsprachigen Raum bereits ca. 60 Zeitungen, für das Ende des 18. Jahrhunderts schätzt man 222 bis 250 wöchentlich oder öfter erscheinende Zeitungen mit etwa 300 000 deutschsprachigen Exemplaren. Verbunden mit dieser starken Zunahme des Zeitungswesens im 18. Jahrhundert ist eine inhaltliche Veränderung: Neben die nüchterne (aber keineswegs objektive!) Meldung trat jetzt immer mehr der politische Kommentar, die Bewertung dessen, was da gemeldet wurde. Der eigentliche Ort dieser Kommentare wurde jedoch eine neue Gattung der publizistischen Quellen: die **Zeitschrift.** Nach ersten Anfängen im späten 17. Jahrhundert

ZEITUNG, zunächst in der Bedeutung von „Nachricht" oder „Neuigkeit" gebraucht. Als Bezeichnung für eine publizistische Gattung setzte sich das Wort erst durch, als die gedruckten Meldungen den entscheidenden Schritt vom Nachrichtenblatt hin zur Zeitung in unserem Verständnis vollzogen und periodisch, d. h. in regelmäßigen Abständen, zu erscheinen begannen.

soll es um 1730 schon ca. 400 Zeitschriften gegeben haben. Der kleinere Teil widmete sich wissenschaftlichen Themen, wobei nicht selten Briefwechsel zwischen Gelehrten abgedruckt wurden. Die Masse der Zeitschriften behandelte hingegen politische Fragen. Besonders beliebt in diesen **„Moralischen Wochenschriften"** waren Reformprojekte und andere Überlegungen, wie sich der Mensch und seine Welt verbessern ließen. Dieses optimistische Anliegen verweist auf den Hintergrund der Entwicklung: Wir sind bereits in der Zeit der **Aufklärung**, jener Strömung also, die an die Vernunft aller Menschen glaubte und mit Hilfe dieser Vernunft auch die politischen Verhältnisse zu bessern gedachte. Um dies zu erreichen, musste jeder Mensch zunächst aufgeklärt werden, und genau diesem Zweck dienten die Zeitschriften. Über eine mangelnde Nachfrage hatten die nun oft auch von Anhängern der Aufklärung herausgegebenen Zeitschriften und Zeitungen nicht zu klagen. Im Gegenteil: In der zweiten Hälfte des 18. Jahrhunderts vollzog sich eine wahre **Leserevolution**, die sich zunächst in der quantitativen Zunahme der Leser zeigte: Die Alphabetisierungsrate war im deutschen Gebiet bis um 1800 auf nahezu 50 % gestiegen. Damit einher ging die soziale Ausweitung des Lesens vom Adel auf das Bürgertum und schließlich eine qualitative Veränderung der Lektüre: Jetzt wurde nicht mehr das Gleiche immer wieder laut vorgelesen, nun begann die Zeit der stillen Lektüre einer immer größeren Menge an Text. Der organisatorische Niederschlag dieser Leserevolution waren die **Lesegesellschaften**. Über 400 solcher Lesezirkel, in denen Zeitschriften und ähnliches gemeinsam angeschafft, reihum gelesen und mitunter auch unter den Mitgliedern diskutiert wurde, soll es in der Zeit der Französischen Revolution im deutschen Raum gegeben haben.

Angesichts dieser Entwicklung sprechen manche Wissenschaftler davon, dass es erst jetzt, mit der Aufklärung, eine politische Öffentlichkeit gegeben habe. Vor allem der Sozialphilosoph **Jürgen Habermas** hat diese These in seinem damals (1962) bahnbrechenden und bis heute auch in der Geschichtswissenschaft immer wieder zitierten Buch über den **„Strukturwandel der Öffentlichkeit"** vertreten. Mit der Aufklärung, so Habermas, sei eine **bürgerliche Öffentlichkeit** entstanden. Jetzt hätten Privatleute nicht mehr nach sozialen Ständen getrennt, sondern als gleichberechtigte Bürger und nach den Grundsätzen der Vernunft miteinander diskutiert und **RÄSONIERT**. Damit aber sei ein einschneidender politischer Wandel einherge-

RÄSONIEREN, von franz. raison = Vernunft; vernünftig reden.

gangen: Denn erst diesem Publikum räsonierender Privatleute gegenüber habe sich die Obrigkeit, die öffentliche Gewalt gezwungen gesehen, sich selbst und ihre Politik vor der öffentlichen Meinung als vernünftig zu legitimieren. Und was war davor? Vor der Aufklärung, und das heißt in weiten Teilen der Frühen Neuzeit, habe es lediglich eine **repräsentative Öffentlichkeit** gegeben: Politik sei Geheimsache gewesen, eine Verpflichtung der Obrigkeit, ihr Handeln gegenüber der Öffentlichkeit zu begründen, habe nicht bestanden, und anstatt zu räsonieren, seien die Privatleute, die Untertanen, nur als Adressaten obrigkeitlicher Verlautbarungen in Erscheinung getreten.

Dass mit der Aufklärung auch eine Leserevolution und ein tief greifender Wandel der Presselandschaft verbunden war, steht außer Zweifel. Widerlegt ist hingegen die Auffassung, in den ersten Jahrhunderten der Frühen Neuzeit habe es keine politische Öffentlichkeit gegeben. Zwar stammt der Begriff der Öffentlichkeit tatsächlich erst aus dem späten 18. Jahrhundert. Und in der Tat galt Politik in der Frühen Neuzeit im Sinne der Lehre von den **arcana imperii**, den Geheimnissen der Herrschaft, als **ARKANPOLITIK**, als eine Geheimsache der Herrscher.

ARKANPOLITIK, von latein. arcanus = geheim; Geheimpolitik.

Aber dennoch haben auch die Untertanen in der Frühen Neuzeit über Politik kommuniziert, d.h. eine Meinung gehabt und diese auch zum Ausdruck gebracht. Zu bedenken ist hierbei zwar die geringe **Alphabetisierungsrate**: Um 1500 konnten im Durchschnitt etwa **5 bis 10 %** der Bevölkerung lesen, und selbst in den Städten, in denen ohnehin nur 10 % der Menschen lebten, lag die Alphabetisierungsquote bei maximal 30 %. Aber wie die **Kommunikationswissenschaft** und die von ihr angeregten Ansätze der historischen Forschung zeigen, lassen sich Öffentlichkeit und politische Kommunikation keineswegs auf Druckmedien reduzieren und damit an die Alphabetisierung binden. Kommuniziert wurde ebenso in mündlicher Form, z. B. in Gerüchten, Liedern, Kanzelabkündigungen oder durch das Vorlesen der Druckerzeugnisse. Und kommuniziert wurde auch nonverbal, etwa als symbolische Kommunikation im höfischen Zeremoniell oder bei Huldigungen (→ S. 137). Vor allem aber zeigt ein näherer Blick auf die Druckmedien der Frühen Neuzeit, dass auch auf dem Wege der Publizistik eine politische Öffentlichkeit hergestellt werden konnte. Diese **Öffentlichkeit in der Frühen Neuzeit** war zwar anders als die kontinuierlich räsonierende bürgerliche Öffentlichkeit im Sinne von Habermas noch nicht permanent vorhanden. Aber von Fall zu Fall ließ sich mit Hilfe der publizistischen Medien eine Öffentlichkeit herstellen, und diese nahm nicht nur Anteil am politischen Geschehen, sondern auch Einfluss darauf.

Ein Musterbeispiel hierfür findet sich bereits am Beginn der Neuzeit: die Reformation. Sehr zu Recht gilt die **Reformation als erste Medienrevolution der Neuzeit,** und das in doppelter Hinsicht: Ohne das neue Medium Buchdruck wäre die Reformation nicht zu dem geworden, was sie war: eine Massenbewegung. Aber umgekehrt ist auch der Buchdruck erst durch die Reformation zu dem aufgestiegen, was er bis vor kurzem noch war: zu *dem* Leitmedium der Neuzeit. Dass zwischen 1517 und 1518 die Druckproduktion um unglaubliche 530 % zunahm, illustriert den zweiten Aspekt: Die schon seit Jahrzehnten technisch mögliche Massenproduktion brauchte erst ein Thema, um in Gang zu kommen, und dieses Thema lieferte die Reformation. Dass von Luthers Schriften bei einer durchschnittlichen Auflage von 1000 Stück bis Ende 1519 bereits 250 000 Exemplare im Umlauf waren, dass diese Zahl bis zum Wormser Reichstag von 1521 auf 500 000 und bis 1525 auf mehrere Millionen Exemplare anstieg – diese eindrucksvollen Zahlen machen deutlich, welche zentrale Rolle der Buchdruck und hier vor allem Flugschriften und Flugblätter für die Ausbreitung der Reformation gespielt haben. Wer genau die Käufer dieser Druckerzeugnisse waren, lässt sich nur in Ausnahmefällen angeben. Aber allein schon die Zahlen signalisieren, dass die Öffentlichkeit, die von den Inhalten dieser Schriften Kenntnis nahm (die Forschung spricht hier von der **„reformatorischen Öffentlichkeit"**), weder auf kleine Regionen noch auf bestimmte Schichten beschränkt, sondern überregional war und von den höchsten Schichten bis hin zum so genannten **„GEMEINEN MANN"** reichte.

Nach der Reformation gingen die Produktionszahlen im Druckgewerbe zwar spürbar zurück. Doch schon der Dreißigjährige Krieg stellte einen zweiten Entwicklungsschub für die Publizistik dar. Denn zum einen wurde der Krieg nicht nur mit Waffen, sondern erstmals auch mit publizistischen Erzeugnissen geführt. Schon allein dank dieser konfessionell gebundenen, meist sehr polemischen Flugschriften und -blätter liefen die Druckerpressen wieder auf Hochtouren. Zum anderen wuchs mit dem Dreißigjährigen Krieg das Informationsbedürfnis der Menschen derart, dass nun auch die Informationsmöglichkeiten zunahmen. Vor allem die Zeitungen konnten sich jetzt als neues Medium etablieren: War die erste ge-

GEMEINER MANN, Quellenbegriff für den Teil der Bevölkerung, der von der Herrschaft ausgeschlossen war.

METHODISCHES: QUELLEN UND VERFAHREN DER FORSCHUNG

druckte Zeitung erst 1605 in Straßburg erschienen, standen dem lesefähigen Publikum im Reich um 1648 bereits weit über 20 Zeitungen zur Verfügung. Und die Zahl der Leserschaft unter den zu dieser Zeit etwa 10 Millionen Bewohnern des deutschen Gebietes soll von maximal 60 000 vor dem Krieg auf bis zu 250 000 Menschen nach Kriegsende gestiegen sein. Aber auch die nicht an Polemik interessierten, auf ein überkonfessionelles Publikum abzielenden Flugschriften und Flugblätter boomten. Nehmen wir nur unser Beispiel, **den Westfälischen Frieden**. Obwohl der Inhalt des Friedens überaus kompliziert war, sollen schon wenige Monate nach der Unterzeichnung bis zu 40 000 Exemplare des sowohl auf Latein als auch in deutscher Übersetzung in den Druck gegebenen Vertragstextes im Umlauf gewesen sein. Schon diese Zahl zeigt, dass die Gruppe derer, die sich politisch informierten, weit über den Kreis der Amtsträger im Dienst der Fürsten und Städte und anderer Personen aus dem Umfeld der Herrschaftszentren hinausging.

Um ein Vielfaches höher noch dürfte die Zahl der Flugschriften und Flugblätter gelegen haben, die in leicht verständlicher Weise über den Frieden, seine Ergebnisse und Hintergründe berichteten. Wie solche publizistischen Werke aussehen konnten und wo die Chancen und Gefahren im Umgang mit diesen Quellen liegen, können wir an zwei Beispielen überprüfen.

Das erste Beispiel ist ein berühmtes Flugblatt, das anlässlich des Westfälischen Friedensschlusses erschienen ist und der Zahl der Auflagen wie der erhaltenen Exemplare zufolge weite Verbreitung fand. Dieses Flugblatt ist selbst ein **Medium**: In ihm und mit ihm wurde der Friedensschluss bekannt gemacht. Text und Bild verweisen aber zugleich auch auf **andere Medien**. Die Illustration zeigt, so der Titel, den „Freüdenreiche(n) Postillon von Münster, den [...] Frieden bringent", also einen auch am Posthorn erkennbaren **Postreiter**. Dieses Motiv spielt auf die Kommunikationswege der Zeit an. Denn zum einen verbreiteten diese Reiter oftmals die Nachrichten, die sie auf ihrer Strecke aufgeschnappt hatten. Und zum anderen war das **Postwesen** selbst von grundlegender Bedeutung für die Entwicklung der frühneuzeitlichen Öffentlichkeit. Vor allem der Aufstieg der **Zeitungen** ging Hand in Hand mit dem Ausbau der Postkurse, also der von der **POST** versorgten Routen. Schließlich konnten die Zeitungen allein mit der Post zu ihren Abonnenten transportiert werden, und so erschienen sie auch gleich im Takt der Posttransporte. Die Standorte der großen Postämter wurden zu Umschlagplätzen der Nach-

POST, von franz. poste und latein. posta; ursprünglich der Standort für den Wechsel dort bereitgestellter Laufboten oder Pferde.

Abb. 22

„Freüdenreicher Postillon von Münster, den [...] Frieden bringent", 1648; Flugblatt mit koloriertem Holzschnitt.

richten, die Postmeister selbst waren oft die Herausgeber der Zeitungen, und noch heute trägt manche Zeitung den Begriff „Post" im Titel. Wie die Post im Reich organisiert war, zeigt der kaiserliche Adler an dem Haus im Bildhintergrund. Sie war ein kaiserliches **MONOPOL** oder **REGAL**, das seit dem 16. Jahrhundert in der Hand der damit so reich wie berühmt gewordenen Familie Taxis (später **von Thurn und Taxis**) lag; das Haus im Hintergrund stellt das Reichsposthaus in Münster dar, das der Reichsgeneralpostmeister (von Thurn und) Taxis auf Verlangen des Kaisers 1643 in Münster eingerichtet hatte.

MONOPOL, griech. = Alleinverkauf.

REGAL, Pl. Regalien, die dem König vorbehaltenen Hoheitsrechte.

Ein Ergebnis dieser Medienentwicklung zeigt unser Flugblatt: Die **Fama**, die auf der Illustration links oben die Neuigkeiten austrompetet, tritt gleich zu Beginn des Textes als „Ich die Fama und gmain geschrey" auf. Ob die lateinische Fama oder das deutsche **„gemeine Geschrei"** – beide Begriffe, die im Englischen übrigens schon zu dieser Zeit mit **„public opinion"** wiedergegeben wurden, standen für eine diffuse öffentliche Meinung und damit für eine Öffentlichkeit in politischen Fragen, die offenkundig auch die „gemeinen Leute" umfasste.

Weitere Hinweise auf die Kommunikationswege der Zeit finden sich im Text: Der Frieden, so heißt es, wurde nicht nur **mit Pauken und Trompeten** verkündet, sondern auch durch **Fahnen** an den Türmen signalisiert. Ebenso ist die Rede von Glockenklang, Orgelspiel und Lobgesängen auf Gott, was auf die Rolle der **Kirche** hinweist. Die Kirche war ein Ort der Kommunikation, und da kirchliche wie weltliche Obrigkeiten in der Frühen Neuzeit eng verzahnt blieben, wurden obrigkeitliche Beschlüsse und Mitteilungen immer auch vom Pfarrer von der Kanzel herab bekannt gemacht. Zur Verbreitung von Nachrichten trug aber auch das **Kirchenlied** bei, das im Dreißigjährigen Krieg ebenfalls eine Blütezeit erlebte. Vor allem das Leid des Krieges, aber auch der Frieden als Geschenk Gottes wurden in den Liedern behandelt, die Geistliche wie etwa der Protestant **Paul Gerhard** (1607 – 1676) dichteten. Und so konnte auch der Lobgesang in der Kirche mindestens die Nachricht vom Frieden festhalten helfen.

Insgesamt steckt unser Flugblatt also voller Hinweise auf die schriftlichen wie nicht schriftlichen Kommunikationswege der Zeit. Zu fragen bleibt indes, an wen es sich überhaupt wendete. Die **Adressaten** möchte man zunächst im gebildeten Publikum vermuten. Schließlich tauchen neben der Fama noch weitere **ALLEGORIEN** auf: **Merkur** etwa, der in dieser Zeit mit dem griechischen Götterboten Hermes gleichgesetzt wurde, deswegen auch im Namen einiger Zeitungen auftauchte und in der Illustration den Brief mit der Friedensbotschaft in Händen hält, oder der **Kriegsgott Mars**, der im Text für alle Laster und Sünden verantwortlich gemacht wird. Um solche Allegorien zu entschlüsseln, brauchen wir Hilfsmittel.

Den Menschen der Frühen Neuzeit dürften diese Allegorien hingegen geläufiger gewesen sein: Wer sein Leben im Krieg verbracht hatte, wusste aus der massenhaften Publizistik, dass der antike Gott Mars ein Symbol für dieses grausame Geschehen war. Dies gilt auch für die nicht Lesekundigen. Denn zum einen konnte man sich

ALLEGORIE, von griech. allegoría = das Anderssagen; die Verbildlichung eines abstrakten Begriffs oder Vorgangs.

> **Tipp**
>
> **Bilder entschlüsseln**

Wer sich mit frühneuzeitlichen Text- und Bildquellen beschäftigt, wird immer wieder auf **SYMBOLE** und Allegorien stoßen. Bei ihrer Entschlüsselung helfen **IKONOGRAPHISCHE** und **IKONOLOGISCHE** Nachschlagewerke, z. B. das folgende:
Lexikon der christlichen Ikonographie, 8 Bde., Rom u.a. 1968 – 1976.

Blätter wie den Postreiter auch vorlesen lassen. Und zum anderen waren die Illustrationen der Flugblätter gerade dazu gedacht, die zentrale Aussage des Textes in ein Bild zu übersetzen und damit auch optisch erschließbar zu machen. Dass die Illustrationen für sich selbst sprachen, wird in einer zweiten, wohl zu diesem Zweck umgearbeiteten Fassung des Postreiters deutlicher als in unserem kolorierten, in der Tat eher für ein zahlungskräftiges, gebildetes Publikum gedachten Exemplar. In der schlichteren Ausgabe des Blattes zertrümmern die Hufen des Pferdes auf dem Boden liegendes Kriegsgerät. Und dass der damit symbolisierte Frieden zwischen Wien, Paris und Stockholm geschlossen worden war, machen symbolische Hinweise auf diese drei Hauptstädte deutlich.

Auch der Inhalt des Textes verweist auf eine breite Zielgruppe des Blattes: Nacheinander richtet sich der Text an Obrigkeit und Untertanen, an Klerus, Adel, Kaufleute, Handwerker, Bauern, Gärtner und Wirte. Die Botschaft für all diese Gruppen ist schlicht: Mit dem von Gott geschenkten Frieden werde alles besser, und zwar für jeden. Dafür solle man Gott danken, die Schranken der Ehrbarkeit nicht überschreiten und fortan anständig leben. Eine Bemerkung zum Inhalt des Friedens sucht man indes vergeblich, von einer Bewertung des Regelwerkes kann schon gar keine Rede sein. Sollte diese merkwürdige Zurückhaltung mit der **Zensur** zusammenhängen? Zensiert wurden die publizistischen Quellen der Frühen Neuzeit in der Tat, und zwar durch kirchliche Stellen wie durch die weltliche Obrigkeit. Nicht zuletzt deswegen erschienen die meisten Publikationen wie auch unser Postreiter **anonym**. Und eben weil die Autoren, Drucker und Verleger mit der Zensur rechneten, ist bei der Auswertung solcher Quellen auch der Aspekt der vorauseilenden **Selbstzensur** zu bedenken. Da nun aber der Text des Friedensvertrags massenhaft veröffentlicht worden war und diese Veröffentlichung nicht ohne Zustimmung der Obrigkeiten erfolgt sein kann, steht zu bezweifeln, dass sie der Verbreitung des Inhalts in anderer Form widersprochen hätten. Weit wichtiger als die Rücksichtnahme auf eine mögliche Zensur dürfte beim Postreiter daher

SYMBOL, griech. = Zeichen, Sinnbild.

IKONOGRAPHIE, Beschreibung, Form- und Inhaltsdeutung von Bildwerken.

IKONOLOGIE, Lehre vom Sinngehalt von Bildwerken.

ein anderer Grund gewesen sein: Die Produzenten der Flugblätter und Flugschriften wollten mit ihren Werken Geld verdienen, sie wollten ihre für den Markt bestimmten Druckerzeugnisse verkaufen, und das in möglichst hoher Zahl. Dieser **kommerzielle Aspekt** erklärt nicht nur, warum mit der Kombination aus Bild und Text sowohl Lesekundige als auch Analphabeten angesprochen werden sollten. Das Interesse am Verkauf konnte auch zu einer gewissen Zurückhaltung mit der eigenen Meinung führen. Denn zum einen standen nicht alle Drucker im Dienste einer konfessionellen Partei. Und zum anderen lag es selbst für diejenigen, die mit polemischen Kampfblättern Geld verdient hatten, in den Zeiten des Friedensschlusses nahe, die konfessionellen Kämpfe auch in der Publizistik zu beenden. Potenzielle Käufer sollten daher nicht verschreckt, Anhänger verschiedener Parteien im gleichen Maße angesprochen werden. Dass finanzielle Überlegungen in der Publizistik eine große Rolle spielten, bestätigt im Übrigen eine weitere Beobachtung: Wie die **historische Presseforschung** lehrt, wurden die Vorlagen für die Illustrationen, d.h. die aufwändigen Holz- oder Kupferstiche, oft mehrfach verwendet: entweder in modifizierter Form für weitere Auflagen des gleichen Blattes, oder aber später zur Bebilderung eines gänzlich anderen Textes und Sachverhalts. Beide Varianten sehen wir beim Postreiter-Motiv: So erschien dieses Blatt nicht nur in mehreren Auflagen mit den erwähnten Unterschieden und überdies in einer niederländischen Version für den dortigen Markt. Das Motiv selbst kam auch noch Jahrzehnte später, in einem Blatt von 1672, abermals zum Einsatz.

Angesichts dieser kommerziellen Interessen und der entsprechenden Rücksichtnahmen stellt sich eine Frage: Welchen **Quellenwert** haben solche Flugblätter für uns? Dass sie wichtige Hinweise auf die Öffentlichkeit der Frühen Neuzeit und ihre Medien geben können, sollte sich gezeigt haben. Und auch andere Fragen ließen sich an diese Quellen herantragen. So könnte man etwa den Versuch des Autors, möglichst viele gesellschaftliche Gruppen anzusprechen, auf die zugrunde liegenden Vorstellungen von der Gesellschaft und ihrer Gliederung hin untersuchen. Dabei würden sich die Stände (Klerus, Adel, dritter Stand) als Hauptkategorien entpuppen, innerhalb des dritten Standes eine berufsspezifische Einteilung ins Auge fallen und schließlich auch klar werden, dass manche Gruppen, etwa die Frauen oder die unterbäuerlichen Schichten, gänzlich fehlen. Aber wie steht es um den Wert der Quelle, wenn wir sie nach unserem eigentlichen Thema, nach dem Westfälischen Frieden befragen? Als Quelle für die Wahrnehmung und Weltsicht ihrer Urheber fallen die Flugschriften und -blätter wegen der kommerziellen Aspekte der Publizistik aus. Aber das muss kein Nachteil sein, im Gegenteil! Denn gerade weil die Produzenten ihre Verkaufsinteressen im Auge hatten, hatten sie Rücksicht auf die Erwartungen ihrer Zielgruppe zu nehmen. Sie mussten diejenigen Aussagen und Bilder liefern, die die potenziellen Käufer hören und sehen wollten. Folglich standen die Produzenten vor der Aufgabe, die allgemeinen Erwartungen richtig einzuschätzen. Und dementsprechend lassen sich die Flugblätter und -schriften als **Quelle für verbreitete Wahrnehmungs- und Deutungsmuster** heranziehen. Dies gilt vor allem für die kommerziell erfolgreichen Produkte. Schließlich dürften sich die Druckerzeugnisse um so besser verkauft haben, je genauer ihre Produzenten die Erwartungen der Kundschaft getroffen hatten. Aber wie lässt sich der Erfolg eines Flugblattes ermitteln? Indizien sind die Höhe der einzelnen Auflagen, die Zahl der gleichen oder veränderten Neuauflagen, die regionale Verbreitung und schließlich auch die Wiederverwendung von Motiven, die sich offenbar auf dem Markt bewährt hatten. Exakt ermitteln kann man dies kaum. Hinweise liefern jedoch die noch heute erhaltenen Exemplare, mit deren Hilfe sich die Auflagen vergleichen, die Verbreitung bestimmen und die Zahl der gesamten Drucke mindestens im Vergleich zu anderen Produkten als eher hoch oder eher niedrig angeben lassen. Im Blick auf diese Kriterien ist für den Postreiter nur ein Schluss möglich: Es ist eines der erfolgreichsten Flugblätter des Jahres 1648 überhaupt. Und was sagt uns das Blatt über die Wahrnehmung des Friedens? Mindestens eines: Die Deutung von Krieg und Frieden ist zutiefst verankert in einer religiösen Weltsicht. Gott hat den Frieden gebracht, Gott gilt es daher zu danken. Von einer Autonomie der politischen Sphäre, die ohne Gott hätte funktionieren und erklärt werden können, war man in der Publizistik um 1648 noch weit entfernt. Und auch das, die nur schrittweise Loslösung der politischen Sphäre aus ihrer religiösen Verankerung, gehört zu den fundamentalen Zügen der Frühen Neuzeit.

Weiteren Aufschluss über die Verbreitung und Wahrnehmung des Friedens gibt uns ein zweites Beispiel für die publizistischen Quellen der Frühen Neuzeit. Beim Blick auf das auf S. 190 abgebildete Titelblatt einer Flugschrift von 1649 fällt zunächst eines ins Auge: Wir haben einen Druck in **Fraktur** vor uns, und da diese goti-

Abb. 23

„Wahrhafftiger und eigentlicher Bericht", Flugschrift 1649.

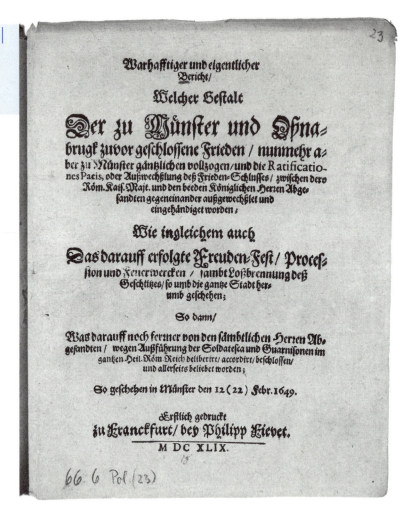

sche Druckschrift vielleicht nicht ganz einfach zu lesen ist, folgt hier die Transkription des Titels:

Wahrhafftiger und eigentlicher
Bericht/
Welcher Gestalt
Der zu Münster und Oßna-
brugk zuvor geschlossene Frieden/ nunmehr a-
ber zu Münster gäntzlichen vollzogen/ und die Ratificatio-
nes Pacis, oder Außwechßlung deß Frieden-Schlusses/ zwischen dero

Röm. Kais. Majt. und den beeden Königlichen Herren Abge-
sandten gegeneinander außgewechßlet und
eingehändiget worden:

Wie ingleichen auch
Das darauff erfolgte Freuden-Fest/ Proces-
sion und Feuerwercken/ sambt Loßbrennung deß
Geschützes/ so umb die gantze Stadt her-
umb geschehen:

So dann/
Was darauff noch ferner von den sämbtlichen Herren Ab-
gesandten/ wegen Außführung der Soldatesca und Guarnisonen im
gantzen Heil. Röm. Reich deliberirt/ accordirt/ beschlossen/
und allerseits beliebet worden:

So geschehen in Münster den 12 (22) Febr. 1649

Am Ende des Titels stoßen wir auf eine weitere Auffälligkeit: auf die
merkwürdige **Doppeldatierung** auf den 12. bzw. 22. Februar 1649. Dieses Phänomen ist für die Frühe Neuzeit und ihre Quellen von nicht
zu unterschätzender Bedeutung. Um zu klären, was es damit auf
sich hat, brauchen wir eine weitere Hilfswissenschaft: die Chronologie.

Die **CHRONOLOGIE** ist die Lehre von der Zeitrechnung. Chronologische Kenntnisse benötigen wir immer dann, wenn wir es mit historischen Datierungen zu tun haben, wenn also ein Datum genannt wird. Dass dies für Antike und Mittelalter gilt, weiß jeder, der
von der Ermordung Julius Caesars an den Iden des März (d.h. am
15. März) oder dem mittelalterlichen Streit um den Jahresanfang gehört hat. Aber für die Frühe Neuzeit dürfte dies doch kein Problem
darstellen!

Tatsächlich galt um 1500 der auf Julius Caesar zurückgehende
Julianische Kalender. Das Kalenderjahr entsprach in etwa dem astro-
nomischen Sonnenjahr, der Tag umfasste den Zeitraum einer Erd-
umdrehung, d.h. die Stunden zwischen einem Sonnenhöchststand
(„Mittag") bis zum nächsten. Auch einige nicht auf astronomischen
Grundlagen, sondern allein auf Konventionen basierende Festle-
gungen galten mittlerweile unangefochten. Dass sieben Tage eine
Woche bildeten, hatte man aus dem jüdischen Kalender übernom-

CHRONOLOGIE, von
griech. chronos = die
Zeit, logos = die Lehre.

METHODISCHES: QUELLEN UND VERFAHREN DER FORSCHUNG

INKARNATIONSZÄH-LUNG, von latein. Incarnatio = Fleisch- oder Menschwerdung Gottes.

HEDSCHRA, die Flucht des Propheten Mohammed von Mekka nach Medina.

MONATSNAMEN, Januar: dem Gott Ianus geweiht; Juli: zur Ehren von Julius Caesar; September bis Dezember: der siebte bis zehnte Monat des unter Caesar noch am 1. März beginnenden Jahres.

INVOKAVIT, der erste Sonntag der Passions- oder Fastenzeit, d. h. der Sonntag nach Aschermittwoch. Benannt nach dem ersten Wort des Psalms, der an diesem Sonntag im Gottesdienst gelesen wird (Ps. 91,15).

KIRCHENJAHR, die sich aus dem christlichen Festkalender ergebende Ordnung des Jahres.

men, die Einteilung des Jahres in 12 unterschiedlich lange Monate war wiederum ein römisches Erbe. Auch der **Jahresbeginn** war in der Frühen Neuzeit kaum noch umstritten und allgemein auf den 1. Januar festgelegt worden. Und seit dem Siegeszug der so genannten **INKARNATIONSZÄHLUNG** stand fest, dass die Jahre ab Christi Geburt gezählt wurden.

Dass sich die **Jahreszählung** jedoch auch anders vornehmen ließ, zeigt schon ein Blick auf alternative Systeme: Der **jüdische Kalender** zählt bis heute die Jahre seit dem angenommenen Schöpfungsdatum der Welt und damit seit 3761 v. Chr., die **islamische Jahresrechnung** setzt mit der **HEDSCHRA** im Jahr 622 n. Chr. ein. Aber auch innerhalb des christlichen Kulturkreises gab es Alternativen zur Zählung nach Christi Geburt. So wurden Urkunden, aber auch Bauwerke noch in der Frühen Neuzeit **nach Regierungsjahren datiert** (→ S. 159).

Auch die **Monatsbenennung** entsprach nicht immer dem Julianischen Kalender. Die diesem Kalender entnommenen und noch heute verwendeten **MONATSNAMEN** von Januar über Juli bis Dezember dominierten zwar auch in der Frühen Neuzeit. Aber wie wir noch sehen werden, konnte auch der **Ernteverlauf** die Namen bestimmen und z. B. aus dem Oktober den Weinmonat machen.

Ähnlich verhält es sich mit der **Tageszählung**. Unsere schon im Mittelalter gebräuchliche Durchnummerierung war zwar im 16. Jahrhundert vorherrschend geworden. Aber daneben spielte immer noch die Rechnung nach dem **kirchlichen Fest- und Heiligenkalender** eine große Rolle. Die energischen Predigten etwa, mit denen der von der Wartburg zurückgeeilte Luther 1522 die aufkommenden Unruhen in Wittenberg erstickte, wurden nach dem Namen des Sonntags, an dem Luther mit ihnen begonnen hatte (9. März 1522), als **INVOKAVIT-Predigten** bezeichnet und als solche berühmt. Wer das genaue Datum dieses Sonntags für das Jahr 1522 ermitteln will, muss Folgendes bedenken: Innerhalb des **KIRCHENJAHRES**, das in den abendländischen Kirchen stets am 1. Advent beginnt, gibt es unbewegliche, d. h. ein für allemal festgelegte Feiertage (z. B. Weihnachten am 25. Dezember), aber auch bewegliche Feiertage. So kann etwa der 1. Advent je nach Wochentag des 25. Dezember zwischen dem 27. November und dem 3. Dezember liegen. Und für den Ostersonntag, der stets auf den Sonntag nach dem ersten Vollmond im Frühling fällt, kommen gar 35 Tage in Frage (22. März bis 25. April). Da sich nun aber andere Feste und Phasen des Kirchenjahres wie

Pfingsten und die Fastenzeit nach dem Osterdatum richten, lässt sich deren exaktes Datum nur bestimmen, wenn man den **Osterter-min** des entsprechenden Jahres kennt. Aber wie soll man das herausfinden? Ganz einfach: Indem man die **Ostertafeln** zu Rate zieht, mit deren Hilfe das Osterdatum für jedes Jahr errechnet werden kann. Zu finden sind solche Hilfen in dem noch heute wichtigsten Handbuch zur Chronologie, dem nach seinem Verfasser benannten und mittlerweile auch im Internet zugänglichen „**Grotefend**".

Der Grotefend hilft auch bei einer anderen, in der Frühen Neuzeit verbreiteten Datierungsweise: bei der **Datierung nach Heiligenta-gen**. Heiligentage sind Tage, die bestimmten Heiligen geweiht, d.h. zu ihrer religiösen Verehrung bestimmt und nach diesen benannt sind. Von diesem Heiligenkalender leiten sich im Übrigen die Namenstage ab, die manchen Katholiken noch heute wichtiger sind als ihr Geburtstag. Wie die Datierung funktioniert, können Sie an noch immer gebräuchlichen Relikten erkennen: Der **Martinstag**, der am 11. November mir Gänsebraten und Laternen gefeiert wird, ist der Tag des Heiligen Martin; der mit dem Johannisfeuer begangene **Johannistag** markiert noch heute die Sonnenwende am 24. Juni, hat seinen Namen aber vom Geburtstag Johannes' des Täufers. Aber nicht nur der Tag selbst, auch die Nacht davor konnte nach dem Heiligen benannt werden: Die **Bartholomäusnacht** etwa gab einem der blutigsten Massaker der französischen Geschichte, der Niedermetzelung von Tausenden anlässlich einer Hochzeit in Paris versammelten **HUGENOTTEN** in der Nacht auf den Bartholomäustag (24. August) 1572 ihren Namen. Aber auch die Tage vor oder nach solchen Heiligenfesten konnten auf den entsprechenden Tag bezogen werden. So wurde Luther zwar am 10. November 1483 geboren, aber dem am nächsten Tag verehrten Heiligen zuliebe nach der Gewohnheit der Zeit Martin genannten. In den Quellen finden sich daher die Bezeichnungen **in ipso die** oder **am tage** für den Festtag selbst, **vigilia**, **pridie** oder **am avende** für den Vortag, **postridie**, **crastino die** oder **des nächsten tages** für den folgenden Tag und schließlich auch **octava die** für den achten Tag nach dem Festtag. Dass auch diese eher indirekte Form der Datierung bis heute nachwirkt, ist im Sonnabend (**am avende**, also Tag vor dem Sonntag) und im **Heilig-abend** (Tag vor Weihnachten) mit Händen greifbar. Luther und die Reformation haben die Heiligenfeste zwar wenig geschätzt und damit zu ihrem Bedeutungsrückgang in der Datierungspraxis beigetragen. Aber da auch in protestantischen Gebieten wichtige **Pacht-**,

HUGENOTTEN, Bezeichnung der Calvinisten in Frankreich.

METHODISCHES: QUELLEN UND VERFAHREN DER FORSCHUNG

Miet-, oder Zinstermine weiterhin nach dem jeweiligen Tagesheiligen benannt wurden, fehlt es nicht an Anlässen, die Angaben zum Heiligenkalender im Grotefend zu konsultieren.

Damit wäre hinreichend illustriert, dass die Menschen der Frühen Neuzeit vielfältige Datierungstechniken kannten und die Chronologie nicht nur für Studierende dieser Epoche hilfreich, sondern auch spannend sein kann. Noch nicht geklärt ist jedoch die merkwürdige Doppeldatierung auf unserer Flugschrift. Um zu verstehen, warum neben dem 12. auch der 22. Februar 1649 angegeben ist, müssen wir uns mit der **Gregorianischen Kalenderreform** vertraut machen. Ihren Namen hat sie von Papst Gregor XIII., der 1582 den Julianischen Kalender reformierte. Lösen wollte die Reform das folgende Problem: Wie man es auch dreht und wendet – mit der Rechnung in Tagen, Wochen und Monaten kommt man nie exakt auf die Dauer eines Sonnenjahres. So ist das Jahr des Julianischen Kalenders etwa 6 Stunden länger als das astronomische Jahr. Um diese Differenz auszugleichen, führte Caesar mit seinem Kalender auch das Schaltjahr ein. Da nun jedes vierte Jahr 366 statt 365 Tage hatte, war das Julianische Jahr im Schnitt nur noch 11 Minuten länger als das Sonnenjahr. Doch auch diese Differenz summiert sich im Laufe der Zeit. Mitte des 16. Jahrhunderts hinkte das Kalenderjahr dem astronomischen Sonnenjahr bereits um zehn Tage hinterher. So lag etwa der astronomische Frühlingsanfang nicht mehr auf dem 21., sondern auf dem 31. März. Da nun aber der Ostertermin nach dem Frühlingsanfang berechnet wird und zahlreiche weitere Feste von Ostern abhängen, musste mit dieser kalendarischen Verschiebung das gesamte Kirchenjahr ins Rutschen kommen. Und genau das wollte der Papst beheben. Deshalb ließ er die bisher aufgelaufenen zehn überschüssigen Tage einfach ausfallen, und um für die Zukunft weitere Verschiebungen zu vermeiden, änderte er den Modus der Schaltjahre. Einen zusätzlichen Schalttag gibt es seither alle vier Jahre, nicht aber in den Jahren 1700, 1800, 1900, 2100 und allen andern **SÄKULARJAHREN**, die (anders als 1600 und 2000, die jeweils Schaltjahre waren) nicht ohne Rest durch 400 teilbar sind. Das klingt zwar wie eine Denkaufgabe für Experten, hatte aber Folgen für das alltägliche Leben in ganz Europa. Dass auf Donnerstag, den 4. Oktober 1582 Freitag, der 15. Oktober 1582 folgte, hätte wohl jeder verkraftet – zumal sich an der Reihenfolge der Wochentage nichts geändert hatte. Aber nun war es ausgerechnet der Papst, der diesen Sprung anordnete, und das konnte im **konfes-**

SÄKULARJAHRE, von latein. saeculum = Jahrhundert.

sionell gespalteten Europa der Frühen Neuzeit nicht ohne Folgen bleiben. In den **katholischen Gebieten** wurde der Reformkalender des kirchlichen Oberhauptes sofort umgesetzt: noch 1582 in Italien, Frankreich, Spanien und Portugal, 1583 dann in den österreichischen Erblanden der Habsburger und in den katholischen Territorien des Reiches. In den **nichtkatholischen Gebieten** hingegen sah man keinen Anlass, den neuen, päpstlichen Kalender zu übernehmen. Ein solcher Schritt wurde erst möglich, als die konfessionellen Spannungen an Bedeutung zu verlieren begannen: Großbritannien führte den Gregorianischen Kalender 1752 ein, Schweden folgte 1753, das russisch-orthodox geprägte Russland vollzog diesen Schritt erst nach der Revolution vom Oktober 1917, genauer: im Januar 1918. Für die russische Geschichte hat dies eine kuriose Folge: Was wir unter der Bezeichnung Oktoberrevolution kennen, fand nach der in Westeuropa verbreiteten Rechnung nach dem Gregorianischen Kalender eigentlich im November statt.

Und die nichtkatholischen Gebiete im deutschen Raum? Auch die **protestantischen Territorien des Reiches** nahmen den Gregorianischen Kalender deutlich verspätet, nämlich erst im Januar 1700 an. Folglich existierten von 1582 bis 1700 im Reichsgebiet **zwei Kalender nebeneinander**, und genau das drückt sich in der Doppeldatierung aus. Auf unserer Flugschrift ist der 12. Februar das Datum des alten, jetzt protestantischen Kalenders, der 22. Februar das Datum des katholischen Gregorianischen Kalenders. Diese hier durch eine Klammer gekennzeichnete Doppeldatierung wird oft in Form eines Bruches mit Zähler und Nenner angegeben. Aber es kann auch passieren, dass Ihre Quelle nur ein einziges Datum angibt.

Wenn Sie Glück haben, weisen Angaben wie **„alter Stil" (oder stilo vetere)** bzw. **„neuer Stil" (oder stilo novo)** auf den verwendeten Kalender hin. Aber gelegentlich fehlt diese Angabe. In diesem Fall müssen Sie selbst herausfinden, welcher Kalender hier zugrunde gelegt wurde und das heißt: aus welchem konfessionellen Lager Ihre Quelle stammt. Aber gerade weil die Datierung von der Konfession abhängt, können Sie vom verwendeten Kalender **Rückschlüsse auf den konfessionellen Hintergrund Ihrer Quelle** ziehen.

Und was nützen uns die Kenntnisse der Chronologie für unsere Quelle? Wer weiß, dass die Art der Datierung Rückschlüsse auf den konfessionellen Hintergrund frühneuzeitlicher Quellen zulässt, der weiß auch, welche Schlüsse aus der Doppeldatierung zu ziehen sind: Bei einer Quelle mit beiden Daten haben wir es offenbar mit

METHODISCHES: QUELLEN UND VERFAHREN DER FORSCHUNG

Tipp

Zeitrechnung

Der Grotefend: Hermann Grotefend, Taschenbuch der Zeitrechnung des deutschen Mittelalters und der Neuzeit, 13. Auflage Hannover 1991.

Im Internet unter: http://www.manuscripta-mediaevalia.de/gaeste/grotefend/grotefend.htm

Wer sich für die spannende Frage interessiert, wie die **Uhrzeit** gemessen und angegeben wurde und welche Rückschlüsse man daraus ziehen kann, lese folgendes Buch:
Gerhard Dohrn-van Rossum, Die Geschichte der Stunde. Uhren und moderne Zeitordnungen, Taschenbuchausgabe München 1995.

einem Dokument zu tun, das sich an Anhänger beider Konfessionen wendet. Das könnte ein Vertrag zwischen Parteien verschiedener Konfessionen sein: Der Westfälische Frieden ist zwar einheitlich auf den 24. Oktober 1648 datiert. Aber im Vertragstext selbst finden wir, etwa beim Hinweis auf die später inserierten Vollmachten, stets die Doppeldatierung in neuem und altem Stil. Es kann sich aber auch, wie bei unserer Flugschrift, um eine publizistische Quelle handeln. Und in diesem Fall hat die Doppeldatierung eine klare Aussage: Der Autor wollte Katholiken wie Protestanten gleichermaßen ansprechen, er wollte seine Schrift verkaufen.

Für die Verkaufsabsicht spricht auch der **Titel der Schrift**. Uns mag die bandwurmartige Formulierung des Titels eher irritieren. Aber wie uns die **Barockforschung**, ein schon seit langem blühender Zweig der **Germanistik**, lehrt, sind solche Satzungeheuer typisch für die barocke Sprache der Zeit. Der germanistischen Forschung sind überdies äußerst nützliche Werke zu verdanken: Editionen zur **Barockdichtung**, die eine weitere höchst interessante Quellengattung darstellt, aber auch Hilfsmittel wie **GLOSSARE** und Wörterbücher, die zum Verständnis des Frühneuhochdeutschen nicht selten unverzichtbar sind.

GLOSSAR, Wörterverzeichnis mit Erklärungen.

Von der Barockforschung ist im Übrigen auch zu lernen, dass die massenhaft gebräuchliche Etikettierung solcher Flugschriften als **„Warhafftiger und eigentlicher Bericht"** zwar nicht wörtlich zu nehmen, aber ebenso wenig ohne jede Bedeutung ist. Denn da die Produzenten potenzielle Käufer bereits mit dem Titel ihrer Werke ansprechen mussten, geben diese Überschriften zu erkennen, dass die Wahrhaftigkeit eines Berichts als werbewirksames Verkaufsargument diente. Wie die Lektüre dieser Schriften zeigen würde, stützte sich dieser **Wahrheitsbegriff** nicht auf Autoritäten, sondern auf den Augenschein, auf die Zeugenschaft des Autors oder seiner Gewährsleute. Aus heutiger Sicht mag dies selbstverständlich erscheinen. Aber bei einem Vergleich der Publizistik mit den Wissenschaftstraditionen der Zeit wird man feststellen, dass sich dieser auf Augenschein statt auf Autoritäten basierende Wahrheitsbegriff in der gelehrten Welt erst allmählich durchsetzen konnte. So gesehen, eröffnen die publizistischen Quellen der Frühen Neuzeit auch einen Zugang zu elementaren Vorstellungen der Epoche, die für die **Mentalitätengeschichte** ebenso interessant sind wie für die **Wissenschaftsgeschichte** und andere Bereiche.

Aber auch zur Geschichte des Westfälischen Friedens hat unsere Flugschrift einiges zu sagen. So können wir bereits aus der Überschrift schließen, dass die Zeitgenossen sehr wohl zwischen den einzelnen Schritten des Friedensschlusses unterschieden haben: Hier geht es um die feierliche Ratifizierung des Vertrags, deren detaillierte Beschreibung offenbar mit dem Interesse der Käufer rechnen konnte. Als Kaufanreiz dürfte aber auch die ausführliche Schilderung des anlässlich der Ratifikation veranstalteten Freudenfestes samt Prozession, Feuerwerk und Freudenschüssen zu verstehen sein. Dies verweist nicht nur auf das große Interesse des Publikums an Zeremonien und Spektakeln. Es macht auch deutlich, dass die Quelle uns sowohl über die zeremoniellen Ausdrucksformen der Politik wie über die Festkultur der Frühen Neuzeit Auskunft geben könnte.

Damit lenkt die Schrift unseren Blick auch auf andere Feiern anlässlich des Westfälischen Friedens. Denn nicht nur in Münster, auch an zahlreichen anderen Orten fanden solche Friedensfeste statt. Diese Feiern haben nicht nur weitere Quellen produziert, die sich ebenfalls nach der Wahrnehmung von Krieg und Frieden befragen lassen. Sie liefern uns auch ein Beispiel für eine **Tatsache als historische Quelle**: Denn das **Augsburger Friedensfest**, das alljährlich am 8. August begangen wird und den einzigen staatlichen Feiertag mit rein regionalem Bezug in Deutschland darstellt, geht auf nichts anderes als auf das Augsburger Friedensfest von 1650 zurück. Dass es noch heute gefeiert wird, erinnert wenigstens die Augsburger Jahr für Jahr an das frühneuzeitliche Geschehen.

Insgesamt demonstrieren die publizistischen Quellen der Frühen Neuzeit, dass es schon in dieser Epoche eine Öffentlichkeit gegeben hat. Welche Medien hierbei eine Rolle spielten, konnte am Beispiel des Westfälischen Friedens deutlich gemacht werden. Es zeigte sich nicht nur, wie der Frieden bekannt gemacht wurde. Wir fanden dank der publizistischen Quellen auch erste Hinweise auf die Wahrnehmung dieses Ereignisses. Doch so wichtig die publizistischen Quellen auch im Blick auf die zeitgenössischen Wahrnehmungs- und Deutungsmuster sind – über die individuelle Rezeption dieser Deutungsangebote, über die persönlichen Reaktionen der Menschen auf den Frieden sagen sie nichts. Aber wie der nächste Abschnitt zeigt, gibt es auch hierfür Quellen.

Literatur

Sämtliche bislang für den deutschsprachigen Raum ermittelten politischen Flugblätter aus dem 17. Jahrhundert werden in wunderbaren Abbildungen ediert von:
John Roger Paas (Hg.), **The German Political Broadsheet 1600 –1700**, Bd. 1 ff., Wiesbaden 1985 ff. Zuletzt erschienen: Bd. 8: 1649 – 1661, Wiesbaden 2005.

Die Flugschriften sind zu ermitteln über:
Das Verzeichnis der im deutschen Sprachraum erschienenen Drucke des 17. Jahrhunderts (kurz: VD 17), Im Internet unter: www.vd17.de
(Eine entsprechende Datenbank für das 18. Jahrhundert (VD 18) ist in Arbeit.)

Literatur zur Publizistik in der Frühen Neuzeit:
Konrad Repgen, **Der Westfälische Friede und die zeitgenössische Öffentlichkeit**, in: Historisches Jahrbuch 117 (1997), S. 38 – 83. Wiederabgedruckt in: Konrad Repgen, Dreißigjähriger Krieg und Westfalischer Friede. Studien und Quellen. Hg. von Franz Bosbach und Christoph Kampmann, Paderborn 1998, S. 723 – 765.
Michael Schilling, **Bildpublizistik der frühen Neuzeit. Aufgaben und Leistungen des illustrierten Flugblatts in Deutschland bis um 1700**, Tübingen 1990.

3.2.3 | Selbstzeugnisse

Nun wissen wir, wie die Nachricht vom Westfälischen Frieden verbreitet wurde. Aber wie reagierten die Menschen darauf? Wie nahmen sie diese Nachricht auf? Erste Hinweise ließen sich bei aller Vorsicht aus den publizistischen Quellen gewinnen. Für Fragen dieser Art gibt es aber weit bessere Quellen: die so genannten **Selbstzeugnisse**. Was diese Quellenart auszeichnet, ist der Definition von Benigna von Krusenstjern zu entnehmen: „Um ein Selbstzeugnis handelt es sich dann, wenn die Selbstthematisierung durch ein explizites Selbst geschieht. Mit anderen Worten: die Person des Verfassers oder der Verfasserin tritt in ihrem Text selbst handelnd oder leidend in Erscheinung oder nimmt darin explizit auf sich selbst Bezug." Selbstzeugnisse müssen freiwillig, aus eigenem Antrieb und von der beschriebenen Person selbst abgefasst sein. Aussagen vor Gericht, die meist nicht aus eigenem Antrieb gemacht und noch dazu von einer dritten Person protokolliert werden, sind folglich keine Selbstzeugnisse. Allerdings kann ein Mensch auch in solchen Aussagen sich selbst thematisieren, d. h. Auskunft über sich selbst geben. Daher plädieren einige Historiker dafür, den Begriff weiter zu fassen und statt von Selbstzeugnissen von Ego-Dokumenten zu sprechen. Solche **Ego-Dokumente** sind nach der Definition von Winfried Schulze alle Quellen, „in denen ein Mensch Auskunft über sich selbst gibt, unabhängig davon, ob dies freiwillig [...] oder durch andere Umstände bedingt geschieht." Selbstzeugnisse sind folglich jene Untergruppe der Ego-Dokumente, die freiwillig und selbst verfasst wurden.

Ob man nun den weiten Begriff der Ego-Dokumente wählt oder im engeren Sinne von Selbstzeugnissen spricht – entscheidend ist stets der **Aspekt der Selbst-Thematisierung**. Klassische Formen der Selbstthematisierung sind Tagebücher und Autobiographien, aber auch in Briefen, Familienchroniken, Traumaufzeichnungen oder Wirtschaftsbüchern kann, so eine weitere Definition dieses zentralen Punktes, „ein Ich schreibendes und beschriebenes Subjekt zugleich sein" (Jacob Presser). In der Frühen Neuzeit ist ein stetiges **Anwachsen dieser Quellenart** zu beobachten, das manche Historiker als **„Entdeckung des Individuums"** (Richard van Dülmen) interpretieren: Seit dem 16. Jahrhundert nahm die Zahl der autobiographischen Texte kontinuierlich zu, **Tagebücher** wurden von immer mehr Menschen beiderlei Geschlechts und immer breiterer Schichten geführt. Dass sich auch der **Brief** zu einem Medium der Selbstthematisierung entwickelte, zeigt schon die Begriffsgeschichte: Im 16. Jahrhundert erweiterte sich die Bedeutung des Wortes einerseits von den schlichten Urkunden hin zu jeder schriftlichen Mitteilung eines Absenders an einen Empfänger, andererseits verengte sich die inhaltliche Definition auf persönliche, private Mitteilungen oder den geschäftlichen Verkehr zwischen Privatleuten. Wurde der Brief bereits in den Korrespondentennetzen der Humanisten und anderer Gelehrter zum zentralen Medium der **RESPUBLICA LITTERARIA**, gilt das 18. Jahrhundert als das eigentliche Jahrhundert des Briefes und der Briefroman als literarischer Ausdruck dieser Entwicklung. Hinzu kamen seit dem 17. Jahrhundert die vor allem in Frankreich beliebten **MEMOIREN**, in denen Adlige und Politiker auf ihr Leben und Werk zurückblickten. Und bis zum Ende des 18. Jahrhunderts hatte es die **Autobiographie** zu einem der bedeutendsten literarischen **GENRES** geschafft. Auch inhaltlich verschoben sich die Akzente:

RESPUBLICA LITTERARIA, latein. = „Republik der Gelehrten", zeitgenössische Bezeichnung für die Gruppe derer, die wissenschaftlich publizierten und in Austausch miteinander standen; frühneuzeitliche „scientific community".

MEMOIREN, von franz. mémoire = Gedächtnis, Erinnerung; literarische Darstellung des eigenen Lebens in seinem (politischen) Kontext.

GENRE, Gattung.

Dienten die Aufzeichnungen im 16. und 17. Jahrhundert vor allem der Selbstkontrolle im Blick auf den religiösen und moralischen Lebenswandel, erfasste die Selbstthematisierung im 18. Jahrhundert das gesamte Seelenleben. „Ich habe die Geschichte meiner Seele versprochen", schrieb etwa der französische Philosoph **Jean-Jacques Rousseau** (1712 – 1778), und zu Beginn seiner zwischen 1765 und 1770 verfassten „Bekenntnisse" heißt es: „Ich will vor meinesgleichen einen Menschen in aller Wahrheit der Natur zeigen, und dieser Mensch werde ich sein. – Einzig und allein ich."

In der historischen Forschung stießen diese Quellen hingegen lange Zeit auf nur geringes Interesse und eine um so größere Skepsis. Zwar wurden die Selbstzeugnisse berühmter Persönlichkeiten schon früh zur Kenntnis genommen. Aber da man sie vor allem zur Rekonstruktion historischer Abläufe benutzen wollte, galt ihr Quellenwert als eher gering. Eben weil das eigene Ich mit einer gewissen Absicht dargestellt wird, weil die Autoren über ihr eigenes Leben nachdenken und ihrem Tun einen Sinn zu verleihen versuchen, hielt man sie für unglaubwürdige Zeugen. Im Sinne der klassischen Quellenkritik ist dieser Standpunkt zwar überzeugend. Aber auch hier zeigt sich, dass der Quellenwert immer von der Fragestellung abhängt. So wurden mit der methodischen wie thematischen Umorientierung der Geschichtswissenschaft seit den 1980er Jahren auch die **Selbstzeugnisse als historische Quellen** entdeckt. Denn nun begann die Forschung verstärkt nach genau dem zu fragen, was in Selbstzeugnissen zum Ausdruck kommt: nach den Deutungen und Bedeutungen, nach den Wahrnehmungen und Sinnstiftungen der Akteure (→ S. 129). Aus dem einstigen Makel der Selbstzeugnisse war somit ihr eigentlicher Vorteil geworden. Dementsprechend wurden die bereits bekannten Selbstzeugnisse prominenter Autoren neu gelesen. Aber auch die Aufzeichnungen der einfachen Leute stießen nun auf Interesse. Dass mit neuen Fragestellungen auch neue Quellen entdeckt werden, zeigt etwa die seit einigen Jahren blühende **Erforschung bäuerlicher Selbstzeugnisse**. Es zeigt sich aber auch in der Gründung einer neuen Publikationsreihe: Seit 1993 erscheinen in der Reihe „Selbstzeugnisse der Neuzeit" Quelleneditionen und Abhandlungen zum Thema. Der erste Band dieser neuen Reihe stellt ein besonders anschauliches Beispiel für den späten Ruhm einer lang vernachlässigten Quelle dar. Es handelt sich um das **Tagebuch eines Söldners aus dem Dreißigjährigen Krieg**. Die handschriftlichen Aufzeichnungen dieses Söldners, von dem wir noch nicht einmal den Namen zweifelsfrei feststellen können, schlummerten seit Jahrhunderten im Archiv. Erst 1993 wurden sie von Jan Peters, einem besonders an Selbstzeugnissen interessierten Historiker, entdeckt und ediert. Dem gewandelten Forschungsinteresse entsprechend machte die edierte Quelle eine rasante Karriere: Heute dürfte ihr Autor wenigstens in der deutschsprachigen Forschung der wohl berühmteste Söldner aller Zeiten sein.

Aber auch für unser eigentliches Beispiel, für den **Westfälischen Frieden**, liegt eine Reihe von Selbstzeugnissen vor. So haben nicht wenige der in Münster und Osnabrück versammelten Diplomaten in den Jahren der Verhandlungen Tagebuch geführt – nicht zuletzt, um auf der Grundlage dieser Notizen nach dem Ende der Mission ihren Abschlussbericht verfassen zu können. Diesen persönlichen Aufzeichnungen einzelner Kongressteilnehmer ist daher auch zu entnehmen, wie die Diplomaten selbst die Verhandlungen wahrnahmen. In vielen dieser **DIARIEN** finden sich detaillierte Schilderungen der Gespräche und der abschließenden Vertragsunterzeichnungen. Und die ebenfalls äußerst detailverliebten Berichte über Einzüge, Prozessionen, Empfänge und Ballettaufführungen machen deutlich, welchen Wert die Zeitgenossen auf das Zeremoniell legten.

> **DIARIUM**, latein. = Buch für (tägliche) Eintragungen.

Aber auch andere, weniger auf die politische Dimension des Kongresses bezogene Fragen lassen sich mit diesen Selbstzeugnissen bearbeiten. Im Blick auf die Sprache etwa fällt auf, dass die Diplomaten auch in ihren privaten, ursprünglich ja nicht zur Veröffentlichung gedachten Notizen immer wieder lateinische Formeln wie „audivi missam" (ich hörte die Messe) verwenden. Das Vokabular für die zeremoniellen Aspekte und „**COURTOISEN**" Umgangsformen stammt dagegen selbst bei den deutschsprachigen Beobachtern stets aus dem Französischen. Dass nicht nur das Schloss Versailles (→ S. 64), sondern auch die höfische Kultur Frankreichs in dieser Zeit als Vorbild galt, wird hier mit Händen greifbar. Und die Thematisierung des Selbst? Auch dieses zentrale Kriterium der Selbstzeugnisse erfüllen unsere Diarienschreiber. Zwar gilt für sie die für das 16. und 17. Jahrhundert typische Zurückhaltung in der schriftlichen Selbstreflexion. Doch dass ihre Selbstwertvorstellungen in hohem Maße von ihrem eigenen sozialen Status abhingen, dass sie auch ihre vor Ort weilenden Gattinnen unter dem Aspekt des Status betrachteten, dass sie sich aber durchaus freuten, wenn ihren Kindern der in Münster ausgestellte Elefant gefiel – all das zeigen uns die Quellen.

> **COURTOISIE**, Höflichkeit; in der Aktenkunde auch die höfliche Schlussformel eines Schreibens, die vom Text zur Unterschrift überleitet.

Nun wollen wir aber wissen, wie die **„einfachen Leute"** den Frieden aufgenommen haben, wie der Frieden von den Menschen auf dem flachen Land rezipiert wurde. Auch hierfür findet sich eine Reihe von Quellen. Eine davon kennen Sie bereits: Es ist das **Zeytregister** des bei Ulm lebenden Bauern **Hans Heberle** (→ Abb. 11, S. 71).

Was also schreibt Heberle über den Frieden? Zunächst vermerkt er den Vertragsabschluss: „Den 14 tag Weinmonet ist der edle, guldne und lang gewünschte reichsfriden zu Münster geschlossen worden" (224). Schon an dieser Stelle kommt uns die Beschäftigung mit der Chronologie zugute. So wissen wir bereits, dass der Weinmonat eine andere Bezeichnung für den Oktober ist. Vor allem aber können wir aus Heberles Datierung des Friedensschlusses nach dem alten Kalender auf seine Konfession schließen: Da für ihn die Unterzeichnung des Vertrags am 14. und nicht am 24. Oktober 1648 stattfand, muss er Protestant gewesen sein.

Was den Frieden angeht, ist Heberles Erleichterung an dieser Stelle deutlich spürbar. Allerdings sollte die Freude nicht lange anhalten. Den Grund nennt uns ein Eintrag unter dem Jahr 1649: „Wiewoll das 48 jar ist friden gemacht worden, so ist der friden nit fölig beschlossen worden" (226). Wie aus Heberles Aufzeichnungen hervorgeht, kam der Frieden für ihn erst mit dem so genannten **Nürnberger Exekutionstag**, auf dem sich die Mächte 1650 über offene Finanzfragen und den endgültigen Abzug der Truppen einigten. Bis dahin standen die Truppen in Deutschland, und bis dahin hatte Heberle wie so viele andere auch weiter **KONTRIBUTIONEN** zu zahlen. Diesen Befund bestätigen auch andere Aufzeichnungen dieser Art. Und so kann man aus den Selbstzeugnissen lernen, dass für die Menschen im Lande das Datum von 1648 weit weniger wichtig war als **der tatsächliche Beginn des Friedens 1650**. Hierin liegt im Übrigen auch die Erklärung, warum das große Friedensfest in Augsburg ebenso wie in Heberles Ulmer Gebiet erst 1650 und nicht schon 1648 gefeiert wurde.

KONTRIBUTIONEN, allg. für militärische Zwecke verwendete Steuern, hier: Zwangsauflage in Kriegszeiten.

Dass sich in Quellen wie dem Zeytregister gut erkennen lässt, wie die Menschen den **Alltag im Krieg** erlebt und bewältigt haben, liegt auf der Hand. Aber auch auf andere Fragen können Selbstzeugnisse Antworten geben. Zum einen eignen sie sich zur **mikrohistorischen Überprüfung makrohistorischer Theorien**. Heberle etwa könnte man danach befragen, ob er im Sinne der Konfessionalisierungstheorie sich selbst bewusst als Protestant wahrgenommen und die entsprechenden Anforderungen verinnerlicht hatte. Man würde dabei auf klare konfessionelle Bekenntnisse des Protestanten Heberle stoßen. Ebenso schnell wäre aber auch zu sehen, dass die konfessionelle Dimension des Dreißigjährigen Krieges für ihn eine eher geringe Rolle spielte und alle Soldaten, auch die der protestantischen Seite, schlichtweg „Buben", also Halunken waren. Und schließlich würde sich zeigen, wie wenig sich Menschen wie Heberle mit den theologischen Details des Konfessionskonfliktes befassten.

Bei der Suche nach Heberles Religiosität kämen aber auch andere Aspekte in den Blick. Um nur zwei Beispiele zu nennen, die heutigen Lesern unmittelbar ins Auge springen: Zum **Tod** seinen Sohnes 1634 schreibt Heberle nicht mehr als dies: „Den 19 tag Herpstmonet ist mir mein son Bartholme gestorben, morgens zwischen 7 und 8 uhr, seines alters gerad 4 wochen. Gott der allmechtige wolle im geben am jüngsten tag ein fröhliche aufferstehung und das ewige leben" (152). Und auch als ihm kurz darauf binnen eines Monats neben seiner Stiefmutter auch noch drei Schwestern wegsterben, notiert er abermals außer dem Datum und der Uhrzeit nur jene fromme Formel (152 f.). Diese Distanz ist aus heutiger Sicht höchst irritierend, für die erste Hälfte der Frühen Neuzeit jedoch typisch. Aber wie das obige Zitat aus Rousseaus „Bekenntnissen" andeutet, sollte sich hier bis zum Ende der Epoche einiges ändern. Dieser Entwicklung und ihren Hintergründen nachzugehen, wäre ein lohnendes Unterfangen. Und so bieten sich Selbstzeugnisse auch für eine **Geschichte der Emotionen** als Quelle an.

Aber auch in anderer Hinsicht liefern Selbstzeugnisse Bausteine für die Rekonstruktion vergangener Welten. Heberle etwa illustriert mit seinen ausführlichen Berichten über **Kometenerscheinungen**, wie wichtig den Menschen der Frühen Neuzeit solche Himmelszeichen waren. Er selbst gibt an, dass ihn ein im Herbst 1618 erschienener Komet gar zur Abfassung seines Zeytregisters bewogen habe: „Des selbigen ansehen ist schröcklich und wunderlich, der bewegt mich in meinem gemüet, das ich anfang zu schreiben, weil mich bedünckht, es werden etwas gross bedeüten und mit sich bringen" (86 f.). Bei diesem Kometen, der in zahlreichen Selbstzeugnissen, Flugblättern, Predigtmitschriften und anderen Quellen belegt ist, handelte es sich im Übrigen um den Halleyschen Kometen.

Heberles Umgang mit diesem Phänomen verweist auf zwei weitere wichtige Punkte: Zum einen konnte Heberle erst im Nachhinein sicher sein, dass der Komet „etwas gross" bedeutet hatte. So könnte man annehmen, er habe sein Zeytregister keineswegs unter dem Eindruck des Himmelszeichens begonnen, sondern dies erst später so dargestellt. Als Warnung ist diese Stelle auf jeden Fall zu begreifen: Selbstzeugnisse sind immer auch nachträgliche Entwürfe des eigenen Lebens. Die entsprechenden **Umdeutungen und Stilisierungen** sind durchaus aufschlussreich und daher nicht als Minderung des Quellenwertes zu betrachten. Aber um ihnen auf die Spur zu kommen, bedarf es einer gründlichen Quellenkritik. Eine solche quellenkritische Überprüfung des Textes würde auch eine zweite Eigenheit der Gattung zu Tage fördern: Wie an einigen weiteren Stellen stützt sich Heberle bei der Behandlung des Kometen auf Vorlagen, hier auf die im Druck erschienenen Kometenpredigten, in denen Pfarrer ihren Gemeinden erklärten, was Gott mit diesen **PRODIGIEN** oder Vorzeichen sagen wollte. Dass die Autoren von Selbstzeugnissen aus solchen Vorlagen abschrieben, dass sie die Deutungen und Formulierungen anderer übernahmen, ohne dies immer zu kennzeichnen, gehört ebenfalls zu den gattungsspezifischen Eigenheiten dieser Quellen. Diese Übernahme fremder Formulierungen – die Forschung spricht auch von **Fremddiktion** – ist daher nicht mit einer persönlichen Eigenheit des Autors zu verwechseln. Und noch viel weniger sollte einem bei der Arbeit mit Selbstzeugnissen entgehen, wo die Fremddiktion anfängt.

PRODIGIEN, Vorzeichen, Warnzeichen Gottes.

Aber auch die gattungsspezifischen Eigenheiten der Selbstzeugnisse mindern keineswegs ihren Quellenwert. Im Gegenteil: Schließlich muss bei der Arbeit mit solchen Dokumenten immer eine Antwort auf die Frage gefunden werden, welche **Aussagekraft** sie denn überhaupt haben, wie es also um ihre **Repräsentativität** steht. Und dieses methodische Problem ist leichter zu lösen, wenn es um gattungsspezifische und damit überindividuelle Befunde geht. Zu ermitteln sind solche überindividuellen Sachverhalte nur durch den **Vergleich mehrerer Quellen**. Dass hierbei der jeweilige Hintergrund der Autoren zu berücksichtigen ist, wissen Sie bereits von der klassischen Quellenkritik des 19. Jahrhunderts. Und wenn Sie Ihre Quellen geschickt auswählen, können Sie nicht nur übergreifende Gemeinsamkeiten, sondern auch individuelle Besonderheiten feststellen und diese wiederum danach befragen, inwieweit sie von den jeweiligen Lebensumständen der Autoren abhängen.

Es ist deutlich geworden, dass Selbstzeugnisse auch als **individuelle Quellen** einiges zu sagen haben: über das Wirken der großen Ereignisse und Strukturen im konkreten Leben, über die Sicht der kleinen Leute auf die große Politik, über ihren Alltag, über ihre

Werte und Deutungen, über die Art und Weise, wie sie mit den Normvorstellungen der Obrigkeiten umgegangen sind. Dieser letzte Punkt verweist im Übrigen auf den methodischen Reiz der **Gerichtsakten**, d. h. der nicht freiwillig und oft nicht persönlich verfassten Ego-Dokumente: Gerade wo unsere Helden von der Norm abweichen und mit der gewünschten Ordnung kollidieren, lassen sich die Normen und ihre Verankerung bei den kleinen Leuten klarer erkennen als in jeder Policeyordnung.

Aber auch für gänzlich andere Fragestellungen können Selbstzeugnisse nützlich sein. Heberle etwa verzeichnete über mehrere Jahrzehnte regelmäßig die Preise der wichtigsten Agrarprodukte im Ulmer Gebiet. Darin wird nicht nur deutlich, welche Rolle diese Faktoren für ihn persönlich spielten. Damit bietet sich sein Zeytregister auch für eine Art der Analyse an, die viel mit Zahlen zu tun hat. Was man mit solchen Angaben anfangen kann, zeigt der nächste Abschnitt.

Aufgaben zum Selbsttest

- Was steckt hinter der Aussage, das Mittelalter sei die Zeit der Urkunden, die Neuzeit hingegen die Epoche der Akten?
- Skizzieren Sie kurz die Entwicklung des Urkunden- und Siegelwesens. Gehen Sie dabei auch auf den Nutzen der Hilfswissenschaften Diplomatik und Sphragistik ein.
- Wie lässt sich die Öffentlichkeit in der Frühen Neuzeit beschreiben? Welche Quellenarten spielen hierbei eine Rolle?
- Wie unterscheiden sich Ego-Dokumente von Selbstzeugnissen? Was kann man mit solchen Quellen anfangen?

Literatur

Quellen
Selbstzeugnisse zu den Verhandlungen in Westfalen:
Acta Pacis Westphalicae, Serie III, Abteilung C: Diarien

Selbstzeugnisse aus der Zeit des Dreißigjährigen Krieges sind zu finden über:
Benigna von Krusenstjern, **Selbstzeugnisse der Zeit des Dreißigjährigen Krieges. Beschreibendes Verzeichnis** (Selbstzeugnisse der Neuzeit 6), Berlin 1997.

Eine kleine Auswahl edierter Quellen aus dieser Zeit:
Ortrun Fina (Hg.), **Klara Staigers Tagebuch. Aufzeichnungen während des Dreißigjährigen Krieges im Kloster Mariastein bei Eichstätt**, Regensburg 1981.

Literatur

Jan Peters (Hg.), **Ein Söldnerleben im Dreißigjährigen Krieg. Eine Quelle zur Sozialgeschichte** (Selbstzeugnisse der Neuzeit 1), Berlin 1993.
Gerd Zillhardt, D**er Dreißigjährige Krieg in einer zeitgenössischen Darstellung. Hans Heberles „Zeytregister" (1618–1672). Aufzeichnungen aus dem Ulmer Territorium. Ein Beitrag zu Geschichtsschreibung und Geschichtsverständnis der Unterschichten** (Forschungen zur Geschichte der Stadt Ulm 13), Ulm 1975.

Ein berühmtes Selbstzeugnis aus dem 16. Jahrhundert:
Thomas Platter, **Lebenserinnerungen. Die ungewöhnliche Karriere eines Walliser Geißhirten der Renaissance, der in Basel vom Buchdrucker zum Rektor der Münsterschule und zum Besitzer eines Schloßgutes aufsteigt,** Basel 1999.

Ein berühmtes Selbstzeugnis aus dem 18. Jahrhundert:
Ulrich Bräker, **Lebensgeschichte und natürliche Ebenteuer des Armen Mannes im Tockenburg.** Mit einem Nachwort und hg. von Werner Günther, Stuttgart 1965, Neudruck 1999.

Literatur
Friedrich Beck, Eckart Henning (Hg.), **Die archivalischen Quellen. Mit einer Einführung in die Historischen Hilfswissenschaften,** 4. durchgesehene Auflage Köln/Weimar/Wien 2004.
Ahasver von Brandt, **Werkzeug des Historikers,** 16. Auflage Stuttgart 2003.
Richard van Dülmen, **Die Entdeckung des Individuums 1500–1800,** Frankfurt a. M. 1997.
Kaspar von Greyerz, Hans Medick, Patrice Veit (Hg.), **Von der dargestellten Person zum erinnerten Ich. Europäische Selbstzeugnisse als historische Quellen (1500–1850)** (Selbstzeugnisse der Neuzeit 9), Köln/Weimar/Wien 2001.
Benigna von Krusenstjern, **Was sind Selbstzeugnisse? Begriffskritische und quellenkundliche Überlegungen anhand von Beispielen aus dem 17. Jahrhundert,** in: Historische Anthropologie 2 (1994), S. 462–471.
Jan Peters, **Mit Pflug und Gänsekiel. Selbstzeugnisse schreibender Bauern. Eine Anthologie** (Selbstzeugnisse der Neuzeit 12), Köln/Weimar/Wien 2003.
Winfried Schulze (Hg.), **Ego-Dokumente. Annäherung an den Menschen in der Geschichte** (Selbstzeugnisse der Neuzeit 2), Berlin 1996.

3.3 | Nichtschriftliche Quellen

Ganz zweifellos werden Sie im Studium vorrangig mit schriftlichen Quellen arbeiten. Das heißt aber nicht, es gäbe keine anderen Quellen. Im Gegenteil: Der Vielfalt der nichtschriftlichen Quellen sind kaum Grenzen gesetzt. In den folgenden Abschnitten werden die wichtigsten dieser Quellenarten samt dem zu ihrer Bearbeitung nötigen Handwerkszeug vorgestellt. Sie werden dabei merken, dass manche der hier behandelten Hilfswissenschaften auch für den Umgang mit schriftlichen Quellen von Bedeutung sein können.

Überdies dürfte sich Ihr Bild vom Westfälischen Frieden nochmals erweitern, denn aus dessen Umfeld stammen auch hier die praktischen Beispiele. Dass die nichtschriftlichen Quellen gelegentlich ihre eigenen Methoden erfordern und auch Tücken haben, wird sich dabei zeigen. Vor allem aber sollte Ihnen deutlich werden, wie reizvoll und lohnend die Arbeit mit den nichtschriftlichen Quellen sein kann.

Serielle Quellen und Daten | 3.3.1

„Man muss zählen", verordnete schon Marc Bloch sich selbst und allen Historikern. In der Tat erschließen sich zahlreiche historische Sachverhalte vor allem in Zahlen. Für manche Themenfelder liegt dies auf der Hand. Was etwa wäre die Wirtschaftsgeschichte ohne die Tabellen und Grafiken zum Preisanstieg oder zur Entwicklung der Löhne? Allerdings warnt bereits der Hinweis auf die quantifizierenden Arbeiten der Mentalitätengeschichte vor dem Fehlschluss, der Nutzen von Zahlen und Daten beschränke sich auf bestimmte Themenfelder. Was man mit Zahlen anfangen kann, die zwar meist aus Textquellen zu erheben sind, aber doch einen anderen Umgang erfordern als die schriftlichen Quellen und daher auch getrennt von diesen behandelt werden, zeigt sich bei einem neuen Blick auf unser Beispiel, den Westfälischen Frieden.

Eine Quelle mit Zahlenangaben ist uns schon begegnet (→ S. 71). Weil Hans Heberle die Preise für Agrarprodukte Jahr für Jahr vermerkte und dies überprüfbar gründlich tat, ließen sich seine Aufzeichnungen durchaus auch als Quelle für die Preisentwicklung im Ulmer Gebiet und deren Abhängigkeit von Kriegsverlauf und Friedensschluss benutzen. Bei diesem Unterfangen würden wir schnell auf die ersten Probleme im Umgang mit **DATEN** stoßen: Wie etwa steht es um die **Dichte** der Angaben, wie um ihre **Reichweite** und damit um ihre **Repräsentativität**? Gerade für die Frühe Neuzeit sind dies schwerwiegende Fragen, haben wir es doch hier so gut wie nie mit auch nur annähernd vollständigen Datenreihen zu tun. Die Lücken überwiegen, und so bleibt im Einzelfall zu klären, wie es sich mit der geographischen, zeitlichen und inhaltlichen Reichweite der datengestützten Aussagen verhält. Das Gleiche gilt im Übrigen für die im Umgang mit historischen Daten verwendeten Erhebungsmethoden: Angesichts der spärlichen Quellenlage für die Frühe Neuzeit wird man wohl nur selten die für solche Verfahren wün-

DATEN, in Zahlen gefasste Informationen, die sich mit mathematischen Methoden auswerten lassen.

schenswerten **langen Datenreihen** vorfinden und daher kaum vor der Frage stehen, wie sich das Material reduzieren lässt. Aber im Prinzip können Sie auch Stichproben für bestimmte Jahre oder Fälle machen, und Sie können ebenso Ihren Untersuchungszeitraum in zeitliche Blöcke einteilen und von diesen jeweils nur bestimmte Abschnitte untersuchen. Was auch immer Sie tun: Sie müssen es begründen, und das wird Ihnen nur gelingen, wenn Ihr Verfahren sowohl zu Ihrer Fragestellung als auch zu den Quellen passt.

Dass sich diese grundsätzlichen, auf keine Quellen oder Fragen beschränkten Probleme durchaus in den Griff bekommen lassen, zeigt die **wirtschaftsgeschichtliche Forschung zur Frühen Neuzeit**. Wenn man hartnäckig sucht, wie dies etwa Fernand Braudel bei seinen Zahlen für Valencia getan hat (→ Abb. 16), finden sich serielle Quellen zu den ökonomischen Grundeinheiten wie den Löhnen und Preisen in hinreichender Dichte. Kommt nun ein gewisses **statistischen Know-How** hinzu, das die statistische Mathematik auch für interessierte Laien bereithält, eröffnet sich ein weites Feld analytischer Möglichkeiten: Zu ermitteln sind **Zuwachsraten** von Jahr zu Jahr (die Steigerung eines Wertes z. B. von 1600 zu 1601, von 1601 zu 1602 usw.) oder bezogen auf einen Grundwert (z. B. die Abweichungen in Braudels Tabelle bezogen auf die Daten für 1521 – 1530 als Grundwert). Erkennbar werden **Trends**, die linear oder auch in Form einer Wachstumskurve verlaufen können. Und neben **saisonbedingten Schwankungen**, die man, wie bei der heutigen Arbeitslosenstatistik, herausrechnen sollte, sind auch **zyklische Veränderungen** über einen langen Zeitraum auszumachen. Auf diese Weise etwa lässt sich das ermitteln, was in der Forschung die **Preisrevolution des 16. Jahrhunderts** genannt wird. Innerhalb dieses einen Jahrhunderts stiegen die Agrarpreise in ganz Europa um das Vier- bis Sechsfache an. Die Löhne hingegen sanken. Schuld daran war das rasante Bevölkerungswachstum. Da nicht mehr genügend produziert werden konnte, um die gestiegene Nachfrage zu befriedigen, stiegen die Preise, da immer mehr Arbeitskräfte zur Verfügung standen, sanken die Löhne. Dass sich damit die Lebensbedingungen der Menschen verschlechterten, liegt auf der Hand. Diese Entwicklung trug nicht unmaßgeblich zur allgemeinen Krisenstimmung bei, die um 1600 in ganz Europa zu spüren war. Und da diese angespannte Situation zunehmend zu sozialen Konflikten, wachsendem Druck der Obrigkeiten und auch zu einer Verhärtung der konfessionellen Grenzlinien führte, dürfte klar sein, dass die datengestützte Wirtschaftsgeschichte auch einiges zum Dreißigjährigen Krieg und seinen Hintergründen zu sagen hat.

Aber auch andere Felder lassen sich mit Hilfe von Zahlen zusätzlich erhellen. Nehmen wir z. B. die Unkostenaufstellung des Ratsherrn Dr. Rottendorff, der 1653 im Auftrag der Stadt Münster nach Regensburg zum dort versammelten Reichstag reiste und um finanzielle Unterstützung für die vom Friedenskongress belastete Stadt bat. Wie die in den APW (APW III D 1, S. 272 f.) edierte Abrechnung seiner Ausgaben zeigt, hatte Rottendorff einer ganzen Reihe von Personen im Namen der Stadt Münster ein Geschenk überreicht. Dass unter den Beschenkten auch der kleinste Zwerg des Kaisers war, lässt nicht nur Rückschlüsse auf die Funktionsweise der ganz selbstverständlich mit solchen Präsenten operierenden Politik der Frühen Neuzeit zu. Es eröffnet zugleich Einblicke in die bei Hof gepflegten Formen der Belustigung.

Solche Kostenaufstellungen lassen sich auch zu **aggregierten Daten** verarbeiten. Hierbei werden die Daten aus einzelnen Quellen addiert, in Kategorien gebündelt und auf diese Weise zusammengefasst. Gestützt auf die Abrechnungen der Gesandten mit ihren Auftraggebern, hat Franz Bosbach auf diese Weise **„Die Kosten des Westfälischen Friedenskongresses"**, so der Titel seiner Studie von 1984, ermittelt. (→ Abb. 24). Schon der erste Blick auf die Tabelle zeigt, dass es Bosbach zwar auch darum ging, die Gesamtkosten des Friedenskongresses – es waren 3,2 Millionen Reichstaler – zu errechnen. Er wollte in seiner „strukturgeschichtlichen Untersuchung", so der Untertitel, aber vor allem aufschlüsseln, wer wofür wieviel ausgegeben hat. Dank dieses quantitativen Zugriffs ergaben sich nicht nur etwa für die Diplomatiegeschichte interessante Einsichten in die soziale Zusammensetzung und innere Gliederung der einzelnen Gesandtschaften. Es ließen sich auch im Ansatz alltagsgeschichtliche Fragen wie die nach den Lebensbedingungen der Diplomaten im Allgemeinen oder nach ihrer Ernährungsweise im Besonderen klären. Auch hier sehen wir also, welche ansonsten nicht verfügbaren Informationen zum Westfälischen Frieden serielle Quellen und aggregierte Daten zu bieten haben.

Allerdings verbirgt sich hinter den Zahlen in dieser Tabelle ein Problem, das im Umgang mit Daten immer wieder begegnet: So wie hier die Ausgaben zu bestimmten Posten gebündelt und damit klassifiziert worden sind, so müssen wir bei einer solchen Art der Datenauswertung immer **Kategorien bilden**. Nur mit Hilfe solcher Ka-

Abb. 24

Der Westfälische Frieden in Zahlen: Quartier als Kostenfaktor. (Nach: Franz Bosbach, Die Kosten des Westfälischen Friedenskongresses, Münster 1984, S. 121.)

Gesandtschaft	Anteil Miete	Anteil Reparaturen	Anteil Heizmaterial	Gesamtsumme	Anteil Gesamtsumme	Anteil Miete u. Reparatur.
	Kostenfaktor I (Wohnung)				an Gesamthaushalt	
Dänemark (Aufenth. 5 Mte.)	1139 (30 %)	1638,7 (43,1 %)	1023,7 (26,9 %)	3801,4	15,8 %	11,5 %
Nassau (29 Mte.)	104 (4 %)	321,8 (12,3 %)	2182 (83,7 %)	2607,8	4,7 %	0,8 %
Pistoris/Leuber (15 Mte.)	919 (51,5 %)	161 (9,1 %)	703 (39,4 %)	1783	13,2 %	8,0 %
Haslang/Krebs (30 Mte.)	2120,9 (42,3 %)	592,3 (11,8 %)	2300,2 (45,9 %)	5013,4	12,5 %	6,8 %
Ernst/Krebs (19 Mte.)	783 (79,5 %)	89,4 (9,1 %)	112,5 (11,4 %)	984,9	8,1 %	7,2 %
Ernst (5 Mte.)	522,3 (61,6 %)	61,8 (7,3 %)	264,1 (31,1 %)	848,2	16,1 %	11,1 %
Stein (5 Mte.)	76,4 (73,1 %)	0,2 (0,2 %)	27,9 (26,7 %)	104,5	12,1 %	8,9 %
Hatten II (3 Mte.)	58,1 (71,0 %)	3,6 (4,4 %)	20,1 (24,6 %)	81,8	4,7 %	3,5 %
Lyskirchen/ Meinerzhagen (6 Mte.)	209,5 (74,9 %)	10,0 (3,6 %)	60,0 (21,5 %)	279,5	21,9 %	17,2 %
Kress I (19 Mte.)	311,0 (70,6 %)	40,9 (9,3 %)	88,3 (20,1 %)	440,2	17,4 %	13,9 %
Göbel/Müller (9 Mte.)	318,0 (86,6 %)	8,0 (2,2 %)	41,2 (11,2 %)	367,2	9,5 %	8,4 %

tegorien – in unserem Beispiel Ausgaben für Quartier, Ernährung, Personal, Fuhrpark etc. – lassen sich Daten aggregieren, verrechnen und vergleichen. Diese Kategorien sind selten den Quellen selbst zu entnehmen; selbst Bosbachs Diplomaten haben in ihren Abrechnungen den Verwendungszweck der Gelder nicht immer gleich und nicht immer genau angegeben. Außerdem interessieren wir uns oft für solche Kategorien, in denen die Zeitgenossen gar nicht dachten oder wenigstens nicht rechneten. Folglich müssen wir nach Kriterien vorgehen, die sowohl unserer Fragestellung dienen als auch mit den Quellen zu vereinbaren sind. Dieses Problem beginnt nicht erst, wenn wir zwar Berufsangaben vorfinden, aber den sozialen

Status der erfassten Personen ermitteln wollen. Es begegnet schon bei dem Versuch, die Vielfalt frühneuzeitlicher Berufe in handhabbare Gruppen zu bündeln. Wie dies zu lösen ist, lässt sich nur im Einzelfall entscheiden. Grundsätzlich zu beachten ist hierbei jedoch, dass sich die Bedeutung der Quellenbegriffe geändert haben könnte und etwa ein „GARTENDER" Soldat ein aus dem Militärdienst ausgeschiedener („abgedankter") Söldner war, der sich einem Garthaufen angeschlossen hatte und gemeinsam mit anderen arbeitslosen Söldnern auch noch im Frieden das Land unsicher machte.

Dass die historischen Akteure in den quantitativ auswertbaren Quellen zwar nicht unsere heutigen Kategorien benutzt haben, aber doch nicht anders als wir solche Kategorisierungen vornehmen mussten, kann allerdings auch eine Chance sein. Dies ließe sich an den bisher als Quellen behandelten Selbstzeugnissen und Abrechnungen durchaus zeigen. Besonders deutlich wird es jedoch, wenn wir zu einer Quellenart greifen, die in der Frühen Neuzeit aufzublühen begann: der **Zensus**, d.h. die primär der Besteuerung, aber auch der kirchliche Kontrolle und anderen Zwecken dienende **Erfassung der Bevölkerung**. Eine solche Erhebung ist alles andere als objektiv. Sie liefert zwar eindrucksvolle Zahlenkolonnen, die allein manche Betrachter zu der irrtümlichen Annahme verleiten, bei Zahlen habe man es grundsätzlich mit härteren Fakten zu tun als bei den eher subjektiven Textquellen. Aber wie diese Zahlen angeordnet sind, ist immer abhängig von der Sichtweise derer, die den Zensus durchführen. Dass etwa Arme ohne festen Wohnsitz in den obrigkeitlichen Erhebungen nicht erfasst wurden, entsprach der Überzeugung, auf Kosten der Allgemeinheit zu versorgen seien ohnehin nur die ortsansässigen Armen. Dass umgekehrt „blind" als Berufsbezeichnung durchgehen konnte, verweist auf die nur langsam abnehmende grundsätzliche Wertschätzung des Bettelns, das guten Christen Gelegenheit zu frommen Werken an den Gebrechlichen gab. Achten Sie also auf die Kategorien, wenn Sie mit solchen Listen arbeiten! Aus der Art und Weise, wie die Menschen eingeteilt und beschrieben wurden, ist meist einiges über die Wertvorstellungen der Zeit zu lernen.

Lehrreich ist schon ein Blick auf die **Entwicklung dieser Quellengattung** insgesamt. Wie erwähnt, nahm die Zahl der Quellen, in denen die Bevölkerung von Gemeinden, Städten oder Regionen erfasst werden sollte, seit dem Beginn der Frühen Neuzeit spürbar zu. Verantwortlich hierfür waren zwei Prozesse: Auf der einen Seite führ-

> **„GARTEN"**, frühneuzeitliche Bezeichnung für Vagantendasein und Kleinkriminalität arbeitsloser Söldner.

te das **Wachstum der Staatsgewalt** dazu, dass die weltlichen Obrigkeiten ihre Untertanen besser erfassen, stärker kontrollieren und vor allem energischer besteuern wollten. Neben **Huldigungslisten**, in denen die Untertanen nach vollzogenem Treueid vor ihrer Herrschaft vermerkt wurden, und **Mannschaftslisten**, in denen sich die im Notfall heranzuziehenden Wehrfähigen wiederfanden, sind dann auch **Steuerlisten** die wichtigsten Quellen dieser Art aus dem weltlichen Bereich. Auf der anderen Seite waren aber auch die Konfessionskirchen, die mit der Reformation entstanden waren und seitdem miteinander konkurrierten, daran interessiert, ihre Schäfchen zu erfassen und zu guten Christen im Sinne der jeweiligen Konfession zu machen. So ist es der **Konfessionalisierung** zu verdanken, dass sowohl in protestantischen wie in katholischen Gemeinden **Kirchenbücher** geführt wurden. Von der katholischen Kirche auf dem Trienter Konzil 1563 als „**STATUS ANIMARUM**" für alle Pfarreien vorgeschrieben, im protestantischen Bereich ebenfalls oft auf Weisung von oben, wurden seit dem 16. Jahrhundert in diesen Büchern sämtliche Taufen, Eheschließungen und Beerdigungen, gelegentlich aber auch die Teilnahme am Abendmahl in den einzelnen Kirchengemeinden verzeichnet. Und da diese Erfassung nach anfänglichen Verzögerungen seit dem 17. Jahrhundert tatsächlich umgesetzt wurde, haben wir mit den Kirchenbüchern eine der wichtigsten Quellengattungen der Frühen Neuzeit überhaupt vor uns. Wer sich für Details aus dem Gemeindeleben interessiert, sollte zwar auch zu den **Visitationsakten** greifen: Visitationen waren in der Zeit der Konfessionalisierung zunehmende Kontrollbesuche der kirchlichen, mitunter auch der weltlichen Obrigkeit. Und da die Kommissionen die Mitglieder der visitierten Gemeinden nach allem Möglichen vom Zustand des Kirchendaches bis hin zur Sexualmoral fragten, sind diese Akten ebenfalls eine äußerst wichtige Quellengattung. Aber schon die Kirchenbücher können ein weites Spektrum von Fragen beantworten.

> **STATUS ANIMARUM,** latein. = Stand der Seelen, Erfassung der Gläubigen in den einzelnen Gemeinden.

Vor allem wer die **Bevölkerungsgeschichte**, die Bevölkerungszahlen ermitteln und deren Entwicklung verfolgen will, greift für die Frühe Neuzeit immer wieder auf die Kirchenbücher zurück. Denn eines muss man sich klar machen: Eine **flächendeckende amtliche STATISTIK**, wie wir sie heute in Gestalt des Statistischen Bundesamtes und seiner Statistischen Jahrbücher kennen, setzte in Europa erst im 19. Jahrhundert ein. Man spricht daher auch für die Zeit ab dem 19. Jahrhundert von der „**statistischen Ära**". Das 18. Jahrhundert hat

> **STATISTIK,** zahlenmäßig erfasste Untersuchungsergebnisse.

NICHTSCHRIFTLICHE QUELLEN

sich dank erster Ansätze einer staatlich organisierten, regelmäßigen Statistik den Titel der **„protostatistischen Ära"** verdient. Aber die Zeit davor und damit auch der größte Teil der Frühen Neuzeit fällt in die **„vorstatistische Ära"**. Dieser Mangel an flächendeckenden, regelmäßigen Zahlenerhebungen durch den Staat macht die Kirchenbücher umso wertvoller. Denn obwohl sie nur selten vollständig vorhanden sind, ist es auf ihrer Grundlage immerhin möglich, die Bevölkerungszahlen von einzelnen Gemeinden zu ermitteln und dann hochzurechnen. Überdies liefern die Kirchenbücher mit ihren Listen für Taufe und Begräbnis auch Material, um andere **DEMOGRAPHISCHE DATEN** wie etwa die durchschnittliche Lebenserwartung zu bestimmen. Am Beispiel dieser Größe lässt sich sehr schön illustrieren, wie wichtig ein gewisses **Grundverständnis der historischen Datenerhebung** auch für nicht darauf spezialisierte Historiker und Historikerinnen sein kann. So ist gelegentlich zu lesen, die **durchschnittliche Lebenserwartung** habe in der Frühen Neuzeit bei 25 bis 35 Jahren gelegen. Dies ist nicht ganz falsch: Denn wenn man die tatsächliche Lebensdauer der Personen, deren Tauf- und Begräbnisjahr in einem Kirchenbuch vermerkt sind, miteinander addiert und das Ergebnis dann durch die Zahl der belegten Fälle dividiert, wenn man also nur das **arithmetische Mittel** errechnet, dann kommt die niedrige Zahl von 25 bis 35 Jahren zustande. Anders sieht das Ergebnis aus, wenn man die erst im 19. Jahrhundert überwundene extreme Kindersterblichkeit herausrechnet. Denn dass ein Viertel der Neugeborenen bereits im ersten Jahr starb und ein weiteres Viertel das Erwachsenenalter nicht erreichte, heißt im Umkehrschluss, dass diejenigen, die noch nicht vor ihrem 25. Lebensjahr gestorben waren, im Durchschnitt 55 bis 70 Jahre alt wurden. Derart zu differenzieren wäre aber auch die **Mortalitätsrate**, d. h. die Sterberate, wenn Sie mit Datenmaterial aus Kriegszeiten zu tun haben. So lagen die **Bevölkerungsverluste** für den deutschen Raum **im Dreißigjährigen Krieg** bei etwa 40 % und damit noch über denen des Zweiten Weltkriegs. Zu beachten ist hierbei, dass manche Zonen vom Krieg fast unberührt blieben, während in anderen die Verluste bis zu 80 % erreichten. Man spricht daher auch von einer Zerstörungsdiagonale, die von der Ostseeküste bis in den Südwesten quer durch das Reich verlief. Diese Angaben zeigen nicht nur, dass sich historische Daten auch in Prozentwerten auswerten und darstellen lassen. Sie weisen auch darauf hin, wie wichtig die geographische Differenzierung sein kann.

DEMOGRAPHISCHE DATEN, Daten zur Bevölkerungsentwicklung, z. B. Geburtenrate, Mortalitätsrate (= Sterberate).

An den Kirchenbüchern und ihren demographischen Daten lässt sich im Übrigen noch etwas zeigen: Während die klassische Bevölkerungsgeschichte mit ihrem Interesse an strukturgeschichtlichen Befunden die Zahlen aggregiert, also addiert und hochrechnet, hat die im Umfeld der Annales entstandene jüngere **Historische DEMOGRAPHIE** mit der so genannten **Familienrekonstitution** einen anderen methodischen Zugang zu den Zahlen entwickelt: Indem sie einzelne Familien rekonstituiert, d.h. wieder zusammensetzt und z.B. nach Kinderzahlen, Zeitpunkt und Intervall der Geburten befragt, konnte sie wichtige Einsichten in die Lebensweisen der Menschen bis hin zur Sexualmoral gewinnen. So lässt sich etwa durch den Vergleich der Hochzeits- und Taufdaten auf uneheliche Zeugungen oder von langen Phasen ohne Geburt auf den Einsatz von Verhütungstechniken schließen. Die Möglichkeiten der Auswertung sind eben auch bei den Zahlen und seriellen Quellen vielfältig.

DEMOGRAPHIE, von griech. demos = Volk, graphein: schreiben; die Bevölkerungswissenschaft.

Wir können also festhalten: Für sich allein genommen sagen Zahlen wenig. Man muss sie deuten können, aber wenn man das kann, fördern Zahlen immer wieder historische Erkenntnisse zutage, die unser Bild von der Frühen Neuzeit erheblich bereichern.

Tipp

Quellenkritik bei Zahlen

Quellenkritik ist auch im Umgang mit Zahlen und Daten unverzichtbar! Dies gilt umso mehr, als Zahlenangaben in frühneuzeitlichen Quellen oft nur dazu dienen, die Größenordnung grob zu beschreiben. Wenn also der Stadtrat von Münster anlässlich des Kongressbeginns mit Zehntausenden Besuchern rechnet, ist das nicht unbedingt wörtlich zu nehmen. Anders liegen die Dinge bei eigens für diesen Zweck gedachten Quellen wie Abrechnungen, Steuerlisten oder Kirchenbüchern. Bei solchen zweckgebundenen Aufstellungen wird man eher mit einer gewissen Präzision rechnen. Aber auch hier ist, wie bei allen Quellen, ein kritischer Blick geboten!

Ein Problem wird Ihnen im Umgang mit Zahlenmaterial immer begegnen: das Problem der höchst vielfältigen **Maßeinheiten**. Wie heute noch, hat die Auswahl der jeweils gültigen Maße auch in der Frühen Neuzeit viel mit der politischen Ordnung zu tun. So spiegelt sich die für diese Epoche typische politische Zersplitterung gerade im Gebiet des Heiligen Römischen Reiches auch in der Vielfalt der gebräuchlichen Maßeinheiten. Sollten Sie es mit **Längen-, Flächen- oder Gewichtsangaben** zu tun bekommen, hilft eine Übersicht über die gängigsten Maßeinheiten im Anhang der Frühneuzeit-Bände des „Gebhardt". (→ S. 242). Mit der Frage der Währungen und Münzen befasst sich hingegen der folgende Abschnitt.

Sachquellen

| 3.3.2

Im Sommer 1622 hatten die für den Kaiser und die katholische Sache streitenden Truppen unter General Tilly ihr Feldlager vor Heidelberg aufgeschlagen. Ein starkes Gewitter ging nieder, und die Schlammmassen, die sich von den Hügeln lösten, begruben das Feldlager unter sich. Was für Tilly und seine Söldner wenig erfreulich gewesen sein dürfte, stellt sich aus der Sicht der historischen Forschung als Glücksfall dar. Denn die große Menge an Ausrüstungsgegenständen, die im Schlamm verschwanden, blieben vor Ort, und so machten die Historiker, die sie Jahrhunderte später fanden, reiche Beute. Für uns ist dieser **archäologische Fund** in doppelter Hinsicht interessant. Zum einen verweist er auf die Existenz eines in Deutschland noch nicht sehr populären Zweiges der Geschichtswissenschaft: die **Archäologie der Neuzeit**. Und zum anderen bietet das Spektrum der Funde, das von Waffen, Wagen, und Werkzeugen über medizinisches Gerät, Geld und Truhen, Schreib- und Rechenmaterial sowie Geräte zum Messen und Wiegen bis hin zu Gegenständen religiöser Art, Spielzeug und der Feldküche reicht, einen guten Überblick über das weite Feld der Sachquellen. Es liegt auf der Hand, dass im Umgang mit den Gegenständen, die uns – so die Definition der Sachquellen – Auskunft über die Vergangenheit geben, oftmals technische Kenntnisse von Nöten sind. Dies gilt nicht nur für das berühmte Schienbein des Feldherrn Wallenstein und seine technisch-medizinische Analyse (→ S. 63). Es gilt auch für die Konservierung und Untersuchung vieler anderer Gegenstände und Materialien.

Aber auch historische Hilfswissenschaften im engeren Sinne sind bei der Arbeit mit Sachquellen oft unverzichtbar. Nehmen wir z. B. jene Quellengattung, die für die Menschen stets von großer Bedeutung und auch im Heidelberger Schlamm zahlreich vertreten war: die **Münzen**. Um zu verstehen, was es mit den Münzen als historische Quelle auf sich hat, benötigen wir die Unterstützung der Numismatik.

Die **NUMISMATIK** ist die Lehre von den Münzen, in einem weiteren Sinne aber auch diejenige Hilfswissenschaft, die sich mit der Geldgeschichte im Allgemeinen befasst. Der Zusammenhang von Münzen und Geldgeschichte liegt auf der Hand. Denn **Münzen** sind ihrer Definition zufolge Metallstücke, die als **gesetzliche Zahlungsmittel** dienen. Sie werden im Namen und nach Vorschrift des Münzherren (heute: des Staates) hergestellt, und zwar in einer bestimmten

NUMISMATIK, griech./ latein. /neulatein. = Münzkunde.

Form, einer bestimmten Zusammensetzung und mit einem bestimmten Gewicht. Die Herstellung erfolgt in eigens dafür geschaffenen Einrichtungen, ebenfalls Münzen oder Münzstätten genannt, durch einen **Münzmeister**, aber stets im Auftrag des **Münzherrn**. Werfen wir einen Blick auf diesen Münzherrn, wird klar, dass das Münzwesen auch sehr viel mit der politischen Geschichte zu tun hat. Denn während das Münzrecht ursprünglich ein kaiserliches oder königliches Regal war, ging mit der Ausbildung der Landesherrschaft im 13. und 14. Jahrhundert auch das Münzrecht an jene Träger regionaler Herrschaft über, die uns in der Frühen Neuzeit als Reichsstände begegnen. Da die neuen Inhaber des Münzrechts schon frühzeitig begannen, auch das Gewicht und den Feingehalt, d. h. die Zusammensetzung, der Münzen zu bestimmen, ging mit der Vervielfältigung des Münzrechts auch eine Vervielfältigung des Münzwesens einher. Daher haben wir es in der Frühen Neuzeit mit einer Unmenge parallel kursierender Prägungen und Währungen zu tun. Um etwas Ordnung in die Vielfalt der Münzen zu bringen, empfiehlt sich ein Blick auf einige Grundbegriffe der Münzkunde und gleichzeitig der Geldgeschichte. Zunächst zur Deckung: Gedeckt, d. h. in ihrem Wert verbürgt, können Münzen durch ihr Material sein, also durch den Gehalt an Edelmetallen wie Gold oder Silber. Bei solchen Münzen, die **Währungs- oder Kurantgeld** genannt werden, entspricht der Nennwert dem Sachwert. Bei anderen Münzen, etwa bei unseren heutigen Euro-Stücken, liegt der Material- oder Sachwert hingegen deutlich unter dem Nennwert. Solche Münzen sind aus billigerem Material wie etwa Kupfer, Zink oder Aluminium gefertigt und daher von geringerem Gewicht. Für ihre Deckung muss der Münzherr sorgen: Indem er, wie heute die Bundesrepublik mit ihren Goldreserven, den Gegenwert in Edelmetall lagert und alle im Umlauf befindlichen Münzen damit theoretisch zurückkaufen könnte. In gewisser Weise hat der Münzherr bei jedem, der seine Münzen besitzt, also Schulden. Und da die Deckung solcher Münzen folglich in einer Form des Staatskredits besteht, heißen solche Münzen auch **Kreditgeld**.

Da wir es in der Frühen Neuzeit stets mit Kurantgeld zu tun haben, sollten wir dieses etwas näher betrachten. Die erste Münze dieser Art war eine Silbermünze, der **Pfennig (denarius)**. Seit der Münzreform Karls des Großen bis ins Hochmittelalter wurde fast nur der Pfennig geprägt. Als Kurantgeld bezog er seinen Wert aus dem Silbergehalt: 240 Pfennige sollten hierbei einem **Pfund** Silber entsprechen. Das Pfund, das wir noch heute aus der britischen Währung kennen, ist hierbei als Gewichtseinheit zu begreifen. Diese war auch nötig. Denn da es aus technischen Gründen unmöglich war, jede Münze exakt gleich zu prägen, musste man sich damit begnügen, dass das Gesamtgewicht von 240 Pfennigen einem Pfund entsprach. Wenn aber die gleiche Münze, der Silberpfennig, mal größer, mal kleiner ausfallen konnte, lag es nahe, die großen Exemplare auszusortieren, zu horten und bei Bedarf einzuschmelzen. Schließlich ließen sich aus dem so gewonnenen Silber mehr Stücke prägen als vorher vorhanden waren. Um diesem Problem, das uns auch noch in der Frühen Neuzeit begegnet, Herr zu werden, kam es zu regelmäßigen **Münzverrufungen**: In der Hoffnung, das Horten damit unattraktiver zu machen, erklärte der Münzherr seine umlaufende Münze für ungültig, zog sie ein und gab eine neue heraus. Hierbei ist allerdings die Tendenz zu beobachten, dass die Pfennige immer leichter wurden und weniger Silber enthielten. Immerhin konnte der Münzherr, der das Edelmetall ja aufbringen musste, auf diesem Weg Silber sparen. Damit aber verfiel auch der Wert des Pfennigs. Schlechtes Geld verdrängt gutes Geld, heißt die auch als **Greshamsches Gesetz** bekannte Regel für diesen Vorgang: Unterwertige Münzen werden schneller ausgegeben als die gehorteten hochwertigen Münzen, und da die Münzherren von der Ausgabe schlechterer Münzen profitieren, sinkt der tatsächliche Wert der meisten Kurantmünzen wie hier des Pfennigs stetig.

Als sich seit dem 13. Jahrhundert überdies der Handel intensivierte, stieg der Bedarf an höherwertigen Münzen: Seit dem 13. Jahrhundert wurden in Italien, seit dem 14. in Deutschland auch **Goldmünzen** geprägt: die **Gulden**, **Dukaten** oder, nach ihrer italienischen Herkunft, **Florenen** (von Florenz). Von den Florenen haben diese Goldmünzen im Übrigen auch ihre in den Quellen verwandte **Abkürzung: fl**. Im 15. Jahrhundert kamen dann auch **größere Silbermünzen** auf: etwa der **Groschen**, abgeleitet vom italienischen Wort grossi, was „die Dicken" bedeutet und sich auf die Größe dieser Münzen im Vergleich zum mittlerweile nur noch blattdicken Silberpfennig bezog. Die wichtigste Silbermünze der Frühen Neuzeit wurde jedoch der **Taler**, von dem sich im Übrigen der Begriff **Dollar** ableitet. Ihren Namen hatte diese Münze von Joachimsthal, einem böhmischen Ort mit reichen Silbervorkommen. Denn der dort geprägte Taler sollte nach den Bestimmungen der **Reichsmünzordnung von 1518** der Prototyp aller im Reich geprägten Taler sein. Die Existenz dieser und einer Reihe folgender Münzordnungen verweist darauf, dass das Reich, also Kaiser und Reichsstände gemeinsam versuchten, der Münzenvielfalt mit solchen Ordnungen wenigstens einen Rahmen zu geben. Die Bezugsgröße für alle Münzen sollte fortan der **Reichstaler** sein, der nach Joachimsthaler Vorbild etwa 30 Gramm Silber zu enthalten hatte. Allerdings blieb die Wirkung solcher Verordnungen begrenzt. Schließlich hatten die Landesherren immer noch das Münzrecht für ihr Gebiet inne, und da es sich unverändert lohnte, bei der Münzprägung an Edelmetall zu sparen, sank der Silber- bzw. Goldgehalt der Münzen weiterhin. So existierten neben so genannten **Landmünzen**, die ausdrücklich einen eigenen Sach- und Nennwert hatten und daher nur regional galten, immer auch Taler, die außer dem Namen nur wenig verband: Als Untereinheiten dienten hier Schillinge, dort Groschen, natürlich stets mit je eigenem Wert, und auch der Gehalt an Edelmetall differierte von Region zu Region. Wer seine heimischen Taler in der Fremde als Zahlungsmittel einsetzen wollte, musste daher nicht selten einen Aufpreis zahlen. Taler war eben nicht gleich Taler. Vor allem im überregionalen Handel bewährte es sich daher, auf abstrakte Recheneinheiten zu setzen. Dass diese Recheneinheiten auch **Rechenmünzen** genannt werden und in den Quellen tatsächlich wie Münzen erscheinen, macht die Sache nicht leichter. Und dass manche Einheiten, wie etwa die **italienische Lira** ursprünglich nur als abstrakte Größen existierten, später aber dann doch auch geprägt wurden, trägt zur weiteren Verwirrung bei. Ein Ende dieser Unübersichtlichkeit, die gerne und zu Recht als **monetärer Regionalismus** bezeichnet wird, kam erst mit der **Einführung der Reichswährung** in den Jahren nach 1871. In der gesamten Frühen Neuzeit haben wir es daher mit der für diese Epoche so typischen Vielfalt zu tun.

Welche Folgen diese verwirrende Vielfalt an Münzen und Währungen für die **praktische Arbeit mit den Quellen** hat, liegt auf der Hand: Zum einen ist es oft notwendig, die parallel genannten Münzen auf **eine einzige Größe** zu beziehen und damit vergleichbar und verrechenbar zu machen. Franz Bosbach etwa hat in seiner Studie über die Kosten des Westfälischen Friedens die unterschiedlichen Währungen aus den Abrechnungen der Diplomaten mit Hilfe der dort des Öfteren angegebenen Wechselkurse einheitlich in den damals in Münster gebräuchlichen Reichstaler umgerechnet. Zum anderen, und dies ist bedauerlich, sind exakte Aussagen über die **Kaufkraft** des in den Quellen genannten Geldes oft nicht möglich. Zu

Nichtschriftliche Quellen

schnell veränderten sich die Münzen, zu stark differierten die Währungen. Man kann daher nur versuchen, die für den gleichen Zeitraum und Ort angegebenen Werte aufeinander zu beziehen und damit wenigstens eine Vorstellung von den enormen Schwankungen etwa im frühneuzeitlichen Geldbesitz zu bekommen.

Dass Grundkenntnisse der Numismatik und der Geldgeschichte nicht nur bei der Arbeit mit den Quellen helfen können, sondern auch das Verständnis historischer Vorgänge erleichtern, zeigt ein Beispiel aus dem Dreißigjährigen Krieg: **die Kipper- und Wipperzeit** von 1618 bis 1623. Um Söldner für den einsetzenden Krieg anwerben, ausrüsten und bezahlen zu können, brauchten zahlreiche Landesherren massive Geldmittel. Was hätte da näher gelegen, als unterwertige Münzen prägen zu lassen, d. h. eine **Münzverschlechterung** zu betreiben und das eingesparte Edelmetall in die Rüstung zu investieren. Dies aber löste nicht nur eine Inflation aus, es rief auch eine Reihe von Münzfälschern und -manipulateuren auf den Plan. Diese Kipper und Wipper beschafften sich die alten, höherwertigen Münzen: Manche kauften sie einfach mit dem neuen, unterwertigen Geld auf, andere verschafften sich Zutritt zu den offiziellen Münzstätten und sortierten dort die größeren und besseren Münzen durch **WIPPEN** aus. Anschließend folgte das **KIPPEN**, d. h. das Metall an den Rändern wurde abgeschnitten und in illegalen, gelegentlich auch in den offiziellen Münzstätten neu geprägt: Natürlich in unterwertige, stark mit Kupfer angereicherte Münzen, deren Zahl dadurch weiter zunahm. So weit, dass sich die Bauern und Händler weigerten, ihre Ware gegen die schlechten Münzen herauszugeben. Waren gab es genug, aber kaufen konnte man nichts mehr, und so mündeten die Kipper- und Wipper-Jahre in zahlreiche Aufstände, die erst endeten, als der Kaiser 1623 die schlechten Münzen außer Kurs setzte.

Münzen lassen sich aber auch für andere Zwecke benutzen: als **Schaumünzen**, die nicht für den Umlauf gedacht waren, sondern als repräsentative Geschenke oder Sammlerstücke dienten (→ Abb. 25). Gilt schon für die schlichten Geldmünzen, dass die **Münzgestaltung** immer auch etwas über den Münzherrn sagt und daher ebenfalls einen historischen Quellenwert besitzt, ist dies hier mit Händen greifbar: Auf der Rückseite oder dem **REVERS** dieser 1648 in Münster geprägten goldenen Schaumünze wird der Frieden gefeiert (Pax optima rerum: Der Frieden ist das beste aller Dinge), auf der Vorderseite, dem **AVERS**, hingegen die Stadt Münster. Abgebildet ist die Ansicht der stolzen Stadt mit ihren vielen Türmen und Bastionen, und

WIPPEN, niederdeutsch für wiegen.

KIPPEN, niederdeutsch für abschneiden.

REVERS, numismatischer Fachausdruck für die Rückseite einer Münze.

AVERS, Vorderseite einer Münze.

Abb. 25

Münzen als Quelle: Schaumünze zum Gedächtnis des Westfälischen Friedens, Vorder- und Rückseite; Münster 1648.

die Umschrift lautet: Hic Mausolaeum Martis Pacisq(ue) Trophaeum – Dies ist das Grab des (Kriegsgottes) Mars und das Siegesdenkmal des Friedens. Mit diesem Werk des städtischen Münzmeisters Engelbert Ketteler hatte sich Münster also selbst zum Denkmal erklärt und sich damit ein solches gesetzt. Dass der zu einem guten Ende gelangte Kongress in den eigenen Mauern das Selbstbewusstsein der Stadt und ihrer Repräsentanten gestärkt hatte, äußerte sich zwar auch in dem erwähnten Versuch von 1653, einen finanziellen Ausgleich für diese Leistung zu erhalten. Deutlicher als in dieser Schaumünze lässt sich der Stolz der Stadt und ihr Anspruch auf Anerkennung aber nicht ausdrücken.

Münzen sind zwar zweifellos eine der wichtigsten Arten von Sachquellen. Die einzigen sind sie aber nicht. Auch bemalte Fensterscheiben (→ Abb.26) können als Sachquelle dienen. Aber wofür steht diese Quelle? Auf den ersten Blick zu erkennen ist nur soviel: Es handelt sich hier um ein Wappen. Näheren Aufschluss können wir uns daher von einer weiteren Hilfswissenschaft erhoffen: von der Heraldik.

Abb. 26

Vielfalt der Sachquellen: Eine Fensterscheibe mit Wappen.

HERALDIK, germ./latein./franz. = Wappenkunde.

Die **HERALDIK** ist die Lehre von den Wappen. Die sprachliche Nähe der Wappen zu den Waffen ist kein Zufall: Denn wie der Begriff Heraldik auf die Herolde zurückgeht, deren Aufgabe es war, bei mittelalterlichen Turnieren auf die ranggemäße Reihenfolge der Teilnehmer zu achten, so entstand das Wappenwesen im hohen Mittelalter aus einer militärischen Notwendigkeit: Weil die Ritter in ihrem **HARNISCH** nicht mehr auseinander zu halten waren, mussten sie zur Vermeidung von Angriffen aus den eigenen Reihen eine Kennzeichnung tragen, und diese Kennzeichen waren die Wappen. Aus diesen pragmatischen Ursprüngen entwickelte sich das Wappenwesen sehr schnell weiter. Zum einen wurde aus den Feldzeichen einer Partei ein individuelles Symbol seines Trägers. Zum anderen weitere sich der Kreis der Wappenträger, ähnlich wie bei den Siegeln (→ S. 163 f.), immer weiter aus. Bis zum Spätmittelalter führten Familien, Territorien, Städte, Korporationen wie die Zünfte, aber auch Stadtbürger und schließlich selbst Bauern, soweit sie frei waren, ein Wappen. Diese lassen sich folglich definieren als erbliche und damit bleibende, nach bestimmten Regeln gestaltete Abzeichen einer Person, Familie oder Körperschaft. Auch ihre Funktion hatte sich gewandelt: Seit die militärtechnische Entwicklung gegen Ende des Mittelalters die nur schwer beweglichen geharnischten Ritter überflüssig gemacht hatte, dienten die Wappen entweder rechtlichen Zwecken wie der Kennzeichnung von Eigentum oder ganz einfach als Schmuck.

HARNISCH, aus beweglichen Eisenplatten zusammengesetzte, durch den Helm vervollständigte Schutzrüstung für Kampf und Turnier.

Wappen sind aber auch **als historische Quelle** von großer Bedeutung: Eben weil sie einen rechtlichen Anspruch markierten, lassen sich mit Hilfe der Wappen Gebäude oder Gebiete, aber auch Bücher und sonstige Gegenstände ihren Besitzern zuordnen. Dies gilt im Übrigen auch für die **Wappen der Herrschaftsträger,** aus denen sich die **Territorial-** und später **Staatswappen** entwickelten, wie wir sie im Prinzip heute noch kennen. Da die großen Dynastien in ihren Wappen das Zeichen eines jeden Gebietes aufnahmen, das sie ihrem Herrschaftsbereich einverleiben konnten, präsentieren sich diese großflächigen Abzeichen mit ihren zahllosen Untereinheiten dem geschulten Auge wie eine politische Landkarte. Den Rekord hielten die Habsburger, deren Wappen am Ende 62 Felder umfasste, die jeweils für ein bestimmtes Gebiet in der Hand dieser Dynastie standen.

Eine Aussage hat meist auch die **Gestaltung der Wappen** in ihren zwei Hauptteilen Schild und Helm. Gewiss führte nicht jeder 62 Felder „im Schilde" – diese Redewendung stammt tatsächlich aus dem Wappenwesen. Aber viele Wappen waren in vier Felder quadriert oder in noch mehr Segmente aufgeteilt. In Familienwappen konnten in den verschiedenen Feldern mehrere Linien der Dynastie untergebracht sein, was die Suche nach verwandtschaftlichen Zusammenhängen oft erleichtert. Überdies fand sich nicht selten ein

Wohltäter wieder: in Stadtwappen oft dasjenige des einstigen Stadt-gründers, in Kardinalswappen gelegentlich dasjenige des Papstes, der den jeweiligen Geistlichen in diesen hohen Rang erhoben hatte, in Universitätswappen dementsprechend die Zeichen der Förderer dieser Einrichtung. Wie die Löwen der Staufer im baden-württem-bergischen Landeswappen zeigen, ließen sich auf diese Weise auch historische Traditionen zum Ausdruck bringen. Und schließlich gab es so genannte **redende Wappen**, die den Namen ihres Trägers ver-sinnbildlichten und heute noch an Wirtshäusern wie „Zum Bären" oder „Zum Schwanen" zu finden sind.

Eine Aussage hat auch die meist mit einem **Helm** versehene Zone über dem Schild: Die unterschiedlichen Varianten der Helme sig-nalisieren den sozialen Rang des Wappenträgers, und wenn wir es mit gekrönten Häuptern zu tun haben, findet sich anstelle des Helms tatsächlich eine **Krone**. Die **Fachsprache der Heraldik** ist zwar nicht ganz einfach: Z. B. wird rechts und links auf einem Wappen in der Heraldik immer aus der Sicht des Trägers bestimmt, so dass heraldisch rechts ist, was wir eigentlich links nennen würden. Aber dass sich die Beschäftigung mit Wappen in vielen Fällen und Fragen lohnt, sollte sich gezeigt haben.

Was nutzt uns dies alles für das Wappen in Abb. 26? Mit heraldi-schen Grundkenntnissen ausgerüstet, sehen wir schon beim ersten Blick auf das Wappen, dass sich anstelle von Helm oder Krone ein flacher Hut mit breiter Krempe befindet: Offenbar haben wir es mit dem Wappen eines Geistlichen zu tun, denn dieser Hut ist der **Hut der Kleriker**. Wäre er rot, sähen wir das Wappen eines Kardinals vor uns. Er ist aber, wie es scheint, violett, und so war unser Wappen-träger ein **Prälat**, ein Geistlicher also, der die erste Stufe in der hö-heren kirchlichen Hierarchie schon erklommen hatte. Dies bestäti-gen auch die **Quasten**, denn die Anzahl dieser vom Klerikerhut her-abhängenden Knoten verweist ebenfalls auf den Rang des Wappen-trägers. Aus welcher Familie der gesuchte Geistliche stammte, ließe sich mit Hilfe von heraldischer Spezialliteratur zur Hierarchie der römischen Kirche schnell aufklären: Die mit einem Stern bekrönten Hügel weisen das Wappen als dasjenige der Familie Chigi aus. Nun wollen wir aber wissen, um welchen Vertreter dieser Familie es sich handelt. Auch hier bringt uns eine historische Hilfswissenschaft mit ihren Nachschlagewerken weiter: die Genealogie.

Die **GENEALOGIE** ist die Lehre von den Abstammungs- und Ver-wandtschaftsverhältnissen. Dies mag zunächst wenig spektakulär

GENEALOGIE, von griech. génos = Geschlecht, Abstammung; griech. logos = Wort, Kunde, Lehre.

klingen. Aber für die Untersuchung von Gesellschaften, die sich auf **Blutsverwandtschaft und Heiratsbeziehungen** gründen – und mit einer solchen haben wir es in der Frühen Neuzeit zu tun –, sind genealogische Kenntnisse unerlässlich. Welche Rolle Verwandtschaftsbeziehungen auf allen Ebenen der Gesellschaft spielten, lässt sich mit wenigen Stichworten umreißen: Die meisten Kriege in der Frühen Neuzeit waren **Erbfolgekriege**: Sie entbrannten, weil eine Dynastie ausgestorben war und eine andere verwandtschaftlich fundierte Ansprüche erhob. **Heiratspolitik** war daher ein wichtiges politisches Instrument der Herrscherhäuser. Aber auch in allen anderen Rängen der Gesellschaft war es von entscheidender Bedeutung, aus welcher Familie man stammte. Schließlich ist eine **ständische Gesellschaft** wie die frühneuzeitliche gerade durch rechtliche Ungleichheit definiert. Und wer in den Genuss welcher Privilegien und Sonderrechte kam, hing ab vom sozialen Stand, in den man **hineingeboren** wurde. Familiäre Bindungen, ob durch Blutsverwandtschaft erlangt oder durch Heirat oder auch Patenschaft künstlich hergestellt, bestimmten in aller Regel aber auch darüber, in welchen Bahnen das Leben des Individuums verlaufen sollte. Schuld daran waren zum einen die **Familienstrategien**: Dass nach einem im Adel weit verbreiteten Muster erstgeborene Söhne den Bestand der Familie erhalten, also heiraten und Söhne zeugen sollten, Zweit- und Drittgeborene aber oft zu einer Laufbahn in die Kirche abkommandiert und – soweit sie katholisch waren – damit zum **ZÖLIBAT** verpflichtet wurden, macht deutlich, wie viel mehr die Familie als strategische Einheit zählte als das Individuum und seine persönlichen Wünsche. Aber auch der **Verlauf individueller Karrieren** ist ohne die Kenntnis des familiären Hintergrunds oft nicht zu erklären: Wer welchen Posten erlangte, war weit weniger von persönlichen Qualifikationen abhängig als von verwandtschaftlichen Bindungen. **Vetternwirtschaft** mag man das nennen. Aber man sollte dabei nicht übersehen, dass in Zeiten traditionaler Herrschaft, um mit Max Weber zu sprechen (→ S. 101), Loyalität sich nicht aus einem abstrakten Amt ergab, sondern allein aus persönlichen Beziehungen. Und genau aus diesem Grunde erfolgte die Rekrutierung frühneuzeitlicher Eliten in Staat und Kirche in aller Regel nach den Kriterien der **sozialen Verflechtung**, die sich aus einem Netzwerk verwandtschaftlicher, freundschaftlicher oder ähnlicher Beziehungen informeller Art ergab. Wer die sozialen Mechanismen der Frühen Neuzeit von den Familienstrategien bis zu den Rekrutierungsmustern der Eliten begreifen will, muss sich

ZÖLIBAT, Gebot der Ehelosigkeit für katholische Geistliche.

daher mit den sozialen Netzwerken der jeweiligen Gruppen befassen. Und genau dies erleichtert die genealogische Forschung.

Angesichts der fundamentalen Bedeutung der Verwandtschaft in der Frühen Neuzeit verwundert es nicht, dass bereits die Zeitgenossen ein reiches **genealogisches Material** produziert haben. Hans Heberle etwa hat gleich zu Beginn seines Zeytregisters sämtliche Verwandte aufgeführt, die ihm bekannt waren. Die Familie schuf Identität, in allen Ständen. Aber schon allein mangels Schreibfähigkeit sind genealogische Daten für die unteren Schichten der Gesellschaft vor allem in Kirchenbüchern zu finden. Weit mehr Spuren hinterlassen hat das **genealogische Bewusstsein** von Stadtbürgern und Adel. **Ahnengalerien** sind der künstlerische Ausdruck dieses Bewusstseins, Ahnen- und Stammtafeln sein schriftlicher Niederschlag. Auch solche Verzeichnisse lassen unschwer kulturelle Wahrnehmungsmuster erkennen: Während **Ahnentafeln** sämtliche Vorfahren berücksichtigen, werden in **Stammtafeln** meist nur die so genannten **AGNATISCHEN LINIEN**, d.h. die männlichen Nachkommen, erfasst. Die Nachfahren der Frauen, die zwar zur Familie gehören, aber in eine andere Familie eingeheiratet hatten – die **kognatischen Nachkommen** – fehlen in diesen Tafeln hingegen. Diese Praxis entspricht zwar der grundsätzlichen Bevorzugung der agnatischen Verwandtschaft, wie sie etwa im **Erbrecht** deutlich wird. Und sie findet ihre Bestätigung auch im „Aussterben" der Familien, die tatsächlich oft nur im Mannesstamm keine Nachfahren mehr hatten. Allerdings sollte man dabei nicht übersehen, dass die kognatischen Linien durchaus herangezogen wurden, wenn man mit ihrer Hilfe Ansprüche stellen oder Beziehungen knüpfen konnte.

Gelegentlich gab es auch konkrete Anlässe, solche Ahnen- oder Stammtafeln anzufertigen: Institutionen wie Ritterorden oder ähnlich exklusive Vereinigungen verlangten vor der Aufnahme eines neuen Mitglieds eine **Ahnenprobe**, d.h. den schriftlichen, meist durch Brief und Siegel anderer Adliger bekräftigten Nachweis, seit mehreren Generationen dem Adel anzugehören. Auch diese in Form einer Urkunde ausgefertigten Ahnenproben bieten sich an, um genealogische Daten zu sammeln. Für Herrscherdynastien sind solche Informationen meist gut erschlossen und in Form von Tafelwerken ediert. Aber auch für andere Gruppen liegen spezielle Nachschlagewerke bereit.

Zu diesen Gruppen gehört die uns hier interessierende Elite der römischen Kirche. Und so bereitet es keine größere Mühe, den kon-

---

AGNATISCHE LINIEN, alle Nachkommen im Mannesstamm, d.h. diejenigen, die von den Männern der Familie abstammen und daher auch meist deren Namen tragen.

kreten Chigi hinter unserem Wappen zu identifizieren. Es war Fabio Chigi, der als päpstlicher Nuntius an den Verhandlungen in Münster teilgenommen hatte. Wie aber war sein Wappen auf die Glasscheibe gelangt? Wie wir dank vergleichbarer Funde wissen, war es in Westfalen und in ganz Norddeutschland üblich, zu feierlichen Anlässen bemalte Fensterscheiben zu stiften. Da die Scheibe dank paralleler Funde mit einiger Sicherheit auf 1648 datiert werden kann, dürfte sie der Nuntius anlässlich seiner Abreise aus Münster gestiftet haben. Für welches Haus sie bestimmt war, lässt sich heute zwar nicht mehr klären. Aber wenn wir ein solches Wappen an einem Haus in Münster entdeckten, wüssten wir mit großer Sicherheit, dass der Nuntius in den Jahren der Verhandlungen hier gelebt hatte.

Wer nicht in Münster, sondern in Rom spazieren geht, könnte dieses Wappen leicht wiederentdecken: An Bauwerken jeder Art, von denen die Kolonnaden vor dem Petersdom das berühmteste sein dürften, findet sich das Chigi-Wappen mit Stern und Hügeln. Der Grund: Aus Nuntius Fabio Chigi sollte 1655 Papst Alexander VII. werden. Und als Papst war unser Chigi an der barocken Umgestaltung Roms nicht unmaßgeblich beteiligt. Welche familiären Beziehungen ihm bei seiner steilen Karriere geholfen hatten, ließe sich mit Hilfe genealogischer Quellen vertiefen. Wie er das Papstamt in städtebaulicher Hinsicht genutzt hat, zeigen seine Wappen. Fabio Chigi hätte am Nutzen der hier vorgestellten Hilfswissenschaften gewiss nicht gezweifelt.

Das weite Feld der Sachquellen, das wir vom Heidelberger Fund der Neuzeit-Archäologen über die Münzen bis hin zu Chigis Wappenscheibe abgeschritten haben, ist noch keineswegs erschöpfend dargestellt. Zu nennen wären etwa historische Landkarten, mit denen sich die **Historische Geographie**, eine weitere Hilfswissenschaft, beschäftigt. Erwähnen sollte man auch die breite Palette von Quellen, mit deren Hilfe eine an die **VOLKSKUNDE** angelehnte Forschungsrichtung die alltäglichen Lebensbedingungen zu rekonstruieren versucht. Aber auch wenn sich noch zahlreiche weitere Quellen anführen ließen, sollte doch eines deutlich geworden sein: Sachquellen erschließen sich manchmal nicht auf den ersten Blick. Aber mit Unterstützung der entsprechenden Hilfswissenschaften geben sie uns bisweilen mehr Antworten auf unsere Fragen als die scheinbar leichter zugänglichen Textquellen. Halten Sie bei der Suche nach Quellen also die Augen auf!

VOLKSKUNDE, beschäftigt sich im Unterschied zur Völkerkunde oder Ethnologie nicht mit außereuropäischen Kulturen, sondern mit der europäischen Alltagskultur von ca. 1500 bis heute; mittlerweile oft auch „Europäische Ethnologie" genannt.

3.3.3 | Bilder als Quellen

Früher oder später wird Ihnen das im Studium begegnen: Es werden Bilder gezeigt, die das Gesagte unterstreichen und illustrieren sollen. Den Bildern wird diese rein illustrative Verwendung allerdings nicht gerecht. **Bilder sind Quellen**, und als solche wollen sie **quellenkritisch** behandelt werden. Vor allem aber haben sie oft einen **eigenen Aussagewert**, und den wird man nur erkennen, wenn das Bild als eigenständige Quelle begriffen wird.

Machen wir die Probe aufs Exempel. Was können uns Bilder sagen? Das erste Beispiel scheint nur einen bereits bekannten Be-

Abb. 27

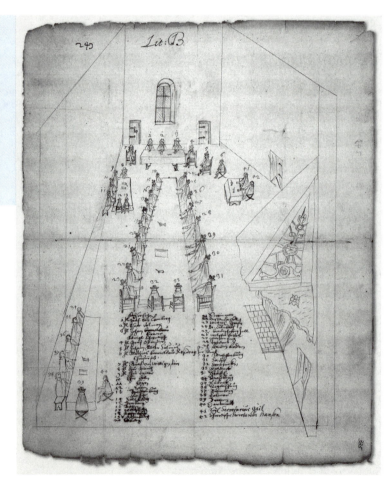

Sitzordnung beim Durchbruch der Verhandlungen zwischen Schweden und dem Reich am 6. August 1648. Skizze des Gesandten von Sachsen-Altenburg, 1648; Thüringisches Staatsarchiv, Gotha.

Nichtschriftliche Quellen

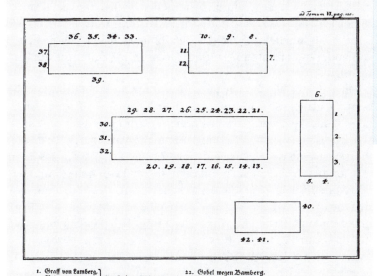

Abb. 28

Sitzordnung beim Durchbruch der Verhandlungen zwischen Schweden und dem Reich am 6. August 1648. Schematische Zeichnung, aus: Johann Gottfried Meiern: ACTA PACIS WESTPHALICAE PUBLICA ... Sechster Theil, Hannover 1736, S. 120.

fund zu bestätigen: Wir sehen zunächst eine Skizze (→ Abb. 27), die offenbar eine Sitzordnung festhalten wollte. Es handelt sich um die Sitzordnung bei jenem Verhandlungstreffen in Osnabrück am 6. August 1648, bei dem ein entscheidender Durchbruch in den Gesprächen zwischen den Vertretern des Reiches und Schweden erzielt und die dann im Oktober 1648 unterzeichnete Fassung des IPO mundiert, d. h. verlesen, in letzten Details geändert und schließlich abgesegnet wurde. Angefertigt hat diese Skizze einer der Teilnehmer, also ein Augenzeuge: der Gesandte des Fürstentums Sachsen-Gotha. Der Zweck dieser Zeichnung ist aus ihrer Fundstelle im Archiv zu Gotha zu schließen. Der Gesandte hat diese Skizze für seinen fürstlichen Auftraggeber angefertigt und dann auch mit seinem Bericht über die Sitzung an diesen geschickt. Dass zeremonielle Fragen wie die Ordnung beim Gehen, Stehen und auch Sitzen in der Frühen Neuzeit von großer Bedeutung waren, wissen wir schon. Und so scheint es nicht weiter lohnend, die im Übrigen auch von anderen Berichten bestätigte Sitzordnung unter die Lupe zu nehmen.

Oder doch? Werfen wir einen Blick auf die Abbildung 28. Sie zeigt die gleiche Sitzordnung, nun aber schematisch zusammengefasst. Bemerkenswert daran ist dreierlei: Zum einen stammt diese schematische Veröffentlichung aus einer Publikation über den Westfälischen Frieden aus dem Jahr 1736. Offenbar hatte das Interesse an diesen Fragen auch mit dem Abstand von nahezu hundert Jahren nicht nachgelassen. Bedenkenswert ist des Weiteren, dass sich die ursprüngliche Skizze wie auch die Berichte der Zeitzeugen in der diplomatischen Korrespondenz ihrer Urheber befanden und mit dieser im Archiv der fürstlichen Auftraggeber verschwunden waren. Wenn der Autor des Werkes von 1736 die Sitzordnung wiedergibt, dürfte er also im Archiv recherchiert haben, und zwar, da das Buch in Hannover erschienen ist, wohl im Archiv der Hannoveraner Landesherren. Dort aber findet sich lediglich ein schriftlicher Bericht von der Sitzung. Dennoch hat sich unser Autor von 1736 für das gleiche Vorgehen entschieden wie schon der Gesandte aus Gotha 1648: Er hat die Worte in ein Bild gefasst, er hat die **Informationen VISUALISIERT**. Der Grund hierfür liegt auf der Hand: Manche Sachverhalte lassen sich in bildlicher Form deutlich leichter, besser und schneller darstellen als in Worten. Und genau dies verweist auf die Bedeutung der Bilder als Quellen.

VISUALISIEREN, von latein. visualis = zum Sehen gehörig; einen Sachverhalt mit optischen Mitteln darstellen.

Anhand unserer beiden Zeichnungen können wir also einiges über die Rezeptionsgeschichte des Westfälischen Friedens, über die Quellen seiner späteren Kommentatoren und nicht zuletzt über die Bedeutung von Bildern und anderen Visualisierungen lernen. Dass es hierbei nicht auf den künstlerischen Wert der Bilder ankommt, macht die dritte Eigenheit unserer Skizze, die starke Schematisierung, deutlich. Der Verzicht auf künstlerische Gestaltung muss keinen Verzicht auf inhaltliche Informationen bedeuten. Dem entspricht, dass nicht nur solche Gelegenheitszeichnungen oder Schemata Aussagen enthalten können, die in historischer Perspektive interessant sind. Dies gilt auch für Massenware wie die illustrierten Flugblätter der Frühen Neuzeit, und es gilt schließlich für Gemälde und andere Werke, die man für künstlerisch minderwertig halten könnte. Damit ist eines klar: Wenn von **Bildern als Quelle** die Rede ist, geht es keineswegs nur um Gemälde oder sonstige Werke der hohen Kunst. Es geht um **jede Form der Visualisierung**, ganz unabhängig von ihrem künstlerischen Wert. Und auch wenn hier fast immer von Bildern die Rede ist, sind damit stets auch andere Formen der visuellen Darstellung gemeint.

Als historische Quellen kommen also auch jene Bilder in Frage, die von der traditionellen Kunstgeschichte als minderwertig verurteilt und nicht weiter beachtet werden. Nun könnte es sich aber auch lohnen, Kunstwerke im klassischen Verständnis, also museumstaugliche Meisterleistungen, auf ihre historischen Aussagen hin zu befragen. Dies aber scheint leichter gesagt als getan. So dürfte das Gefühl der Inkompetenz der Kunst gegenüber einer der Hauptgründe für die bisher zögerliche Erschließung solcher Quellen durch die historische Forschung sein. Das ist nicht ganz unangebracht: Historiker sind keine Kunsthistoriker, und sie können deren Arbeit nicht sozusagen „nebenher" mit erledigen. Aber Zusammenarbeit ist das Gebot der Stunde. Dafür plädiert vor allem eine noch junge Richtung innerhalb der Geschichtswissenschaft: die **Historische Bildkunde**, wie sie etwa von Heike Talkenberger oder Rainer Wohlfeil vertreten wird.

Bemüht, auch das Know-How der Kunsthistoriker einzubinden, schlägt die Historische Bildkunde eine Reihe von Möglichkeiten vor, wie mit **visuellen Zeichen**, d.h. mit Bildern gleich welcher künstlerischen Qualität, auch in historischer Perspektive umzugehen sei. Verschaffen wir uns zunächst einen Überblick über die möglichen Wege der Interpretation, bevor wir ihren praktischen Nutzen an einem Beispiel überprüfen.

Eine erste Möglichkeit, Bilder als historische Quellen zu nutzen, stellt die **Realienkunde** dar. Dieser Ansatz versucht, anhand von Bildern die materielle Kultur vergangener Zeiten zu rekonstruieren.

Tipp

Die Homepage des Arbeitskreises Historische Bildforschung in Hamburg findet sich im Internet unter: www.rrz.uni-hamburg.de/Bildforschung/

Historische Bildforschung

Gefragt wird nach „Realien", nach real gegebenen Dingen. Solche Dinge können die auf den Bildern dargestellten Gebrauchsgegenstände und die Art ihrer Verwendung sein. Erschließen lassen sich aber auch weiterreichende Fragen wie etwa jene nach dem Modebewusstsein vergangener Zeiten. So fällt schon in der mittelalterlichen Malerei auf, dass die Dargestellten zwar nie in Alltagsbekleidung, sondern immer besonders vornehm gewandet daherkommen, der Bekleidungsstil sich aber je nach Altersgruppe unterscheidet. Dass die Art der Bekleidung auch eine Frage des Alters ist, hat offenbar nicht erst die Moderne entdeckt. Allerdings sollte man sich davor hüten, Bilder als authentische Abbildungen des Realen miss zu verstehen. Eine bildliche Darstellung ist **keine Reproduktion der Wirklichkeit**, sondern deren ästhetische Inszenierung! Wie schnell man in diese Falle tappen kann, wird uns an einem Beispiel noch begegnen.

Ikonographie, Ikonologie:
→ S. 187

Eine komplexere Form der Bildinterpretation ist der **ikonographisch-ikonologische Ansatz**, der oft mit dem Namen des Kunsthistorikers **Erwin Panofsky** (1892 – 1968) verbunden wird. Panofsky ging es darum, die auf die ästhetische Betrachtung und Bewertung der Werke konzentrierte Kunstgeschichte seiner Zeit stärker für historische Fragestellungen zu öffnen. Aus diesem Grund plädierte er dafür, die Werke nicht nur ikonographisch zu analysieren, sondern auch ikonologisch zu interpretieren. Mit **Ikonographie** ist hierbei nicht nur die Beschreibung des Bildes gemeint. Dieser Begriff umfasst auch die Ermittlung von Urheber, Auftraggeber und Verwendungszweck, die Einordnung des Werkes in vorhandene künstlerische Traditionen, die Suche nach den Wurzeln der dargestellten Motive und andere Operationen, die zu den grundlegenden Techniken der Kunstgeschichte gehören. Zentral war für Panofsky allerdings die Frage nach dem symbolischen Wert eines Bildes, d.h. die **Ikonologie**, die er als Entdeckung und Interpretation des symbolischen Bildwertes definierte. Diese „eigentliche" Bedeutung des Bildes musste dem Künstler selbst nicht unbedingt bewusst gewesen sein. Denn was sich im symbolischen Wert oder Gehalt der Bilder spiegelt, sind, so Panofsky, die geistigen Grundeinstellungen und Grundhaltungen der jeweiligen Epoche. So muss etwa ein Bildhauer seine eigene, zeitgebundene Einstellung zum Tod nicht bewusst reflektiert haben. Dennoch werden die Grabmonumente aus seiner Werkstatt einiges über die Haltung ihrer Entstehungszeit zu Leben und Tod sagen können.

Dies gilt vor allem, wenn man solche und andere Kunstwerke mit den Mitteln der **seriellen Ikonographie** untersucht. Anhand einer ganzen Serie von Grabmonumenten lässt sich etwa zu zeigen versuchen, dass und wie sich kollektive Vorstellungen von Tod und Jenseits im Lauf der Zeit verändern. Dies wird Sie an die serielle Geschichte erinnern, wie sie vor allem Michel Vovelle für mentalitätengeschichtliche Fragen nutzbar gemacht hat (→ S. 143). Tatsächlich hat Vovelle selbst nicht nur Tausende von Testamenten ausgewertet, sondern in anderen Studien auch Altäre aus mehreren Jahrhunderten für die Erforschung kollektiver Vorstellungen herangezogen.

Auch andere Wege der Interpretation setzen ein möglichst umfangreiches **KORPUS** an Quellen voraus. Dies gilt vor allem für die **Funktionsanalyse**, die zunächst nach der Funktion, dann aber auch nach der gesellschaftlichen Wirkung der Bilder fragt. Eine Quellenart, für die sich solche Analysen anbieten, kennen Sie bereits: die illustrierten Flugblätter der Frühen Neuzeit. Wie wir am Beispiel der Flugblätter aus der Zeit des Dreißigjährigen Krieges gesehen haben, dienten die Exemplare dieser Gattung als Handelsware, als Nachrichtenmedium, als Kunstwerk, an dem man sich erfreuen konnte, und nicht zuletzt als Hilfe bei der Deutung des Weltgeschehens. Dementsprechend vielfältig sind die Fragen der historischen Forschung, die zu beantworten ihre Analyse helfen kann (→ Kap. 3.2.2). Dass den Blättern an der Schnittstelle von Text- und Bildquellen aber auch eine handlungsleitende, mobilisierende Funktion zukommen konnte, zeigt sich besonders in politischen Krisenzeiten wie etwa der Französischen Revolution. Die Druckgrafik der Revolutionszeit im Allgemeinen und die politische Karikatur im Besonderen eröffnet der historischen Forschung nicht nur einen Zugang zur mentalen Welt der Revolutionäre. Sie entpuppt sich auch als das entscheidende Medium der politischen Bewusstseinsbildung und damit der Mobilisierung der Massen.

Noch stärker als die Funktionsanalyse heben andere Ansätze auf den Aspekt der Rezeption ab. Während der **rezeptionsästhetische Ansatz** sich stärker auf das Werk selbst und seinen ursprünglichen Kontext, also etwa den Ort der ersten Ausstellung, konzentriert, fragt der **SEMIOTISCHE Ansatz** eher nach der sich stets wandelnden visuellen Kommunikationssituation, in der sich Bild und Betrachter begegnen und die Aneignung des Werkes immer neu vollzogen wird. Gemeinsam ist diesen Ansätzen aber das Interesse am Bildbetrachter und daher an folgenden Fragen:

KORPUS, Pl. die Korpora, das einer wissenschaftlichen Analyse zugrunde liegende (Text-)Material.

SEMIOTIK, die Lehre von den Zeichen.

- Wer genau interessiert sich für das Werk und warum?
- Welche sozialen Hintergründe oder politischen Interessen spielen hierbei eine Rolle?
- Was tut das Bild selbst, um die Aufmerksamkeit des Betrachters zu gewinnen?
- Mit welchen Bildelementen wird er angesprochen, in die dargestellte Situation miteinbezogen oder gar manipuliert? Immerhin können nicht nur sprachliche, sondern auch bildliche Darstellungen rhetorische Elemente wie etwa Wiederholungen, Betonungen oder Hierarchisierungen aufweisen, und auch mit einer solchen **Bildrhetorik** lässt sich die Reaktion des Rezipienten steuern.

Verbunden mit der unterschiedlichen Aneignung von Bildern ist auch die Frage nach der **Verwendung von Kunst**. Wie gerade die Reformationsgeschichte zeigt, kann ein und dasselbe Bild zunächst Gegenstand religiöser Verehrung und damit einer gewissen **SAKRALISIERUNG** sein, um später einem **Bildersturm**, d.h. der bewussten Zerstörung von Kunstwerken, zum Opfer zu fallen. Bilder mit sakraler oder magischer Kraft, Gewalt gegen Bilder – diese beiden Extremformen der Bildaneignung bzw. -ablehnung dürften deutlich machen, welche Einblicke in die mentale Welt vergangener Zeiten durch die Analyse ihrer Bilder möglich werden.

SAKRALISIERUNG, von latein. sacer = heilig, sakral; etwas zunehmend als heilig betrachten.

Alle diese Ansätze haben ihre Stärken und Schwächen, und in allen Fällen wird man aus der Sicht der Geschichtswissenschaft darauf achten, den historischen Kontext angemessen zu berücksichtigen. Zusammen genommen bieten die Ansätze aber zweierlei: Argumente dafür, Bilder stärker als bisher in die historische Analyse mit einzubeziehen, sowie Anregungen, wie dies konkret gelingen könnte. Welcher Ansatz jeweils in Frage kommt, hängt, wie immer in der historischen Forschung, sowohl von der eigenen Fragestellung als auch vom verfügbaren Quellenmaterial ab. Aber wenn man die Anregungen all dieser Ansätze addiert, ergibt sich immerhin ein **Grundgerüst quellenkritischer Fragen**, die Sie im Umgang mit Bildern stets beachten sollten. Diese Fragen drehen sich zum einen um den **Entstehungshintergrund** (Urheber, dessen Nähe zum Geschehen, Auftraggeber, Zweck, Funktion etc.), zum anderen um **das Bild selbst** (Bildtradition, Wurzeln der gewählten Motive, Art der Darstellung, Bildrhetorik etc.) und zum dritten um seine **Wirkungsgeschichte** (Rezeption, Art der Verbreitung, kunsthistorische Wirkung). Dass wir die meisten dieser Punkte nur klären können, wenn wir

Nichtschriftliche Quellen

auch mit schriftlichen Quellen arbeiten, liegt auf der Hand. Und wenn ein Bild einen historischen Sachverhalt, eine Person oder ein Ereignis darstellt, versteht es sich für Historiker und Historikerinnen von selbst, diese Darstellung mit den erhaltenen **schriftlichen Berichten und Quellen zu vergleichen**.

Wie man mit diesem Fragenkatalog ein konkretes Bild als Quelle erschließen kann, sei an dem wohl berühmtesten Gemälde zum Westfälischen Frieden überhaupt getestet: an dem 1648 gemalten Werk **„Die Beschwörung des Spanisch-Niederländischen Friedens"** des niederländischen Künstlers **Gerard Ter Borch**. Wenn Sie sich mit dem Westfälischen Friedenskongress befassen, wird Ihnen dieses Bild (→ Abb. 29) unweigerlich begegnen. Denn da es als „wirklichkeitsgetreue" Abbildung der im Titel genannten Zeremonie gilt, wird es in schöner Regelmäßigkeit zur Illustration des Friedensschlusses gebraucht. Stellt aber das Bild tatsächlich dar, „wie es eigentlich gewesen"? Bei einem Blick auf den **Entstehungshintergrund** des von Ter Borch aus eigenem Antrieb und ohne jeden Auftrag angefertigten Gemäldes könnte man dies annehmen. Schließlich war der Künst-

Gerard Ter Borch: Die Beschwörung des Spanisch-Niederländischen Friedens im Rathaus zu Münster am 15. Mai 1648.

ler persönlich zugegen, als der bereits im Januar ausgehandelte Frieden zwischen Spanien und den nun unabhängigen Niederlanden von den Vertretern der beiden Mächte am 15. Mai 1648 im Rathaus zu Münster feierlich beschworen wurde. Dass er als Mitglied der spanischen Delegation, in deren Diensten er eine ganze Reihe von Diplomaten porträtiert hatte, selbst anwesend war, hat Ter Borch im Bild dokumentiert: Die Person ganz links, die als einzige den Betrachter anblickt, trägt seine Gesichtszüge. Nicht zuletzt dank der erhaltenen Diplomatenporträts von seiner Hand fällt es leicht, die Hauptpersonen zu identifizieren: die Spanier um ihren Chefdiplomaten Graf Peñeranda, der, die Hand auf dem Evangelium, den Eid für seine Seite verliest, die sechs anwesenden Vertreter der Niederlande, zu erkennen an der zum Schwur erhobenen Hand. Wie der Raum selbst deutlich wiederzuerkennen ist, so bestätigen die erhaltenen **schriftlichen Berichte** über die Zeremonie auch andere Details der **bildlichen Darstellung**: die Abwesenheit jener Vertreter der Niederlande, die sich gegen den Friedensschluss mit Spanien ausgesprochen hatten, die Beschaffenheit des Tisches, auf dem die Rechtsdokumente liegen, und auch die unterschiedlichen Arten des Schwörens. Allerdings berichten die schriftlichen Quellen übereinstimmend, dass die Parteien ihren Schwur keineswegs gleichzeitig, wie es Ter Borch darstellt, sondern nacheinander abgelegt hatten! Man mag dies für belanglos halten oder den gattungsspezifischen Zwängen solcher Gemälde zuschreiben. Schließlich wollte Ter Borch eine Handlung erzählen, und um deren zeitliche Abfolge in einem einzigen Bild zusammenzufassen, wurden die eigentlich nacheinander erfolgten Szenen auf solchen Ereignisbildern oftmals als gleichzeitig dargestellt. Ähnlich könnte man erklären, warum Ter Borch die Gruppe entgegen den schriftlichen Berichten im Halbkreis aufstellte: Wie sonst hätte der Betrachter die Anwesenden erkennen können? Aber warum ließ Ter Borch den Leuchter mit der Marienfigur weit größer erscheinen, als er im Original war? Dass die gerade während des Krieges von der katholischen Seite als rein katholische Heilige vereinnahmte Maria dank der Vergrößerung des Leuchters hier als segenspendende Gottesmutter über den Häuptern aller Parteien schwebt, wird man bei einem Maler vom Kaliber Ter Borchs nicht als Zufall abtun können. Viel näher liegt eine andere Deutung dieser **Bildrhetorik**: Der gebürtige Niederländer im Dienste Spaniens wollte in erste Linie die Gleichberechtigung der Parteien in Szene setzen. Deswegen reihte er die Diplomaten auf gleicher Höhe auf, deswegen ließ er sie gleichzeitig schwören und deswegen schwebte die Muttergottes auf dem Leuchter über den Anhängern beider Konfessionen. Diese Deutung macht auch eine weitere Abweichung des Bildes von den schriftlichen Berichten verständlich: Wohl um die Gleichheit der Parteien auch in dieser Hinsicht zu signalisieren, stellte Ter Borch die Bekleidung der Spanier weit weniger prunkvoll dar, als dies andere Quellen berichten. Denn nur so konnte er die augenfällige Diskrepanz zu den betont schlicht gewandeten Niederländern mildern. Und genau das zeigt, wie schnell ein rein realienkundlicher Ansatz, der unser Bild etwa allein nach den Bekleidungsgewohnheiten der Zeit befragt, zu Fehleinschätzungen führen kann.

Weitere Aussagen des Gemäldes erschließen sich durch einen **Vergleich mit der Bildtradition**. Hier ging Ter Borch neue Wege: Seine „Beschwörung" war das erste Bild, das den Frieden nicht, wie bisher üblich, allegorisch darstellte, sondern den Moment des Abschlusses zeigt. Dementsprechend stehen nicht die allegorisch verkörperten Gottheiten, Tugenden oder Fürsten im Mittelpunkt, sondern die Diplomaten selbst. Aber nicht nur deren Leistung wird hier gefeiert. Denn was findet sich im kompositorischen Zentrum des Bildes? In diesen optischen Mittelpunkt rückt die Vertragsurkunde, der gegenständliche Ausdruck des Rechtes also, und so darf man in Ter Borchs Gemälde ein künstlerisches Loblied auf Diplomatie, Verhandlungsfleiß und Recht erkennen.

Dass er mit diesem neuen Motiv einen Nerv der Zeit getroffen hatte, belegt die **Wirkungsgeschichte** des Werkes. Mit seiner „Beschwörung" hat Ter Borch den neuen **Bildtypus des Kongressgemäldes** begründet. Was uns heute so selbstverständlich erscheint – Diplomaten, die sich zu Verhandlungen am Tisch niederlassen, Politiker, die sich wie zufällig, aber doch nach strengen Regeln zum Gruppenbild aufstellen, Vertragspartner, die Dokumente unterzeichnen oder Exemplare austauschen – diese Motive der politischen Ikonographie haben in der 1648 von Ter Borch geschaffenen Bildtradition ihre Wurzeln.

Und die **Rezeption** des Werkes durch die Zeitgenossen? Sie mussten sich zunächst gedulden. Da Ter Borch einen astronomisch hohen Preis für sein Werk forderte, dürfte er an einem Verkauf nicht ernsthaft interessiert gewesen sein. Warum auch? Schließlich gab es andere Wege, um solche Gemälde gewinnbringend zu verwerten. Wie damals nicht unüblich, ließ Ter Borch von seinem wohl genau zu diesem Zweck produzierten Werk einen Kupferstich anfertigen, und diesen Stich, den man mühelos in jeder gewünschten Auflagenhöhe reproduzieren konnte, bot er zum Verkauf an. Welche Vermarktungsstrategie, wie man heute sagen würde, er dabei einschlug, zeigt die Unterschrift des Stiches: Als „Icon exactissima", als sehr genaues Abbild des Geschehens kam der überaus erfolgreiche Stich auf den Markt. Schon mit seinem Selbstporträt am linken Rand hatte sich Ter Borch als Augenzeuge des Geschehens ausgewiesen. Offenbar setzte er auf **AUTHENTIZITÄT**, auf den Anspruch also, sein Publikum korrekt zu informieren. Und da dieses **Verkaufsargument** seine Wirkung nicht verfehlte, interessierte sich das Publikum jener Zeit wohl tatsächlich dafür, „wie es eigentlich gewesen". Genau das erfährt man, wie wir wissen, allerdings nur zum Teil. Aber wie für den Künstler etwas anderes weit wichtiger gewesen ist als die exakte Darstellung des Ablaufs, so dürften sich auch seine Käufer vor allem für das interessiert haben, wofür der Frieden und das Bild standen oder doch stehen sollten: für den Sieg der Diplomatie über die Waffen, für den gleichberechtigten Umgang der einstigen Gegner und für die Bereitschaft, die einst unüberbrückbaren konfessionellen Gegensätze mit den Mitteln des Rechts zu überbrücken.

Nach dem Blick auf Entstehungshintergrund, das Bild selbst und seine Wirkungsgeschichte können wir uns dieser Lesart anschließen: Als Quelle für den tatsächlichen Ablauf der Zeremonie ist das Gemälde mit Vorsicht zu genießen. Aber das, was dem Maler und seinen Zeitgenossen als der **Geist dieses Friedens** erschien, macht das Bild deutlicher als jede schriftliche Quelle. Bilder sind und bleiben **ARTEFAKTE**. Sie bilden die Realität nicht ab, sie inszenieren sie. Aber die **Vorstellungen und Deutungen**, die sich **hinter diesen Inszenierungen** verbergen, geben die Bilder, richtig befragt, zu erkennen. Und genau darin liegt ihr Wert als Quelle für die historische Forschung.

Derart sensibilisiert für die Eigenheiten der Bilder, die nicht mit Abbildungen des Tatsächlichen zu verwechseln sind, können wir uns an eine weitere Art solcher Quellen wagen: an die **Fotografien**. Fotografie in der Frühen Neuzeit? Bitte machen Sie sich eines klar: Bei den Abbildungen, mit denen wir bisher zu tun hatten, handelt es sich fast immer um Fotografien. Gewiss, wenn es, wie hier, lediglich um die **Reproduktion historischer Quellen** geht, wird man diesem technischen Medium nicht sonderlich misstrauen müssen. Dies gilt ebenfalls für **Luftaufnahmen**, mit deren Hilfe sich etwa die Auswirkungen frühneuzeitlicher Siedlungsformen oder Grenzver-

AUTHENTIZITÄT, Echtheit, Glaubwürdigkeit.

ARTEFAKT, latein. = künstlich gemacht; Kunsterzeugnis.

Abb. 30

Fotos als Quelle: Die geplante „Reichsausstellung" 1940 zum Westfälischen Frieden.

läufe erfassen, aber auch historische Schlachten räumlich verorten und in ihrem Verlauf und Ausgang mitunter besser erklären lassen als mit schriftlichen Quellen.

Dass allerdings auch Fotos keineswegs einfach nur die Wirklichkeit abbilden, zeigt Abbildung 30. Wir sehen eine Aufnahme von der sogenannten „Reichsausstellung" der Nationalsozialisten zum Westfälischen Frieden. Zunächst anlässlich der Jahrhundertfeier für 1948 geplant, angesichts des Kriegsverlaufs aber vorverlegt, wurde die Ausstellung 1940 zwar eingerichtet. Zur Eröffnung sollte es jedoch nicht kommen. Den Grund hierfür gibt das Foto zu erkennen. Wie in einem Brennglas und mit voller Absicht fasst die sorgfältig arrangierte Aufnahme der Veranstalter die zentrale Aussage der Ausstellung zusammen: „Frankreichs grösster Triumph", „Deutschlands tiefste Schmach" – „Der Westfälische Friede raubte dem Deutschen Volk den Reichsgedanken". Frankreich als Erzfeind Deutschlands und als eigentlicher Widersacher eines starken deutschen Volkes – diese Linie sollte in der Ausstellung vom Westfälischen Frieden bis hin zum Versailler Vertrag gezogen werden. Aber da Frankreich nach der Niederlage von 1940 nicht mehr zu den vordringlichsten Kriegsgegnern gehörte, verzichteten die Nationalsozialisten letztendlich doch auf die Eröffnung dieser den Frieden zu polemisch-propagandistischen Zwecken verzerrenden Kampfausstellung.

Erhalten geblieben von dieser Propaganda-Show sind lediglich einige wenige Fotografien. Diese aber zeigen, dass nicht nur Luftaufnahmen oder Reproduktionen, sondern auch andere Fotos zur Quelle für die frühneuzeitliche Geschichte, ihre Bewertung und politische Instrumentalisierung werden können. Gleichzeitig macht unsere Abbildung deutlich, was hierbei in quellenkritischer Hinsicht zu berücksichtigen ist: Fotos können nicht nur manipuliert und retuschiert werden, sie sind häufig auch gestellt. Überdies ist das, was sie abbilden, oft schon eine Inszenierung, eine Deutung der Wirklichkeit. Über die Aussageabsichten ihrer Urheber und die dahinter stehende Deutung der Welt sagen Fotos wie auch Filme und alle Bilder daher einiges. Für eine ungeprüft glaubwürdige Abbildung der Wirklichkeit sollte man sie aber nicht halten.

Aufgaben zum Selbsttest

- Welche Erkenntnismöglichkeiten bieten serielle Quellen und Zahlen? Nennen Sie Beispiele!
- Wie steht es in der Frühen Neuzeit um die Münzen und Währungen? Was heißt das für den Umgang mit den Quellen?
- Welchen Wert können Wappen als historische Quellen haben?
- Nennen Sie einige Quellenarten, mit denen die genealogische Forschung arbeitet.
- Welche quellenkritischen Fragen sollten Sie im Umgang mit Bildern als Quellen stets beachten? Nennen Sie einige Ansätze, mit denen sich Bilder als Quellen erschließen lassen.

Literatur

Ahasver von Brandt, **Werkzeug des Historikers**, 16. Auflage Stuttgart 2003, S. 119–132 zur Heraldik, S. 39–47 zur Genealogie.
Peter Burke, **Augenzeugenschaft. Bilder als historische Quellen**, Berlin 2003.
– Ders., **Zählen, Schätzen, Klassifizieren. Der Zensus als Kollektivvorstellung**, in: Peter Burke, Städtische Kultur in Italien zwischen Hochrenaissance und Barock, Berlin 1986, S. 33–44 und 201 f.
Helmut Kahnt, Bernd Knorr, **Alte Maße, Münzen und Gewichte. Ein Lexikon**, Mannheim/Wien/Zürich 1987.
Kersten Krüger, **Historische Statistik**, in: Hans-Jürgen Goertz (Hg.), Geschichte. Ein Grundkurs, Reinbek 1998, S. 59–82.
Michael North, **Das Geld und seine Geschichte. Vom Mittelalter bis zur Gegenwart**, München 1994.
Heike Talkenberger, **Historische Erkenntnis durch Bilder. Zur Methode und Praxis der Historischen Bildkunde**, in: Hans-Jürgen Goertz (Hg.), Geschichte. Ein Grundkurs, Reinbek 1998, S. 83–98.
Brigitte Tolkemitt, Rainer Wohlfeil (Hg.), **Historische Bildkunde. Probleme – Wege – Beispiele**, Berlin 1991.

Technisches: Vom Proseminar zum Examen

| 4

Überblick

Vom Proseminar bis zum Examen: Im Geschichtsstudium müssen Sie sich ständig neue Themen erarbeiten. Immer wieder heißt es erste Informationen beschaffen und bibliographieren, Quellen wälzen und Literatur sichten, Referate halten oder ganze Sitzungen gestalten, Hausarbeiten schreiben oder kleinere schriftliche Arbeiten anfertigen. Wie das alles geht, werden Sie im Laufe des Studiums sicherlich lernen. Um Ihnen den Einstieg zu erleichtern, gibt das folgende Kapitel einen Überblick über die Hilfsmittel, Tricks und Techniken, die hierbei von Nutzen sind: Schritt für Schritt, von der Beschaffung erster Informationen bis zur Bewältigung des Examens.

Erste Informationen beschaffen

| 4.1

Ob Sie sich über die Themen der angebotenen Seminare oder der zur Auswahl stehenden Referate informieren wollen, ob Sie zur Vorbereitung auf die Sitzung einige Namen und Daten nachschlagen müssen, ob Sie ganz am Anfang Ihrer Hausarbeit stehen und zunächst einen Überblick benötigen: Wann immer Sie erste Informationen über ein Thema suchen – drei Arten von Hilfsmitteln helfen Ihnen weiter: Handbücher, Handwörterbücher und die richtigen Seiten im Internet.

Handbücher

| 4.1.1

Handbücher geben in konzentrierter Form einen Überblick über die historischen Abläufe in bestimmten Regionen, Epochen oder gesellschaftlichen Bereichen. Dass „Handbuch" nicht zwangsläufig

HANDBUCH, zum Nachschlagen gedachte Überblicksdarstellung zu einem bestimmten Teilbereich der Geschichte.

gleichbedeutend mit „handlich" ist, wird spätestens dann klar, wenn Sie sich eine aktuelle Ausgabe des **HANDBUCH**-Klassikers **„Ploetz – Auszug aus der Weltgeschichte"** vornehmen. Der beachtliche Umfang der meisten Handbücher liegt in der Natur der Sache, sind diese Werke doch eher zum Nachschlagen bestimmter Daten und Sachverhalte gedacht und nicht zum Durchlesen von vorn bis hinten. Allen Handbüchern gemein ist eine chronologische oder thematische Anordnung des Stoffes, die sie von den weiter unten angeführten Handwörterbüchern mit ihren alphabetisch sortierten Eintragungen unterscheidet.

Handbücher können nach chronologischen Aspekten gegliedert sein und sich **bestimmten Zeitabschnitten** widmen (z. B. der Zeit der Reformation oder des Absolutismus). Sie können sich aber auch an systematischen Kategorien orientieren und ein **Teilgebiet der Geschichte** behandeln, beispielsweise die Kirchengeschichte oder die Rechtsgeschichte, die Wirtschafts- und Sozialgeschichte, die Militärgeschichte oder die Bildungsgeschichte. Wieder andere Handbücher richten sich an geographischen Kriterien aus und befassen sich mit der **Geschichte einer bestimmten Region**. Diese Region kann unterschiedlich groß sein. So gibt es Handbücher zur Geschichte ganzer Kontinente oder gar der gesamten Welt, aber auch Handbücher, die sich mit der Vergangenheit einer historischen Landschaft wie etwa Bayern oder Hessen oder auch nur mit der Geschichte einer Stadt befassen. Besonders traditionsreich und noch heute erste Anlaufstelle bei vielen Fragen sind oft die Handbücher **zur Geschichte einzelner Nationen**, also etwa Handbücher zur englischen, französischen oder deutschen Geschichte.

Da Handbücher Schwerpunkte setzen und bei weitem nicht alle relevanten Aspekte vertiefen, ist zweierlei zu empfehlen: Zum einen

Info

Ploetz

▶ Karl Ploetz (1819 – 1891) war ein Berliner Gymnasiallehrer, der die seines Erachtens wissenswerten Grunddaten der Weltgeschichte festhalten wollte und zu diesem Zweck den ersten „Auszug aus der Geschichte" verfasste. Aus diesem Projekt entstand der Ploetz-Verlag. Obwohl dieser zwar mittlerweile verkauft wurde, liegt der „Große Ploetz" (so der jetzt offizielle Titel des einstigen „Auszugs", auch als CD-Rom verfügbar) schon in der 33. Auflage vor. Daneben gibt es weitere historische Nachschlagewerke namens Ploetz, die sich mit einzelnen Ländern, Themengebieten oder Epochen befassen.

sollten Sie sich klar machen, welche Art von Handbuch Ihnen weiterhelfen kann, bzw. welchen Schwerpunkt das von Ihnen bereits gewählte Werk hat. Zum anderen ist es ratsam, zu einer bestimmten Frage mehrere Handbücher verschiedenen Zuschnitts hinzuzuziehen. Zur Reformation in Bayern also etwa ein Handbuch zur Kirchengeschichte und ein Handbuch zur bayerischen Geschichte.

Und wie kann man sich informieren, welche Handbücher es überhaupt gibt? Ganz einfach: Indem Sie in einem Buch nachschlagen, das ohnehin zu den unverzichtbaren Hilfsmitteln im Geschichtsstudium zählt: im **„Baumgart"**.

Tipp

Der „Baumgart"

Winfried Baumgart, Bücherverzeichnis zur deutschen Geschichte. Hilfsmittel, Handbücher, Quellen, 15., durchgesehene und erweiterte Auflage München 2003.
Dieses Taschenbuch informiert über Bibliographien, Handbücher, Handwörterbücher und Quellensammlungen keineswegs nur zur deutschen Geschichte in Mittelalter und Neuzeit. Es erscheint in regelmäßigen Abständen in einer aktualisierten Auflage.

Der „Baumgart" gibt zwar einen Überblick über die verfügbaren Hilfsmittel, lässt diese aber unkommentiert und setzt auch keinen zeitlichen Schwerpunkt. Daher seien hier einige der für die deutsche Geschichte in der Frühen Neuzeit besonders wichtigen Handbücher kurz vorgestellt.

Besser früher als später sollten Sie sich **die „Enzyklopädie deutscher Geschichte" (EdG)** anschauen. Jeder einzelne Band dieser auf die deutsche Geschichte konzentrierten Reihe liefert in einem Dreischritt einen Zugang zu einem historischen Feld: Zunächst wird durch einen enzyklopädischen Überblick in das Thema eingeführt. In einem zweiten Schritt werden Grundprobleme und Tendenzen der Forschung besprochen. Der dritte Teil besteht aus einem gut recherchierten Quellen- und Literaturteil. Im Bereich der Frühen Neuzeit waren bis Anfang 2005 bereits 28 Bände erschienen. Als Beispiele seien genannt:

- Rainer A. Müller, Der Fürstenhof in der Frühen Neuzeit, München [2]2004 (EdG 33).
- Walter Achilles, Landwirtschaft in der Frühen Neuzeit, München 1991 (EdG 10).
- Olaf Mörke, Die Reformation. Voraussetzungen und Durchsetzung, München 2005 (EdG 74).
- Heinz Duchhardt, Altes Reich und europäische Staatenwelt 1648 – 1806, München 1990 (EdG 4).

Eine Gesamtübersicht über alle bereits erschienenen und geplanten Bände ist im Internet unter www.geschichte-lehrbuch.de abrufbar.

Neben diesen Handbüchern mit thematischem Schwerpunkt gibt es auch Handbuchreihen, die stärker chronologisch gegliedert sind. So z.B. die Reihe **„Oldenbourg Grundriss der Geschichte" (OGG)**, darin finden Sie u.a.:

- Bd.10: Heinrich Lutz, Reformation und Gegenreformation, 5.Auflage, durchgesehen und ergänzt von Alfred Kohler, München 2002.
- Bd.11: Heinz Duchhardt, Das Zeitalter des Absolutismus, 3., überarbeitete Auflage München 1998.

Innerhalb der einzelnen Bände sind die „Oldenbourg Grundrisse" ähnlich aufgebaut wie die oben beschriebene EdG. Die gesamte Reihe umfasst 21 Bände.

Eine weitere wichtige Handbuch-Reihe ist der **„Gebhardt"**. Noch heute nach seinem ersten Herausgeber benannt, geht der Gebhardt mittlerweile in die zehnte, völlig neu gestaltete Auflage. Er war lange Zeit die einzige Reihe zur deutschen Geschichte und gilt noch immer als das renommierteste Handbuch dieser Art. Darin finden Sie z.B:

- Bd.9: Wolfgang Reinhard, Probleme deutscher Geschichte 1495 – 1806. Reichsreform und Reformation 1495 – 1555, Stuttgart 2001.
- Bd.10: Maximilian Lanzinner, Gerhard Schormann; Konfessionelles Zeitalter 1555 – 1618. Dreißigjähriger Krieg 1618 – 1648, Stuttgart 2001.

Der „Gebhardt" wird in der 10. Auflage insgesamt 24 Bände umfassen. Vor dem inhaltlichen Teil finden Sie immer ein ausführliches Verzeichnis der Quellen und der wichtigen Forschungsliteratur.

Auch als Folge der Wiedervereinigung erlebten die Handbücher zur deutschen Geschichte in den 1990er Jahren einen regelrechten Boom. Mittlerweile warten zahlreiche Verlage mit einer eigenen Reihe auf. Im Folgenden können nur die wichtigsten Reihen mit Bänden zur Frühen Neuzeit genannt werden.

Die **Neue Deutsche Geschichte** umfasst insgesamt 10 Bände zur deutschen Geschichte. Auch hier findet sich eine umfassende Bibliographie im Anhang. Einige Beispiele:

- Bd.4: Horst Rabe, Reich und Glaubensspaltung, Deutschland 1500 – 1600, München 1991.
- Bd.5: Volker Press, Kriege und Krisen. Deutschland 1600 – 1715, München 1991.

Die nach dem Verleger benannte Reihe **Siedler Deutsche Geschichte** ist auf 12 Bände angelegt und hat zwei Vorteile gegenüber den oben vorgestellten: Zum einen sind die Bände reich bebildert, so dass hier viele Abbildungen zur Illustration von Referaten u. ä. gefunden werden können. Zum anderen sind die Bücher sowohl gebunden als auch broschiert erhältlich und somit auch für den studentischen Geldbeutel erschwinglich. Darin finden Sie z. B.:

- Bd. 5: Heinz Schilling, Aufbruch und Krise, Deutschland 1517 – 1648, Berlin 1988, Taschenbuchausgabe Berlin 1998.
- Bd. 6: Heinz Schilling, Höfe und Allianzen, Deutschland 1648 – 1763, Berlin 1989, Taschenbuchausgabe Berlin 1998.
- Bd. 7: Horst Möller, Fürstenstaat oder Bürgernation, Deutschland 1763 – 1815, Berlin 1989, Taschenbuchausgabe Berlin 1998.

Weitere Reihen sind: die **Propyläen Geschichte Deutschlands**, die **Moderne deutsche Geschichte** und die **Deutsche Geschichte** in der kleinen Vandenhoeck-Reihe.

Handwörterbücher

| 4.1.2

Neben den Handbüchern gibt es Handwörterbücher, die zur Klärung bestimmter Begriffe herangezogen werden können. Auch bei diesen alphabetisch geordneten und damit zur Gruppe der **LEXIKA** zählenden Nachschlagewerken findet man verschiedene Arten. Einen allgemeinen Überblick vermittelt der „Baumgart". Um deutlich zu machen, wie vielfältig das Angebot an solchen Hilfsmitteln ist, folgt hier eine kleine Übersicht über die für die Frühe Neuzeit besonders hilfreichen Handwörterbücher.

LEXIKA, alphabetisch geordnete Nachschlagewerke; Sprach- oder Sachwörterbücher

Wörterbücher zur deutschen Sprache und ihren Dialekten:
- Edwin Habel, Friedrich Gröbel, Mittellateinisches Glossar, mit einer neuen Einführung versehener, im Wörterbestand unveränderter Nachdruck Paderborn u.a. 1989.
- Alfred Götze, Frühneuhochdeutsches Glossar, Nachdruck der 7. Auflage Berlin 1971.
- Robert Anderson u. a. (Hg.), Frühneuhochdeutsches Wörterbuch, Bd. 1 ff., Berlin 1989 ff.
- Christa Baufeld, Kleines frühneuhochdeutsches Wörterbuch. Lexik aus Dichtung und Fachliteratur des Frühneuhochdeutschen, Tübingen 1996.

- Jakob und Wilhelm Grimm, Das Deutsche Wörterbuch, 16 Bände in 32 Teilbänden und ein Quellenverzeichnis, 1854–1971. Im Internet unter http://www.dwb.uni-trier.de
- Wolfgang Lindow, Plattdeutsches Wörterbuch, Leer 1984.

Auch **für Fremdsprachen** gibt es Handwörterbücher speziell für die Bedürfnisse von Historikern und Historikerinnen, so z. B.:
- Heike Drummer (Hg.), Französisch für Historiker. Fachsprachlicher Wortschatz mit Hinweisen zum Geschichtsstudium in Frankreich, Berlin 1991.

Einen Sonderfall stellt das international wohl renommierteste deutschsprachige Handwörterbuch dar:
- **Geschichtliche Grundbegriffe**. Historisches Lexikon zur politisch-sozialen Sprache in Deutschland, hg. von Otto Brunner u. a., 7 Bände, 1 Registerband, Stuttgart 1972–1997. Studienausgabe Stuttgart 2004.

Hier geht es nicht etwa um die eindeutige Definition von Begriffen, sondern vielmehr um die so genannte **HISTORISCHE SEMANTIK**. Die einzelnen, meist sehr langen Artikel dieses Lexikons legen dar, wie sich die Bedeutung wichtiger Begriffe (z. B. Freiheit, Geschichte, Stand, Revolution) im Laufe der Zeit verändert hat.

HISTORISCHE SEMANTIK, wissenschaftlicher Ansatz, der die Bedeutung von Wörtern im historischen Wandel untersucht.

Über die Bedeutung einzelner Worte und Begriffe in vergangenen Zeiten informiert auch ein Blick in **Historische Konversationslexika** wie z. B. die älteren Auflagen des Brockhaus (1. Auflage: 1796).

Speziell für die Frühe Neuzeit zu nennen ist hier der nach seinem Herausgeber benannte „Zedler", eine wahre Fundgrube für die Weltsicht seiner Zeit:
- Großes vollständiges Universal-Lexikon aller Wissenschaften und Künste, Bd. 1–64, Halle/Leipzig 1732–1754. Nachdrucke, Graz 1961–64 und 1993–99. Mikrofiche-Ausgabe Erlangen 1995. Im Internet unter: http://www.zedler-lexikon.de/

Sachwörterbücher zur Geschichte allgemein
- Eugen Haberkern, Joseph Friedrich Wallach, Hilfswörterbuch für Historiker. Mittelalter und Neuzeit, 2 Bände, 9. Auflage Tübingen/Basel 2001.
- Konrad Fuchs, Heribert Raab, DTV-Wörterbuch zur Geschichte, 2 Bde., 6., bearbeitete und erweiterte Auflage München 1987.

Hinzu kommt eine ganze Reihe von **Handwörterbüchern zu einzelnen Teilbereichen der Geschichte**, Um nur einige Beispiele zu nennen:

Zur Rechtsgeschichte:
- HRG: Handwörterbuch zur deutschen Rechtsgeschichte, begründet von Wolfgang Stammler, hg. von Albrecht Cordes, 5 Bde., Berlin 1971 – 1998.

Zur Kirchen-, Theologie- und Religionsgeschichte:
- LThK: Lexikon für Theologie und Kirche, 3., völlig neu bearbeitete Auflage, hg. von Walter Kasper u. a., 13 Bde., Freiburg 1993 – 2001.
- TRE: Theologische Realenzyklopädie, hg. von Gerhard Krause und Gerhard Müller, 36 Bde., Abkürzungsverzeichnis, 2 Registerbände, Berlin/New York 1976 – 2004.

Entsprechende Werke gibt es auch zur Wirtschafts- und zur Sozialgeschichte, zur Geschichte der Politischen Ideen, zur Geschichte der Philosophie, zur Kunst und Musikgeschichte und zu anderen Gebieten.

Biographische Nachschlagewerke gibt es für zahlreiche Länder, für den deutschen Raum in der Frühen Neuzeit etwa die ADB:
- Allgemeine deutsche Biographie, hg. von der Historischen Kommission bei der Königlichen Akademie der Wissenschaften, 56 Bde., Leipzig 1875 – 1912. Nachdruck Berlin 1967 – 1971. Im Internet unter http://mdz2.bib-bvb.de/~adb/

Enzyklopädien zu einzelnen Epochen, Ländern oder Themenfeldern:
- Enzyklopädie der Neuzeit, hg. von Friedrich Jäger, Bde. 1 und 2, Stuttgart 2005 (15 Bände und 1 Registerband sind geplant).
- Dictionnaire de l'Ancien Régime. Royaume de France XVIe – XVIIIe siècle, hg. von Lucien Bély, Paris 1996.
- Enciclopedia dei papi, hg. von Massimo Bray u. a., 3 Bde., Rom 2000.

Tipp

Handwörterbücher und Nachschlagewerke stehen in den meisten geschichtswissenschaftlichen Bibliotheken unter der gleichen Signatur und damit in der gleichen Ecke des Lesesaals. Suchen Sie diese Stelle auf, stöbern Sie in den Regalen! Dann bekommen Sie schnell einen Überblick über die Hilfsmittel in Ihrer Nähe. Handbücher und Handwörterbücher machen das Studium deutlich leichter.

Hilfsmittel erkunden

4.1.3 Frühe Neuzeit im Internet

Außer den klassischen gedruckten Einstiegshilfen gibt es mittlerweile auch im Internet zahlreiche Hilfsangebote und thematische Seiten rund um die Frühe Neuzeit. Auf den verschiedenen Seiten können Sie Bibliographien, Rezensionen, E-Texte, Forschungsberichte und manchmal sogar ganze Quelleneditionen finden. Damit Sie in der Flut dieses Angebots nicht ertrinken, werden Ihnen hier sieben der wichtigsten Internetseiten für Historiker im Allgemeinen und für „Frühneuzeitler" im Speziellen vorgestellt.

H-Soz-u-Kult (http://www.hsozkult.de)
Das wohl wichtigste Informationsportal für die gesamte Geschichtswissenschaft ist an der Humboldt-Universität in Berlin beheimatet und stellt Informationen zu allen Bereichen der Geschichte bereit. Ob Rezensionen, Tagungsberichte oder aktuelle Ausstellungen, auf H-Soz-u-Kult finden Sie es bestimmt! Alle Informationen können auch bequem als E-Mail abonniert werden, bei durchschnittlich zehn E-Mails am Tag sollten Sie jedoch regelmäßig Ihr Postfach leeren, sonst quillt es über.

Server Frühe Neuzeit (SFN) (http://www.sfn.historicum.net)
Was H-Soz-u-Kult für die gesamte Geschichtswissenschaft, ist der SFN für die Frühe Neuzeit. Das eigene Rezensionsjournal „Sehepunkte" stellt monatlich aktuelle Titel nicht nur zur Frühen Neu-

Abb. 31

Server Frühe Neuzeit: Link-Wink zur „Forschungsstelle Westfälischer Frieden".

zeit vor. In verschiedenen Fachportalen, z. B. zur Hexenforschung oder den Juden im Alten Reich, finden sich zudem sehr gute Auswahlbibliographien, E-Texte und digitale Quelleneditionen. Besonders hervorzuheben ist die regelmäßige Vorstellung und Kommentierung ausgewählter Internetseiten in der Rubrik „Link-Wink".

Virtual Library Geschichte (http://www.fruehe-neuzeit.net)
Auch die Virtual Library der Universität Dortmund hat sich der Frühen Neuzeit verschrieben. Aktuelle Termine sind hier ebenso zu finden wie eine große Linksammlung zu Internetseiten mit frühneuzeitlichem Inhalt.

Frühe-Neuzeit.INFO (http://www.fruehe-neuzeit.info)
Diese Seite stellt eine Ergänzung zu dem vorliegenden Buch dar. Hier finden Sie zahlreiche weitere Internetseiten, die für Ihr Studium von Bedeutung sein könnten. Die Links sind kommentiert und werden regelmäßig überprüft und ergänzt.

Abb. 32

Startseite von „Ad fontes".

Adfontes (http://www.adfontes.unizh.ch)
Ad fontes (wörtlich: Zu den Quellen!) bietet Ihnen die Möglichkeit, sich schon frühzeitig paläographische Kenntnisse (→ S. 157) in einem Onlinekurs der Universität Zürich anzueignen. Dann fällt es Ihnen leicht, Quellen im Archiv im Original zu lesen. Einmal angemeldet können Sie selbstständig in einem virtuellen Archiv stöbern und anhand von vielen Fragen und Übungen Ihre Lernerfolge überprüfen.

Theatrum Europaeum (http://www.bibliothek.uni-augsburg.de/dda/dr/hist/we_00001-00021/)
Ein Mammutwerk für die frühneuzeitliche Geschichte stellt das Theatrum Europaeum dar. Wenn Sie sich mit dem Zeitraum von 1618 bis 1718 und speziell mit dem Dreißigjährigen Krieg befassen, kommen Sie um diese mit zahlreichen Kupferstichen versehene Chronik einfach nicht herum. Die Universitätsbibliothek Augsburg hat alle 21 Bände komplett online zugänglich gemacht.

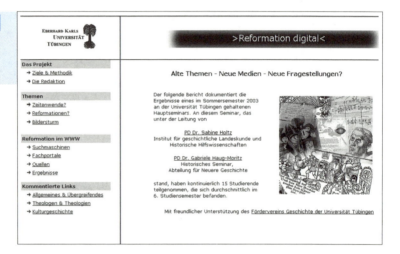

Abb. 33

Startseite von „Reformation digital"

Reformation digital (http://www.lehre.historicum.net/Tuebingen)
Wie sucht man das Internet sinnvoll und effektiv nach Quellen und Literatur ab? Diese Frage haben sich Studierende und Lehrende der Universität Tübingen gestellt und anhand des Suchbegriffs „Reformation" verschiedene Suchstrategien ausprobiert und dokumentiert, die man beispielhaft für eigene Suchen übernehmen kann. Die Seite ist ein Rettungsring für alle, die schon jetzt glauben, in den Fluten des WWW zu ertrinken.

Aufgaben zum Selbsttest

- Sie wollen sich in ein neues Thema einarbeiten. Wie gehen Sie dabei zunächst vor? Welche Informationsmöglichkeiten gibt es?
- Nennen Sie drei wichtige Handbücher zur Geschichtswissenschaft. Was unterscheidet sie von so genannten Handwörterbüchern?

Literatur

Winfried Baumgart, **Bücherverzeichnis zur deutschen Geschichte. Hilfsmittel, Handbücher, Quellen**, 15., durchgesehene und erweiterte Auflage München 2003.
Peter Burschel u. a., **Geschichte. Ein Tutorium**, Freiburg 1997.
Stuart Jenks, Paul Tiedemann, **Internet für Historiker. Eine praxisorientierte Einführung**, 2. überarbeitete und erweiterte Auflage Darmstadt 2000.

Quellen und Literatur finden

4.2

Nachdem Sie ein Thema gefunden und sich erste Informationen durch ein Handbuch, Lexikon oder das Internet angeeignet haben, gilt es nun, weitere Literatur und Quellen zu finden – das so genannte **BIBLIOGRAPHIEREN** beginnt. Meist reichen für kleinere Referate oder Ausarbeitungen die Angaben aus Handbüchern oder Verweise in Lexikonartikeln aus. Nur bei größeren Arbeiten empfiehlt es sich, systematischer vorzugehen, um auch wirklich „alles" zu erfassen. Wie dieses Bibliographieren nach dem Schneeballsystem bzw. das systematische Bibliographieren funktionieren, wird in diesem Abschnitt dargelegt. Zunächst soll aber geklärt werden, welche verschiedenen Arten von Veröffentlichungen es überhaupt gibt.

BIBLIOGRAPHIEREN, die Suche nach Literatur.

Tipp

Meist verteilen die Dozierenden am Anfang eines Seminars oder einer Übung so genannte Auswahlbibliographien zu den jeweiligen Themenbereichen. Diese sollten Sie sich in jedem Fall genau anschauen und am besten gut aufbewahren, da sie, meist sorgfältig recherchiert, immer wieder von Nutzen sein können.

Auswahl-bibliographie

Formen der Veröffentlichungen

4.2.1

Grundsätzlich wird zunächst zwischen Quellen und so genannter Sekundärliteratur unterschieden. Unter **Sekundärliteratur** versteht man wissenschaftliche Abhandlungen über ein bestimmtes Thema. Quellen sind dagegen Texte, Bilder o. ä., welche direkt „befragt" werden, um Aufschlüsse über die Vergangenheit zu erhalten. Je nach Fragestellung kann ein Text der Sekundärliteratur schnell zu einer Quelle werden. Ein Beispiel: Bei der Untersuchung des Phänomens der so genannten Gegenreformation im 16. Jahrhundert dient Gustav Droysens „Geschichte der Gegenreformation" aus dem Jahre

1893 als wissenschaftliche Abhandlung, als Sekundärliteratur. Beschäftigt man sich aber mit der Rezeption des Phänomens der Gegenreformation in der Geschichtsschreibung des 19. Jahrhunderts, ist Droysens Werk eine Quelle.

Die Sekundärliteratur begegnet in verschiedenen Formen der Veröffentlichung. Die bekannteste dieser Formen ist die **Monographie**, also das, was die meisten gemeinhin unter „Buch" verstehen: Ein zusammenhängender Text über ein Thema aus der Hand eines oder auch mehrerer Autoren. Bei Monographien handelt es sich häufig um so genannte Qualifikationsschriften, also um Doktorarbeiten oder Habilitationsschriften. So muss z. B. jeder Historiker in Deutschland seine Dissertation veröffentlichen, um den Titel des Doktors führen zu dürfen. Auch wenn diese Doktorarbeiten mittlerweile digital im Internet publiziert werden können und somit nicht mehr selbstverständlich als „Buch" vorliegen, stellen sie doch eine klassische Monographie dar.

Die zahlenmäßig häufigste Form der Veröffentlichung ist jedoch nicht die Monographie, sondern der Artikel oder **Aufsatz**. Aufsätze können die Ergebnisse kleinerer Forschungsprojekte vorstellen, Teilaspekte größerer Vorhaben präsentieren oder deren Befunde zusammenfassen. Weil Aufsätze schneller zu schreiben, zu veröffentlichen und zu lesen sind als Monographien, wird die wissenschaftliche Debatte bevorzugt in dieser Publikationsform ausgetragen. Zu finden sind Aufsätze in so genannten **Sammelbänden**, die oft im Kontext von Tagungen, Ausstellungen, Jubiläen oder anderen Festakten entstehen. Vor allem aber werden Aufsätze in den periodisch erscheinenden **Fachzeitschriften** veröffentlicht. Diese Fachzeitschriften sind daher von zentraler Bedeutung für die wissenschaftliche Diskussion. Wichtige Zeitschriften für die Geschichte der Frühen Neuzeit sind:

– Archiv für Reformationsgeschichte (ARG)

Den „Oldie" unter den Fachzeitschriften gibt es seit 1903, thematischer Schwerpunkt ist – nomen est omen – die Reformation, aber auch die Jahre der so genannten Konfessionalisierung bis ca. 1648 werden hier in Artikeln und Rezensionen abgehandelt. Seit 1972 sind die Rezensionen in einem gesonderten Literaturbericht zum ARG zu finden (siehe auch unter Bibliographien weiter unten).

– Frühneuzeit-Info

Die seit 1990 erscheinende Zeitschrift des Instituts zur Erforschung der Frühen Neuzeit in Wien bietet in der Regel zweimal jährlich ausgewählte Artikel rund um einen thematischen Schwerpunkt aus

Bereichen der ganzen Frühen Neuzeit, daneben gibt es ausführliche Tagungsberichte und Buchbesprechungen.
- Sixteenth Century Journal (SCJ)
Das SCJ erscheint seit 1970 und konzentriert sich fast ausschließlich auf das 16. Jahrhundert. Es bietet ebenfalls eine Mischung aus Aufsätzen und Besprechungen aktueller Bücher. Die Jahrgänge ab 1972 sind komplett digitalisiert und können im Internet abgerufen werden.
- Zeitschrift für historische Forschung (ZHF)
Der Klassiker aus dem deutschsprachigen Raum erscheint seit 1974 und kommt auch mit dem bekannten Mix aus Aufsätzen und Rezensionen daher. Erwähnenswert sind auch die Beihefte, die in unregelmäßigen Abständen ein Schwerpunktthema aus dem Bereich der Frühen Neuzeit behandeln.

Wichtig sind auch einige historische Zeitschriften, die nicht speziell auf die Frühe Neuzeit konzentriert sind, etwa:
- Geschichte in Wissenschaft und Unterricht (GWU)
- Historische Zeitschrift (HZ)
- Zeitschrift für Geschichtswissenschaft (ZfG)

Lexikonartikel stellen eine weitere wichtige Form der Veröffentlichung dar. Autoren werden hier meist mit den Initialen abgekürzt, die sich aber durch einen Schlüssel am Anfang oder Ende des jeweiligen Bandes schnell auflösen lassen.

Weil Aufsätze und Lexikonartikel anders als Monographien und Sammelbände nicht für sich allein, sondern gemeinsam mit anderen Texten in Sammelbänden, Zeitschriften oder Lexika erscheinen, heißen sie auch **nicht selbstständige Veröffentlichungen**.

Bei **Quellen** wird zwischen edierten und nicht-edierten Quellen unterschieden. An der Universität hat man es meist mit **edierten Quellen** zu tun, die von Herausgebern und Übersetzern transkribiert und meist auch kommentiert werden. Oft sind sie mit einem so genannten kritischen Apparat versehen, der auf Besonderheiten (Streichungen, Markierungen, Randbemerkungen etc.) des Originals hinweist, welche im Druckbild schlecht wiedergegeben werden können. Meist sind edierte Quellen in Rechtschreibung und Orthographie der heutigen Rechtschreibung angepasst, um das Textverständnis zu erleichtern. Wenn Sie mit einer solchen Edition arbeiten, ist es unbedingt ratsam, zunächst die (editorischen) Vorbemerkungen zu lesen, die auf derartige Eingriffe im Originaltext oder auch auf Auslassungen hinweisen (→ S. 72).

Bei **nicht edierten Quellen** handelt es sich dementsprechend um die Originale, welche in Archiven und Bibliotheken schlummern und noch aufbereitet werden müssen.

4.2.2 | Suche nach dem „Schneeballsystem"

Die wohl am häufigsten gebrauchte Form des Bibliographierens ist die Suche nach dem „Schneeballsystem", auch **unsystematisches Bibliographieren** genannt. Keine Angst: Unsystematisch heißt hier nicht chaotisch oder beliebig. Vielmehr fangen Sie an, in einem Handbuchtext oder einem anderen zufällig gefundenen Artikel oder Aufsatz die Literaturangaben in den Fußnoten und, wenn vorhanden, das Literaturverzeichnis nach brauchbaren Titeln zu durchforsten. Langsam erhalten Sie eine gewisse Anzahl von Titeln, die Sie wiederum durchsuchen, und schon bald ist der Schneeball richtig im Rollen.

Dabei ist es ratsam, mit **neueren Veröffentlichungen** anzufangen, da diese meist die vorhergehende Forschung komplett aufführen. Glücklich können Sie sich schätzen, wenn Sie eine neuere Doktorarbeit oder Habilitationsschrift finden, die Ihr Thema zumindest streift, denn diese enthalten meist sehr gründlich erstellte und ausgewertete Literaturangaben.

In der Regel bekommen Sie so schnell genügend Literatur für Ihr Thema zusammen.

Die **Nachteile** dieser Methode liegen aber ebenso auf der Hand: Sie verlassen sich auf die Vorarbeit anderer und sind damit auch deren Wertung ausgeliefert. Daher kann es leicht passieren, dass Ihnen wichtige Veröffentlichungen entgehen, nur weil sie von einem anderen für unwichtig gehalten oder schlicht übersehen wurden.

Vor allem aber kann man mit dieser Methode die **neueste Forschungsliteratur** oft nicht finden. Hier hilft die Literaturliste weiter,

---

Tipp

Bibliographieren

Notieren Sie sich immer die Details einer bibliographischen Angabe! Bei Aufsätzen aus Sammelbänden, Zeitschriften und Lexika sollten Sie unbedingt die genaue Seitenzahl des Artikels vermerken. Bei Sammelbänden muss der Herausgeber und der genaue Titel des Werkes angegeben werden, bei Zeitschriften der exakte Name, die Nummer und der Jahrgang und bei Lexika die Bandzählung samt Erscheinungsjahr des Bandes. Wer solche Kleinigkeiten nicht aufschreibt, muss sie später nachprüfen und macht sich unnötige Arbeit.

die die meisten Dozenten zu Beginn des Seminars verteilen. Zufallstreffer können Sie in den Besprechungteilen der Tagespresse oder in aktuellen Prospekten der Verlage machen (in Buchhandlungen zu finden). Das wichtigste Hilfsmittel bei der Suche nach aktueller Literatur sind jedoch die Fachzeitschriften: Fast jedes Fachjournal hat einen ausführlichen Besprechungteil, in dem zahlreiche Bücher zum Themenschwerpunkt der Zeitschrift rezensiert werden. Wer aktuelle Literatur zu einem bestimmten Thema sucht, wird hier oft fündig. Und wer bereits einen Interessenschwerpunkt entwickelt hat, ist gut beraten, die entsprechend spezialisierten Fachzeitschriften und deren Rezensionsteil regelmäßig durchzusehen.

Systematisches Bibliographieren

| 4.2.3

Beim systematischen Bibliographieren geht es darum, das Prinzip Zufall auszuschalten und die gesamte Literatur zum Thema zu erschließen. Zu diesem Zweck müssen Sie zunächst die passenden **BIBLIOGRAPHIEN** für Ihr Thema suchen. Bibliographien sind Verzeichnisse einschlägiger Literatur, in denen folglich konkrete Titel zu finden sind. Aber wo findet man Bibliographien? In so genannten **Bibliographien der Bibliographien**. Die zwei wichtigsten Verzeichnisse dieser Art für die Geschichtswissenschaften sind der „Totok-Weitzel" und der „Baumgart":

BIBLIOGRAPHIE, wörtlich: Bücherbeschreibung, ein Verzeichnis von Literaturnachweisen.

- Wilhelm Totok, Rolf Weitzel, Handbuch der bibliographischen Nachschlagewerke, 4., erweiterte, völlig neu bearbeitete Auflage Frankfurt am Main 1972.
- Winfried Baumgart: Bücherverzeichnis zur deutschen Geschichte. ($\rightarrow$ S. 241)

In diesen Bänden finden Sie eine ganze Reihe von Bibliographien, die sich in verschiedene Gruppen einteilen lassen. Die Vielfalt mag zunächst verwirrend wirken. Aber auch hier ist die Sache eigentlich gar nicht so kompliziert. Sie müssen sich immer nur klar machen, was die jeweilige Bibliographie enthält und was nicht. So gibt es Bibliographien, die sich einem bestimmten Thema widmen: einem historischen Phänomen wie etwa dem Westfälischen Frieden („Bibliographie zum Westfälischen Frieden"), einzelnen historischen Persönlichkeiten, bestimmten Gebieten und Regionen. Daneben existieren für viele Länder so genannte **Nationalbibliographien**, die unabhängig von den Themen alle in einem bestimmten Land erschienenen

Bibliographieren im Überblick.

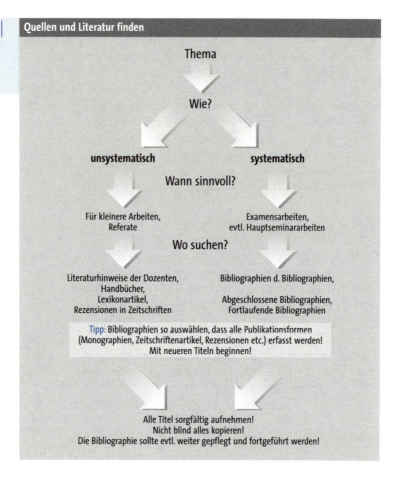

Abb. 34 | Quellen und Literatur finden

neuen Werke verzeichnen. Manche Bibliographien konzentrieren sich auf eine bestimmte Form der Veröffentlichung ohne Rücksicht auf den Inhalt: So gibt es **Bibliographien der Hochschulschriften** oder auch Bibliographien, die sich besonders der **Zeitschriftenliteratur** annehmen.

Dabei wird zwischen fortlaufenden und abgeschlossenen Bibliographien unterschieden. **Fortlaufende Bibliographien** werden regelmäßig ergänzt, weshalb man sie oft im Anhang von Fachzeitschriften mit regelmäßiger Erscheinungsweise findet. Bei der oben angeführten Bibliographie zum Westfälischen Frieden handelt es sich dagegen um eine **abgeschlossene Bibliographie**: Sie ist 1996 erschienen und verzeichnet daher auch nur die Forschungsliteratur bis kurz vor diesem Datum.

Haben Sie mit Hilfe der Bibliographien der Bibliographien genug einschlägige Verzeichnisse ermittelt, beginnt die mühsame Kleinarbeit. Jetzt heißt es, jede einzelne Bibliographie zu wälzen und nach passenden Treffern zu durchsuchen. Dabei sollten sie unbedingt berücksichtigen, wie die Werke aufgebaut sind. Lesen Sie die **Gebrauchsanleitung**, die fast jeder Bibliographie beigegeben ist!

Glücklicherweise gibt es viele wichtige Bibliographien auch **online**, was die Suche erleichtern kann. Wohlgemerkt: Das *kann* die Suche erleichtern. Zum einen müssen Sie sich auch in der elektronischen Variante zunächst klar machen, was die Bibliographie überhaupt enthält und wie sie funktioniert. Und zum anderen sollten Sie bei der Auswahl der für die Suche entscheidenden Schlagwörter flexibel bleiben. Was für den einen Bearbeiter bei der Verschlagwortung zum Dreißigjährigen Krieg gehört, ist für den anderen unter dem Stichwort der Konfessionalisierung zu suchen. Daher sollten Sie viele Schlagwörter ausprobieren und etwas Phantasie entwickeln.

Wichtige **fortlaufende Bibliographien**:
- Jahresberichte für deutsche Geschichte (seit 1925). Ab 1986 im Internet unter http://www.bbaw.de/forschung/jdg
- Historische Bibliographie (seit 1986). Ab 1990 auch online unter http://www.oldenbourg.de/verlag/ahf
- Historical Abstracts (seit 1954). Online unter http://serials.abc-clio.com
- Archiv für Reformationsgeschichte (seit 1906). Seit 1972 mit einem gesonderten Beiheft „Literaturbericht"

Speziell für **Zeitschriftenliteratur** gibt es die
- Internationale Bibliographie der Zeitschriftenliteratur (IBZ), welche Sie im Internet unter http://gso.gbv.de finden.

Rezensionen können Sie dagegen ermitteln in der
- Internationalen Bibliographie der Rezensionen (IBR), im Internet ebenfalls unter http://www.gbv.de zu finden.

Einige **abgeschlossene Bibliographien** für die Frühe Neuzeit:
- Karl Schottenloher, Bibliographie zur deutschen Geschichte im Zeitalter der Glaubensspaltung 1517 – 1585. 7 Bde., Stuttgart ^{2}1956 – 1966.

– Heinz Duchhardt, Bibliographie zum Westfälischen Frieden, Münster 1996.
– Winfried Baumgart, Quellenkunde zur deutschen Geschichte der Neuzeit von 1500 bis zur Gegenwart, 7 Bde., Darmstadt 1977– 2003 (die ersten drei Bände zur Frühen Neuzeit), auch auf CD-ROM.

Tipp

Online bibliographieren

Das Onlineangebot vieler Bibliographien ist in der Regel kostenpflichtig. Oft haben die Universitäten Abos, die von den Studierenden im Campusnetz kostenlos genutzt werden können.

4.2.4 | Titel aufnehmen und verwalten

Haben Sie einen Titel gefunden, gilt es diesen festzuhalten. Hierfür gibt es verschiedene Möglichkeiten, so genannte **Zitierschemata**. Sie werden schnell feststellen, dass diese stark voneinander abweichen und dass in der Forschungsliteratur sehr unterschiedlich zitiert wird: Der eine schreibt den Vornamen vor den Nachnamen, die andere macht das lieber umgekehrt, einige finden es wichtig, den Verlag mit anzugeben, andere halten das für überflüssig. Ganz gleich, für welche Art des Zitierens Sie sich entscheiden – wichtig ist, dass Sie ein einheitliches, in sich stimmiges Schema verwenden und dieses auch konsequent durchhalten. Am besten, Sie entscheiden sich bereits am Beginn Ihres Studiums für eine Variante und bleiben dabei.

Im Folgenden finden Sie ein in sich stimmiges, einheitliches Schema für das Zitieren der verschiedenen Formen der Veröffentlichung. Dieses Schema ist nicht verbindlich, es ist als Vorschlag zu verstehen.

– Monographie
Vorname Nachname, Titel. Untertitel (ggf. Reihentitel mit Bandangabe), Ort ^{Auflage} Jahr.
Beisp.: Georg Schmidt, Der Dreißigjährige Krieg, München ^{4}1999.

– Sammelband
Vorname Nachname (Hg.), Titel. Untertitel (ggf. Reihentitel mit Bandangabe), Ort ^{Auflage} Jahr.
Beisp.: Heinz Duchhardt (Hg.), Der Westfälische Friede. Diplomatie, politische Zäsur, kulturelles Umfeld, Rezeptionsgeschichte, München 1998.
Bei Erstauflagen entfällt die Zählung der Auflage.

– Aufsatz in einer Zeitschrift

Vorname Nachname, Titel. Untertitel, in: Titel der Zeitschrift und Bandnummer (Jahreszahl), Seitenangabe.

Beisp.: Paul Münch, 1648. Notwendige Nachfragen, in: Zeitschrift für Geschichtswissenschaft 47 (1999), S. 329 – 334.

Tipp

Zeitschriften zitieren

Die Namen von bekannteren Zeitschriften werden in der Regel abgekürzt wiedergegeben. In unserem Beispiel würde man also „ZfG" anstatt „Zeitschrift für Geschichtswissenschaft" schreiben. Sie sollten die Abkürzungsvorgaben der HZ (Historische Zeitschrift) oder der TRE (Theologische Realenzyklopädie) verwenden. Einige der wichtigsten können Sie im Anhang dieses Buches nachlesen.

– Aufsatz in einem Sammelband

Vorname Nachname der Autorin, Titel. Untertitel, in: Vorname Nachname des Herausgebers (Hg.), Titel des Sammelbandes. Untertitel des Sammelbandes (ggf. Reihentitel mit Bandangabe), Ort ^{Auflage} Jahr, Seitenangabe.

Beisp.: Claire Gantet, Die ambivalente Wahrnehmung des Friedens. Erwartung, Furcht und Spannungen in Augsburg um 1648, in: Benigna von Krusenstjern, Hans Medick (Hg.), Zwischen Alltag und Katastrophe. Der Dreißigjährige Krieg aus der Nähe (Veröffentlichungen des Max-Planck-Instituts für Geschichte 148), Göttingen ^{2}2001, S. 357 – 373.

– Lexikonartikel

Vorname Nachname, Art. Titel des Lexikonartikels, in: Name des Lexikons ggf. Band, Ort ^{Auflage} Jahr, Seiten- oder Spaltenzahl.

Beisp.: Thomas Kaufmann, Art. Westfälischer Friede, in: TRE 35, Berlin/ New York 2003, S. 679 – 686.

Bei Spalten schreibt man: Sp. 679 – 686. Lexika werden nach ihrem Titel zitiert, die Herausgeber müssen Sie nicht angeben.

– Artikel aus dem Internet

Vorname Nachname, Titel. Untertitel, in: Name der Internetressource URL: http://www.genaue-adresse-angeben.de [Datum des Aufrufs].

Beisp.: Andreas Merzhäuser, Das ‚illiterate' Ich als Historiograph der Katastrophe. Zur Konstruktion von Geschichte in Hans Heberles „Zeytregister" (1618 – 1672), in: Zeitenblicke 1/2 (2002) http://www.zeitenblicke.historicum.net/2002/02/merzhaeuser/index.html [15.02. 2005].

Eine bibliographische Angabe wird wie ein vollständiger Satz behandelt: Sie beginnt immer mit Großschreibung und wird immer mit einem Punkt abgeschlossen.

Aufgaben zum Selbsttest

- Nennen Sie drei für die Frühe Neuzeit wichtige Fachzeitschriften. Was haben diese gemeinsam und was unterscheidet sie voneinander? (Am besten, Sie schauen sich diese gleich in der Bibliothek an).
- Was ist der Unterschied zwischen systematischem und unsystematischem Bibliographieren?
- Nehmen Sie je eine Monographie, ein Herausgeberwerk, eine Zeitschrift und einen Sammelband aus dem Regal. Erfassen Sie sowohl die Gesamtwerke als auch (soweit möglich) einzelne Aufsätze daraus in korrekten bibliographischen Angaben.

Literatur

Nils Freytag, Wolfgang Piereth, **Kursbuch Geschichte. Tipps und Regeln für wissenschaftliches Arbeiten**, Paderborn 2004.

4.3 | Fachliteratur einschätzen und auswerten

4.3.1 | Was ist gute Literatur?

Nehmen wir an, Sie haben bei Ihrer Recherche 25 Titel gefunden, von denen Sie meinen, dass sie für Ihre Fragestellung relevant sein könnten. Sie gehen nun in die Bibliothek, um sich die Bücher zu besorgen. Sie wollen sicher nicht alle Bücher nach Hause schleppen und haben also die berühmte Qual der Wahl: Sie müssen möglichst schnell herausfinden, welche Bücher wirklich relevant sind und welche Sie eher nicht in Ihre Tasche packen wollen. Wie lässt sich das entscheiden? Schauen Sie sich zunächst **Titel und Untertitel** des Werkes genau an: Mit etwas Glück wird bereits hier die Gesamtthese gut auf den Punkt gebracht. Gehen Sie in einem weiteren Schritt das **Inhaltsverzeichnis** durch, um sich ein Bild von Anlage und Aufbau der Untersuchung zu machen. Oft können Sie hier schon die relevanten Teile eines Werkes entdecken und sich eine Kopie des in Frage kommenden Abschnitts machen, anstatt das ganze Buch mitzunehmen.

Weiterhin sollten Sie unbedingt auch die **Einleitung** und den **Schluss** eines Werkes lesen, denn hier werden Fragestellung und Herangehensweise meist knapp skizziert bzw. wird das Ergebnis der ganzen Arbeit noch einmal kurz zusammengefasst.

Außerdem sollten Sie auch das **Quellen- und Literaturverzeichnis** genauer betrachten, um sich ein Bild über die verwendeten Quellen und die zitierte Sekundärliteratur zu machen. Und wenn das Buch ein Register enthält, können Sie mit dessen Hilfe gezielt nach Namen und Begriffen suchen. Nach diesen Schritten dürfte Ihnen schon etwas klarer sein, welche Titel Sie unbedingt und als erstes lesen sollten.

Das richtige Lesen von Literatur

| 4.3.2

Nach diesen ersten Recherchen geht es nun darum, die gefundene Literatur zu lesen. Machen Sie sich zunächst noch einmal die genaue **Fragestellung** des Autors oder der Autorin klar, die in der Einleitung formuliert wird. Dort folgt in der Regel die **THESE** des Autors, die Antwort auf die gestellte Frage. Folgen Sie nun dem **Argumentationsgang** des Autors und untersuchen Sie diesen auf seine Nachvollziehbarkeit und Stringenz. Welche Quellen und welche Literatur werden zitiert und werden daraus auch die richtigen Schlüsse gezogen? Seien Sie auf der Hut und machen Sie sich die **Standortgebundenheit** eines Autors bewusst: Ein Historiker der ehemaligen DDR dürfte z.B. den Bauernkrieg völlig anders bewertet haben als sein damaliger westdeutscher Kollege. Ein „Frühneuzeitler" aus der Zeit des Dritten Reiches wird die Hexenverfolgung völlig anders sehen als seine 1968 schreibende Nachfolgerin. In der Geschichtswissenschaft gibt es außerdem verschiedene so genannte Schulen. Ein Vertreter der „Bielefelder Schule", die nach großen Strukturen innerhalb der Geschichte sucht, zieht völlig andere Quellen heran als ein Alltags- oder Mikrohistoriker, der ein Einzelschicksal unter die Lupe nimmt (→ Kap. 2.7).

Jetzt ist es an Ihnen, den Text kritisch zu beurteilen. So ist es wichtig zu schauen, auf welche **grundsätzlichen Annahmen** der Autor seine Argumentation stützt und ob er sich hier nicht möglicherweise schon widerspricht. Weiterhin sollten Sie prüfen, ob die herangezogene **Quellenbasis** überhaupt geeignet und ausreichend ist,

THESE, Leitsatz, Behauptung, die es zu belegen oder zu widerlegen gilt.

um die These zu belegen. Oft weichen Autoren von ihrer eigentlichen Fragestellung ab und beantworten ganz andere Fragen als die eingangs gestellten.

Seien Sie skeptisch und überprüfen Sie, ob Quellen und Fachliteratur überhaupt korrekt zitiert werden. Oft werden Aussagen aus dem Zusammenhang gerissen, so dass das „ja aber", welches nur zwei Zeilen weiter gestanden hätte, gar nicht zitiert und das Zitat damit verfälscht wird.

Zum Schluss sollte man ebenfalls überprüfen, ob und wie gründlich sich ein Autor mit abweichenden Thesen der Fachliteratur beschäftigt und diese in seiner Argumentation berücksichtigt hat.

Tipp

Rezensionen

Oft können Rezensionen bei der Einordnung von Literatur hilfreich sein. Aber denken Sie daran, dass Rezensionen oft sehr subjektiv sind, so dass auch schlecht rezensierte Werke nicht zwangsläufig schlecht sein müssen (→ S. 286).

4.3.3 | Exzerpieren

Während des Lesens machen Sie sich am besten gleich Notizen. Auch hier kann man durch Berücksichtigung einiger Regeln viel Arbeit und Zeit sparen. Kopieren Sie nicht alles, was irgendwie interessant aussieht! Nutzen Sie z.B. die Arbeitsplätze in den Lesesälen und machen Sie sich dort **EXZERPTE** (→ Abb. 35). Oft führen handschriftliche Zusammenfassungen zu einer besseren gedanklichen Verarbeitung des Stoffes. Hier merken Sie schnell, ob Sie das gerade Gelesene auch wirklich verstanden haben. Übernehmen Sie bei Ihrem Exzerpt so wenig wie möglich und nur sehr prägnante wörtliche Zitate, da Sie diese, im Gegensatz zu Ihren eigenen Formulierungen, in ein bis zwei Monaten ohne den Gesamtzusammenhang gar nicht mehr verstehen. Solche wörtlichen Zitate aus dem Text sind im Exzerpt immer mit Anführungszeichen zu versehen – sonst halten Sie diese Formulierungen nach einiger Zeit für die Ihrigen. Dementsprechend sollten Sie auch Ihre eigenen Thesen und Anmerkungen von der reinen Textzusammenfassung abheben. Insgesamt sollten Sie auf dem Exzerpt inhaltliche Informationen wie Daten und Ereignisse, Analysen des Verfassers, vergleichende Deutungen, Auseinandersetzungen des Autors mit abweichenden Meinungen sowie Hinweise auf die wichtigsten zitierten Quellen no-

EXZERPT, schriftlicher Auszug aus einem Text, eine Art kommentierte Zusammenfassung.

Beispiel für ein Exzerpt. **| Abb. 35**

> Burkhardt, Johannes: Der Dreißigjährige Krieg, Frankfurt am Main 1992. UB-Signatur: GE 95/1870
>
> S. 198-204: "1648 - Die Verewigung von Krieg und Frieden":
>
> ● S. 198: nach B. war auch der Friedensschluss sehr teuer, Verhandlungen zogen sich 5 Jahre hin, insgesamt 82 Gesandtschaften mussten in Münster und Osnabrück unterhalten werden; neben 5 Millionen Reichstalern Entschädigung an Schweden, habe der Frieden 3.205.219 Reichstaler gekostet (B. stützt sich hier auf F. Bosbach: Kosten des Westfälischen Frieden von 1648, Münster 1984.) trotz dieser hohen Kosten habe man aber überall den Frieden bejubelt und gefeiert
>
> S. 199: in der Geschichtsschreibung des 19. und 20. Jahrhunderts sei der WF abgewertet worden, seit dem Ende des 2. Weltkrieges "erfreut er sich höchster Wertschätzung"; der WF habe völkerrechtlichen Modellcharakter; Souveränität der europ. Staaten, das Staatensystem und das Völkerrecht hätten durch ihn wichtige Impulse bekommen
>
> S. 200: Warum? Weil durch Anerkennung der einzelnen Verhandlungsteilnehmer europäisches
>
> ● Staatensystem eine Art erste Bestätigung fand; neue diplomatische Praktiken und Formen begannen sich auszuformen.
>
> ? Frage: Kann man denn in der Frühen Neuzeit schon von Staaten sprechen, wie es B. tut?

tieren. Oben auf dem Exzerpt steht immer der Name des Verfassers, der Titel und auch die Signatur des Werkes in der Bibliothek. Sinnvoll ist es auch, dem Ganzen ein Stichwort zu geben.

Tipp

Vergessen Sie auf keinen Fall, für jeden exzerpierten Gedanken die jeweilige Seitenzahl zu notieren – am besten, Sie lassen die Seitenzählung am Rand Ihres Exzerpts mitlaufen.

Exzerpieren

Die Literaturverwaltung: Karteikarte oder Datenbank? | 4.3.4

Im Laufe des Studiums sammeln sich immer mehr Titel, Texte und Exzerpte an. Diese sinnvoll zu archivieren, um sie etwa in der Examensphase nochmals zu benutzen, stellt eine nicht zu unterschätzende logistische Herausforderung dar. Ob nun Karteikarte oder Datenbank – wichtig ist, dass Sie sich frühzeitig Gedanken über Ihre Literaturverwaltung machen.

Puristen schwören auf das **Karteikartensystem**: Eine Karte für einen Titel, kurze Stichpunkte und ab in den Karteikasten. Später kann man noch beliebig auf der Karte schreiben und Punkte hinzufügen oder streichen. Wohl kein Medium ist so flexibel wie eine Karteikarte, mit Farben, Unterstreichungen und Hervorhebungen können alle Exzerpte im Handumdrehen an Ihre Bedürfnisse angepasst werden. Zudem ist diese Methode relativ kostengünstig. Ob stur von A bis Z oder thematisch sortiert – die Karteikarten lassen sich in die unterschiedlichsten Reihenfolgen bringen. Und wenn Sie sich auf Ihre Prüfung vorbereiten, stecken Sie Ihre Karten einfach in die Tasche, um bequem in der U-Bahn oder im Schwimmbad zu lernen.

Dieses System scheint perfekt und eigentlich könnte man das Kapitel an dieser Stelle enden lassen, gäbe es da nicht – des einen Freud, des anderen Leid – die **Computer**, ohne die man als Student gar nicht mehr auskommt. Pfiffige Köpfe werden schnell auf die Idee kommen, ihre Datenbank zu digitalisieren. Und auch hier wird es Puristen geben, die sich ihre eigene Datenbank mit Access oder Filemaker bauen. Für alle anderen gibt es schon fertige **Literaturverwaltungsprogramme**, die Sie für mehr oder weniger viel Geld erwerben können. An dieser Stelle sollen vier aus der Kategorie „weniger Geld" vorgestellt werden.

– Lit-link http://www.lit-link.ch

Den Anfang soll das an den Universitäten Basel und Zürich entwickelte Programm Lit-link machen. Es basiert auf **Filemaker** und steht kostenlos zum Download zur Verfügung. In vier Ebenen können Sie Autoren, Titel, Karteikarten mit Exzerpten und Periodika sehr bequem eingeben. Alle Angaben werden automatisch miteinander verknüpft, so dass schnell eine brauchbare Datenbank heranwächst. Wer den Computern dennoch nicht traut, kann alle virtuellen Karteikarten sehr komfortabel auf echte Karteikarten drucken.

– Citavi http://www.citavi.com

Lange war das an der Universität Düsseldorf entwickelte Programm **LiteRat** (http://www.literat.net) die einzige kostenlose Literaturverwaltung. Aufgrund der großen Nachfrage haben sich die Entwickler nun zu einer stark ausgebauten Nachfolgerversion Citavi entschieden. Bei Drucklegung war nur die Betaversion vorhanden. Die Entwickler versprechen auch weiterhin eine kostenlose Bereitstellung für Studierende.

– Bibliographix http://www.bibliographix.de

Dieses Programm ist weit mehr als eine Literaturverwaltung. So steht Ihnen hier neben der üblichen Eingabemaske für die ver-

FACHLITERATUR EINSCHÄTZEN UND AUSWERTEN

Abb. 36

Screen-Shot des Programms „Lit-Link".

schiedenen Literaturtypen auch ein so genannter „Ideenmanager"
zur Verfügung. Hier besteht die Möglichkeit, Ideen zu verschlag-
worten und mit der Literatur zu verknüpfen. Die eingeschränkte
Pro-Version ist kostenlos, die Vollversion für Studierende gibt es
zum Hochschulpreis; sie bietet noch viele zusätzliche Werkzeuge,
z. B. einen integrierten Internetbrowser und die Möglichkeit, Lite-
raturdaten direkt aus Bibliothekskatalogen zu importieren.

– Quick-Literat http://www.quick-literat.de
Auch von Quick-Literat können Sie zunächst eine kostenlose De-
moversion aus dem Internet herunterladen. Die Eingabemaske ist
sehr übersichtlich gestaltet. Zu einem moderaten Preis können Sie
die Vollversion erwerben, die Ihnen ebenfalls die Möglichkeit des
Direktimports aus Bibliothekskatalogen und einige weitere Extras
bietet.

Tipp

Testen Sie die Literaturverwaltungen, ob sie auch wirklich Ihren Bedürfnissen entsprechen. Sie
nehmen kaum Platz auf der Festplatte ein und können schnell wieder entfernt werden. Seien Sie
dann aber konsequent und arbeiten Sie nur mit einem System.

**Programme zur
Literatur-
verwaltung**

Aufgabe zum Selbsttest

● Suchen Sie aus dem Baumgart einige abgeschlossene und fortlaufende Bibliographien heraus und versuchen Sie, mit deren Hilfe 50 Titel zum Thema „Westfälischer Frieden" zu finden. Benutzen Sie dabei wenigstens drei verschiedene Bibliographien und berücksichtigen Sie Literatur von 1900 bis heute.

Literatur

Heiko Burchert, Sven Sohr, **Praxis des wissenschaftlichen Arbeitens. Eine anwendungsorientierte Einführung**, München/ Wien 2005.

4.4 | Seminarsitzungen gestalten

Die Seminare an der Uni leben von der Mitarbeit der Studierenden. Praktisch bedeutet dies, dass Sie nicht nur eine schriftliche Hausarbeit anfertigen, sondern auch eine Sitzung des Seminars gestalten müssen. Was sich hinter dieser Formel konkret verbirgt, hängt von den Vorgaben der Dozierenden ab und kann variieren. Eine eher traditionelle Form ist das Einzelreferat, also ein Vortrag eines einzelnen Studierenden, der bis zu einer Stunde oder gar noch länger dauern kann. Allerdings wird diese Form der Präsentation auf die Dauer eintönig. Außerdem sind die Seminare meist so gut besucht, dass schon aus Zeitgründen nicht jeder einzelne Teilnehmer einen langen Vortrag halten kann. Daher werden bei der Vergabe der Themen in der ersten Sitzung des Semesters oft Arbeitsgruppen gebildet, die gemeinsam eine oder gar mehrere Seminarsitzungen zu gestalten haben. Natürlich können sich auch Arbeitsgruppen für das traditionelle Referat entscheiden. Sie können aber auch die Freiheiten nutzen, die viele Dozenten den Gruppen bei der Sitzungsgestaltung lassen. Schließlich gibt es eine ganze Reihe von Alternativen zum Referat, die nicht nur die Sitzungen auflockern und den Stoff besser vermitteln, sondern auch mit zusätzlichen Präsentationstechniken vertraut machen.

Im Folgenden werden einige dieser Präsentationsformen näher vorgestellt. Keine Variante ist die allein verbindliche oder beste. Die hier vorgestellten Formen der Präsentation sind daher als Bausteine zu verstehen.

Das Referat | 4.4.1

Es gibt verschiedene Arten von Referaten mit unterschiedlichen Funktionen. Das **Kurzreferat** oder **Impulsreferat** dient ausschließlich der Vermittlung von (Hintergrund-) Informationen zu einem Thema. Wie der Name schon sagt, ist der Vortrag kurz zu halten (nicht länger als 10 Minuten) und auf die wesentlichen Punkte zu beschränken. Auf Detailinformationen kann im Vortrag verzichtet werden. Der Referent sollte solche Zusatzinformationen jedoch für anschließende Nachfragen und die Seminardiskussion parat haben.

Steht Ihnen oder Ihrer Arbeitsgruppe mehr Zeit zur Verfügung, können Sie entweder beim Referat bleiben und einen **längeren Vortrag** halten. Ihr Ziel wird dann die reine Vermittlung von Informationen bleiben. Sie können aber auch **zusätzliche Elemente** einbauen, allen voran die gemeinsame Arbeit mit einer Quelle.

Damit ändert sich auch Ihr Ziel: Jetzt geht es darum, gemeinsam mit der Seminargruppe anhand von Quellen und Thesen zu einer kritischen Auseinandersetzung mit dem Thema zu gelangen. Dies erreichen Sie am besten mit einer Kombination aus kurzen Vorträgen, gemeinsamer Quellenarbeit und Diskussion. Hier sind alle Arten von Präsentationsformen möglich, sofern sie der Sache dienen. Unbedingt empfehlenswert ist es, die übrigen Seminarteilnehmer in irgendeiner Weise aktiv zu beteiligen.

Ganz unabhängig von der Länge eines Referates gilt: **Sprechen** Sie **frei**! Natürlich ist das nicht einfach, und ohne den einen oder anderen „Hänger" wird es vielleicht auch nicht gehen. Aber Sie wissen selbst, wie mühsam es sein kann, einem vom Blatt abgelesenen Vortrag zu folgen. Also nutzen Sie die Chance, üben Sie den freien Vortrag! Diese Fertigkeit können Sie in vielen Lebensbereichen und Berufsfeldern gut brauchen. Und gegen die Nervosität, die die meisten von uns in dieser Situation befällt, gibt es auch ein paar Tricks. Bauen Sie sich ein Gerüst in Form stichpunktartiger Notizen auf Karteikarten. Indem Sie pro Gliederungspunkt eine Karte verwenden, auf der Sie unbedingt auch schwer zu merkende Daten oder Namen notieren sollten, behalten Sie den Überblick und Ihr Vortrag erhält eine klare Struktur. Besonders den ersten Satz des Referats sollten Sie sich vorher genau überlegen: Dann haben Sie einen souverän wirkenden **Einstieg** und die Aufregung wird nachlassen. Zu Beginn sollten Sie das genaue Thema des Referats noch einmal nennen und die Gliederung kurz vorstellen, vielleicht auch anhand einer Folie oder des Thesenpapiers. Das erleichtert es der Seminargruppe, dem Vortrag zu folgen. Genauso bietet es sich an dieser Stelle an, das Referatsthema in den Zusammenhang des gesamten Seminars einzuordnen, etwa indem Sie kurz an die vorherige Sitzung anknüpfen. Diese Einleitungssequenz sollte jedoch insgesamt kaum länger als ein bis zwei Minuten dauern.

Eine andere Variante des Einstiegs ist es, direkt mit einer kurzen (Text- oder Bild-) Quelle anzufangen und das Thema so „von hinten" zu erarbeiten. Hintergrundinformationen müssen dann aber unbedingt nachgereicht werden.

Der **Hauptteil** des Referates besteht aus der Vermittlung von Hintergrundinformationen, Quellenarbeit und Diskussion. Die Reihenfolge bestimmt die Referatsgruppe, hier sind unterschiedliche Möglichkeiten denkbar. Die Vermittlung der Hintergrundinformationen kann durch kurze Vorträge geschehen. Sie können diese jedoch auch durch andere Präsentationsformen (→ Kap. 4.4.3) ergänzen oder ganz ersetzen. In der Quellenarbeit und der Diskussion von Thesen sollten die Referierenden mit gezielten Fragen ans Plenum zu einer kritischen Beschäftigung mit dem Thema anregen und so eine lebendige Diskussion erreichen. Gerade bei längeren Referaten mit mehreren Elementen sollten Sie die zur Verfügung stehende Zeit gut einteilen. Planen Sie also bereits vorher, welcher Teil wie lange dauern wird und halten Sie sich strikt daran, so dass auch für die Abschlussdiskussion noch genügend Zeit bleibt.

Genauso wie den ersten Satz sollte man sich den letzten Satz des Referates vorher zurechtlegen, damit am **Schluss** mehr als ein verlegenes „So, das war's jetzt" steht. Das Schlusswort sollte die Aussagen des Referates pointiert zusammenfassen und die Ergebnisse aus Quellenarbeit und Diskussion nochmals kurz wiedergeben. Um auch das im Seminar gemeinsam Erarbeitete berücksichtigen zu können, ist es notwendig, das Schlusswort den Ergebnissen der Seminarsitzung anzupassen. Auch das gehört zu den nützlichen Fertigkeiten, die Sie bei dieser Art der Präsentation üben können.

Tipp

Ein Referat halten

- „Proben" Sie das Referat oder die Präsentation vor der Sitzung, egal ob vor dem Spiegel oder vor Ihren Mitbewohnern. Das erleichtert es Ihnen, die Verständlichkeit Ihrer Ausführungen zu kontrollieren und die tatsächlich benötigte Zeit realistisch einzuschätzen!
- Machen Sie einen Zeitplan und halten Sie diesen strikt ein!
- Sprechen Sie Inhalt, Dauer und Art der Präsentation vorher mit Dozentin oder Dozent ab und fragen Sie nachher nach einer Bewertung. Nur so können Sie daraus lernen!

Thesen- und Quellenpapier | 4.4.2

Je nach Art der Sitzungsgestaltung werden Sie ein Thesen- oder Quellenpapier erstellen. Das **Thesenpapier** begleitet einen Vortrag und wird im Gegensatz zum Quellenpapier unmittelbar vor dem Referat verteilt. Seine Aufgabe ist es, das Zuhören zu erleichtern. In Abbildung 37 sehen Sie, welche Angaben ein solches Papier enthalten sollte.

Umfasst Ihr Referat oder Ihre Sitzungsgestaltung die gemeinsame Arbeit mit Quellen, sollten Sie unbedingt ein **Quellenpapier** erstellen. Dieses dient den übrigen Seminarteilnehmern zur Vorbereitung auf die Sitzung und sollte daher bereits eine Woche vor dem jeweiligen Referatstermin verteilt werden. Auszuwählen sind Quellen, die zentrale Punkte des Referates beleuchten, jedoch nicht unbedingt den gesamten Inhalt des Themas abdecken. Da bei zu langen Quellenpapieren die Gefahr besteht, dass sie nicht gelesen werden, kann es sich empfehlen, die Quellen nur in Auszügen wiederzugeben. Auslassungen müssen aber mit eckigen Klammern [...] als solche gekennzeichnet werden. Die Quellen können abgetippt, kopiert oder eingescannt werden – wichtig ist, dass die genauen bibliographischen Angaben auf dem Quellenpapier vermerkt sind. Auf keinen Fall sollten Sie darauf verzichten, Leitfragen zu formulieren. Um so genauer Ihre Kommilitonen wissen, worauf Sie bei der Lektüre der Quellen achten sollen, um so besser sind sie in der Seminarsitzung vorbereitet. Dann steigen die Chancen, dass das Quellenpapier seine Funktionen erfüllt. Zum einen lassen sich anhand der ausgewählten Quellen Inhalte des Referats im Seminar gemeinsam erarbeiten. Dadurch werden nicht nur langatmige Vorträge vermieden, sondern es eröffnet auch allen Teilnehmern die Möglichkeit, den für das Studium zentralen Umgang mit den Quellen zu üben. Bei der Leitung der Diskussion sollten sich die Referenten an ihre eigenen Leitfragen halten. Außerdem ist es hilfreich, schon vorher abzusprechen, welche Ergebnisse im Plenum herausgearbeitet werden sollen. Allerdings ist es nicht die Aufgabe der Referatsgruppe, diese Ergebnisse in der Diskussion vorwegzunehmen. Die Referenten sollen die Quellenarbeit mit ihrem Spezialwissen führen und ergänzen, sie sollen moderieren statt dominieren.

Das Quellenpapier kann auch der Diskussion als Grundlage dienen. Dazu empfiehlt es sich, zwei verschiedene Quellen auszuwäh-

Abb. 37 | *Das Thesenpapier.*

Universität
Institut oder Seminar
Semester
Name und Art der Lehrveranstaltung
Name der Dozentin
Thema der Sitzung
Datum der Sitzung
Namen der Referentinnen und Referenten

Das Thesenpapier

I. Gliederung

Hier wird der Ablauf des Referats in einer Gliederung knapp umrissen. Das ist zuhörerfreundlich und übersichtlich.

II. Informationen

• Bei einigen Themen ist es sinnvoll, auf einer Zeittafel chronologisch die wichtigen Ereignisse aufzuführen. Danach werden die wichtigsten Punkte des Referats festgehalten. Dies kann in Form von Stichpunkten oder kurz ausformulierten Sätzen geschehen. Das Thesenblatt ist jedoch keine schriftliche Zusammenfassung des Referates.
• Darüber hinaus kann das Thema mit Statistiken oder Tabellen veranschaulicht werden. Wichtige oder unbekannte Begriffe sollten erklärt und definiert, im Referat genannte Namen aufgeführt, erwähnte Personen kurz vorgestellt werden.

III. Thesen

Als Grundlage der Diskussion sollte die Referatsgruppe ca. drei bis vier Thesen formulieren. Diese können Sie sich selbst ausdenken oder auch (mit Angabe der Fundstelle) aus der Literatur entnehmen. Die Thesen müssen nicht unbedingt der Meinung der Referatsgruppe entsprechen. Sie können auch bewusst provozierend oder gegensätzlich formuliert sein, um die Diskussion anzuregen.

IV. Quellennachweis

Vollständige bibliographische Angaben zu den Quellen des Quellenpapiers, welches das Thesenpapier ergänzen sollte. Diese Angaben sollten zusätzlich auch auf dem Quellenpapier selbst zu finden sein.

V. Literatur

Hier werden ungefähr drei Titel aufgeführt, die weiterführende Informationen zum Thema bieten, nicht etwa alles, was man zur Vorbereitung gelesen hat.

len, die jeweils gegensätzliche Thesen der Forschung (oder auch eigene Thesen) stützen. Ein derartiges Verfahren bietet sich jedoch nicht bei jedem Thema an. Wenn sich keine geeigneten Quellen finden lassen, muss die Sitzungsgestaltung stärker auf die Diskussion von Thesen aus der Literatur oder von eigenen Thesen ausgerichtet werden.

Andere Präsentationsformen | 4.4.3

Die meisten Studierenden wissen es aus Erfahrung: Es gibt nichts Langweiligeres als Seminarsitzungen, die aus stundenlangen monotonen Vorträgen bestehen. Bei dieser Form der Präsentation werden auch die interessiertesten Seminarteilnehmer irgendwann „abschalten". Nach einem solchen Vortrag läuft auch die Quellenarbeit nur schleppend und eine Diskussion ist schon gar nicht in Gang zu bringen. Dabei gibt es eine ganze Reihe von Präsentationsformen, die den Vortrag ergänzen oder ganz ersetzen können. Einige dieser Formen werden im Folgenden vorgestellt.

– Dialog mit dem Plenum

Auch Fakten oder Hintergrundinformationen können Sie im Dialog mit den Seminarteilnehmern erarbeiten. Bei dieser Methode soll durch gezieltes Fragen auf vorhandenes Wissen der Kommilitonen zurückgegriffen und dieses, wo es nötig ist, durch den Referenten oder die Referentin ergänzt werden. Dazu sollten Sie sich ebenso gründlich wie auf einen Vortrag vorbereiten und die Dinge, die Sie erarbeiten wollen, stichpunktartig notieren. Diese Informationen tragen Sie jedoch nicht selbst vor, sondern Sie erarbeiten sie durch gezielte Fragen zusammen mit der Seminargruppe. Die zusammengetragenen Informationen müssen Sie als Referentin oder Referent nur noch durch Ihr Spezialwissen ergänzen und zusammenfassen. Besonders gut funktioniert dieses Verfahren, wenn zur Vorbereitung auf die Sitzung ein Text von allen gelesen wurde, auf den Bezug genommen werden kann.

– Quiz

Das Quiz ist eine spielerisch erweiterte Form des Dialogs mit dem Seminar. Das Seminar wird dazu in zwei oder mehrere Gruppen aufgeteilt, die im Wettbewerb miteinander Fragen der Referentinnen und Referenten beantworten. Das kann entweder wie in einer

Quizshow im Plenum geschehen, oder anhand von vorbereiteten Fragezetteln, welche die Gruppen in einer bestimmten Zeit gemeinsam ausfüllen. Wichtig ist die Auflösung der Fragen durch die Referentinnen und Referenten. An dieser Stelle können auch Zusatzinformationen geliefert werden. Anhand einer Punktewertung der richtig beantworteten Fragen kann anschließend ein Sieger ermittelt werden. Durch das Quiz wird jeder Einzelne angeregt, sich selbstständig Gedanken über die Fragen zu machen. Darüber hinaus ist die Aufmerksamkeit der Zuhörer bei der Beantwortung der Fragen wesentlich höher, als es normalerweise bei ähnlichen Vorträgen der Fall wäre.

– Gruppenarbeit

Die Gruppenarbeit ist eine in Seminaren sehr häufig gewählte Variante der Sitzungsgestaltung. Die Seminargruppe wird dabei in Kleingruppen aufgeteilt, die jeweils Arbeitsaufträge erhalten. Anschließend werden die Ergebnisse dem Plenum präsentiert. Eine Seminarsitzung sollte nicht ausschließlich aus Gruppenarbeit bestehen. Aber für die Quellenarbeit ist diese Form bestens geeignet. Sie können die Gruppen dabei jeweils eine eigene Quelle oder die gleiche Quellen unter verschiedenen Fragestellungen diskutieren lassen – Sie werden sehen, dass durch diese Form der Arbeitsteilung die Diskussionen intensiver und die Sitzungen auch inhaltlich ergiebiger werden.

Gruppenarbeit kann auch als Grundlage für die Diskussion von Thesen dienen. Dazu wird jeder Gruppe eine These vorgelegt, die sie zunächst intern zu besprechen und anschließend im Plenum zu vertreten hat. Gelungen ist die Gruppenarbeit dann, wenn die Ergebnisse der einzelnen Arbeitsgruppen nicht für sich stehen bleiben, sondern gemeinsam ein neues Gesamtbild ergeben.

– Theateranspiel

Diese Form der Präsentation eignet sich besonders für größere Referatsgruppen. Das Theateranspiel dient meist der Unterstützung oder Begleitung eines Vortrages, der dadurch anschaulicher und interessanter wird. Hier sind zwei Varianten möglich: Nach der ersten hat der Referent eine Sprecherrolle und die „Schauspieler" zeichnen das Gesagte nur pantomimisch nach. Die zweite Möglichkeit ist, Teile des Vortrages ganz durch Theaterspiel zu ersetzen, indem auch die „Schauspieler" einen Text haben. Der Arbeitsaufwand, den das Verfassen dieser Texte mit sich bringt, sollte dabei nicht unterschätzt werden. Besonders interessant ist es, als Text einige Quellenzitate auszuwählen, die von den dargestellten Figuren selbst stammen. Das Theateranspiel kann einen Perspektivwechsel provozieren und zu einer differenzierten Auseinandersetzung mit der Thematik anregen.

– Rollenspiel

Bei dieser Form der Präsentation bekommen alle Seminarteilnehmer und auch der Dozent eine Rolle. Um die dargestellten Figuren zu identifizieren, kann die Referatsgruppe Schilder oder ähnliches vorbereiten. Der Ablauf ist ähnlich wie beim Theateranspiel. Die Darsteller bekommen von der Referatsgruppe Texte, Rollenkarten oder Handlungsanweisungen, die relativ einfach und schnell zu begreifen sein müssen. Um die gesamte Seminargruppe einzubinden, sollten unter den Rollen auch Gruppen mit mehreren Teilnehmern sein, z. B. „die Bauern", „die Fürsten" oder „der Rat". Damit der Ablauf übersichtlich bleibt, könnte ein Sprecher durch das Geschehen führen und Handlungsanweisungen geben. Ein didaktischer Vorteil dieser Art der Präsentation ist, dass alle Seminarteilnehmer eingebunden sind und auch sehr aufmerksam sein werden, um ihre Einsätze nicht zu verpassen. Ein weiterer Vorteil ist, dass die Seminardiskussion gleich in das Rollenspiel mit eingebunden werden kann, also etwa als Diskussion zwischen „den Bauern" und „den Fürsten".

– Computer-Präsentation

Zur Unterstützung von Vorträgen können auch grafische Computer-Präsentationen eingesetzt werden. Das wohl bekannteste Programm dafür ist Microsoft Power-Point. Aber auch Open Office und andere Hersteller bieten ähnliche Erstellungswerkzeuge für Präsentationen an, die dann noch mit Hilfe eines Videobeamers an die Wand projiziert werden müssen. Der technische Aufwand ist also nicht gering, da man sowohl das Programm selbst als auch einen tragbaren Computer und einen Videobeamer braucht. Häufig können diese Geräte jedoch für die Dauer des Referats in der Uni entliehen werden. Der Vorteil ist, dass bei langen Vorträgen durch das Einblenden von Gliederungspunkten und veranschaulichenden Grafiken das Zuhören erleichtert wird. Allerdings sollte man sich überlegen, ob der Aufwand sich lohnt. Vielleicht erfüllen die herkömmlichen Projektor-Folien denselben Zweck? Geeignet ist eine

Computer-Präsentation jedoch dann, wenn mit Bildern gearbeitet werden soll. Denn mit dem Computer können beliebig viele Bilder in guter Qualität und mit kleinem Aufwand eingescannt und gezeigt werden.

Aufgaben zum Selbsttest

- Welche Möglichkeiten zur Gestaltung einer Seminarsitzung gibt es? Nennen Sie mindestens drei!
- Welche Funktion hat ein Thesenpapier? Was sollte es auf jeden Fall enthalten?

Literatur

Werner Sesink, **Einführung in das wissenschaftliche Arbeiten. Mit Internet, Textverarbeitung, Präsentation**, 6., völlig überarbeitete und aktualisierte Auflage München 2003.

4.5 | Die wissenschaftliche Hausarbeit

Das Abfassen wissenschaftlicher Hausarbeiten begleitet Studierende der Geschichte durch ihr ganzes Studium, vom ersten Proseminar bis hin zur Abschlussarbeit, die ja auch nichts anderes ist als eine große Hausarbeit. Hausarbeiten zu schreiben ist aber nicht nur wichtig, um die notwendigen Scheine zu erwerben. Es ist das A und O des Studiums! Schließlich bietet sich mit jeder Hausarbeit erneut die Chance, ein geschichtswissenschaftliches Thema selbstständig zu erforschen, historische Quellen zu Rate zu ziehen und sich kritisch mit der Fachliteratur auseinanderzusetzen. Mit jeder Hausarbeit werden Sie eine kleine geschichtswissenschaftliche Studie verfassen! Erstsemester als Forscher, die Thesen aufstellen und sich ein eigenes wissenschaftliches Urteil erlauben – das mag etwas vermessen klingen. Das ist es aber nicht. Schließlich sollen Sie lernen, wie man zu solchen Urteilen gelangt. Und wie ließe sich das besser üben als in der Praxis? Außerdem werden Sie schnell feststellen, dass auch die berühmtesten Historiker im Grunde nichts anderes tun als Sie selbst: Quellen studieren, Literatur lesen, eigene Schlüsse ziehen. Also: Keine Angst vor großen Namen!

Und noch etwas: Die Hausarbeit sollte auch Spaß machen: „Ohne diesen seltsamen, von jedem Draußenstehenden belächelten

Rausch, diese Leidenschaft [...] hat einer den Beruf der Wissenschaft nicht und tue etwas anderes" (Max Weber). Wenn dieser Rausch, oder schlichter: die intensive Beschäftigung mit Ihrem Thema, dazu führt, dass Sie schon von Ihren historischen Helden träumen, sollte Sie das nicht wundern. Etwas Abstand kann dann aber nicht schaden, zumal dies auch der Arbeit gut tun wird (→. S. 291).

Praktisches
4.5.1

Der zeitliche Rahmen für das Verfassen der Hausarbeit ist meist durch den Abgabetermin festgelegt. Um diesen Termin einhalten zu können, sollten Sie nicht nur rechtzeitig mit der Hausarbeit anfangen, sondern auch einen Zeitplan erstellen. Da jeder Mensch ein individuelles Arbeitstempo hat, folgen hier keine konkreten Zeitangaben. Aber es werden die Arbeitsschritte genannt, die in einem Zeitplan zu berücksichtigen sind.

Zeitplan Hausarbeit
- Thema auswählen,
- Quellen und Literatur suchen, umfangreiche Bibliographie erstellen,
- Quellen und Literatur sichten, relevante Titel auswählen,
- Thema eingrenzen, Fragestellung formulieren,
- Gliederung erstellen,
- eigentliches Schreiben der Arbeit, je nach individueller Arbeitsweise erst in Stichpunkten oder gleich in ausformulierten Sätzen.

Thema und Fragestellung
4.5.2

Das **Thema** der Hausarbeit ist in den wenigsten Fällen vorgegeben. Meist liegt es in der Verantwortung der Studierenden, sich selbst ein Thema zu suchen. Gegenstand der Hausarbeit kann das Referatsthema sein. Meist ist es jedoch auch möglich, über ein anderes Thema mit Bezug zum Seminar zu schreiben. In beiden Fällen ist es unbedingt zu empfehlen, das Vorhaben mit der Dozentin oder dem Dozenten in der Sprechstunde abzusprechen. So kann schon im Voraus vermieden werden, dass die ganze Arbeit in die falsche Richtung läuft.

Ein Thema ist noch keine **Fragestellung**. Diese muss erst innerhalb des Themas entwickelt werden, und das geht erst, nachdem man sich mit Hilfe der Literatur einen gewissen Überblick verschafft hat. Mit der Fragestellung steht und fällt die Qualität der Arbeit! Sie verleiht Ihrer Arbeit das, was sie braucht: analytischen Biss und einen roten Faden. Was also ist eine gute Fragestellung? Eine gute Fragestellung lässt sich nicht deskriptiv, also nicht mit einer Beschreibung oder Aufzählung beantworten. Eine gute Fragestellung zwingt zum Argumentieren! Fragen Sie also nicht nur nach dem *Wie*, sondern immer auch nach dem *Warum*. *Wie* es zum Westfälischen Frieden kam, ist zwar wichtig zu wissen, aber doch mit einer Beschreibung zu erklären. *Warum* sich die Verhandlungen so lange hinzogen, ob dies an den konfessionellen Spannungen oder eher an den Fragen zur Reichsverfassung lag – das ist hingegen nur zu klären, wenn Sie Argumente finden und gegeneinander abwägen. Um eine Fragestellung auf ihre Eignung zu prüfen, sollten Sie sich überlegen, woraus die Antwort besteht: aus einer Aufzählung von Geschehnissen (das wäre schlecht), oder (und das wäre gut) aus einer Gegenüberstellung von Thesen und Argumenten? Bei der Suche nach einer guten Fragestellung kann Ihnen die Fachliteratur oft helfen: Achten Sie auf Thesen und Kontroversen, auf umstrittene Einschätzungen und offene Fragen. Lassen Sie sich von solchen Debatten inspirieren, stellen Sie in der Hausarbeit Thesen auf, die Sie belegen oder widerlegen, aber auf jeden Fall kritisch diskutieren.

4.5.3 | Quellen- und Literaturauswahl

Nachdem Sie sich für ein Thema entschieden haben, wird im nächsten Schritt eine Bibliographie über die verfügbaren Quellen und die Sekundärliteratur erstellt (→ Kap. 4.2). Suchen Sie möglichst viele Titel heraus, die für die Hausarbeit interessant sein könnten. Anschließend werden diese „gesichtet", d.h. in der Bibliothek genauer betrachtet und auf ihre Tauglichkeit für Thema und Fragestellung überprüft. Die Anzahl an Titeln, die so herausgesiebt und als lesenswert befunden werden, kann abhängig von Forschungsstand und Quellenlage sehr unterschiedlich sein. Als **Richtwert** für die Quellen- und Literaturauswahl für eine Hausarbeit im Proseminar kann ein Umfang von ungefähr 10 bis 15 Titeln und ca. 5 bis 7 Quellen gelten. Unbedingt zu beachten sind dabei „**STANDARDWERKE**", also solche Titel, auf die in anderen Texten immer wieder Bezug genommen wird, sowie die wichtigen Forschungspositionen und die aktuelle Literatur.

STANDARDWERKE, maßgebende Grundlagenwerke wie Handbücher, aber auch bedeutende Monographien zum Thema (diese werden oft auch „Klassiker" genannt).

Aufbau und allgemeine Formalien

4.5.4

Die Hausarbeit besteht (in genau dieser Reihenfolge) aus:

- Titelblatt ($\rightarrow$ Abb. 38),
- Inhaltsverzeichnis ($\rightarrow$ Abb. 39),
- Einleitung,
- Hauptteil,
- Schlussteil,
- Quellen- und Literaturverzeichnis,

Universität
Institut oder Seminar
Semester
Name und Titel der Dozentin/des Dozenten
Name und Art der Lehrveranstaltung

Titel der Hausarbeit
Untertitel

Eigener Name
Adresse
Telefonnummer
Email-Adresse
Studienfächer mit Semesterzahl

Abb. 38

Titelblatt einer Hausarbeit.

wobei der Hauptteil wiederum in sich gegliedert sein sollte. Diese einzelnen Bestandteile der Hausarbeit werden im Folgenden schrittweise genauer erläutert. Um Umfangüberschreitungen zu vermeiden, ist es sinnvoll, sich bereits vor Beginn des Schreibens klar zu machen, wie lang die einzelnen Kapitel jeweils werden dürfen. Die **Seitenzahl** wird aus Gründen der Vergleichbarkeit im Seminar vorgegeben. Meist werden im Proseminar ca. 15, im Hauptseminar ca. 30 Seiten erwartet, wobei die Schriftgröße 12 Punkte (pt) im Haupttext bzw. 10 Punkte in den Fußnoten und der Zeilenabstand 1,5 im Haupttext bzw. 1 im Fußnotentext zu betragen hat. Aufgeteilt auf die einzelnen Teile ergeben sich folgende Richtwerte für eine Proseminar-Arbeit: Einleitung und Schlussteil sind jeweils etwa 1 – 1½ Seiten lang, der Hauptteil umfasst ca. 10 – 12 Seiten. Auch in der Hauptseminar-Arbeit sollten Einleitung und Schluss je bei etwa einem Zehntel des Gesamtumfangs liegen und je 3 Seiten daher nicht überschreiten.

4.5.5 | Inhaltsverzeichnis

Das Inhaltsverzeichnis enthält die gesamte **Gliederung** der Arbeit, d.h. sämtliche Kapitel und Unterkapitel mit der entsprechenden Gliederungszahl und der Seitenzahl. Die Gliederung der Hausarbeit fängt mit der Einleitung als erstem Gliederungspunkt an und endet mit dem Quellen- und Literaturverzeichnis als letztem Punkt (→ Abb. 39). Die **Seitennummerierung** der Arbeit beginnt ebenfalls mit der Einleitung und läuft durchgehend weiter bis zum letzten Blatt (zu erstellen z. B. mit MS Word: „Einfügen" – „Seitenzahlen").

Tipp

Inhaltsverzeichnis mit dem Computer erstellen

Wenn man Überschriften und Unterüberschriften als solche formatiert, erstellt der Computer das Inhaltsverzeichnis automatisch (z. B. Word: „Einfügen" – „Index und Verzeichnisse").

4.5.6 | Einleitung

Die Einleitung hat die Funktion, Thema und Fragestellung zu formulieren, diese kurz in den aktuellen Forschungsstand einzubetten sowie das Quellenmaterial und die Gliederung der Arbeit vorzustellen. **Thema und Fragestellung** sollten möglichst genau formuliert

Inhaltsverzeichnis

I.	Einleitung	1
II.	Hauptteil	3
	1. Kapitel 1	3
	1.1 Unterkapitel 1	3
	1.2 Unterkapitel 2	4
	1.3 Unterkapitel 3	5
	2. Kapitel 2	6
	2.1 Unterkapitel 1	6
	2.2 Unterkapitel 2	8
	3. Kapitel 3	9
	3.1 Unterkapitel 1	9
	3.2 Unterkapitel 2	11
III.	Zusammenfassung	12
IV.	Quellen- und Literaturverzeichnis	15
	1. Quellen	15
	2. Literatur	16

Abb. 39

Inhaltsverzeichnis einer Hausarbeit.

werden, am besten prägnant in einem Satz. Das dient dazu, dem Leser und nicht zuletzt sich selbst zu Beginn der Arbeit klarzumachen, worum es im Folgenden geht. Daneben sollten Sie begründen, warum Sie gerade dieses Thema gewählt haben. Denkbare Gründe sind etwa, dass das Thema bisher in der Forschung wenig oder nur einseitig betrachtet wurde, die besondere Aktualität des Themas oder ähnliches. Um nicht in Floskeln abzurutschen, ist es an dieser Stelle hilfreich, sich zu überlegen, was einen selbst an der Thematik interessiert. Eine derartige Hinführung zum Thema eignet sich gut als erster Satz der Arbeit. Nett ist hier auch ein Zitat, aber nur, wenn es auch wirklich gut passt und nicht zu gewollt klingt.

Da kein Thema jemals und schon gar nicht in dem begrenzten Rahmen einer Hausarbeit in seiner ganzen Breite untersucht werden kann, muss der **Untersuchungsgegenstand eingegrenzt** werden. Das geschieht im Blick auf die zeitliche, die räumliche und die inhaltliche Dimension, wobei die Eingrenzungen jeweils begründet werden sollten. Besser als Standardbegründungen wie *„das würde den Rahmen der Arbeit sprengen"* ist eine kurze Erläuterung, weshalb einige Aspekte unter der gegebenen Fragestellung hier relevant sind und andere dagegen ausgespart werden können. Eine möglichst enge Eingrenzung des Gegenstandes ist dabei empfehlenswert, denn „[e]twas wirklich ganz vollkommenes auf wissenschaftlichem Gebiet zu leisten, ist heute nur im Falle strenger Spezialisierung möglich!" (Max Weber)

Nachdem dargestellt wurde, *was* Gegenstand der Arbeit ist, folgt nun die Erläuterung, *wie* dieser Gegenstand bearbeitet werden soll. In der Darstellung der **Quellenlage** wird angegeben, welche Quellen es zur gewählten Fragestellung allgemein gibt und welche für diese Arbeit ausgewählt wurden. Die Quellenauswahl sollte immer kurz begründet werden. An dieser Stelle können Sie auch auf Probleme in der Quellenlage hinweisen, etwa wenn die Quellen schwer zugänglich sind oder zu bestimmten Aspekten kaum Material überliefert ist. Ähnlich wird bei der Sekundärliteratur vorgegangen. Den **Forschungsstand** darzustellen heißt, einen groben Überblick über die zum Thema vorliegende Literatur, ihre Schwerpunkte und **DESIDERATE** zu geben. Hinzuweisen ist an dieser Stelle auf große Forschungsrichtungen oder Kontroversen. Wenn Sie **Thesen** der Forschung in Ihrer Arbeit gegenüberstellen und diskutieren oder eine eigene These entwickeln und belegen wollen, dann sollten Sie diese These oder Thesen hier deutlich formulieren. Anschließend wird die eigene **Gliederung** präsentiert. Hier ist zu erläutern, wie die Arbeit aufgebaut ist und warum Sie so vorgehen, wie sie vorgehen. Zeigen Sie schon hier den roten Faden Ihrer Arbeit: Machen Sie deutlich, welche Funktion die einzelnen Abschnitte im Gang Ihrer Argumentation haben und in welchem Verhältnis sie zueinander stehen. Was tun Sie in den einzelnen Abschnitten? Vergleichen Sie? Stellen Sie etwas gegenüber? Konkretisieren oder überprüfen Sie eine These? Fassen Sie zusammen? Wenn Sie dies schon in der Einleitung für sämtliche Kapitel Ihrer Arbeit erläutern, wird der Gang Ihrer Argumentation deutlich. Der Leser weiß, woran er ist, und Sie selbst können sicher sein, dass Ihre Gliederung stimmt. Denn nur, wenn der Aufbau der Arbeit wirklich auf Ihre Fragestellung abgestimmt ist, können Sie die Gliederung überzeugend präsentieren. Nutzen Sie diese Kontrollmöglichkeit!

DESIDERAT, von lat. desiderare = wünschen; etwas Erwünschtes, das bislang fehlt.

> **Tipp**
>
> **Die Einleitung**

Verfassen Sie anhand der Checkliste unten zunächst eine vorläufige Einleitung, damit Sie beim Schreiben des Hauptteils eine Orientierung haben. Am Ende sollten Sie die Einleitung unbedingt überprüfen und unter Umständen noch mal neu schreiben. Das stellt sicher, dass alles in der Einleitung Angekündigte im Hauptteil auch wirklich gemacht wird.

Checkliste Einleitung
– Thema und Fragestellung,
– Eingrenzung des Untersuchungsgegenstandes (inhaltlich, zeitlich und räumlich),
– Quellenlage und eigene Quellenauswahl,
– Forschungsstand und eigene Literaturauswahl,
– evtl. These,
– Gliederung der Arbeit.

Hauptteil | 4.5.7

Im Hauptteil wird die in der Einleitung vorgestellte Frage bzw. These anhand von Quellen beantwortet bzw. überprüft und vor dem Hintergrund des Forschungskontextes diskutiert. Daher sollte direkt mit der Antwort auf diese Fragen begonnen werden. Vermeiden Sie allgemeine Einführungen! Das berühmte **HANDBUCHWISSEN** müssen Sie nicht referieren. Konzentrieren Sie sich auf Ihre Fragestellung! Nur diejenigen Informationen, die Sie zur Beantwortung Ihrer Ausgangsfrage benötigen, gehören in die Arbeit.

HANDBUCHWISSEN, grundlegende und relativ unstrittige Sachverhalte, Namen, Zahlen und Daten des jeweiligen historischen Kontextes, also in etwa das, was in Handbüchern wie dem „Ploetz" nachgeschlagen werden kann.

Der Hauptteil ist in Kapitel und Unterkapitel gegliedert. Wie viele **Gliederungsebenen** dabei gewählt werden, hängt ab vom Umfang der Studie. Bei Hausarbeiten dürften drei Ebenen genügen. Ob Ihre Gliederung von dem berühmten roten Faden durchzogen wird, zeigt sich spätestens jetzt: Wenn er fehlt, treten beim Verfassen des Hauptteils Schwierigkeiten auf. Die Gliederung muss dann noch einmal überdacht werden.

Die einzelnen Kapitel und Unterkapitel sollten nicht zusammenhanglos hintereinander stehen, sondern inhaltlich durch den Verlauf der Argumentation und sprachlich durch **Überleitungen** miteinander verbunden sein. Gut für derartige Übergänge zwischen den Kapiteln und für die Klarheit der Argumentation ist es, am Ende jedes größeren Kapitels ein wirklich kurzes „Zwischenfazit" zu schreiben. Nach einer knappen Zusammenfassung der Ergebnisse können die noch offenen Fragen genannt werden, die im nächsten Teil zu klären sind.

Sprachlich ist die Hausarbeit in einem **wissenschaftlichen Stil** zu verfassen. Das bedeutet, dass umgangssprachliche Wendungen ge-

nauso zu vermeiden sind wie angestrengt komplizierte Formulierungen oder überflüssige Fremdwörter. Fachtermini, also fachspe-
zifische Ausdrücke können dagegen wichtig sein, da sie einen historischen Sachverhalt häufig präziser beschreiben als die Alltagssprache. Aber Achtung: Nicht alle Fachbegriffe sind eindeutig definiert und unumstritten! So wird z. B. der Begriff des Absolutismus
in der Forschung heiß diskutiert. Einige Historiker sind sogar der
Auffassung, dass mit „Absolutismus" zu viele falsche Vorstellungen
verbunden sind und man diesen Begriff gar nicht mehr verwenden
sollte. In diesem Fall sollten Sie dem Leser eine kurze Definition
davon geben, was Sie unter dem Begriff des Absolutismus verstehen
werden. Grundsätzlich gilt: Definitionen vermeiden Missverständnisse! Tempus der Hausarbeit ist das Präteritum!

4.5.8 | Schluss

Besser als das schlichte Wort „Schluss" eignen sich als Überschriften für den Schlussteil Formulierungen wie „Zusammenfassung
und Fazit" oder „Fazit und Ausblick".
   Der Schlussteil bietet eine **Zusammenfassung** der Vorgehensweise
und der Ergebnisse. Die eingangs formulierte Fragestellung muss
nochmals aufgegriffen, der Argumentationsgang der Hausarbeit mit
der Darstellung von Zwischenergebnissen noch einmal nachvollzogen
werden. Auf dieser Grundlage können Sie dann das Entscheidende
tun: nämlich Ihre Fragestellung im abschließenden **Fazit** beantworten.
Der Schlussteil ist gewissermaßen eine Antwort auf die Einleitung
und sollte daher auch gut auf diese abgestimmt sein. Gegebenenfalls
ist die Einleitung an dieser Stelle noch einmal zu überarbeiten.
   Schließlich kann noch ein **Ausblick** gegeben werden: Sie sollten
die eigenen Ergebnisse in den anfangs beschriebenen Forschungsstand einordnen. Und Sie könnten abschließend Fragen formulieren, die durch die Ergebnisse Ihrer Arbeit aufgeworfen wurden und
zu weiteren Forschungen anregen: „‚Erfüllung' bedeutet neue ‚Fragen' und will ‚überboten' werden" (Max Weber).

4.5.9 | Fußnoten

Wissenschaftliche Texte unterscheiden sich schon rein äußerlich
von nicht-wissenschaftlichen Texten schlicht dadurch, dass sie Fußnoten haben. Es gibt zwei unterschiedliche **Funktionen von Fußnoten**:

– a. Wissenschaftlichkeit durch Nachprüfbarkeit

In Fußnoten werden sämtliche Zitate, Paraphrasierungen (also nicht wörtliche, aber sinngemäße Wiedergaben), Fakten, Aussagen und Einschätzungen belegt, die nicht von Ihnen selbst stammen. Nur durch den genauen Nachweis der Quellen und Literatur werden Ihre Aussagen für andere **nachvollziehbar und kontrollierbar**. Überdies lässt sich so sicherstellen, dass fremde Forschungsergebnisse nicht als die eigenen ausgegeben werden.

– b. Erläuterungen

Weiterführende Erläuterungen, die im Haupttext den Gang der Argumentation unterbrechen würden, können ebenfalls in den Fußnoten untergebracht werden. Dieses Verfahren ist jedoch sparsam anzuwenden. Sie sollten immer überlegen, ob Informationen, die nicht in den Haupttext passen, überhaupt notwendig sind.

Mit Fußnoten[1] werden sowohl wörtliche Zitate als auch sinngemäße Wiedergaben aus Quellen und Sekundärliteratur nachgewiesen. Bei wörtlichen Zitaten beginnt die Fußnote direkt mit der bibliographischen Angabe, bei sinngemäßen Wiedergaben wird **„Vgl."** (für „vergleiche") vorangestellt. Alle Fußnoten beginnen mit Großschreibung und enden mit einem Punkt. Die bibliographische Angabe in der Fußnote entspricht formal derjenigen im Literaturverzeichnis (→ Kap. 4.2.4). Allerdings sollten Sie in der Fußnote anders als im alphabetisch geordneten Literaturverzeichnis zuerst den Vornamen, dann den Nachnamen des jeweiligen Autors oder Herausgebers nennen. Überdies wird hier zusätzlich die konkrete Seitenzahl, auf die Sie sich an dieser Stelle beziehen, angegeben. Kommt eine Literaturangabe mehr als einmal in den Fußnoten vor, wird sie beim ersten Auftauchen vollständig genannt. Bei allen weiteren Verweisen auf diesen Titel genügt eine **Kurzform**, in der Regel der Nachname des Autors und, soweit mehrere Werke des gleichen Autors in der Hausarbeit benutzt werden, eine Kurzform des Titels (z.B.: Emich, Frühe Neuzeit). Wichtig ist, dass sich die Angabe eindeutig einem bestimmten Titel in der Literaturliste zuordnen lässt.

Eine weitere Möglichkeit der Abkürzung bietet das Kürzel **„Ebd."** (für „Ebenda"). Dieses wird verwendet, wenn der gleiche Titel in

---

[1] Eine Fußnote sieht so aus. In MS Word wird sie durch „Einfügen" – „Fußnote" in den Text eingebettet.

zwei direkt aufeinander folgenden Fußnoten zitiert wird. Bezieht sich der zweite Verweis auf den selben Titel, aber auf eine andere Seite, wird zu „Ebd." die neue Seitenzahl hinzugefügt: Ebd., S. XX.

Grundsätzlich muss alles nachgewiesen werden, was nicht von Ihnen selbst stammt. Allerdings gibt es auch hier Grenzen. Es gilt die **Faustregel: „Handbuchwissen muss nicht nachgewiesen werden".** Welche „Fakten" nicht weiter hinterfragt werden und welche mit Quellen belegt werden müssen, hängt allerdings auch von der gewählten Fragestellung ab. So galt es zum Beispiel lange Zeit als „Handbuchwissen", dass Martin Luther am 31.10.1517 an der Schlosskirche in Wittenberg seine 95 Thesen angeschlagen hat – bis jemand auf die Idee kam nachzuweisen, dass dieses Ereignis nie stattgefunden und Luther seine Thesen zwar mit der Post verschickt, aber nicht angeschlagen hat (→ S. 87). Was in anderen Arbeiten als „Handbuchwissen" galt, musste unter dieser Fragestellung natürlich mit zahlreichen Quellen widerlegt werden.

Dieses Beispiel zeigt auch, dass scheinbare „historische Fakten", nur weil sie in von wichtigen Historikern geschriebenen Büchern stehen, nicht unbedingt richtig sind. Um eigene Thesen zu stützen und zu belegen, müssen daher Quellen herangezogen werden. Belege aus der Sekundärliteratur werden dagegen gebraucht, um die Thesen anderer Historiker darzustellen, kritisch zu beleuchten und zusammen mit den eigenen Thesen zu diskutieren.

Und wenn Sie ein Zitat einer historischen Persönlichkeit oder auch eines Historikers nur in der Sekundärliteratur finden? Solche Zitate dürfen Sie durchaus übernehmen. Aber Sie sollten sie nach Möglichkeit überprüfen. Schließlich könnten die Zitate falsch wiedergegeben oder aus dem Zusammenhang gerissen sein. Wenn das nur schwer möglich ist, wie etwa bei nicht edierten Quellen, wird in der Fußnote zunächst die Quelle genau benannt und ihr Fundort angegeben. Nach der Formel **„zitiert nach:"** wird der Fundort des Quellenzitats in der Sekundärliteratur nachgewiesen. So könnte es im Text Ihrer Hausarbeit heißen: Während der Verhandlungen in Münster wurde ein Ausspruch immer wieder aufgegriffen: „Ganz Münster ist ein Freudental". Die Anmerkung müsste dann lauten: „Belegt ist dieser Ausspruch z. B. im Ratsprotokoll vom 5. Juli 1647, Stadtarchiv Münster, zitiert nach Anja Stiglic, Zeremoniell und Rangordnung auf der europäischen diplomatischen Bühne am Beispiel der Gesandteneinzüge in die Kongress-Stadt Münster, in: Klaus Bußmann, Heinz Schilling (Hg.), 1648. Krieg und

Frieden in Europa, 3 Bde., Göttingen 1998, Textband 1: Politik, Religion, Recht und Gesellschaft, S. 391 – 396, hier S. 391."

Wörtliche Zitate sind mit Anführungszeichen zu kennzeichnen und können kursiv gestellt werden. Zitate in Zitaten werden in einfache Anführungszeichen gesetzt. Zitate, die länger als drei Zeilen sind (und daher nur im Ausnahmefall verwendet werden sollten), können zur besseren Lesbarkeit in 10 pt Schrift und zentriert gesetzt werden. Kürzen von Zitaten ist oft sinnvoll, muss aber immer erkennbar sein: Die Auslassung wird mit [...] gekennzeichnet. Dabei ist darauf zu achten, dass der Sinn durch die Auslassungen nicht verändert wird. Um Zitate in den Text einzubinden, ist es oft sprachlich besser, sie in Sätze zu integrieren. Dabei kann es nötig werden, einzelne Buchstaben wegzulassen oder hinzuzufügen, um den Kasus einzelner Worte an die Satzstruktur anzupassen. Auch diese Veränderung am Original wird mit eckigen Klammern gekennzeichnet. Wörtliche Zitate sind immer sofort und exakt nachzuweisen, d. h. bei wörtlichen Zitaten muss *immer* die Fundstelle in einer Fußnote angegeben werden. Grundsätzlich sollten wörtliche Zitate eher aus Quellen als aus der Sekundärliteratur stammen. Ein wörtliches Zitat aus der Sekundärliteratur ist etwa bei einer besonders prägnanten Zusammenfassung einer Forschungsmeinung sinnvoll. Das Zitat spricht jedoch nicht für sich selbst und ersetzt daher keinesfalls eigene Erläuterungen.

Aufgaben zum Selbsttest

● Sie möchten eine Hausarbeit schreiben: Wie gehen Sie vor? Welche Arbeitsschritte planen Sie ein?
● Woran erkennen Sie, ob eine Fragestellung gut ist?
● Welche Punkte gehören unbedingt in die Einleitung?
● In welchen Fällen müssen/können Sie eine Fußnote setzen?

Literatur

Umberto Eco, **Wie man eine wissenschaftliche Abschlussarbeit schreibt. Doktor-, Diplom- und Magisterarbeit in den Geistes- und Sozialwissenschaften**, Heidelberg [9]2002.
Jürg Niederhauser, **Duden Die schriftliche Arbeit. Ein Leitfaden zum Schreiben von Fach-, Seminar- und Abschlussarbeiten in der Schule und beim Studium**, 3., völlig neu erarb. Auflage Mannheim [u. a] 2000.
Wolfgang Schmale (Hg.), **Schreib-Guide Geschichte. Schritt für Schritt wissenschaftliches Schreiben lernen**, Köln/Weimar/Wien 1999.

4.6 | Kleinere schriftliche Arbeiten

Gelegentlich wird in Seminaren zusätzlich zu Hausarbeit und Referat bzw. Sitzungsgestaltung eine weitere schriftliche Leistung verlangt. Die häufigsten Formen dieser Zusatzaufgaben werden in diesem Abschnitt kurz vorgestellt: das Sitzungsprotokoll, die Rezension oder Buchbesprechung und der Essay.

4.6.1 | Das Sitzungsprotokoll

Wie schon der Name andeutet, geben Sitzungsprotokolle Inhalt und Ergebnisse der Seminarsitzung wieder. Man unterscheidet zwischen **Verlaufsprotokollen**, in denen die gesamte Sitzung mit dem Verlauf der Diskussion nachgezeichnet wird, und **Ergebnisprotokollen**, in denen nur die wichtigsten Ergebnisse festgehalten werden.

Für die Erstellung beider Formen sollten Sie in der Sitzung mitschreiben und sich möglichst auch von den Referentinnen oder Referenten deren detaillierte Notizen besorgen.

Auch das Protokoll muss, ähnlich wie Referat und Hausarbeit, gewisse **formale Angaben** enthalten, die unerlässlich sind, um den Text später noch einordnen zu können. Dazu gehören: Name der Veranstaltung, Name des Dozenten oder der Dozentin, Datum und Thema der protokollierten Sitzung sowie der Name der Protokollantin oder des Protokollanten. Die Aufzählung der Anwesenden, wie dies in Vereinen üblich ist, wird bei Seminarprotokollen nicht vorgenommen, allerdings können in Verlaufsprotokollen die Namen der Referentinnen und Referenten genannt werden. Tempus eines Protokolls ist das Präteritum.

Ein **Ergebnisprotokoll** gibt darüber hinaus nur schlaglichtartig die wichtigsten Punkte des Referates oder der Präsentation sowie die Ergebnisse der Seminardiskussion wieder. Vernachlässigt werden kann hierbei alles, was nach Meinung des Protokollanten nicht zum Thema gehört. Auch der Ablauf der Sitzung ist nicht relevant, im Gegenteil können die Ergebnisse nach inhaltlichen Gesichtspunkten neu geordnet werden.

Aus einem **Verlaufsprotokoll** sollte dagegen deutlich erkennbar sein, wie die Seminarsitzung abgelaufen ist. Dabei wird das Referat mit seiner Gliederung und in allen Bestandteilen zusammengefasst. Um den Ablauf der Diskussion darzustellen, muss nicht jeder einzelne Beitrag aufgeführt werden. Die wichtigsten Kontroversen,

Schwerpunkte und Ergebnisse sollten Sie jedoch berücksichtigen. Am Ende eines Verlaufsprotokolls kann die persönliche Bewertung der Sitzung durch den Protokollanten stehen.

> **Tipp**
>
> **Protokoll**
>
> Wie man Protokolle anfertigt, sollten Sie auch dann üben, wenn es für den Scheinerwerb nicht unbedingt nötig ist. Denn zum einen können Sie diese Fertigkeit in allen möglichen Berufen brauchen. Und zum anderen leisten Protokolle zu den Seminarsitzungen beim Lernen für Prüfungen nützliche Dienste.

Die Rezension

4.6.2

Rezensionen sind **Buchbesprechungen**: kurze (1 – 2 Seiten) kommentierende Präsentationen von Büchern, die über neu erschienene Werke angefertigt und in (Fach-) Zeitschriften veröffentlicht werden. Sie sollen dem interessierten Leser eine schnelle Orientierung über Schwerpunkte und Tendenzen des Buchs ermöglichen.

Das **Verfassen einer Rezension** oder Buchbesprechung wird in einigen Seminaren als Leistungsnachweis verlangt. Damit sollen Sie zeigen, dass Sie in der Lage sind, sich selbstständig ein wissenschaftliches Werk zu erschließen und dieses kritisch zu beurteilen. Hier einige Hinweise zur Anfertigung einer Rezension.

Rezensionen finden Sie über die Internationale Bibliographie der Rezensionen (IBR) oder auch im Online-Forum H-Soz-u-Kult (→ S. 246).

Entweder auf einem Deckblatt oder als Kopfzeile wird das rezensierte Werk mit vollständigen bibliographischen Angaben genannt. Weitere Informationen, etwa ob es sich um eine Doktorarbeit oder Habilitationsschrift handelt oder ob das Buch Teil einer größeren Studie ist, können im Text hinzugefügt werden. Es sollte nur sehr kurz auf den Autor eingegangen werden. Hier können etwa dessen gegenwärtige Tätigkeit und Forschungsschwerpunkte genannt werden, keinesfalls jedoch der ganze Lebenslauf. Zum Werk selbst sollten Sie in möglichst prägnanter Weise das Thema sowie die Fragestellung und die Intention benennen. Anschließend beschreiben Sie, in welcher Art und Weise der Autor diese Vorhaben umsetzt. Dazu gehören die Gliederung sowie die verwendeten Quellen und die daraus entwickelten Schlussfolgerungen. Stellen Sie dabei die Perspektive des Autors auf das Thema und die von ihm verwendete Methode deutlich heraus. Anschließend sind die Ergebnisse der Studie in die Forschungslage einzuordnen und in ihrer Bedeutung zu gewichten. Zum Schluss sollten Sie die oben herausgearbeiteten Stärken und Schwächen des Buchs noch einmal zusammenfassen und abschließend bewerten. Dass hierbei einiges Geschmacksache ist und verschiedene Rezensenten zu unterschiedlichen Urteilen gelangen können, versteht sich von selbst. Beachten Sie das im Umgang mit Rezensionen.

4.6.3 | Der Essay

Ein Essay (frz: l'essay) ist im eigentlichen Sinne ein Versuch oder ein Probestück. An englischen und amerikanischen Universitäten ist ein Essay eine Art kürzere Hausarbeit, in der meist eine konkrete Frage beantwortet werden muss. Im Sprachgebrauch der deutschen Universität bezeichnet „Essay" ganz allgemein einen kürzeren Text ohne Fußnoten. Welcher Art dieser Text sein soll, ist nicht eindeutig festgelegt. Verallgemeinerbar erscheint lediglich, dass es sich um eine freiere Form der Äußerung handelt, bei der mangels Fußnoten nicht jede Aussage belegt werden muss. Wenn im Geschichtsstudium Essays verlangt werden, ist damit oft die schriftliche Zusammenfassung eines Textes, die Auswertung einer Quelle oder die knappe Darstellung eines bestimmten Themas gemeint.

Aufgaben zum Selbsttest

- Welche Arten von Protokoll gibt es? Wie unterscheiden sie sich?
- Suchen Sie zu einem bestimmten Buch drei Rezensionen heraus. Inwieweit unterscheiden sie sich? Und was heißt das für den Umgang mit Buchbesprechungen?

Literatur

Wolfgang Schmale (Hg.), **Schreib-Guide Geschichte. Schritt für Schritt wissenschaftliches Schreiben lernen**, Köln/Weimar/Wien 1999.

4.7 | Das Examen

Gleichgültig, welchen Studiengang Sie gewählt haben: am Ende steht das Examen. Was im Einzelnen von Ihnen verlangt wird, kann nach Studiengang, Fächerkombination und Universität variieren (→ Kap. 1). Aber insgesamt dürfte sich auch Ihr Examen aus drei Bestandteilen zusammensetzen: aus der Abschlussarbeit, der mündlichen Prüfung und der Klausur.

Die Abschlussarbeit

Die Abschlussarbeit ist im Grunde nichts anderes als eine umfang-reichere Hausarbeit. Ob Sie 100 Seiten in 6 Monaten schreiben sollen wie bei der Magisterarbeit oder einige Seiten weniger in kürzerer Zeit wie bei der Zulassungsarbeit im Staatsexamen und der Abschlussarbeit im B.A.-Studiengang: Was Sie hierfür können müssen, haben Sie bei Ihren Hausarbeiten im Studium schon gelernt. Einige Punkte sollten sie bei der Abschlussarbeit aber besonders gründlich beachten: Informieren Sie sich rechtzeitig über die **Termine und Modalitäten** der Abgabe. Und sprechen Sie Thema, Fragestellung und Aufbau der Arbeit mit Ihrem Betreuer ab! Nur so können Missverständnisse und böse Überraschungen vermieden werden. Die zur Verfügung stehende **Zeit** sollten Sie sich gut einteilen. Kalkulieren Sie nicht zu knapp, und bedenken Sie, dass technische Geräte gerne unmittelbar vor dem Abgabetermin und dann am Wochenende kaputt gehen. Sie können selbst dazu beitragen, größere Pannen zu vermeiden: Sichern Sie Ihre Daten regelmäßig und halten Sie die notwendigen Materialen wie Druckerpatrone und Papier bereit.

Ebenfalls einplanen sollten Sie Zeit für das **Korrekturlesen**. Nur so können Sie vermeiden, dass Tippfehler Ihren Text verunstalten und Ihre Note verschlechtern. Wenn Sie selbst Korrektur lesen, sollten Sie bedenken, dass man den eigenen Text am Ende fast auswendig kennt und daher immer in Gefahr ist, nicht mehr genau genug hinzusehen. Ideal wäre es, die Arbeit einige Tage liegen zu lassen, um Abstand zu gewinnen. Doch dazu reicht die Zeit meist nicht. Das Rechtschreibprogramm des Computers kann eine Hilfe sein. Aber Sie sollten den Text unbedingt ausdrucken. Sie werden feststellen, dass Sie auf dem Papier zahlreiche Fehler entdecken, die Sie am Bildschirm übersehen haben. Zu empfehlen ist es auch, die Arbeit Freunden zu geben, die nicht unbedingt Geschichte studieren müssen, aber gründlich lesen können und mit der Rechtschreibung vertraut sind.

Und noch etwas: Wenn Sie irgendwann nicht mehr entscheiden können, ob Ihre Arbeit völlig verfehlt oder vielleicht doch genial ist, sollte Sie dies nicht verunsichern. Das zeigt nur, dass Ihnen jede **Distanz zur eigenen Arbeit** abhanden gekommen ist. Dieser Zustand ist eine völlig normale Phase im Arbeitsprozess. Betrachten Sie ihn schlicht als Zeichen, dass Sie die Arbeit langsam aber sicher abgeben sollten.

4.7.2 | Die mündliche Prüfung

Wie die schriftliche Arbeit begegnet Ihnen auch die mündliche Prüfung im Examen wohl nicht zum ersten Mal. Bereits die **Zwischenprüfung** besteht in aller Regel aus einem Gespräch zwischen Ihnen und Ihrem Prüfer (der als dritte Person anwesende Beisitzer führt meist nur das Protokoll und fragt nichts). In der Zwischenprüfung können Sie für das **mündliche Examen** üben, denn im Prinzip unterscheiden sich diese beiden Prüfungen kaum. Für beide gilt: Klären Sie rechtzeitig die formalen und inhaltlichen Anforderungen ab! Besprechen Sie mit Ihrem Prüfer, was Sie unter Ihrem Thema verstehen, wie Sie es eingrenzen, worauf Sie besonders Wert legen, ob Sie Schwerpunkte setzen können und wenn ja welche, ob Sie eine Literaturliste anfertigen sollen und inwieweit sich Ihr Prüfer mit seinen Fragen an die Liste zu halten gedenkt. Wenn Sie dies alles vorher klären, kennen Sie die Prüfungsfragen natürlich noch immer nicht. Aber Sie wissen in etwa, was auf Sie zukommt, und das nimmt Ihnen einen Teil der Nervosität.

Noch entspannter können Sie in die Prüfung gehen, wenn Sie sich gut vorbereitet haben. Wie Sie die **Prüfungsvorbereitung** gestalten, ob in einer Lerngruppe oder allein, ist Geschmacksache. Auf eines sollten Sie aber auf gar keinen Fall verzichten: Üben Sie reden!

Ob im Examenskolloquium, in der Lerngruppe, vor Freunden oder auch ganz allein: Stellen Sie Ihr Prüfungsthema vor, antworten Sie auf Fragen (die Sie sich ja auch selbst ausdenken können), präsentieren Sie Thesen der Forschung, begründen Sie Ihre eigene Position. Damit reduzieren Sie nicht nur die Gefahr, in der Prüfung nach Begriffen und Formulierungen suchen zu müssen. Sie erkennen damit auch rechtzeitig, wo Sie noch etwas nachzuarbeiten haben. Und Sie werden am Ende zu der beruhigenden Einschätzung gelangen, das Thema gut strukturiert, inhaltlich präzise und mit Blick für die Zusammenhänge darstellen zu können.

Achten Sie dabei auch auf Ihre Formulierungen: Wenn Sie jeden Satz mit einer Floskel wie „Keine Ahnung, aber ich würde mal annehmen, dass ..." beginnen, wird selbst der gutmütigste Prüfer irgendwann unruhig. Verben der subjektiven Wahrnehmung wie „ich finde", „ich glaube", „ich habe das Gefühl, dass" sind ebenfalls zu vermeiden. Nennen Sie **in der Prüfung** stets das Wichtigste zuerst! Da manche Prüfer die Kandidaten gerne und schnell unterbrechen, sollten Sie die für die Antwort relevanten Argumente oder Fakten zunächst im Überblick präsentieren und dabei die wichtigsten Schlagworte nennen. Danach können Sie das Thema entfalten – Ihr Prüfer wird Sie schon unterbrechen, wenn ihm Ihre Ausführungen zu weit gehen. Achten Sie dabei darauf, nicht nur Fakten aneinander zu reihen, sondern Zusammenhänge darzustellen. Fachbegriffe sollten Sie benutzen, aber immer definieren können! Konkreter werden Ihre Darlegungen aber nicht nur durch Definitionen, sondern auch durch genaue Daten und Zahlen. Und wenn Sie Forschungskontroversen darlegen, sollten Sie die Vertreter der Positionen mit Namen benennen können.

Und wenn Sie etwas nicht wissen? Reden Sie sich nicht um Kopf und Kragen! Improvisieren kann gelingen. Aber in aller Regel merken die Prüfer, wenn Sie anfangen zu raten, und diesen Eindruck sollten Sie vermeiden. Sagen Sie lieber, dass Sie es nicht wissen. So bleibt mehr Zeit für die nächsten Fragen, und die können Sie bestimmt wieder beantworten.

Nach der Prüfung sollten Sie unbedingt ein **Feedback** einfordern. Lassen Sie sich Ihre Note erklären, auch wenn Sie damit eigentlich zufrieden sind. Fragen Sie, was die Prüfer auszusetzen hatten und was Sie in Zukunft besser machen könnten. Dann können Sie aus einer Prüfung für die nächste lernen. Und genau das ist im Übrigen ja der Sinn der Zwischenprüfung.

Die Klausur

| 4.7.3

Wenn Sie nach dem alten Modell studieren, werden Sie im Examen u. U. zum ersten Mal eine Klausur schreiben. Mit der Einführung der B.A.- und M.A.-Studiengänge wird sich das ändern und die Klausur zum festen Bestandteil fast jeder Lehrveranstaltung werden. Falls dies nicht in Gestalt von Ankreuztests erledigt wird, bieten die neuen Studiengänge somit hinreichend Gelegenheit, das Abfassen von Essays (denn nichts anderes ist ja eine Klausur) zu üben.

Ob Abschlusstest im Proseminar oder schriftliches Examen – bei Klausuren gilt es einiges zu beachten. Wie bei jeder Prüfung sind auch hier **im Vorfeld** Anforderungen und Ablauf abzuklären. In der Klausur selbst sollten Sie zunächst die Fragen genau lesen. Das klingt banal. Aber wie schnell lässt man sich von einem erhofften Stichwort in die Irre führen und schreibt voller Freude über das scheinbare Wunschthema an der eigentliche Frage vorbei. Machen Sie sich also klar, worauf die Fragestellung abzielt. Und entwerfen

Sie eine Gliederung! Bevor Sie zu schreiben beginnen, sollten Sie den Aufbau des Textes vor Augen haben. Stellen Sie einen Plan auf, der nicht nur die einzelnen Schritte Ihrer Argumentation enthält, sondern auch angibt, wie viel Zeit Ihnen für die jeweiligen Passagen zur Verfügung steht. Und halten Sie diesen Plan ein! Nur so können Sie vermeiden, während des Schreibens auf Abwege zu geraten oder sich in den Details zu verzetteln und am Ende keine Zeit mehr für die eigentlich wichtigen Punkte zu haben.

Bei der **Gliederung** Ihres Essays können Sie sich an den Regeln für die Hausarbeit orientieren. So sollten Sie in einer knappen Einleitung zunächst die Fragestellung formulieren und einen kurzen Überblick über den Aufbau Ihres Textes geben. Der anschließende Hauptteil enthält die eigentliche Argumentation. Wichtig ist hierbei zweierlei: eine **präzise Sprache** und ein klarer Gedankengang. In sprachlicher Hinsicht sollten Sie sich der Fachterminologie bedienen, die zentralen Begriffe definieren und mit Namen, Daten und Zahlen für Genauigkeit sorgen. Und den **roten Faden** Ihres Gedankengangs können Sie deutlich machen, indem Sie bei jedem Abschnitt dessen Funktion benennen (erstes, zweites, drittes Argument, Gegenargument, Entkräftung des Gegenarguments, Zwischenbilanz etc.). Am Ende sollten Sie Ihre Ergebnisse zusammenfassen, die Fragestellung vom Anfang wieder aufgreifen und eine klare Antwort formulieren. Im Übrigens: Klausuren, die nicht zu entziffern sind, können auch nicht bewertet werden. Schreiben Sie also unbedingt leserlich!

Aufgaben zum Selbsttest

- Welche organisatorischen Vorkehrungen sollten Sie bei der Erstellung der Abschlussarbeit treffen?
- Wie sollten sie sich auf eine mündliche Prüfung vorbereiten?
- Welche Punkte sind bei der Klausur zu beachten?

Literatur

Umberto Eco, **Wie man eine wissenschaftliche Abschlussarbeit schreibt. Doktor-, Diplom- und Magisterarbeit in den Geistes- und Sozialwissenschaften**, Heidelberg ⁹2002.

„Es ist in der Tat richtig, daß die besten Dinge einem [...] auf dem Kanapee oder [...] beim Spaziergang auf langsam steigender Straße, oder ähnlich, jedenfalls aber dann, wenn man sie nicht erwartet, einfallen, und nicht während des Grübelns und Suchens am Schreibtisch. Sie wären einem nur freilich nicht eingefallen, wenn man jenes Grübeln am Schreibtisch [...] nicht hinter sich gehabt hätte."

(Max Weber, Wissenschaft als Beruf.)

Literaturempfehlungen

1. Zum Studium
Wolf Wagner, **Uni-Angst und Uni-Bluff. Wie studieren und sich nicht verlieren**, 6. Auflage Hamburg 2002.

2. Überblick über die Frühe Neuzeit
Johannes Burkhardt, **Frühe Neuzeit**, in: Fischer Lexikon Geschichte, hg. von Richard van Dülmen, aktualisierte, vollständig überarbeitete und ergänzte Auflage Frankfurt a. M. 2003, S. 438 – 465.
Richard van Dülmen, **Kultur und Alltag in der Frühen Neuzeit**, 3 Bde., München 1999.
Einführung in die Frühe Neuzeit (Barbara Stollberg-Rilinger):
http://www.uni-muenster.de/FNZ-Online/
Axel Gotthard, **Das Alte Reich 1495 – 1806**, Darmstadt 2003.
Ilja Mieck, **Europäische Geschichte der frühen Neuzeit. Eine Einführung**, 6., verbesserte und aktualisierte Auflage Stuttgart 1998.
Paul Münch, **Lebensformen in der Frühen Neuzeit**, Frankfurt a. M./Berlin 1992.
Wolfgang Reinhard, **Lebensformen Europas. Eine historische Kulturanthropologie**, München 2004.
Heinz Schilling, **Aufbruch und Krise. Deutschland 1517 – 1648** (Siedler Deutsche Geschichte. Das Reich und die Deutschen 5), Berlin 1988, durchgesehene und aktualisierte Ausgabe Berlin 1994, vollständige Taschenbuchausgabe Berlin 1998.
Heinz Schilling, **Höfe und Allianzen. Deutschland 1648 – 1763** (Siedler Deutsche Geschichte. Das Reich und die Deutschen 6), Berlin 1989, durchgesehene und aktualisierte Ausgabe Berlin 1994, vollständige Taschenbuchausgabe Berlin 1998.
Winfried Schulze, **Einführung in die Neuere Geschichte**, 4., völlig überarbeitete und aktualisierte Auflage Stuttgart 2002.
Barbara Stollberg-Rilinger, **Europa im Jahrhundert der Aufklärung**, Stuttgart 2000.
Anette Völker-Rasor (Hg.), **Frühe Neuzeit** (Oldenbourg Geschichte Lehrbuch), München 2000.

3. Klassiker der Frühneuzeitforschung
Marc Bloch, **Die wundertätigen Könige**, Erstauflage des franz. Originals 1924, dt. München 1998.
Fernand Braudel, **Das Mittelmeer und die mediterrane Welt in der Epoche Philipps II.**, Erstauflage des franz. Originals 1947, dt. 1990, als Taschenbuch Frankfurt a. M. 1998.
Michel Foucault, **Überwachen und Strafen. Die Geburt des Gefängnisses**, franz. Orig. 1975, dt. 1976, als Taschenbuch Frankfurt a. M. 1994.
Carlo Ginzburg, **Der Käse und die Würmer. Die Welt eines Müllers um 1600**, Erstauflage des ital. Originals 1976, dt. Frankfurt a. M. 1979 u. ö.
Peter Laslett, **Verlorene Lebenswelten. Geschichte der vorindustriellen Gesellschaft**, engl. Orig. 1965, dt. als Taschenbuch Frankfurt a. M.. 1991.
Gerhard Oestreich, **Strukturprobleme des europäischen Absolutismus (1968)**, in: Ders., Geist und Gestalt des frühmodernen Staates. Ausgewählte Aufsätze, Berlin 1969, S. 179 – 197.
Wolfgang Reinhard, **Zwang zur Konfessionalisierung? Prolegomena zu einer Theorie des konfessionellen Zeitalters (1983)**, in: Ders.: Ausgewählte Abhandlungen, Berlin 1997, S. 127 – 147.
Heide Wunder, **„Er ist die Sonn', sie ist der Mond." Frauen in der Frühen Neuzeit**, München 1992.

4. Quellensammlungen
Deutsche Geschichte in Quellen und Darstellung
Bd. 3: **Reformationszeit 1495 – 1555**, hg. von Ulrich Köpf, Stuttgart 2001.
Bd. 4: **Gegenreformation und Dreißigjähriger Krieg 1555 – 1648**, hg. von Bernd Roeck, Stuttgart 1996.
Bd. 5: **Zeitalter des Absolutismus 1648 – 1789**, hg. von Helmut Neuhaus, Stuttgart 1997.

Quellen zur Geschichte des Alten Reichs unter:
www.Altes-Reich.de

Literaturempfehlungen

5. Methodenfragen
Ute Daniel, **Kompendium Kulturgeschichte. Theorien, Praxis, Schlüsselwörter**, Frankfurt a. M. 2001.
Joachim Eibach, Günther Lottes (Hg.), **Kompass der Geschichtswissenschaft**, Göttingen 2002.
Hans-Jürgen Goertz (Hg.), **Geschichte. Ein Grundkurs**, Reinbek 1998.
Volker Sellin, **Einführung in die Geschichtswissenschaft**, 2., durchgesehene Auflage Göttingen 2001.
Max Weber, **Schriften zur Wissenschaftslehre**, Stuttgart 1991.

6. Geschichte der Geschichtswissenschaft
Georg G. Iggers, **Geschichtswissenschaft im 20. Jahrhundert. Ein kritischer Überblick im internationalen Zusammenhang**, 2., durchgesehene Auflage Göttingen 1996.
Lutz Raphael, **Geschichtswissenschaft im Zeitalter der Extreme. Theorien, Methoden, Tendenzen von 1900 bis zur Gegenwart**, München 2003.
Markus Völkel, **Geschichtsschreibung. Eine Einführung in globaler Perspektive**, Köln/Weimar/Wien 2006.

7. Hilfswissenschaften
Friedrich Beck, Eckart Henning (Hg.), **Die archivalischen Quellen. Mit einer Einführung in die Historischen Hilfswissenschaften**, 4. durchgesehene Auflage Köln/Weimar/Wien 2004.
Ahasver von Brandt, **Werkzeug des Historikers**, 16. Auflage Stuttgart 2003.

8. Arbeitshilfen
Winfried Baumgart, **Bücherverzeichnis zur deutschen Geschichte. Hilfsmittel, Handbücher, Quellen**, 15., durchgesehene und erweiterte Auflage München 2003.
Nils Freytag, Wolfgang Piereth, **Kursbuch Geschichte**, Paderborn 2004.
Johann-Christian Hanke, **Word für Studenten**, 5., komplett neubearbeitete Auflage Osnabrück 2005.

Wichtige Abkürzungen

Dies ist eine Liste der wichtigsten Abkürzungen, denen Sie beim Studium der Geschichte der Frühen Neuzeit immer wieder begegnen werden. Richtlinien für Abkürzungen in der Geschichtswissenschaft bieten die Abkürzungsverzeichnisse der Historischen Zeitschrift (HZ) und der Theologischen Realenzyklopädie (TRE):
– Historische Zeitschrift: Abkürzungen <URL: http://www.oldenbourg.de/verlag/historische-zeitschrift/hz-abkuerzungen.htm>
– Theologische Realenzyklopädie, Abkürzungsverzeichnis, 2., überarbeitete und erweiterte Auflage, Berlin/ New York 1994.

In der TRE können Sie im Übrigen nicht nur die Abkürzungen (man sagt dazu auch: die Siglen), auflösen, sondern auch umgekehrt nachschlagen, wie eine Zeitschrift, deren vollständigen Titel Sie kennen, richtig abgekürzt wird.

AHR = The American Historical Review
AKG = Archiv für Kulturgeschichte
Anm. = Anmerkung
Annales = Annales. Économies, Sociétés, Civilisations
ARG = Archiv für Reformationsgeschichte
Aufl. = Auflage
Bd., Bde. = Band, Bände
Bll. = Blätter
BlldtLG = Blätter für deutsche Landesgeschichte
ders. = derselbe
dies(s). = dieselbe(n)
ebd. = ebenda
Ed. = Editor (Plural: Eds.)
EdG = Enzyklopädie deutscher Geschichte
EdN = Enzyklopädie der Neuzeit
EHR = English Historical Review
erg. = ergänzt
erw. = erweitert
f. bzw. ff. = folgende Die Abkürzung ff. sollten Sie vermeiden! Da sie unterschiedlich gebraucht werden kann (entweder zur Kennzeichnung von 3 aufeinander folgenden Seiten oder lediglich als Markierung der ersten Seite), ist sie zu ungenau.
FBPG = Forschungen zur Brandenburgischen und Preußischen Geschichte
Forsch. = Forschungen
Ges. = Gesellschaft
Gesch. = Geschichte
GG = Geschichte und Gesellschaft
GWU = Geschichte in Wissenschaft und Unterricht
H. = Heft

HA = Historische Anthropologie
Hg., Hrsg. = Herausgeber
HJ = The Historical Journal
HJb = Historisches Jahrbuch
HRG = Handwörterbuch zur deutschen Rechtsgeschichte
HZ = Historische Zeitschrift
Inst. = Institut(e)
Jb. = Jahrbuch, Jahrbücher
Journ. = Journal
LThK = Lexikon für Theologie und Kirche
MGM = Militärgeschichtliche Mitteilungen
Ndr. = Nachdruck
OGG = Oldenbourg Grundriss der Geschichte
P & P = Past and Present
QFIAB = Quellen und Forschungen aus italienischen Archiven und Bibliotheken
RGG = Religion in Geschichte und Gegenwart
RHE = Revue d'histoire ecclésiastique
s. = siehe
SCJ = Sixteenth Century Journal
Suppl. = Supplement
TRE = Theologische Realenzyklopädie
vgl. = vergleiche
VSWG = Vierteljahrschrift für Sozial- und Wirtschaftsgeschichte
WolfRenMitt = Wolfenbütteler Renaissancemitteilungen
ZfG = Zeitschrift für Geschichtswissenschaft
ZHF = Zeitschrift für historische Forschung
zit. = zitiert
ZKG = Zeitschrift für Kirchengeschichte
Zs. = Zeitschrift

Glossar

AKTEN, Schriftstücke, die zur Vorbereitung oder Durchführung eines Rechts- oder Verwaltungsgeschäfts angelegt werden.

ALLEGORIE, von griech. *allegoría* = das Anderssagen; die Verbildlichung eines abstrakten Begriffs oder Vorgangs.

ANACHRONISMUS, falsche zeitliche Einordnung.

ANALYSE, Zerlegung, Zergliederung eines Ganzen in seine Teile.

ANTHROPOLOGIE, die Wissenschaft vom Menschen.

ARKANPOLITIK, von latein. *arcanus* = geheim; Geheimpolitik.

ARTEFAKT, latein. = künstlich gemacht; Kunsterzeugnis.

ASTA, Allgemeiner Studierendenausschuss.

AUSFERTIGUNG, ein amtliches Schriftstück, ordnungsgemäß mit Unterschrift und Siegel versehen.

AUTHENTIZITÄT, Echtheit, Glaubwürdigkeit.

AVERS, Vorderseite einer Münze.

B.A., von latein. *bakkalaureus artium* = mit der Zwischenprüfung im mittelalterlichen Magisterstudium erworbener erster akademischer Titel; heute meist: Bachelor of Arts, neuer Studiengang.

BIBLIOGRAPHIE, wörtlich: Bücherbeschreibung; Verzeichnis der Literatur zu einem Thema.

BIBLIOGRAPHIEREN, die Suche nach Literatur.

CHRONOLOGIE, von griech. *chronos* = die Zeit, *logos* = die Lehre; Lehre von der Zeitrechnung.

CUIUS REGIO, EIUS RELIGIO, latein. = Wessen Land, dessen Glauben; der Landesherr bestimmt die Konfession; zentrale Bestimmung des Augsburger Religionsfriedens 1555.

DEMOGRAPHIE, von griech. *demos* = Volk, *graphein* = schreiben; die Bevölkerungswissenschaft.

DEMOGRAPHISCHE DATEN, Daten zur Bevölkerungsentwicklung, z. B. Geburtenrate, Mortalitätsrate (= Sterberate).

DESIDERAT, von lat. *desiderare* = wünschen; etwas Erwünschtes, das bislang fehlt.

DEVIANZ, von latein. *devius* = vom Wege abliegend; übergreifende Bezeichnung für abweichendes Verhalten.

DIARIUM, latein. = Buch für (tägliche) Eintragungen.

DIDAKTIK, von griech. *didache* = Lehre; die Wissenschaft vom Lehren und Lernen, eine Art Unterrichtslehre.

DIPLOMATIK, von griech./latein. *diploma* = Urkunde; die Urkundenlehre.

DISTINKTION, von lat. *distinctio* = Unterscheidung, Abgrenzung; die soziale Abgrenzung von unteren Schichten.

ECTS, European Credit Transfer System; Punktesystem, das die Anrechnung und Vergleichbarkeit von Studienleistungen innerhalb Europas erleichtern soll.

EDITION, Ausgabe, Herausgabe von Texten; der Editor ist der Herausgeber einer Edition; edieren = Texte herausgeben.

EGO-DOKUMENT, alle Quellen, in denen ein Mensch Auskunft über sich selbst gibt.

EMPIRIE, griech. = Erfahrung; in der Geschichtswissenschaft die Arbeit mit den Quellen.

ETATISMUS, von franz. *état* = Staat; Fixierung auf den Staat, meist als Vorwurf gemeint.

ETYMOLOGIE, die Lehre von der Herkunft der Wörter.

EXAMEN, latein. = Prüfung.

EXEMPEL, belehrende Beispiele oder Muster.

EXPLIZIT, erklärt, ausdrücklich dargestellt; das Gegenteil von implizit.

EXZERPT, schriftlicher Auszug aus einem Text, eine Art kommentierte Zusammenfassung.

FAKSIMILE, latein. = mache ähnlich!; Reproduktion, die mit dem Original in Größe und Ausführung genau übereinstimmt.

FAKULTÄT, von latein. *facultas* = Befähigung, Talent; Fachbereich an der Universität, zu dem mehrere verwandte Fächer zusammengeschlossen sind.

FALSIFIZIERBAR, widerlegbar.

FALZ, die Stellen eines Buches, an denen das Material gefaltet wird.

Glossar

GEMEINER MANN, Quellenbegriff für den Teil der Bevölkerung, der von der Herrschaft ausgeschlossen war.

GENEALOGIE, von griech. *génos* = Geschlecht, Abstammung; griech. *lógos* = Lehre; die Lehre von den Abstammungs- und Verwandtschaftsverhältnissen.

GLOSSAR, Wörterverzeichnis mit Erklärungen.

GROßE ERZÄHLUNG, von den Vertretern der so genannten Postmoderne geprägter Begriff für die großen Traditionslinien, in denen sich die Moderne sah, z. B. die Aufklärung.

GUTENBERG-GALAXIS, Begriff des Medienwissenschaftlers Marshall McLuhan für eine Welt, die grundlegend vom Buch als Leitmedium geprägt ist; endet mit der Umwandlung der Welt in ein von den elektronischen Medien geschaffenes „globales Dorf".

HANDBUCH, zum Nachschlagen gedachte Überblicksdarstellung zu einem bestimmten Teilbereich der Geschichte.

HANDBUCHWISSEN, grundlegende und relativ unstrittige Sachverhalte, Namen, Zahlen und Daten des jeweiligen historischen Kontextes; also in etwa das, was in Handbüchern wie dem „Ploetz" nachgeschlagen werden kann.

HERALDIK, germ./ mlatein./ franz. = Wappenkunde.

HERMENEUTIK, von griech. *hermeneúein* = auslegen, verständlich machen; Kunst der Textauslegung.

HEURISTIK, von griech. *heurískein* = finden; die Findekunst.

HISTORIK, Theorie der Geschichtswissenschaft.

HISTORISCH-KRITISCHE METHODE, Verfahren zum wissenschaftlichen Umgang mit Quellen; besteht aus Heuristik, Kritik und Interpretation.

HISTORISMUS, Strömung im 19. Jahrhundert, die maßgeblich zur Verwissenschaftlichung des Faches Geschichte beitrug.

HISTORIOGRAPHIE, von griech. *historia* = Geschichte, *graphein* = schreiben; Geschichtsschreibung.

HISTORISCHE SEMANTIK, wissenschaftlicher Ansatz, der die Bedeutung von Wörtern im historischen Wandel untersucht.

IDIOGRAPHISCH, das Einzelne beschreibend.

IKONOGRAPHIE, Beschreibung, Form- und Inhaltsdeutung von Bildwerken.

IKONOLOGIE, Lehre vom Sinngehalt von Bildwerken.

IMPLIZIEREN, einschließen.

INKARNATIONSZÄHLUNG, von latein. *incarnatio* = Fleisch- oder Menschwerdung Gottes, die Zeitrechnung ab Christi Geburt.

INSERTION, das Einfügen einer Urkunde in vollem Wortlaut in eine neue Urkunde.

INTERSUBJEKTIV ÜBERPRÜFBAR, unabhängig von der Person des Forschers und damit auch von anderen Personen (Subjekten) nachvollziehbar; Kriterium der Wissenschaftlichkeit.

KANZLEI, von latein. *cancelli* = Schranken, die den Amtsraum abtrennten; Behörde eines Fürsten oder einer Stadt, der die Ausfertigung der Urkunden und die Durchführung des Schriftverkehrs oblagen.

KOLLOQUIUM, von latein. *colloquium* = Unterredung, Gespräch; Form der Lehrveranstaltung, für fortgeschrittene Studierende.

KOMMILITONE, von latein. *cum* = mit, *miles* = Soldat; Mitstreiter, Studienkollege.

KOMMUNIKATION, von latein. *communicatio* = Unterredung, Mitteilung; besteht aus Information, Mitteilung und Verstehen.

KONTRIBUTIONEN, allg. für militärische Zwecke verwendete Steuern; Zwangsauflage in Kriegszeiten.

KORPUS, Pl. die Korpora, das einer wissenschaftlichen Analyse zugrunde liegende (Text-)Material.

KULTUR, von lat. *cultura* = Pflege, Veredelung; bereits von Cicero vom Ackerbau auf Philosophie und Literatur übertragen.

LEXIKA, alphabetisch geordnete Nachschlagewerke; Sprach- oder Sachwörterbücher.

LINGUISTIC TURN, engl. = lingustische Wende. Die Vertreter des linguistic turn sehen in der Sprache ein sich selbst regulierendes System von Zeichen, das nicht an die Wirklichkeit gebunden ist.

M.A., von latein. *magister artium* = Meister der Künste; nach dem Abschluss benannter Studiengang.

Glossar

MARGINALIE, erläuternder Randkommentar in Handschriften, Akten oder Büchern.

MARGINALISIERUNG, etwas oder jemanden an den Rand (engl. *margin*) drängen, ins Abseits schieben.

MEMOIREN, von franz. *mémoire* = Gedächtnis, Erinnerung; literarische Darstellung des eigenen Lebens in seinem (politischen) Kontext.

MENTALITÄT, von lat. *mens* = Geist, Verstand, Gemüt.

METHODE, von griech. *méthodos* = Weg; Gang der Untersuchung.

MODUL, von latein. *modulus* = Maß, Maßstab; heute meist: eine geschlossene Einheit.

MULTIKAUSAL, auf mehrere Gründe zurückzuführen, das Gegenteil von monokausal = auf nur einen Grund, eine Ursache zurückzuführen.

NOMOLOGISCH, um Gesetze wissend.

NOMOTHETISCH, nach Gesetzen suchend.

NUMISMATIK, griech./ latein. /neulatein. = Münzkunde.

OFFIZIALAT, bischöfliche Gerichtsbehörde; der Offizial: bischöflicher Richter.

ORAL HISTORY, engl. = mündliche Geschichte; Verfahren der zeitgeschichtlichen Forschung, basiert auf der Befragung von Zeitzeugen.

PALÄOGRAPHIE, von griech. *palaios* = alt, *graphein* = schreiben; die Lehre von den alten Schriften.

PRÄZEDENZ, von latein. *praecedere* = voranschreiten; Rangfolge, Vortritt im Zeremoniell.

PRODIGIEN, Vorzeichen, Warnzeichen Gottes.

PROMOTION, von latein. *promovere* = fortbewegen; Verleihung des Doktortitels.

PROZESS, von latein. *procedere* = voranschreiten; Verlauf, Entwicklung.

PUBLIZISTIK, von latein. *publicare* = veröffentlichen; der Bereich, der alle die Öffentlichkeit interessierenden Angelegenheiten samt der Medien, in denen diese behandelt werden, umfasst.

QUANTIFIZIEREN, etwas in Zahlen und messbare Größen fassen.

QUELLENWERT, Aussagekraft einer Quelle im Blick auf eine konkrete Fragestellung.

RATIFIKATION, Bestätigung eines völkerrechtlichen Vertrages durch die gesetzgebende Körperschaft, in der Frühen Neuzeit durch den Monarchen.

REGAL, Pl. Regalien, die dem König vorbehaltenen Hoheitsrechte.

RENAISSANCE, Wiedergeburt (der Antike).

RESERVATRECHTE, die Rechte des Kaisers, die er ohne Mitwirkung des Reichstags ausüben durfte (z. B. Standeserhöhungen).

RESPUBLICA LITTERARIA, latein. = „Republik der Gelehrten", zeitgenössische Bezeichnung für die Gruppe derer, die wissenschaftlich publizierten und

in Austausch miteinander standen; eine Art frühneuzeitliche „scientific community".

REVERS, numismatischer Fachausdruck für die Rückseite einer Münze.

REZEPTION, die Aufnahme und Aneignung von Werken durch das Publikum.

RHETORIK, griech. = Redekunst.

RITUAL, eine nach bestimmten Regeln ablaufende Handlungssequenz.

SÄKULARISIEREN, verweltlichen.

SELBSTZEUGNIS, freiwillig verfasster Text, dessen Autor oder Autorin selbst handelnd oder leidend in Erscheinung tritt.

SEMESTER, von latein. *semestre tempus* = halbjährliche Zeit.

SEMINAR, von latein. *seminarium* = Pflanzschule; auf Dialog angelegte Lehrveranstaltung, die den Teilnehmern das wissenschaftliche Arbeiten vermitteln soll.

SEMIOTIK, die Lehre von den Zeichen.

SEPTEM ARTES LIBERALES, latein. = die sieben freien Künste; Fächer des mittelalterlichen Grundlagenstudiums. Sie umfassten drei sprachliche (Grammatik, Rhetorik, Dialektik) und vier nach damaligen Vorstellungen eher mathematische Fächer (Geometrie, Arithmetik, Musik, Astronomie).

SIEGEL, von latein. *sigillum*, Diminutiv von Signum = Zeichen.

SPHRAGISTIK, von griech. *sphragis* = Zeichen, Siegel; Siegelkunde.

Glossar

STANDARDWERKE, maßgebende Grundlagenwerke wie Handbücher, aber auch bedeutende Monographien zum Thema (diese werden oft auch „Klassiker" genannt).

STATISTIK, zahlenmäßig erfasste Untersuchungsergebnisse.

STRUKTUREN, relativ stabile Muster, nach denen bestimmte Beziehungen oder Abläufe gestaltet sind.

SYMBOL, griech. = Zeichen, Sinnbild.

TELEOLOGISCH, von griech. *telos* = Ziel; auf ein Ziel gerichtet.

TERTIUM COMPARATIONIS, latein. = das Dritte des Vergleichs; die den Phänomenen gemeinsamen Eigenschaften, die den Vergleich erst möglich machen.

THEORIE, griech. = Betrachtung, Anschauung; ordnende Verknüpfung von Einzelbeobachtungen.

THESE, von griech. *thesis* = Satz, Behauptung; eine wissenschaftliche Behauptung, die es zu belegen gilt; Hypothese = Unterthese.

TOPOS, Pl. Topoi, Gemeinplatz, Denk- und Ausdrucksschema.

TRADITION, Kategorie für Quellen, in denen Menschen ihre Sicht der Dinge mitteilen wollen.

TRANSKRIPTION, von latein. *transcibere* = übertragen; Übertragung in eine andere Schrift.

TRANSLATIO IMPERII, latein. = Übertragung des Kaisertums.

TUTORAT oder TUTORIUM, Kurs unter der Leitung von Studierenden in höheren Semestern, meist in Verbindung mit einem Proseminar.

ÜBERREST, alles, was unmittelbar von den Begebenheiten erhalten geblieben ist; die unabsichtliche, unwillkürliche Hinterlassenschaft vergangener Zeiten.

UNIVERSITÄT, von latein. *universitas* = die Gemeinschaft der Lehrer und Schüler.

URKUNDEN, Schriftstücke, die rechtliche Vorgänge festhalten, zu diesem Zweck beglaubigt werden und nach bestimmten formalen Vorschriften gestaltet sind.

VISUALISIEREN, von latein. *visualis* = zum Sehen gehörig; einen Sachverhalt mit optischen Mitteln darstellen.

WERTE, bestimmen, was sein soll; Normen: regeln, was man tun soll.

ZEREMONIELL, Gesamtheit der Regeln und Verhaltensweisen bei bestimmten feierlichen Handlungen.

ZÖLIBAT, Gebot der Ehelosigkeit für katholische Geistliche.

Register

1. Personen

Alexander VII. 225
Alexander der Große 101
Bernheim, Ernst 57, 65, 81
Bloch, Marc 123, 207
Bosbach, Franz 209, 210, 218
Braudel, Fernand 111, 112, 122, 123, 208
Brunner, Otto 119
Burckhardt, Jacob 52, 53
Burkhardt, Johannes 116
Bußmann, Klaus 283
Cellarius, Christoph 114
Chigi, Fabio 225
Chladenius, Johann Martin 75–77
Cicero 54, 129
Derrida, Jacques 80
Droysen, Johann Gustav 10, 59, 65, 66, 67, 73, 74, 91, 142, 143, 175, 249, 250
Dülmen, Richard van 119
Eberhard Ludwig, Herzog von Württemberg 64
Einstein, Albert 106
Foucault, Michel 135
Friedrich der Große 115
Fugger, Familie 180
Gadamer, Hans–Georg 85
Galilei, Galileo 115
Geertz, Clifford 129, 132
Gerhard, Dietrich 119
Gerhard, Paul 186
Ginzburg, Carlo 131
Gregor XIII. 194
Gutenberg, Johannes 179
Habermas, Jürgen 181, 182
Habsburger, Dynastie 148, 150, 152, 195, 221
Heberle, Hans 71, 202–205, 207, 224
Hegel, Georg Friedrich Wilhelm 109
Herodot 54, 56, 59
Hintze, Otto 121
Homer 54
Huizinga, Johan 52
Julius Caesar 191, 192, 194
Karl der Große 113, 157, 216

Karl IV. 165
Karl V. 150
Kirn, Paul 62
Kocka, Jürgen 95, 96
Kolakowski, Leszek 52
Koselleck, Reinhart 77, 104, 106, 118
Krusenstjern, Benigna von 198
Lamprecht, Karl 92, 99
Ludwig XIV. 64, 159, 160, 169
Luhmann, Niklas 101, 104
Luther, Martin 40, 70, 87, 88, 91, 93, 97, 116, 158, 183, 192, 193, 282
Mabillon, Jean 174
Marx, Karl 109
Mazarin, Jules 176
Mc Luhan, Marshall 145
Medick, Hans 133, 134
Melanchthon, Philipp 158
Menocchio 131
Mommsen, Theodor 57, 60
Näf, Werner 116
Nipperdey, Thomas 78
Oestreich, Gerhard 126
Panofsky, Erwin 230
Peters, Jan 201
Presser, Jacob 199
Ranke, Leopold von 10, 60, 73–76, 87, 88, 97, 110, 115, 122, 175
Reinhard, Wolfgang 126
Rousseau, Jean–Jacques 200, 203
Rüsen, Jörn 103
Saussure, Ferdinand de 80
Schilling, Heinz 126, 283
Schopenhauer, Arthur 55, 56
Schulze, Winfried 14, 127, 199
Sieder, Reinhard 128
Stiglic, Anja 282
Talkenberger, Heike 229
Ter Borch, Gerard 233, 234, 235, 236
Thukydides 54, 74
Thurn und Taxis, Familie 185
Tilly, Johann Tserclaes Graf von 215
Treitschke, Heinrich von 86
Ulbricht, Otto 128
Vovelle, Michel 143, 231
Wallenstein, Albrecht von 63, 147, 215
Weber, Max 76, 77, 79, 96, 100, 101,

104, 126, 153, 172, 233, 273, 278, 280, 291
Wehler, Hans-Ulrich 125
White, Hayden 81, 82
Wohlfeil, Rainer 229

2. Orte

Augsburg 148, 149, 197, 202, 248
Berlin 10, 27, 74, 86, 158, 240, 246
Bielefeld 13, 125, 259
Böhmen 149, 150
Bonn 13
Brandenburg 122, 171
Bremen 26, 152
Erfurt 87
Essen 22
Frankreich 11, 23, 34, 115, 122–124, 132, 138, 150–152, 155, 173, 174, 176, 193, 195, 199, 201, 237
Freiburg 13, 44
Gotha 226, 228
Göttingen 27, 58
Großbritannien 177, 195, 217
Heiliges Römisches Reich (deutscher Nation), s. a. Altes Reich 113, 121, 147, 148, 152, 153, 247
Italien 122, 130, 131, 195, 217, 218
Joachimsthal 217, 218
Konstantinopel 116
Laichingen 133
Leipzig 92
Ludwigsburg 63
Mainz 27, 148, 156, 174, 179
Marburg 26
Münster 141, 151, 155, 174, 177, 184, 185, 190, 191, 197, 201, 202, 209, 210, 214, 218, 219, 220, 225, 233, 234, 282
Niederlande 150, 152, 155, 234, 235
Nürnberg 148, 202
Osnabrück 26, 141, 151, 155, 201, 227
Österreich 13, 64, 148, 169, 195
Paris 27, 85, 114, 139, 159, 187, 193
Portugal 195
Preußen 10, 121, 122

Register

Regensburg 209
Sachsen 148, 156, 157, 171, 174, 226, 228
Schweden 150 – 152, 155, 170, 195, 226, 227
Spanien 122, 150, 152, 155, 157, 195, 233 – 235
Stockholm 187
Ulm 70, 71, 148, 202, 205, 207
Venedig 175, 176
Versailles 64, 201, 237
Wartburg 192
Westfalen 150, 170, 225
Wien 152, 169, 170, 187, 259
Wittenberg 192, 282
Württemberg 19, 64, 148, 222

3. Sachregister

95 Thesen 87, 88, 282
Ablass 88
Abschlussarbeit 13, 19, 24, 37, 38, 41, 272, 286, 287
Acta Borussica 175
Acta Pacis Westphalicae (APW) 176, 177, 209, 227
Adel 14, 127, 173, 181, 187, 188, 199, 223, 224
Aggregierte Daten 90, 209, 214
agnatisch 224
Ahnengalerie 224
Ahnenprobe 224
Akten 70, 92, 144 – 146, 154, 155, 161, 164, 166, 175 – 178, 201, 205, 212
Allegorie 186, 187
Alltagsgeschichte 92, 133, 165, 176, 209
Alphabetisierung 117, 181, 182
Altes Reich 152, 153, 247
Alteuropa 119
Amerikanische Revolution 56, 115
Analyse 61, 63, 68, 76, 77, 81, 83, 84, 88 – 93, 126, 129, 131, 133, 135, 136, 147, 174, 205, 208, 215, 230 – 232, 260, 273

Analytik 82, 94
Annales 122 – 124, 127, 132, 143, 214
Anthropologie 134
Antiqua 157 – 159
Arbeitshaus 105
Arcana imperii 182
Archäologie 17, 63, 215, 225
Archiv 17, 18, 20, 28, 29, 54, 67, 70, 145 – 147, 156, 162, 174, 175, 201, 228, 247, 252, 261, 282
Arkanpolitik 182
Artefakt 236
ASTA 45
Aufklärung 56, 74, 130, 182, 182
Aufsatz 250 – 252, 257
Augsburger Religionsfrieden 149
Ausfertigung 155, 156, 161, 170 – 174
Auslandsstudium 31, 32
Authentizität 236
Avers 219
B.A. 9, 12, 13, 15, 16, 21 – 23, 25, 26, 30, 38, 40, 41, 287, 289
Barock 196, 225
Bartholomäusnacht 193
Baumgart 241, 243, 253
beglaubigen 144, 154, 160 – 164, 167, 168, 171, 172, 175
Begriffsgeschichte 91, 99, 110, 175, 199
besiegeln 163
Bestechung 176
Bevölkerungsentwicklung 89, 213, 214
Bibliographien 67, 241, 242, 246, 247, 249, 250, 253 – 256, 264, 273, 274, 285
bibliographieren 239, 249 – 255
Bibliothek 245, 248, 252, 258, 261, 263, 274
Bielefelder Schule 125, 259
Bildersturm 138, 232
Bildrhetorik 232 – 234
Biographische Nachschlagewerke 245
Bologna-Prozess 21, 22, 24, 26
Breven 165
Brief und Siegel 165, 224
Buchdruck 14, 117, 145, 158, 183
Bullen 165
Bürgertum 91, 143, 181

c.t. 45
Calvinismus 117, 149, 151, 193
Christi Geburt 112, 192
Chronologie 24, 44, 107, 111, 127, 191 – 196, 202, 240, 242
Computer 25, 32, 262, 271, 272, 276, 287
Credit Points 24, 38, 39
Cuius regio eius religio 149
DAAD 31
Datenbank 261, 262
Demographie 213, 214
Deutscher Sonderweg 126
Devianz 127
Diarium 201
Dichte Beschreibung 86, 132
Didaktik 19, 34 – 36, 271
Diplomatie 154, 170, 209, 235, 236
Diplomatik 160, 162, 164 – 167, 174
Diskurs 79, 135, 136, 137
Disputatio 20
Distinktion 133
Dr. h.c. 21
Dr. phil. 21
Dreißigjähriger Krieg 63, 70, 71, 141, 147 – 150, 152, 155, 170, 183, 186, 200, 203, 209, 213, 219, 231, 248, 254
Druckschrift 71, 158, 190
ECTS 24, 39
Ego-Dokument 154, 199, 205
Ehre 21, 137
Eigensinn 128, 132
Elitenkultur 131
Emotionen 83, 84, 203
Empirie 94 – 97, 100, 102, 103, 105, 106
Endzeiterwartung 112
Enzyklopädie 241, 245, 257
Epoche 10 – 12, 19, 27, 41, 51, 60, 97, 107 – 121, 123, 144 – 145, 179, 194, 197, 203, 218, 230, 239, 240, 245
Ereignisgeschichte 93, 111, 122
erkenntnisleitendes Interesse 77, 78
erklären 60, 77, 81 – 84, 88, 91, 93, 94, 99, 103, 126
Eschatokoll 167, 168
Essay 284, 286, 289, 290

Register

Etatismus 133
Ethnologie 131–134, 225
ethnologischer Blick 132, 134
Etymologie 52
europäische Expansion 41, 117
Examen 9, 12, 15, 16–20, 22–24, 29, 38, 239, 256, 261, 286–289
Exzerpt 260–262
Fachschaft 44, 45
Fachzeitschrift 11, 250, 253, 254
Faksimile 155
Fakultät 16, 21, 58
falsifizierbar 78
Falz 171
Familienrekonstitution 214
Festkalender 192
Festkultur 178, 197
Feudalismus 110
Findmittel 146
Fischerring 165
Flugblatt 145, 179, 180, 183–189, 203, 229, 231
Flugschrift 145, 179, 180, 183, 184, 188–190, 194–197
Formular (Diplomatik) 165, 168
Fragestellung 65–68, 72, 93, 129, 140–143, 147, 153, 154, 200, 205, 208, 210, 230, 232, 249, 258–260, 270, 273, 274, 276, 278–280, 282, 285, 287, 289, 290
Fraktur 158–160, 189
Französische Revolution 34, 56, 115, 138, 139, 145, 166, 181, 231
Frauen- und Geschlechtergeschichte 137
Friedensfest 197, 202
Frühkapitalismus 14, 117
Frühmoderne 94, 117, 119
Frühneuhochdeutsch 196, 243
Fußnote 37, 71, 252, 276, 280–283, 286
Ganzes Haus 14
Gebhardt 242
Geburtenrate 213
Gefängnis 85, 135
Geistesgeschichte 123, 179
Geisteswissenschaften 16, 22, 23, 33, 91, 92, 128

Geldgeschichte 215, 216, 219
Gender 97, 98, 137
Genealogie 222–225
generalisierende Aussagen 82, 89, 99, 102
Gerichtsakten 205
Geschenke 186, 187, 209, 219
Geschichte der Geschichtsschreibung 55
Geschichtliche Grundbegriffe 244
Geschichtsbild 55, 58, 108–111, 114, 115
Geschlecht 48, 96, 97, 134, 137, 177, 199
Gesellschaftsgeschichte 92, 120, 122, 124–130, 132, 133, 136
Glaubensspaltung 117
Gleichgewichtsdenken 117, 173
Gleichzeitigkeit des Ungleichzeitigen 111, 118
Gregorianischer Kalender 194, 195
Greshamsches Gesetz 217
Große Erzählung 130
Grotefend 193, 194
Gutenberg-Galaxis 145
Habilitation 21, 250, 252, 285
Habsburger Klammer 150
Handbuch 37, 161, 193, 214, 239–243, 245, 249, 252, 256, 274, 279
Handbuchwissen 279, 282
Handlung 53, 83–86, 88, 93, 95, 99, 100, 103, 121, 123, 128, 129, 135, 138, 139, 161, 167, 175, 231, 234
Handwörterbuch 161, 239–241, 243, 244, 245
Hauptseminar 36, 37, 41, 256, 276
Heiligenkalender 192–194
Heiliges Römisches Reich (deutscher Nation), s. a. Altes Reich 113, 121, 147, 148, 152, 153, 247
Heilsgeschichte 109, 112
Heraldik 63, 220–222
Hermeneutik 82–89, 91–94, 121, 126, 131, 132, 142, 143
hermeneutische Differenz 86, 92, 132
hermeneutischer Zirkel 85, 86, 142
Herrschaft 14, 35, 64, 100, 101, 104, 124, 127, 144, 148, 150–152, 161,

162, 165, 166, 171, 172, 182–184, 212, 216, 221, 223
Herrschaftstypologie 100, 101
Heuristik 66, 67, 82
heuristisch 67, 96, 102, 103, 106, 108, 120
Historia magistra vitae 55
Historik 10, 59, 66, 91, 142
Historische Anthropologie 134
Historische Bildkunde 229
Historische Demographie 214
Historische Geographie 225
Historische Semantik 244
Historische Sozialwissenschaft 92, 104, 124, 125, 128, 129
historisch-kritische Methode 66, 67, 69, 70, 73, 82
Historismus 56, 59–62, 66, 70, 73, 74, 76, 80, 86, 91, 92, 102, 104, 110, 111, 120–124, 129, 140, 145, 152, 175, 176
Hitler-Tagebücher 68
Holzschnitt 114, 115, 179, 185
Humanismus 113, 114, 157, 158, 199
Idealtypus 77, 100–103
Ideengeschichte 120, 125
idiographisch 83, 91
Ikonographie 187, 230, 231, 235
Ikonologie 187, 230
Industrialisierung 94, 117, 125
Industrielle Revolution 56, 118
Inkarnationszählung 192
Inquisition 131
Insertion 160, 168
Internet 30–32, 46, 155, 193, 229, 239, 242, 246–251, 254, 255, 257, 263
Interpretation 47, 66, 69, 72, 82, 84, 85, 97, 106, 112, 229, 230, 231
intersubjektiv überprüfbar 61, 101, 103
Jüngster Tag 109, 112, 113, 203
Kaiser 113, 140, 148–152, 155, 160–163, 165, 167, 170, 171, 173, 174, 178, 185, 209, 215, 216, 218, 219
Kalender 115, 191–195, 202
Kanzlei 158, 161
Kapitalismus 14, 102, 110, 117
Karteikarten 47, 261, 262, 265

Register

Kartoffel 117
Kassation 146
Katholizismus 64, 117, 149, 150, 151, 173, 193, 195, 196, 212, 215, 223, 234
Kausalität 60, 83, 84, 91, 93
Kindersterblichkeit 213
Kipper- und Wipperzeit 219
Kirchenbücher 212 – 214, 224
Klausur 17, 19, 25, 39, 42, 43, 286, 289, 290
Klerus 14, 187, 188, 222
Klima 89, 111, 123
Knochen 63, 65
kognatisch 224
Kollektivsingular Geschichte 56
Kolloquium 37, 38, 288
Kometen 203, 204
Kommilitone 31, 43, 47, 49, 267, 269
Kommunikation 32, 49, 80, 137 – 139, 144, 146, 182, 184, 186, 231
Kommunikationswissenschaft 182
Kommunismus 110
Konfessionalisierung 117, 126, 127, 133, 202, 212, 250, 254
Konfessionelles Zeitalter 34
Konfession 14, 64, 93, 97, 117, 126, 127, 149, 150, 151, 156, 173, 174, 183, 184, 188, 195, 196, 202, 203, 208, 212, 235, 236, 274
Kongress 150, 151, 155, 170, 174, 176, 177, 201, 209, 210, 214, 220, 233, 235, 282
Konjunktur 89, 127
Konstruktion 87, 97, 100, 108, 200, 203
Kontext (Diplomatik) 167
Kontrasignatur 166
Kontribution 202
Kriminalität 127, 178, 211
Kritik (Teil der historisch-kritischen Methode) 61, 62, 66 – 70, 77, 82, 103, 166, 200, 204, 214
Kritische Edition 70 – 72, 160
Kulturalistische Wende 120, 128, 130, 131, 137, 140
Kunstgeschichte 109, 229, 230

Kupferstich 179, 188, 236, 248
Kurfürst 148, 156, 157, 165, 171 – 174
Kursive 158
Lamprecht-Streit 92
Landkarten 221, 225
Lebenserwartung 213
Lehenswesen 100
Lesegesellschaften 181
Leserevolution 181, 182
Lexika 243, 244, 249, 251, 256, 257
Ligatur 158
Linguistic Turn 57, 79 – 81, 134, 135, 137
Literaturgeschichte 109
Longue durée 111, 122
Luftaufnahmen 236, 238
Luthertum 117, 149
M.A. 9, 16, 18, 22, 23, 25, 30, 38, 289
Magdeburger Zenturien 113
Makrogeschichte 94
Männer machen Geschichte 86, 87
Marginalie 71, 92
Marxistische Geschichtswissenschaft 90, 106, 110, 111
Maßeinheiten 214
Massengrab 63
Medienrevolution 14, 117, 183
Memoiren 65, 199
Mentalität 123, 133
Mentalitätengeschichte 123, 124, 133, 143, 197, 207, 231
Methode 10, 15 – 17, 23, 25, 37, 46, 53, 54, 57 – 61, 66, 67, 69, 70, 73, 74, 76, 79, 82 – 84, 86, 88, 91 – 94, 99, 102, 120 – 126, 130 – 134, 136, 140, 141, 144, 153, 200, 204, 205, 207, 214, 252, 262, 269, 285
Microstoria 130, 131, 133
Mikrogeschichte 94, 130, 131
Minderheiten 127
Moderne 14, 55, 107, 110, 116, 117, 119, 126, 127, 130, 132, 230
Modernisierung 107, 115, 126, 127, 130
Modul 24, 25, 39, 41
Monatsnamen 192
Monographie 250, 251, 256, 274
Moralische Wochenschriften 181

Mortalitätsrate 213
Münzen 38, 63, 65, 214 – 220, 225
Museum 26, 28, 229
Musikgeschichte 245
Narration 80, 81, 90, 92
Nationalstaat 118, 121, 124, 152
Naturwissenschaften 16, 17, 60, 91, 102, 117
neohistoristisch 92
Neue Kulturgeschichte 127, 128, 130
nomologisch 83, 102
nomothetisch 83, 91
Normaljahr 151
Normen 55, 97, 104, 105, 131, 132, 137 – 139, 205
Notar 161, 162, 164
Nouvelle Histoire 132
Numismatik 63, 215 – 220
Nuntius 255
Nürnberger Exekutionstag 202
Objektivität 51, 53, 73, 75 – 79
Öffentlichkeit 68, 117, 145, 179, 181 – 184, 186, 188, 197
Offizialat 161 – 163
Oral History 144
Papst 91, 97, 151, 162, 165, 167, 170, 176, 194, 222, 225
Paradigma 105, 106
Paradigmenwechsel 130
Parität 151, 173
Parteilichkeit 73 – 76
Patenschaft 223
Performanz 139
Periodisierung 51, 107 – 116, 118, 119
Perspektivität 75, 76, 78, 79
Pertinenzprinzip 146
Petschaft 163
Philosophiegeschichte 245
Ploetz 240, 279
Policey 98, 105, 154, 205
Politikgeschichte 110, 121 – 125, 140
Post 184, 185, 187, 188, 282
Praktiken 132, 133, 135, 137
Praktikum 30, 31, 46
Präzedenz 173
Predigt 105, 192, 203, 204

Register

Preisrevolution des 16. Jahrhunderts 208
Presseforschung 188
Primärquelle 62, 65
Proseminar 9, 24, 36, 37, 39 – 41, 239, 272, 274, 276, 289
Protoindustrialisierung 117
Protokoll 284, 285, 288
Protokoll (Diplomatik) 131, 154, 167, 176, 177
Provenienzprinzip 146
Prozess 60, 82, 89, 91, 94, 99, 103 – 105, 118, 124 – 128, 211
Prozession 64, 197, 201
Prüfung 17 – 22, 24, 26, 31, 32, 36 – 38, 40 – 43, 50, 262, 285, 288, 289
Publizistik 69, 145, 154, 179, 180, 183, 186, 188, 189, 197
Pyrenäenfrieden 152
quantifizierende Verfahren 123, 126, 132
Quasten 222
Quellen- und Literaturverzeichnis 257, 259, 275, 276, 281
Quellenkritik 61, 62, 66 – 70, 77, 82, 103, 166, 200, 204, 214
Ratifikation 168 – 170, 197
Realien 63, 229, 230, 235
Rechenmünzen 218
Rechtsgeschichte 166, 240, 245
Reduktion von Komplexität 101
Reformation 14, 34, 40, 76, 93, 97, 114, 117, 119, 121, 149, 158, 180, 183, 193, 212, 232, 240 – 242, 248, 250
Regal 185, 216
Reichskammergericht 149
Reichsreform 147, 151
Reichsstadt 148
Reichsstand 149 – 151, 155 – 157, 172 – 174, 176, 216, 218
Reichstag 147, 149, 151, 172, 183, 209
Reichstaler 209, 218
Reichsverfassung 147, 151, 160, 165, 274
Renaissance 113, 157
Res factae 74

Res fictae 74
Reservatrechte 149
Respublica Litteraria 199
Revers 219
Rezension 246, 250, 251, 253, 255, 256, 260, 284–286, 304
Rigorosum 20
Ritual 138
Römischer König 148
s. t. 45
Römisches Reich (Antike) 113, 147, 157
Sachquelle 63, 65, 141, 147, 215, 220, 225
Säkularisierung 109, 118
Sammelband 256, 257
Sattelzeit 118, 126
Schaumünzen 219
Schilling 218
Schloss Ludwigsburg 63
Schwabacher Letter 158
Sehepunkte 75, 246
Sekundärliteratur 62, 242, 249, 250, 278, 281 – 283
Sekundärquelle 62, 65, 69
Selbstzeugnis 70, 154, 189 – 205
Semesterwochenstunden 38, 39
Seminar 38 – 43, 46, 48, 49, 58, 239, 249, 253, 256, 264 – 267, 269 – 274, 276, 283 – 285, 289
Semiotik 231
Septem artes liberales 16
serielle Quellen 90, 207 – 209
Siegel 63, 155, 159 – 174, 221, 224
Signet 164
Sinn 83 – 85, 89, 94, 126, 128, 129, 131 – 133, 187, 200
Sitzungsgestaltung 264, 267, 269, 270, 284
Socrates-Programm 31
Soft Skills 30, 32, 49
Sozialdisziplinierung 104 – 107, 117
Sozialgeschichte 11, 125, 128, 136, 240, 245
Sphragistik 63, 160, 163 – 166, 174, 205
Staatsexamen 9, 12, 15 – 20, 19, 30, 287

Stammtafel 224
Standardwerke 274
Stände 14, 125, 140, 146, 148 – 151, 155 – 157, 173, 174, 176, 181, 188, 218, 224
Ständekonflikt 149, 150
Ständische Gesellschaft 100, 127, 223
Standortgebundenheit 75 – 79, 258
Statistik 90, 208, 213
Status animarum 212
Stehendes Heer 212
Struktur 32, 53, 56, 79, 80 – 84, 78 – 94, 99, 100, 102, 103, 107, 110, 122 – 125, 127 – 133, 137, 181, 204, 209, 214, 259, 265, 283, 288
Strukturgeschichte 92, 93, 124, 127, 129
Strukturwandel der Öffentlichkeit 181
Studium Generale 47
Subjektivität 77
Sütterlin 158
Symbole 132, 138, 187
symbolische Kommunikation 139, 184
Syphilis 63
Systemtheorie 104
Tagebuch 66, 69, 200, 201
Taler 209, 217, 218
Theorie 10, 27, 46, 51, 59, 79, 89, 93 – 108, 111, 118 – 120, 126, 133, 134, 140, 153, 202
Theoriebedürftigkeit der Geschichtswissenschaft 104, 106
Tintenfraß 146
Tradition 62, 65, 66, 69, 86, 89
Transkription 159, 190
Translatio imperii 113
Tutorat 36, 37, 39, 43
Typar 163
Typologisierung 99 – 104
U-ASTA 45
Überrest 62, 65, 69, 89
Übung 9, 36, 38, 39, 247, 249
Umbug 159
Universalmonarchie 150, 170
Universität 10 – 12, 22 – 27, 29, 30, 31, 36, 41, 48, 58, 159, 162, 165, 222, 247, 248, 251, 262, 268, 286

Register

Unparteilichkeit 73 – 75
Urkunde 143 – 145, 154 – 170, 174 – 176, 178, 150, 192, 199, 224, 235
Verallgemeinerung 88 – 90
Verfassungsgeschichte 161
Verflechtung 223
vergleichende Verfahren 99 – 103, 106, 116, 126, 204, 223, 235, 260
verstehen 51, 53, 60, 66, 77, 82 – 88
Verwandtschaft 222 – 224
Verwissenschaftlichung der Geschichte 57
Vetorecht der Quellen 77, 78, 89, 106
Vetternwirtschaft 223
Vier-Reiche-Lehre 112
Visitation 212
visualisieren 228
Völkerrecht 14, 116, 186
Volkskultur 86, 131

Volkskunde 225
Vorindustrielle Lebensform 14
Vorlesung 9, 10, 21, 24, 34, 35, 36, 39, 41, 45, 46, 59, 115
Vormoderne 55, 119
Vorstatistische Ära 213
Wachstum der Staatsgewalt 117, 212
Wahlmonarchie 148
Wallensteins Schienbein 63, 147, 215
Wappen 38, 63, 220 – 222, 225
Weltbild 14, 100, 114, 117, 131
Werte 76, 131, 138, 139, 205, 219
Werturteil 76
Westfälischer Frieden 141, 147, 151, 152, 155, 174, 196, 210
Widerstand 130
Wirtschaftsgeschichte 207
Wissenschaftsgeschichte 99, 197
Workload 38, 39, 42

Wormser Reichstag 183
Zedler 244
zeigen, wie es eigentlich gewesen 73, 75, 78
Zeitbegriff 111
Zeitschrift 11, 86, 119, 121, 122, 125, 134, 179 – 181, 250, 251, 253 – 258, 285
Zeitung 145, 179 – 181, 183, 186
Zensur 180, 187
Zensus 211
Zeremoniell 139, 140, 173, 183, 197, 201, 228, 282
zitieren 37, 255, 257
Zitierschema 255
Zölibat 223
Zuchthaus 105
Zunft 162, 164, 175, 221
Zweischriftigkeit 158, 160

Bildnachweis

Abb. 1: Institut für die Erforschung der Frühen Neuzeit, Wien
Abb. 2: Universität Heidelberg
Abb. 3: Wartburg-Stiftung, Eisenach
Abb. 4: Universitätsarchiv Göttingen
Abb. 5: Universität Heidelberg
Abb. 7: Historisches Museum Basel, Inv. 1983.641.1 – 42
Abb. 8: akg-images, Berlin
Abb. 9: schloesser-magazin.de Foto: Manfred Storck, Stuttgart
Abb. 10: ullstein – AP
Abb. 11: Aus: Zillhardt, Gerd (Hrsg.): Der Dreißigjährige Krieg in zeitgenössischer Darstellung. Hans Heberles „Zeytregister" 1618 – 1672. Stuttgart: Kohlhammer 1975, S. 224 © Stadtarchiv Ulm
Abb. 12: akg-images, Berlin
Abb. 13: akg-images, Berlin

Abb. 14: NFP Neue Filmproduktion tv GmbH, Berlin
Abb. 15: akg-images, Berlin
Abb. 16: Nach: Braudel, Fernand: Das Mittelmeer und die mediterrane Welt in der Epoche Philipps II., Bd. 2, Frankfurt 1990, S. 256
Abb. 17: Aus: Wunder, Heide: „Er ist die Sonn', sie ist der Mond." Frauen in der Frühen Neuzeit, München 1992, S. 105
Abb. 18: akg-images – Erich Lessing, Berlin
Abb. 19: Sächsisches Staatsarchiv – Hauptstaatsarchiv Dresden, 10001 Ältere Urkunden, Nr. 13164
Abb. 20: Aus: Acta Pacis Westphalicae, Serie III, Abt. B, Band 1,1, S. 30; mit freundlicher Genehmigung des Aschendorff Verlag GmbH & Co. KG

Abb. 21: Österreichisches Staatsarchiv, Haus-, Hof- und Staatsarchiv, Wien
Abb. 22: Stadt Augsburg, Kunstsammlungen
Abb. 23: Herzog August Bibliothek Wolfenbüttel
Abb. 25 und 26: Westfälisches Landesmuseum für Kunst und Kulturgeschichte Münster
Abb. 27: ThStA Gotha, Geheimes Archiv A VIII Nr. 12 Bl. 334/335 – liegt: Sammlung Karten Q 2.3/1
Abb. 28: Felix-Nussbaum-Haus/Kulturgeschichtliches Museum Osnabrück, X 448
Abb. 29: akg-images – Erich Lessing, Berlin
Abb. 30: Westfälisches Landesmuseum für Kunst und Kulturgeschichte Münster